Zweitspracherwerb im Jugendalter

DaZ-Forschung. Deutsch als Zweitsprache,
Mehrsprachigkeit und Migration   4

Herausgegeben von
Bernt Ahrenholz
Christine Dimroth
Beate Lütke
Martina Rost-Roth

De Gruyter

Zweitspracherwerb im Jugendalter

Herausgegeben von
Bernt Ahrenholz und Patrick Grommes

De Gruyter

ISBN 978-3-11-031855-5
e-ISBN (PDF) 978-3-11-031859-3
e-ISBN (EPUB) 978-3-11-039361-3
ISSN 2192-371X

Library of Congress Cataloging-in-Publication Data

A CIP catalog record for this book has been applied for at the Library of Congress.

Bibliografische Information der Deutschen Nationalbibliothek

Die Deutsche Nationalbibliothek verzeichnet diese Publikation in der Deutschen Nationalbibliografie; detaillierte bibliografische Daten sind im Internet über http://dnb.dnb.de abrufbar.

© 2014 Walter de Gruyter GmbH, Berlin/Boston

Druck und Bindung: CPI books GmbH, Leck
∞ Gedruckt auf säurefreiem Papier

Printed in Germany

www.degruyter.com

Inhaltsverzeichnis

Bernt Ahrenholz & Patrick Grommes
Deutsch als Zweitsprache und Sprachentwicklung Jugendlicher 1

Entwicklung grammatischer Kompetenzen

Christine Czinglar
Der Einfluss des Alters auf die Erwerbsgeschwindigkeit: Eine
Fallstudie zur Verbstellung im Deutschen als Zweitsprache 23

Gisella Ferraresi
Einflussfaktoren im Erwerb von Adverbkonnektoren bei L2-Lernern
des Deutschen 41

Julia Ricart Brede
„Da wo das Gummiabschluss runter gezogen war, dadurch wurden die
Luftballongs größer". Zum Konnektorengebrauch in Versuchs-
protokollen von Schülern mit Deutsch als Erst- und Zweitsprache 59

Erkan Gürsoy & Nadine Wilhelm
Präpositionen in Mathematik-Prüfungsaufgaben als spezifische
Herausforderung für türkisch-sprachige Lernende mit Deutsch als
Zweitsprache 77

Nicole Marx
Kasuswahl und Kasuslehre bei Schülern mit Migrationshintergrund:
Eine differenzierte Betrachtung 99

Inger Petersen
„Das von ihnen dargestellte Problem zur Leistungsbewertung in den
Schulen" – komplexe Nominalphrasen in Texten von Schüler/innen
und Studierenden mit Deutsch als Erst- und Zweitsprache 125

Textsorten und Schreiben in der Schule

Nora Dittmann-Domenichini
Hören, Lesen, Schreiben – Eine Analyse schulsprachlicher
Kompetenzen im Zeichen relevanter Bildungsübergänge 151

Astrid Neumann
Jugendliche DaZ-Lerner schreiben schulische Textformen –
Reanalysen der Leistungsdaten und Schülerbefragungen aus
DESI und IMOSS 171

Sven Oleschko
Sprachfähigkeit in der Domäne der Gesellschaftswissenschaften
am Beispiel funktionaler Beschreibungen 193

Anja Ballis
Puschkin oder Podolski? – Schreiben in der Zweitsprache 211

Patrick Grommes
Erzählstruktur und Zeitausdruck in Texten mehrsprachiger
Jugendlicher 231

Fotoprojekt

Rudolf Giesselmann
Klasse 7. Vier Portraits von Schülerinnen und Schülern einer
7. Klasse der Stadtteilschule Wilhelmsburg, Hamburg, 2013 253

Spracherwerbserfahrungen

Andrea Daase
Multimodale sprachbiographische Zugänge zur lebensweltlichen
Mehrsprachigkeit von Jugendlichen in der Sekundarstufe I 279

Monika Dannerer
Sprachbiographische Äußerungen und Erzählerwerb im Längsschnitt
als Zugangswege zur Beschreibung von Zweitspracherwerb 295

Diana Maak
„es WÄre SCHÖN, wenn es nich (.) OFT so diese RÜCKschläge gäbe" – Eingliederung von SeiteneinsteigerInnen mit Deutsch als Zweitsprache in Thüringen 319

Methodenfragen

Juliana Goschler & Anatol Stefanowitsch
Korpora in der Zweitspracherwerbsforschung: Sieben Probleme aus korpuslinguistischer Sicht 341

Register 361

Deutsch als Zweitsprache und Sprachentwicklung Jugendlicher

Bernt Ahrenholz & Patrick Grommes

1. Sprachentwicklung Jugendlicher: Begriffe und Kenntnisstand

Über die Entwicklung sprachlicher Kompetenzen bei Jugendlichen, also bei 14- bis 18-Jährigen, bzw. in der – meist etwas weiter gefassten – Adoleszenz wissen wir erstaunlich wenig. Dies gilt insbesondere für den Erwerb des Deutschen als Zweitsprache, aber auch in Bezug auf Deutsch als Erstsprache. Während für den Erstspracherwerb sehr viele und mittlerweile auch für den frühen Zweitspracherwerb eine ganze Reihe von Arbeiten vorliegen (vgl. Überblick in Ehlich, Bredel & Reich 2008), stellen Arbeiten, die sich mit der Entwicklung sprachlicher Kompetenzen nach der Primarschulzeit bzw. dem 10. Lebensjahr befassen, in der Regel fest, wie wenige einschlägige Untersuchungen vorliegen (vgl. für den Erstspracherwerb z.B. Ehlich 2007: 41, für den Zweitspracherwerb z.B. Reich 2007: 169). Auch Landua, Maier-Lohmann & Reich (2008) verzeichnen so gut wie keine Untersuchung zum Zweitspracherwerb Jugendlicher. Inzwischen wächst Zahl von Studien zu Deutsch als Zweitsprache zwar, internationale Forschungslinien haben aber eine etwas längere Tradition aufzuweisen. Diese laufen vorwiegend unter dem Stichwort „Later Language Development", was hier mit „fortgeschrittener Sprachentwicklung" übersetzt werden soll, um etwa Konnotationen wie verzögerte Sprachentwicklung zu vermeiden.

Fortgeschrittenheit bezieht sich hier auf eine Entwicklung, die mit dem primären Spracherwerb beginnt, darüber hinausgeht und zu den Kompetenzen eines erwachsenen Sprechers fortschreitet. Unter primärem Spracherwerb wird hier der erste Erwerb der phonologischen und morpho-syntaktischen Formen und Regeln der erste(n) Sprache(n) von Geburt an verstanden, der je nach Ansicht und Datenlage im Alter von ca. drei bis fünf Jahren als abgeschlossen betrachtet wird (siehe bspw. Weissenborn & Höhle 2000, vii). Andere, wie etwa Wode (1988) gehen zwar auch davon aus, dass z.B. das Flexionssystem bis zum Alter von etwa vier Jahren erworben ist, während der Erwerb komplexer Syntax bis zum zwölften Lebensjahr andauert, wenn auch schon Dreijährige in Experimenten Kenntnis etwa des

Passivs zeigen, dieses aber eben spontansprachlich nicht verwenden. Der primäre Spracherwerb hat sowohl in der einsprachig ausgerichteten Erwerbsforschung, als auch aus der Perspektive der Bilingualismusforschung bisher die meiste Aufmerksamkeit auf sich gezogen. Während es zahlreiche soziologische oder psychologische Studien zum Jugendalter und zur Adoleszenz gibt (vgl. bspw. Hurrelmann 2009 und 2013), wobei auch die Rolle des Sprachgebrauchs in Zusammenhang mit Identität und Integration thematisiert wird (vgl. z.B. Rost 2009), zahlreiche Arbeiten zur sog. Jugendsprache oder zu Code Switching vorliegen (z.B. Dirim & Auer 2004, Krehut & Dirim 2010), haben wir nur ein recht begrenztes Wissen zur Entwicklung der sprachlichen Kompetenzen in dieser Altersphase bzw. bei Schülerinnen und Schülern der Sekundarstufe.

Im Laufe der 1990er und 2000er Jahre nimmt die linguistisch fundierte Forschung zur sprachlichen Entwicklung Jugendlicher zu. Ein Anliegen der Forschung zur fortgeschrittenen Sprachentwicklung ist es dabei deutlich zu machen, dass auch nach der Primarschulzeit signifikante Entwicklungsschritte stattfinden, die insbesondere Textkompetenzen und Registerdifferenzierung betreffen. Von zentraler Bedeutung für die Untersuchung fortgeschrittener Sprachentwicklung ist Nippolds erstmals 1988 erschienenes Buch „Later Language Development" (Nippold 1988). In der dritten Auflage dieses Buches (Nippold 2007) referiert die Autorin nicht nur eigene Forschungsergebnisse, sondern stützt sich auch auf internationale Forschung, die sich dem Gegenstand über die schriftsprachliche und die Leseentwicklung nähert. Dabei erweitert sie das Spektrum über die Entwicklung im Englischen hinaus auf Prozesse in anderen Sprachen, zu denen Hebräisch sowie einige europäische Sprachen gehören.

Nippold macht deutlich, dass sich die fortgeschrittene Sprachentwicklung nach „speed, salience, and substance" (Nippold 2007: 11) von der primären Sprachentwicklung unterscheidet. Insbesondere die geringere Wahrnehmbarkeit („salience") der Entwicklungsschritte dürfte erklären, warum der Gegenstand bisher wenig Beachtung fand. Aber auch das, was unter den eigentlichen Gegenstand der Entwicklung, seine Substanz („substance"), fällt, gehört nicht zum Kern sprachwissenschaftlicher Erwerbsforschung. Nippold (2007: 12ff.) stellt nämlich zunächst Gegenstände wie metalinguistische Kompetenzen, abstrahierendes Denken und auf soziale Interaktion bezogene Fähigkeiten in das Zentrum ihres Interesses. Damit deutet sich an, dass im Jugendalter nicht nur das sprachliche Wissen als solches ausgebaut wird, sondern auch neue Handlungsformate erschlossen werden, in denen das sprachliche Wissen eingesetzt werden kann.

Ravid und Tolchinsky (2002) bringen an dieser Stelle das Stichwort sprachliche Literalität (‚linguistic literacy') in die Diskussion. Sprachliche Literalität ist keineswegs ein Pleonasmus. Literalität, die als soziale Praxis beschrieben werden kann (Street 2004: 3), schlägt sich auf mehreren Ebenen nieder. Sie bezeichnet eher einen Komplex an Fähigkeiten, der ein Individuum in die Lage versetzt in verschiedenen Kontexten und auf verschiedenen medialen Ebenen an Aktivitäten einer literal geprägten Gesellschaft teilzunehmen. Sprachliche Literalität bezeichnet dabei den auf sprachliche Mittel, Strukturen und Regeln bezogenen Teilkomplex dieser Fähigkeiten. Nach Tolchinsky (2004) ist vor diesem Hintergrund anzunehmen, dass fortgeschrittene Sprachentwicklung einen Ausbau dieser Fähigkeiten und Wissen über ihren Einsatz umfasst, das mit den Schlagworten Angemessenheit und Divergenz (Tolchinsky 2004: 235; dort: „*appropriateness and divergence*") beschrieben werden kann. Dieses Begriffspaar meint, dass mit fortschreitender Sprachentwicklung zunehmend kontextangemessen gehandelt wird, dass aber zudem die Varianz der sprachlichen Mittel zunimmt und sich individuelle Kompetenzen aufgrund individuell unterschiedlich relevanter Kontexte auseinander bewegen. Unter Kontext fassen Ravid & Tolchinsky (2002) unter anderem Register und Genre, wobei letztere nach Sub-Genres und Texttypen differenziert werden. So wird zwar über den Begriff der Angemessenheit der Aspekt einer Normorientierung ins Spiel gebracht, aber diese Norm ist beispielsweise relativ zum Register zu sehen und damit nicht zwangsläufig präskriptiv zu verstehen. Für die deutsche und europäische Diskussion kann hier auf die seit wenigen Jahren stark zunehmende Erforschung der Sprachkompetenzen verwiesen werden, die häufig als bildungssprachliches Register bezeichnet werden (vgl. z.B. Ahrenholz 2010, Morek & Heller 2012, Feilke 2013).

Dieses Bild ist gleichermaßen Ausgangspunkt wie Ergebnis einer Reihe von Studien, die sich der fortgeschrittenen Sprachentwicklung widmen. Ein Kristallisationspunkt dieser Studien ist die international vergleichende Forschung, die in „Relating Events in Narrative" von Ruth Berman und Dan Slobin (Berman & Slobin 1994) dokumentiert ist. In diesen Studien wurde nicht nur untersucht, welche einzelsprachlichen Mittel sich in welcher Weise entwickeln, sondern es wurden auch vorgelagerte Prozesse, wie die Auswahl von Ereignissen und deren konstituierenden Elementen zum Zwecke der Verbalisierung (Berman & Slobin 1994a: 9) und das „Verpacken" von Ereignisstrukturen in hierarchisch gegliederte Textstrukturen (Berman & Slobin 1994a: 11; u.a. zum *information packaging* s. auch Chafe (1994)) betrachtet. Allerdings wurden nur Kinder von drei bis neun

Jahren mit einer erwachsenen Vergleichsgruppe untersucht. Das hat letztlich zu einem Folgeprojekt geführt, das bis heute Forschung zur fortgeschrittenen Sprachentwicklung motiviert. Dieses „Developing literacy in different contexts and in different languages" genannte Projekt wird in Berman & Verhoeven (2002) beschrieben (zu Einzelbefunden vgl. ebenda, Berman (2004) oder Pfaff (2009)). Beispielhafte Untersuchungen des „Developing Literacy"-Projekts werden in Grommes (in diesem Band) besprochen.

Auch wenn hier kein Anspruch auf Vollständigkeit erhoben werden kann, ist auf internationaler Ebene doch eine etwas längere Tradition der Auseinandersetzung mit fortgeschrittener Sprachentwicklung erkennbar. Diese ist allerdings oft auf einsprachige, bzw. erstsprachliche Entwicklung beschränkt. Auf exemplarische Ausnahmen weist Grommes (in diesem Band) hin. Im Folgenden werden wir die deutschsprachige Forschungslandschaft anhand einiger Arbeiten skizzieren.

2. Deutsch als Erst- und Zweitsprache und Fortgeschrittene Sprachentwicklung – Wo steht die Forschung?

Zwar befassen sich die großen Schulleistungsstudien wie PISA und DESI u.a. mit den sprachlichen Kompetenzen von 15-Jährigen bzw. Jugendlichen in der 9. Klasse, aber darüber hinaus finden sich nur relativ wenige Untersuchungen zur fortgeschrittenen Sprachentwicklung und auch diese stehen zumeist im Kontext schulischen Lernens. Da fortgeschrittene Sprachentwicklung und schriftsprachliche, bzw. Schreibentwicklung zusammenhängen, liegen vor allem Arbeiten zur Entwicklung verschiedener Textformen und Arbeiten mit schreibdidaktischem Hintergrund vor und sie befassen sich v.a. mit der Entwicklung von Kindern und Jugendlichen mit Deutsch als Erstsprache.

In diese Kategorie gehören beispielsweise Augst & Faigel (1986), bzw. Feilke (1988), bei denen der Erwerb von Textstrukturen sowie der textbezogenen Planungsfähigkeit im Mittelpunkt steht. Altersstufenübergreifend untersucht Becker-Mrotzek (1997) die Entwicklung von Schreibfertigkeiten am Beispiel von Instruktionstexten, die von Schülerinnen und Schülern der 4. bis 12. Klasse verfasst werden. Textplanungsbezogene Forschungsinteressen verfolgt Bitter Bättig (1999), die anhand von Analysen mittels des Zürcher Textanalyserasters (Nussbaumer & Sieber 1995) einen Ausbau der Diskursplanung ab etwa 11 Jahren feststellt (Bitter Bättig 1999: 153).

Etwas enger gefassten Fragen der Textverknüpfung sowohl auf konzeptueller Ebene wie auf der Ebene der sprachlichen Mittel bei Jugendlichen geht Bachmann (2005; 2002) nach. Er zeigt, dass Viertklässler in Instruktionstexten mehr explizite Verknüpfungen vornehmen als Acht-, bzw. Zehntklässler. Dabei greifen sie vor allem auf koordinierende Mittel und damit auf kognitiv weniger voraussetzungsreiche Mittel zurück. Die Texte folgen dem Prinzip der Reihung, das auch Augst & Faigel (1986) schon beschreiben (Bachmann 2005: 176). Die älteren Schüler greifen häufiger auf subordinierende Konjunktionen zurück, die Verknüpfungen auf höheren Ebenen ausdrücken. Nach Bachmann (2005: 176f.) greifen sie auf größere semantische Einheiten zu, die mehr Textanteil erfordern. Daher treten in den fortgeschrittenen Texten insgesamt weniger Verknüpfungsmittel auf. Ähnliche Entwicklungen finden sich in Pohl (2007), insbesondere, wenn man die Produktionen der Schülerinnen und Schüler mit denen von Erwachsenen vergleicht.

Die Tendenz zu einem sparsameren Umgang mit expliziten, temporalen Verknüpfungen sieht auch Halm (2010). Sie führt eine Querschnittsstudie mit monolingual deutschen 7- bis 14-Jährigen sowie einer erwachsenen Vergleichsgruppe durch, die eine mündliche Filmnacherzählung produzieren sollten. Als einen Aspekt betrachtet sie ‚dann' in seiner Verwendung im Vorfeld und im Mittelfeld. Diese Positionsvarianten sind ihrer Ansicht nach funktional bedingt. Das insgesamt seltenere „Mittelfeld-dann" dient dazu, vor allem kausale Zusammenhänge auszudrücken und es markiert damit eine Abweichung von der temporal organisierten Hauptstruktur der Erzählung. Dieses *dann* ist erst bei den 13- bis 14-Jährigen voll ausgeprägt (Halm 2010: 245ff.).

Das „Vorfeld-dann" dient dagegen der temporalen Organisation. Seine Verwendung folgt in etwa den auch von Bachmann (2005) beobachteten Linien. Es zeigt sich ein gradueller Rückgang seiner Verwendung über alle Altersstufen, wobei der Endpunkt erst im Erwachsenenalter erreicht wird. Dann erst wird es nahezu ausschließlich dazu eingesetzt, ein neues episodisches Element im Ereignisverlauf zu markieren. Jüngere Erzähler markieren noch jeden einzelnen Schritt (Halm 2010: 238ff.). Hier schließt sich der Kreis zu Halms übergeordnetem Interesse am Erwerb von Textplanungs- und Textstrukturmustern. Halm geht mit Klein & von Stutterheim (1987) davon aus, dass eine Quaestio als leitende Frage Vorgaben für die Gliederung eines Textes in Haupt- und Nebenstrukturen macht, wobei erstere unmittelbar die Quaestio beantworten. Ein kompetenter Umgang mit den

Quaestiovorgaben ist nach Halm erst ab 13 bis 14 Jahren zu verzeichnen (Halm 2010: 196ff.).

Im Rahmen dieser Skizze zu einsprachig ausgerichteten, deutschsprachigen Untersuchungen zur fortgeschrittenen Sprachentwicklung sei abschließend noch Hug (2005; 2001) erwähnt. Er versucht einerseits sprachlich-kognitive Komplexität begrifflich zu fassen und messbar zu machen. Zudem geht er der Frage nach wie sich Komplexität im sprachlichen Ausdruck, vor allem bezogen auf zeitliche Verhältnisse in Erzählungen von Schülerinnen und Schülern der Klassen 5 bis 7 entwickelt. Dabei zeigt er unter anderem, dass höhere Komplexität nicht zwingend zu mehr Fehlern führt, vor allem aber, dass die Fähigkeit zu komplexen Äußerungen eher ein Individuenmerkmal, denn ein altersbezogenes zu sein scheint (Hug 2005: 149).

In Bezug auf schriftliche Produktionen und Deutsch als Zweitsprache liegen wenige Befunde vor (vgl. auch Grießhaber 2008). Besondere Bedeutung kommt der Untersuchung von Knapp (1997) zum schriftlichen Erzählen in der Zweitsprache Deutsch zu. Knapp zeigt, dass die Schwierigkeiten von Schülerinnen und Schülern mit Deutsch als Zweitsprache in der Ausprägung, aber nicht in ihrem Typ von denen der L1-Sprecher abweichen (Knapp 1997: 162f). Damit macht er ähnliche Beobachtungen wie sie Steinmüller (1987) auf der Ebene morphologisch-syntaktischer Elemente beschreibt. Knapp kann zudem zeigen, dass die Jugendlichen mit Deutsch als L2, die ihre Schulzeit weitgehend in Deutschland verbracht haben, in Hinblick auf ihre narrative Kompetenz größere Probleme aufweisen als Quereinsteiger mit einer Aufenthaltsdauer ab zwei Jahren (Knapp 1997: 161f.), die weniger Kompetenzen im Bereich von Morphologie und Syntax zeigen. Damit ist eine wichtige Differenzierung zwischen sprachstrukturellen und diskurs- oder genrespezifischen Kompetenzen getroffen, die beispielsweise auch in Grießhaber (2001) in einer Fallstudie zu narrativen und orthographischen Kompetenzen (für die Grundschule) vorgenommen wird. Entsprechend lassen sich zwei Hauptstränge in Untersuchungen zu Jugendlichen mit Deutsch als L2 ausmachen: zum einen werden schulische Aspekte von der Unterrichtskommunikation bis zu zweitsprachspezifischen Problemen mit schulischen Texten und Unterrichtsmaterialien beleuchtet, zum anderen wird untersucht, wie sich sprachliche und im engeren Sinne grammatikalische Kompetenzen entwickeln und ob es dabei besondere Problembereiche gibt.

Siekmeyer (2013) legt eine Studie vor, die quer über alle Schnittstellen der eben bezeichneten Gruppen reicht. Sie untersucht mündliche wie schriftliche Erzählungen einerseits unter dem Gesichtspunkt des Ausbaus literater Strukturen (Maas 2010) und hier insbesondere der komplexen Nominalphrasen. Zugleich berücksichtigt sie aber auch soziolinguistische und sozioökonomische Faktoren, die die Sprachentwicklung beeinflussen und kommt so zu Typisierungen von Erwerbskategorien. An einem sprachlichen Merkmal orientiert entwirft Siekmeyer damit ein relativ umfassendes Bild der fortgeschrittenen Sprachentwicklung und ihrer Einflussfaktoren. Damit unterscheiden sich ihre Aussagen und Interessen von Arbeiten wie sie beispielsweise mit Ballis (2010) vorliegt, die im Kontext von Deutschunterricht Schriftspracherwerb und Erfahrungen mit Schriftlichkeit bei Jugendlichen mit Migrationshintergrund untersucht, um Förderbedarfe wie Fördermöglichkeiten zu ermitteln.

Die Bedeutung sprachlicher Kompetenzen für die Partizipation am Fachunterricht und damit für den Schulerfolg wird seit langem diskutiert (vgl. z.B. Steinmüller 1987 und Überblick in Ahrenholz 2010). Die Befassung mit Sprachkompetenzen im bildungssprachlichen Register hat seit den Befunden der PISA-Studie aber erheblich an Bedeutung gewonnen und verschiedene Arbeiten widmen sich auch der Frage, in welchem Maße für Jugendliche bzw. Schülerinnen und Schüler in der Sekundarstufe, für die Deutsch Zweitsprache ist, spezifische Schwierigkeiten aufzeigbar sind, sich aber auch Sprachförderbedarf für Schülerinnen und Schüler mit Deutsch als L1 abzeichnet. Hierzu gehören z.B. die Untersuchung von Ricart Brede zu schriftlichen Protokollen im Biologieunterricht (2012 und in diesem Band) oder Beese & Benholz (2013) zu Sprachförderbedarf im Fachunterricht. Haberzettl (2009) zeigt einen deutlichen Förderbedarf im Bereich konzeptioneller Schriftlichkeit für viele mehrsprachige Schülerinnen und Schüler auf.

Das Ziel, Ansatzpunkte und Methoden für Diagnosen und Fördermöglichkeiten zu gewinnen, führt oft zu Arbeiten, die zunächst Grundlagen der fortgeschrittenen Sprachentwicklung bei Jugendlichen mit Deutsch als Zweitsprache klären. Das ist bezeichnend für eine Forschungslage, die zwar seit etwa der Mitte der ersten Dekade des 21. Jahrhunderts deutlich verstärkte Aktivität zeigt, aber dennoch sehr am Anfang steht. Beispiele für solche Arbeiten sind bspw. Goschler (2010), die Strategien der Kausalitätsmarkierungen deutsch-türkischer Jugendlicher nachzeichnet und Sahel (2010), der Kompetenzstufen für den Ausbau von Nominalphrasen entwickelt. Im letztgenannten Fall ist zwar eine diagnostische Anwendung relativ nah, da etwa bei der internen Kongruenz von NPen DaZ-spezifische Probleme vorzuliegen scheinen. Dennoch sagen beide zunächst etwas über den

Entwicklungsprozess aus. Und vor allem finden sich in diesen und anderen Fällen Erwerbsprobleme und Entwicklungsmerkmale, die Jugendliche unabhängig von ihrer L1 betreffen.

Dies zeigt sich auch in den Daten aus Petersen (2013), die sich schriftlichen Produktionen von Oberstufenschülerinnen widmet. Hier sind etwa die Hälfte der Teilnehmer Jugendliche mit Deutsch-als-Zweitsprache-Hintergrund. Petersens Befunde zeichnen ein differenziertes Bild. Sie betrachtet u.a. sprachliche Mittel zum konzessiven Argumentieren, wie die so genannten konzessiven literalen Prozeduren[1], zu denen Mittel der Einräumung gehören. Als Beispiel findet sich in Petersens Daten etwa diese Formulierung aus einem Text der elften Klasse: „*Dass der Notendruck steigt, lässt sich nicht bezweifeln*, dies *aber* als verrückt zu bezeichnen ..." (Petersen 2013: 74; Hervorhebung im Original). Diese sprachlichen Mittel sind bei Schülerinnen und -Schülern mit Deutsch als L2 wie bei denen mit Deutsch als L1 vorhanden und entwickeln sich entsprechend (Petersen 2013: 74). Auffälligkeiten der Jugendlichen mit Deutsch als Zweitsprache zeigen sich auf lexikalischer Ebene durch Wortneuschöpfungen und idiosynkratisch abgewandelte formelhafte Wendungen. Dies zieht sich bis in die Altersgruppe der Studierenden (Petersen 2013: 74ff.).

Dass mögliche sprachliche Probleme von mehrsprachigen Jugendlichen noch in ganz anderen Bereiche zu suchen sein könnten, deutet Tunç (2012) an. Sie untersucht anhand von Bildergeschichten, die Schülerinnen und Schüler verschiedener Schultypen in Deutschland auf Deutsch und in ihrer Herkunftssprache verfasst haben, ob sich Einflüsse der jeweiligen Herkunftssprachen erkennen lassen. Dabei kann sie Interferenzfehler nachweisen.

Kennzeichnend für die schulische Situation wie für Zweitspracherwerb ist die ausgesprochene Heterogenität in Bezug auf Spracherwerbsfaktoren und die Entwicklung von Sprachkompetenzen, die hier nicht dargestellt werden kann (vgl. Ahrenholz 2008, Dittmar & Özçelik 2006, Kuhs 2010 als Überblick oder bspw. Schader 2008 zu Erwerbsfaktoren bei albanischen Jugendlichen in der Schweiz). Da Schule für die Schülerinnen und Schüler nach Alter und nicht nach Sprachkompetenz organisiert ist, soll hier aber auf den Bereich der Seiteneinsteiger hingewiesen werden, die nicht nur einen spezifischen Förderbedarf mit sich bringen, sondern auch in Bezug auf den Zweitspracherwerb gesondert zu betrachten sind. Dies gilt einerseits in Bezug auf die bei Knapp (1997) thematisierte Interdependenz-

---

[1] Zum Begriff der literalen Prozeduren vgl. Feilke (2010).

hypothese (vgl. Cummins 1982 und kritisch hierzu Esser 2004), sondern auch für Erwerbsprozesse selbst im Kontext von großer Überforderung, massivem Input und hoher Normorientierung, was aber durchaus zu erfolgreichen Bildungswegen führen kann (vgl. Ahrenholz & Maak 2013, Maak in diesem Band). Von Interesse ist in diesem Zusammenhang das DaZ-AF-Projekt (vgl. Dimroth 2008, Pagonis 2009), in dem der Deutscherwerb von zwei Schwestern im Alter von 8;7 und 14;2 (zu Beginn des Projektes) für die ersten 18 Monate detailliert nachgezeichnet wird, um den Altersfaktor in Hinblick z.B. in Hinblick auf den Syntaxerwerb zu untersuchen (Czinglar 2014 und in diesem Band).

Insgesamt zeigt sich ein heterogenes Bild einer sehr aktiven Forschungslandschaft, bei der zuweilen Grundlagenforschung und anwendungsorientierte, bzw. unmittelbar bedarfsbezogene Forschung fließend in einander übergehen. Es bleibt jedoch ein großer Bedarf an Grundlagenforschung wie an anwendungsbezogenen Untersuchungen, denn der Bedarf an verwertbaren Erkenntnissen für die Schulpraxis ist sehr groß. Mit diesem Band soll versucht werden, die Bandbreite an Arbeiten und Fragestellungen darzustellen, exemplarische Fragestellungen zu beantworten und neue in den Raum zu stellen.

3. Die Beiträge in diesem Band

Der vorliegende Band soll verschiedene Zugänge zum jugendlichen Zweitspracherwerb anbieten. Daher ist er in drei große Abschnitte gegliedert, die durch zwei Einzelbeiträge ergänzt werden. Der erste Abschnitt thematisiert die Entwicklung grammatischer Kompetenzen. Hier geht es etwa um Erwerbsreihenfolgen, spezifische Erwerbsschwierigkeiten sowie den Erwerb beeinflussende Faktoren. Die Beiträge im zweiten Abschnitt – „Textsorten und Schreiben in der Schule" – eint das Thema Schreiben und die Berücksichtigung schulischer Rahmenbedingungen der Sprachentwicklung. Zum Abschluss dieser ersten nahezu zwei Drittel des Bandes kommen in einem Beitrag von Rudolf Giesselmann Schülerinnen und Schüler einer Hamburger Stadtteilschule selbst zu Wort. Fotografische Porträts begleiten Interviews, in denen sie ihren Schulalltag und ihre Spracherfahrungen reflektieren. Mit Erlaubnis der Eltern stellen sie sich hier vor und bilden damit ein individuelles Gegengewicht zu wissenschaftlichen Untersuchungen zur Situation von Kindern und Jugendlichen, in denen normalerweise aus gutem Grund mit anonymisierten oder pseudonymisierten Daten gearbeitet wird. Aufgabe der Wissenschaft ist es, in Bezug auf die Situation von Kindern und Jugendlichen, Erkenntnisse zu gewinnen und möglichst verallgemeinerbare Aussagen über Gegebenheiten, Verhältnisse, Strukturen, menschliches Lernvermögen etc. zu machen oder auch an Fallbeispielen mögliche individuelle Ausprägungen beispielsweise von Erzähl- oder Schreibkompetenzen aufzuzeigen, um denkbare Variation zu thematisieren und für relevante Fragestellungen auch Konkretisierungen zur Verfügung zu stellen. Das Ziel ist, gesellschaftliche Phänomene auch in ihren vielschichtigen Ausprägungen zu verstehen, wo möglich, Ursache-Wirkungszusammenhänge aufzuzeigen und theoretisch begründete und empirisch abgesicherte Aussagen über Veränderungen zu machen sowie gegebenenfalls Handlungsempfehlungen auszusprechen. In diesem Arbeitsprozess verschwinden notgedrungen die fassbaren individuellen Biographien, selbst dort, wo sprachbiographisch gearbeitet wird. In dem Fotoprojekt Klasse 7 erhalten diejenigen, um die es in dem vorliegenden Band geht, wiederum ein Gesicht. Der Beitrag hat damit auch eine gewisse Scharnierfunktion, da an ihn der dritte Abschnitt anschließt, der Spracherwerbserfahrungen in den Blick nimmt. Den Schlusspunkt setzt ein Methoden reflektierender Beitrag.

Christine Czinglar eröffnet die Reihe der Beiträge zur „Entwicklung grammatischer Kompetenzen" mit einer Untersuchung zum Erwerb der Verbstellung, in der sie der Frage nachgeht, wie weit das Alter die Erwerbsgeschwindigkeit beeinflusst. Dazu analysiert sie spontansprachliche Daten zweier Schwestern mit Russisch als Erstsprache, die in Deutschland Deutsch lernen. Interessant wird Czinglars Beitrag auch durch ihre Überlegungen zur Datenqualität und der Datenmenge und der daraus resultierenden Aussagekraft. Im Zentrum steht allerdings ihr Befund, dass zwar beide Mädchen die Verbstellung in der aus dem erwachsenen Zweitspracherwerb bekannten Reihenfolge erwerben, sich allerdings im Tempo, aber auch in der Art und Weise des Erwerbs unterscheiden. So scheint die jüngere Schwester, die noch vor dem Eintritt in das Jugendalter steht, grammatische Strukturen in einem Gesamtzusammenhang zu verstehen, während die ältere diese jeweils als eigenes Erwerbsproblem zu betrachten.

Das Alter der Deutschlernenden spielt auch im Beitrag von Gisella Ferraresi eine Rolle, da sie syntaktische wie semantische Probleme beim Erwerb von Adverbkonnektoren in Abhängigkeit vom Alter bei Erwerbsbeginn untersucht. Es zeigt sich zunächst, dass Adverbkonnektoren insbesondere auf syntaktischer Ebene ein markantes Erwerbsproblem darstellen, was sich auch in den Schwierigkeiten spiegelt, die sich bei linguistischen Klassifizierungsversuchen zeigen. Anhand von Experimenten mit einer herkunftssprachlich sehr heterogenen Teilnehmergruppe stellt Ferraresi fest, dass vor allem ein möglichst vor der Pubertät einsetzender Erwerbsbeginn zu zielsprachennahen syntaxbezogenen Grammatikalitätsurteilen führt.

Mit Satzkonnexionen und damit u.a. ebenfalls mit Konnektoren befasst sich auch der Beitrag von Julia Ricart Brede. Ihrer Studie liegen schriftliche Versuchsprotokolle von Schülerinnen und Schülern der Jahrgangsstufe 8 mit Deutsch als Erstsprache, Deutsch und einer anderen Sprache als Erstsprache sowie nicht-deutschen Erstsprachen zugrunde. Dabei zeigt sich, dass alle Gruppen über einen vergleichbaren Bestand an Konnexionsmitteln verfügen. Allerdings verwenden insbesondere die Schülerinnen und Schüler mit Deutsch als Zweitsprache diese in anderer Weise, nämlich in eher lernersprachlichen mehrgliedrigen Konstruktionen. Auch scheinen sie spezifischere, eventuell fachsprachliche Mittel zu vermeiden, auch wenn sie prinzipiell über diese verfügen. Aufgrund dieser Beobachtung weist Ricart Brede auf mögliche Konsequenzen für schreibbezogene Aspekte des Fachunterrichts hin.

Fragen der Fachsprachlichkeit spielen auch im Beitrag von Erkan Gürsoy und Nadine Wilhelm eine Rolle. Bei ihnen geht es um die besondere Funktion von Präpositionen in Mathematikaufgaben. Die Beschäftigung mit gerade diesem Thema geht auf die Beobachtung zurück, dass Präpositionen einerseits eine erhebliche Erwerbsaufgabe darstellen, und dass andererseits bestimmte Schülergruppen, hier Schülerinnen und Schüler mit der Herkunftssprache Türkisch, im Fach Mathematik über Erwarten schlecht abschneiden. Dies scheint zum Teil darauf zurückzuführen zu sein, dass eine Präpositionen wie *über*, die in Mathematikaufgaben abstrakt verwendet wird, aus der Herkunftssprache nicht vertraut ist, was zu Textverstehensproblemen führt. Allerdings weisen Gürsoy und Wilhelm deutlich darauf hin, dass dies keine erschöpfende Erklärung sein kann, weil selbst ein großer der Teil der monolingualen Vergleichsgruppe ähnliche Schwierigkeiten hat.

Nicole Marx diskutiert in ihrem Beitrag zum Kasuserwerb durch DaZ-Schülerinnen und Schüler zunächst Kategorisierungen wie „Schüler/in mit Deutsch als Zweitsprache" oder „Schüler/in mit Migrationshintergrund". Danach gibt sie einen Überblick über die kasus-bezogene DaZ- und Zweitspracherwerbsforschung. Anhand von Bildergeschichten analysiert sie dann die Kasuswahl von Fünft- und Sechstklässlern aus dem Förderunterricht von Regelschulen. Dabei zeigt sich, dass diese Schülerinnen und Schüler zwar Probleme bei der Kasuswahl haben, diese sich aber auf klar eingrenzbare Fälle, wie dem Akkusativ als präpositionalem Kasus, beschränken. Aus diesem Ergebnis leitet sie didaktische Desiderata ab.

Inger Petersen bestätigt einen Teil dieser Befunde in ihrer Untersuchung zu komplexen Nominalphrasen. Sie vergleicht in ihrer Studie Texte zu verschiedenen Textsorten von Oberstufenschülerinnen und -schülern mit denen Studierender, wobei etwa die Hälfte der Teilnehmenden mehrsprachig ist. Im Ergebnis zeigt sich, dass Mehrsprachige nicht weniger komplexe Nominalphrasen als Einsprachige verwenden. Eher schon spielt das Schreibalter eine Rolle. Analog zu einem weiteren Befund aus Marx stellt Petersen aber fest, dass z.B. mehrgliedrige Nominalphrasen, in denen der Dativ im Maskulinum vorkommt, Probleme bereiten. Insgesamt ist großes Entwicklungspotential bis ins Studium nachweisbar, wobei insbesondere Seiteneinsteiger von gezielter Förderung profitieren könnten.

Der Beschäftigung mit Zweitspracherwerb im Jugendalter ist eine Beschäftigung mit schulischen Themen sowie Schule und Unterricht fast schon inhärent. Das spiegelt sich in der ersten Gruppe von Beiträgen und wird in der zweiten Gruppe zum Thema „Textsorten und Schreiben in der Schule" noch stärker in den Mittelpunkt gerückt.

Im ersten Beitrag zu diesem Themenblock beschäftigt sich Nora Dittmann-Domenichini mit Fragen des Zugangs zu höherer Bildung für Kinder und Jugendliche mit Migrationshintergrund in der Schweiz. Dabei greift sie eine Reihe von Punkten auf, die immer wieder in der Diskussion auftauchen wie etwa die Bedeutung der Erstsprachförderung oder auch der Einfluss sozio-ökonomischer Faktoren. Für beide Fälle zeigt sie, dass nicht der erwartete Einfluss vorliegt. Entscheidender für den schulischen Bildungserfolg seien vielmehr Hörverstehen und Schreiben in der Zweitsprache und ein Ausbau metatextueller Fähigkeiten.

Die Befunde Astrid Neumanns, die auf einer Reanalyse von Testergebnissen und Schülerbefragungen im Rahmen großangelegter Bildungsstudien beruhen, weisen zum einen ebenfalls auf Schwierigkeiten von Deutsch-als-Zweitsprache-Schülerinnen und -Schülern mit Textfunktionen und schulspezifischen Genres hin. Zum anderen zeigt sich in ihren Auswertungen aber auch, dass der Einfluss der einzelnen Schulen und deren Art und Weise des Schreibunterrichts bspw. familiale Einflüsse, auch wenn sie unterstützend ausfallen, übersteigen. Dieser Befund macht es notwendig gruppenbezogene Aussagen zu Schülerleistungen kritisch zu betrachten und Lehreraus- und -fortbildung verstärkt in den Blick zu nehmen.

Sven Oleschko betont wie Neumann in seinem das Schreiben in gesellschaftswissenschaftlichen Fächern untersuchenden Beitrag die Bedeutung der durchgängigen Sprachbildung. Nach einer theoretischen Einführung zeigt Oleschko an einem Fallbeispiel, welche Wahrnehmungs- und kognitiven Verarbeitungsaufgaben bei der Versprachlichung von Beschreibungen zu leisten sind. Seiner Analyse nach sind diese nicht trivial und werden unterrichtlich zu wenig angebahnt. Damit rückt zum wiederholten Mal die Vermittlung von Bildungssprache für Schülerinnen und Schüler in den Mittelpunkt, die herkunftsbedingt weniger Zugang zu dieser haben.

Anja Ballis beschäftigt sich in ihrem Beitrag ebenfalls mit dem schulischen Schreiben, allerdings aus einer anderen Perspektive. Anhand eines Korpus aus Erzählungen mehrsprachiger Schülerinnen und Schüler der Sekundarstufe I nimmt sie kulturelle Einflüsse auf das Schreiben in den Blick. Diese speisen sich ihrer Ansicht nach aus globalen wie lokalen (Medien-)Kulturen wie auch aus der originären, familiär bedingten Kultur der Jugendlichen. Diese Einflüsse, wie auch ein Gendereinfluss, spiegeln sich in ihren Analysen und führen sie zu dem Befund, dass eine Schreibdidaktik vor heterogenem kulturellen Hintergrund gendersensibel sein sollte und Jugendlichen Textmuster und die entsprechenden Versprachlichungsstrategien transparent zu machen und zu vermitteln habe.

Mit Erzählungen befasst sich auch der Beitrag von Patrick Grommes. Ihm geht es darum zu zeigen, was Sprachentwicklung bei Jugendlichen bedeuten kann. Anhand eines Fallbeispiels aus einem Korpus von Erlebniserzählungen ein- und mehrsprachiger Schülerinnen und Schüler wird verdeutlicht, welche kommunikativen Funktionen die Jugendlichen in den Texten realisieren und wie sich der Einsatz sprachlicher Mittel, wie etwa temporaler Adverbiale, dabei verschiebt. Es schließen sich Überlegungen dazu an, wie Ausdrucksbedürfnisse der Schülerinnen und Schüler zur Unterstützung von Literalisierungsprozessen herangezogen werden können.

Der dritte Themenblock des Bandes – „Spracherwerbserfahrungen" – rückt nun die Jugendlichen selbst und ihre eigene Sicht auf die Erfahrung ihrer Mehrsprachigkeit sowie ihrer sprachlichen Bildungsmöglichkeiten in den Fokus. Auch hier spielen schulische Aspekte eine Rolle. Darüber hinaus werden aber auch methodische Fragen und die Lebenswelt der Schülerinnen und Schüler thematisiert.

So geht es Andrea Daase darum, die lebensweltliche Bedeutung der Mehrsprachigkeit für Jugendliche zu erfassen. Im Zuge dessen problematisiert sie einerseits unterschiedliche Mehrsprachigkeitsbegriffe in Wissenschaft und Alltag. Andererseits fordert sie aber auch in der wissenschaftlichen Auseinandersetzung eine Öffnung hin zu sozio-kulturellen Zugängen sowie Methoden, die subjektive Erfahrungen von und mit sprachlicher

Heterogenität greifbar machen. Damit könnten ein reduktionistischer Fokus auf einzelne Kompetenzen vermieden und individualdiagnostische Verfahren sinnvoll ergänzt werden.

Auch Monika Dannerer greift auf sprachbiographische Daten zurück, um qualitative und quantitative Befunde genauer einordnen zu können. Damit finden sich in diesem Beitrag ähnlich wie bei Daase auch methodische Überlegungen. Hinzu kommen Hinweise, wie sich dank sprachbiographischer Interviews Einflussfaktoren aus der Umwelt und Eigenwahrnehmungen der Jugendlichen in mündlichen und schriftlichen Erzählungen in Deutsch als Erst- und Zweitsprache erkennen lassen. Sprachbiographische Daten können insbesondere dazu dienen Entwicklungsschritte wie auch deren Ausbleiben zu motivieren. Darüber hinaus macht Dannerer deutlich, dass Einzelfallanalysen möglichst mit größeren Vergleichsgruppen abzugleichen sind, um individuelle Verläufe etwa von Merkmalen der gesamten Altersgruppe zu trennen.

Im abschließenden Beitrag des Themenblocks befasst sich Diana Maak mit den sogenannten Seiteneinsteigern als besonderer Gruppe von mehrsprachigen Schülerinnen und Schülern. Anhand von Interviews aus dem MaTS-Projekt (Ahrenholz & Maak 2013) werden die unterschiedlichen Perspektiven von Schulleitungen und Lehrkräften einerseits sowie Schülerinnen und Schülern sowie andererseits die Rahmenbedingungen dieser spezifischen Lern- und Erwerbssituation diskutiert. Es zeigt sich insbesondere, dass eine submersive Integration zu wenig zufriedenstellenden Bildungserfahrungen führt. Andererseits frustriert eine einseitig am Sprachstand ausgerichtete schulische Einstufung, bei der die Differenz zur übrigen kognitiven Entwicklung unberücksichtigt bleibt. Bei allen Beteiligten zeigt sich laut Maak der Wunsch, die spezifischen Bedürfnisse und Erfahrungen dieser Gruppe in der DaZ-Förderung gezielter aufzugreifen.

Im gesamten Band zeigen sich damit einige durchlaufende Themen, wie etwa die Beobachtung, dass die Gruppe der Jugendlichen mit Deutsch als Zweitsprache alles andere als homogen ist. Ferner wird deutlich, dass Aspekte des schulischen Kontextes von der Unterrichtsgestaltung bis zu institutionellen Rahmensetzungen immer auch Aussagen zu Fragen des Zweitspracherwerbs im engeren Sinne beeinflussen. Außerdem macht der Gegenstand eine Methodenvielfalt notwendig, die durchaus für sich alleine eine Diskussion wert wäre.

In diesem Sinne schließt der Band mit einem Beitrag von Juliana Goschler und Anatol Stefanowitsch ab, die sich mit der Rolle von Korpora in der Zweitspracherwerbsforschung auseinandersetzen. Nicht zuletzt die hier versammelten Beiträge machen deutlich welchen zentralen Stellenwert Korpora inzwischen haben. Goschler und Stefanowitsch greifen in ihrem Beitrag einige Probleme im Umgang mit Korpora aus korpuslinguistischer Sicht auf und bieten auf die Zweitspracherwerbsforschung bezogene Lösungsansätze an.

4. Literatur

Ahrenholz, Bernt (2008): Zweitspracherwerbsforschung. In Ahrenholz, Bernt & Oomen-Welke, Ingelore (Hrsg.): *Deutsch als Zweitsprache*. Deutschunterricht in Theorie und Praxis, Bd. 9. Baltmannsweiler: Schneider, 64–80.

Ahrenholz, Bernt (2010): Einleitung. Fachunterricht und Deutsch als Zweitsprache – eine Bilanz. In Ahrenholz, Bernt (Hrsg.): *Fachunterricht und Deutsch als Zweitsprache*. Tübingen: Narr, 1–14.

Ahrenholz, Bernt & Maak, Diana (2013): *Zur Situation von SchülerInnen nichtdeutscher Herkunftssprachen in Thüringen unter besonderer Berücksichtigung von Seiteneinsteigern*. Abschlussbericht zum Projekt „Mehrsprachigkeit an Thüringer Schulen (MaTS)" durchgeführt im Auftrage des TMBWK, 2. bearb. Aufl., http://www.daz-portal.de/images/Berichte/bm_band_01_mats_bericht_2 0130618_final.pdf (16.06.2014).

Augst, Gerhard & Faigel, Peter (1986): *Von der Reihung zur Gestaltung. Untersuchungen zur Ontogenese der schriftsprachlichen Fähigkeiten von 13-23 Jahren*. Frankfurt a.M.: Peter Lang.

Augst, Gerhard; Disselhoff, Katrin; Henrich, Alexandra; Pohl, Thorsten & Völzing, Paul-Ludwig (2007): *Text – Sorten – Kompetenz: Eine echte Longitudinalstudie zur Entwicklung der Textkompetenz im Grundschulalter*. Frankfurt/M.: Peter Lang.

Bachmann, Thomas (2005): Kohärenzfähigkeit und Schreibentwicklung. In Feilke, Helmuth & Schmidlin, Regula: *Literale Textentwicklung*, Frankfurt/M. u.a.: Peter Lang, 155–183.

Ballis, Anja (2010): *Schriftsprachliche Förderung von Jugendlichen mit Migrationshintergrund*. Baltmannsweiler: Schneider.

Becker, Tabea ([4]2013): *Kinder lernen erzählen*. Baltmannsweiler: Schneider.

Becker-Mrotzek, Michael (1997): *Schreibentwicklung und Textproduktion. Der Erwerb der Schreibtätigkeit am Beispiel der Bedienungsanleitung*. Opladen: Westdeutscher Verlag.

Beese, Melanie & Benholz, Claudia (2013): Sprachförderung im Fachunterricht. Voraussetzungen, Konzepte und empirische Befunde. In Röhner, Charlotte & Hövelbrinks, Britta (Hrsg.): *Fachbezogene Sprachförderung in Deutsch als Zweitsprache. Theoretische Konzepte und empirische Befunde zum Erwerb bildungssprachlicher Kompetenzen*, Weinheim u.a.: Juventa, 37–56.

Benholz, Claudia (2012). ProDaZ. Deutsch als Zweitsprache in allen Fächern. Ein Modellprojekt der Universität Duisburg-Essen und der Stiftung Mercator. In Winters-Ohle, Elmar; Seipp, Bettina & Ralle, Bernd (Hrsg.): *Lehrer für Schüler mit Migrationsgeschichte. Sprachliche Kompetenz im Kontext internationaler Konzepte der Lehrerbildung.* Münster: Waxmann, 276–286.

Berman, Ruth A. (ed.) (2004): *Language development across childhood and adolescence.* Amsterdam: John Benjamins.

Berman, Ruth A. & Slobin, Dan I. (eds.) (1994): *Relating Events in Narrative: A crosslinguistic developmental study.* Hillsdale: Lawrence Erlbaum.

Berman, Ruth A. & Slobin, Dan I. (1994a): ‚Different Ways of Relating Events. Introduction to the Study.' In Berman, Ruth A. & Slobin, Dan I. (eds.): *Relating Events in Narrative: A crosslinguistic developmental study.* Hillsdale: Lawrence Erlbaum, 1–16.

Berman, Ruth & Verhoeven, Ludo (eds.) (2002): *Cross-Linguistic Perspectives on the Development of Text-Production Abilities in Speech and Writing. Part 1. Part 2.* Special Issue of Written Language & Literacy 5 (1), 5 (2). Amsterdam: John Benjamins.

Berman, Ruth & Verhoeven, Ludo (2002a): ‚Cross-linguistic perspectives on the development of text-production abilities: Speech and Writing.' In Berman, Ruth & Verhoeven, Ludo (eds.) (2002): *Cross-Linguistic Perspectives on the Development of Text-Production Abilities in Speech and Writing. Part 1. Part 2.* Special Issue of Written Language & Literacy 5 (1), 5 (2). Amsterdam: John Benjamins, 1–43.

Bitter Bättig, Franziska (1999): *Die Entwicklung der schriftlichen Erzählfähigkeit vom 4. bis 6. Primarschuljahr.* Bern: Peter Lang.

Chafe, Wallace (1994): *Discourse, consciousness, and time.* Chicago: The University of Chicago Press.

Cummins, Jim (1982): Die Schwellenniveau- und Interdependenz-Hypothese. Erklärungen zum Erfolg zweisprachiger Erziehung. In Swift, James (Hrsg.): *Bilinguale und multikulturelle Erziehung.* Würzburg: Königshausen & Neumann, 34–43.

Czinglar, Christine (2014): *Grammatikerwerb vor und nach der Pubertät. Eine Fallstudie zur Verbstellung im Deutschen als Zweitsprache.* DaZ-Forschung. Deutsch als Zweitsprache, Mehrsprachigkeit und Migration, Bd. 6. Berlin u.a.: De Gruyter.

Dimroth, Christine (2008): Kleine Unterschiede in den Lernvoraussetzungen beim ungesteuerten Zweitspracherwerb: Welche Bereiche der Zielsprache Deutsch sind besonders betroffen? In Ahrenholz, Bernt (Hrsg.): *Zweitspracherwerb: Diagnosen, Verläufe, Voraussetzungen.* Beiträge aus dem 2. Workshop Kinder mit Migrationshintergrund. Freiburg i.Br.: Fillibach, 117–134.

Dirim, İnci & Auer, Peter (2004): *Türkisch sprechen nicht nur die Türken. Über die Unschärfebeziehung zwischen Sprache und Ethnie in Deutschland.* Linguistik – Impulse und Tendenzen. Berlin u.a.: De Gruyter.

Dittmar, Norbert & Özçelik, Tiner (2006): DaZ in soziolinguistischer Perspektive. In Ahrenholz, Bernt (Hrsg.): *Kinder mit Migrationshintergrund – Spracherwerb und Fördermöglichkeiten.* Freiburg iBr.: Fillibach, 303–321.

Ehlich, Konrad (2007): Sprachaneignung und deren Feststellung bei Kindern mit und ohne Migrationshintergrund: Was man weiß, was man braucht, was man erwarten kann. In Ehlich, Konrad (Hrsg.): *Anforderungen an Verfahren der regelmäßigen Sprachstandsfeststellung als Grundlage für die frühe und individuelle Förderung von Kindern mit und ohne Migrationshintergrund. Bildungsreform Band 11.* Bonn, Berlin: BMBF, 11–75.

Ehlich, Konrad, Bredel, Ursula & Reich, Hans H. (Hrsg.) (2008): *Referenzrahmen zur altersspezifischen Sprachaneignung,* Bd. I., Bonn, Berlin: BMBF.

Esser, Hartmut 2006. *Migration, Sprache und Integration.* AKI-Forschungsbilanz 4, Berlin: WZB.

Feilke, Helmuth (1988): Ordnung und Unordnung in argumentativen Texten. Zur Entwicklung der Fähigkeit, Texte zu strukturieren. In *Der Deutschunterricht* 3, 65–81.

Feilke, Helmuth (2010): „Aller guten Dinge sind drei" – Überlegungen zu Textroutinen & literalen Prozeduren. In Bons, Iris; Gloning, Thomas & Kaltwasser, Dennis (Hrsg.): *Fest-Platte für Gerd Fritz. Gießen, 17.05.2010.* Online unter http://www.festschrift-gerd-fritz.de/files/feilke_2010_literale-prozeduren-und-textroutinen.pdf (11.02.2013).

Feilke, Helmuth (2013): Bildungssprache und Schulsprache - am Beispiel literal-argumentativer Kompetenzen. In Becker-Mrotzek, Michael; Schramm, Karen; Thürmann, Eike & Vollmer, Helmut Johannes (Hrsg.): *Sprache im Fach. Sprachlichkeit und fachliches Lernen.* Münster: Waxmann, 113–130.

Goschler, Juliana (2010): Kausalbeziehungen in den Erzählungen türkisch-deutscher bilingualer Sprecher. In Mehlem, Ulrich & Sahel, Said (Hrsg.): *Erwerb schriftsprachlicher Kompetenzen im DaZ-Kontext,* Freiburg: Fillibach Verlag, 163–184.

Grießhaber, Wilhelm (2001): Erst- und zweitsprachliche Textproduktion nach Bildvorlage. In Wolff, Armin & Winters-Ohle, Elmar (Hrsg.): *Wie schwer ist die deutsche Sprache wirklich? Materialien Deutsch als Fremdsprache* 58, Regensburg: Fachverband Deutsch als Fremdsprache, 102–114.

Grießhaber, Wilhelm (2008): Schreiben in der Zweitsprache Deutsch. In Ahrenholz, Bernt & Oomen-Welke, Ingelore (Hrsg.): *Deutsch als Zweitsprache.* Deutschunterricht in Theorie und Praxis, Handbuch in 11 Bänden, hrsg. v. Winfried Ulrich, Bd. 9. Baltmannsweiler: Schneider, 228–238.

Haberzettl, Stefanie (2009): Förderziel: Komplexe Grammatik. In *Zeitschrift für Literaturwissenschaft und Linguistik 39 (153),* 80–95.

Halm, Ute (2010): *Die Entwicklung narrativer Kompetenz bei Kindern zwischen 7 und 14 Jahren.* Marburg: Tectum Verlag.

Hoffmann, Ludger (1984): Zur Ausbildung von Erzählkompetenz: eine methodische Perspektive. In Ehlich, Konrad (Hrsg.): *Erzählen in der Schule*. Tübingen: Gunter Narr, 223–249.

Hug, Michael (2001): *Aspekte zeitsprachlicher Entwicklung in Schülertexten. Eine Untersuchjung im 3., 5. und 7. Schuljahr*. Frankfurt a.M. u.a.: Peter Lang.

Hug, Michael (2005): Schreibentwicklung auf linguistisch separaten Ebenen als interdependenter Prozess. In In Feilke, Helmuth & Schmidlin, Regula: *Literale Textentwicklung*, Frankfurt/M. u.a.: Peter Lang, 139–154.

Hurrelmann, Klaus (2009): *Lebensphase Jugend. Eine Einführung in die sozialwissenschaftliche Jugendforschung*. Weinheim: Juventa.

Hurrelmann, Klaus (2013): Jugendliche in Deutschland. Ihre Lebenslage und ihr Lebensstil. In *Pädagogik*, 65(1), 43–47.

Klein, Wolfgang & Stutterheim, Christiane von (1987): Quaestio und referentielle Bewegung in Erzählungen. In *Linguistische Berichte*, 109, 163–183.

Knapp, Werner (1997): *Schriftliches Erzählen in der Zweitsprache*. Tübingen: Niemeyer.

Krehut, Anne K. & Dirim, İnci (2008): Sprachgebrauch außerhalb der Schule. In Ahrenholz, Bernt & Oomen-Welke, Ingelore (Hrsg.): *Deutsch als Zweitsprache*. Deutschunterricht in Theorie und Praxis, Handbuch in 11 Bänden, hrsg. v. Winfried Ulrich, Bd. 9. Baltmannsweiler: Schneider, 409–419.

Kuhs, Katharina (2010): Einflussfaktoren auf die schulische L2-Kompetenz von Schülerinnen und Schülern mit Deutsch als Zweitsprache. In Ahrenholz, Bernt & Oomen-Welke, Ingelore (Hrsg.): *Deutsch als Zweitsprache*. Deutschunterricht in Theorie und Praxis, Bd. 9., 2. korr. u. überarb. Aufl., Baltmannsweiler: Schneider, 395–408.

Landua, Sabine, Maier-Lohmann, Christa & Reich, Hans H. (2008): Deutsch als Zweitsprache. In Ehlich, Konrad, Bredel, Ursula & Reich, Hans H. (Hrsg.): *Referenzrahmen zur altersspezifischen Sprachaneignung-Forschungsgrundlagen*, Bd. II. Bonn, Berlin: BMBF, 171–201.

Maas, Utz (2010): Literat und orat. Grundbegriffe der Analyse geschriebener und gesprochener Sprache. In Maas, Utz (Hrsg.): *Orat und literat. Grazer linguistische Studien*, Heft 73, 21–150.

Morek, Miriam & Heller, Vivien (2012): Bildungssprache – Kommunikative, epistemische, soziale, und interaktive Aspekte ihres Gebrauchs. In *Zeitschrift für angewandte Linguistik 57*, 67–101.

Nippold, Marilyn A. (ed.) (1988). *Later language development: Ages nine through nineteen*. Austin, TX: Pro-Ed.

Nippold, Marilyn A. (2007): *Later language development: School-age children, adolescents, and young adults (3rd ed.)*. Austin, TX: Pro-Ed.

Nussbaumer, Markus & Sieber, Peter (1995): Über Textqualitäten reden lernen – z.B. anhand des „Zürcher Textanalyserasters". In *Diskussion Deutsch*, Heft 141, 36–52.

Pagonis, Giulio 2009. Überlegungen zum Altersfaktor am Beispiel eins kindlichen und jugendlichen DaZ- Erwerbs, in Ahrenholz, Bernt (Hrsg.): *Empirische Befunde zu DaZ-Erwerb und Sprachförderung. Beiträge aus dem 3. Workshop Kinder mit Migrationshintergrund.* Freiburg i. Br.: Fillibach, 193–212.

Petersen, Inger (2013): Entwicklung schriftlicher Argumentationskompetenz bei ein- und mehrsprachigen Oberstufenschüler/-innen und Studierenden. In Brandl, Heike; Arslan, Emre, Langelahn, Elke & Riemer, Claudia (Hrsg.): *Mehrsprachig in Wissenschaft und Gesellschaft. Mehrsprachigkeit, Bildungsbeteiligung und Potenziale von Studierenden mit Migrationshintergrund.* Bielefeld: Universität Bielefeld, 69–79.

Pfaff, Carol W. (2009): Parallel assessment of oral and written text production of multilinguals: Methodological and analytical issues. In Ahrenholz, Bernt (Hrsg.): *Empirische Befunde zu DaZ-Erwerb und Sprachförderung. Beiträge aus dem 3. Workshop Kinder mit Migrationshintergrund.* Freiburg i. Br.: Fillibach, 213–233.

Ravid, Dorit & Tolchinsky, Liliana (2002): Developing linguistic literacy: a comprehensive model. In *Journal of Child Language*, 29 (2), 417–447.

Reich, Hans H. (2007): Forschungsstand und Desideratenaufweis zu Migrationslinguistik und Migrationspädagogik für die Zwecke des Anforderungsrahmens. In Ehlich, Konrad (Hrsg.): *Anforderungen an Verfahren der regelmäßigen Sprachstandsfeststellung als Grundlage für die frühe und individuelle Förderung von Kindern mit und ohne Migrationshintergrund. Bildungsreform Band 11.* Bonn, Berlin: BMBF, 121–169.

Ricart Brede, Julia (2012): „Wen man luft reinpustet geht es schneller aus. Warum???" Ein empirisches Forschungsprojekt zu schriftlichen Produktionen von DaZ- und DaM-SchülerInnen im Fachunterricht Biologie. In Ahrenholz, Bernt & Knapp, Werner (Hrsg.): *Sprachstand erheben – Sprachstand erforschen.* Beiträge aus dem 6. Workshop Kinder mit Migrationshintergrund. Freiburg i.Br.: Fillibach, 225–240.

Rost, Dietmar (2009): Sprachpraxis und Sprachbedeutung aus der Perspektive von Jugendlichen mit Migrationshintergrund. Ergebnisse aus einer qualitativen Befragung. In Ahrenholz, Bernt (Hrsg.): *Empirische Befunde zu DaZ-Erwerb und Sprachförderung. Beiträge aus dem 3. Workshop Kinder mit Migrationshintergrund.* Freiburg i.Br.: Fillibach, 291–309.

Sahel, Said (2010): Ein Kompetenzstufenmodell für die Nominalphrasenflexion im Erst- und Zweitspracherwerb. In Mehlem, Ulrich & Sahel, Said (Hrsg.): *Erwerb schriftsprachlicher Kompetenzen im DaZ-Kontext,* Freiburg: Fillibach Verlag, 185–209.

Schader, Basil (2008): Zur Biliteralität von albanischsprachigen Kindern und Jugendlichen in der Deutschschweiz. In Ahrenholz, Bernt (Hrsg.): *Zweitspracherwerb. Diagnosen, Verläufe, Voraussetzungen. Beiträge aus dem 2. Workshop Kinder mit Migrationshintergrund.* Freiburg i.Br.: Fillibach, 261–277.

Siekmeyer, Anne (2013): *Sprachlicher Ausbau in gesprochenen und geschriebenen Texten: zum Gebrauch komplexer Nominalphrasen als Merkmale literater Strukturen bei Jugendlichen mit Deutsch als Erst- und Zweitsprache in verschiedenen Schulformen.* Dissertation. Universität des Saarlandes: Saarbrücken, http://scidok.sulb.uni-saarland.de/volltexte/2013/5586/ (16.06.2014).

Steinmüller, Ulrich (1987): Sprachentwicklung und Sprachunterricht türkischer Schüler (Türkisch und Deutsch) im Modellversuch „Integration ausländischer Schüler in Gesamtschulen". In *Gesamtschulinformationen. Sonderheft 1.* Berlin: Pädagogisches Zentrum, 207–315.

Street, Brian (2004): Futures of the Ethnography of Literacy. In *Language & Education* 18 (4), 326–330.

Tolchinsky, Liliana (2004): The nature and scope of later language development. In Berman, Ruth A. (ed.): *Language Development across Childhood and Adolescence.* John Benjamins: Philadelphia, 233–247.

Tunç, Seda (2012): *Der Einfluss der Erstsprache auf den Erwerb der Zweitsprache. Eine empirische Untersuchung zum Einfluss erstsprachlicher Strukturen bei zweisprachig türkisch-deutschen, kroatisch-deutschen und griechisch-deutschen Hauptschülern und Gymnasiasten.* Münster u.a.: Waxmann.

Weissenborn, Jürgen & Höhle, Barbara (2000*): Approaches to Bootstrapping: Phonological, Lexical, Syntactic, and Neurophysiological Aspects of Early Language Acquisition.* Amsterdam: John Benjamins.

Wode, Henning (1988): *Einführung in die Psycholinguistik.* Ismaning: Hueber.

Entwicklung grammatischer Kompetenzen

Der Einfluss des Alters auf die Erwerbsgeschwindigkeit: Eine Fallstudie zur Verbstellung im Deutschen als Zweitsprache[1]

Christine Czinglar

In diesem Aufsatz vergleiche ich den Erwerb der Verbstellung im Deutschen als Zweitsprache bei zwei jungen Lernerinnen mit Erstsprache Russisch. Als gemeinsam aufwachsende Halbschwestern sind beide Lernerinnen sehr gut vergleichbar und unterscheiden sich hauptsächlich im Alter bei Erwerbsbeginn (8 vs. 14 Jahre). Die Verbstellung wird anhand von drei zentralen Verbstellungsmustern untersucht: V2 und die Satzklammer im Hauptsatz und VE im Nebensatz. Beide Lernerinnen produzieren zu Beginn dieselben nicht-zielsprachlichen Verbstellungsmuster, die jüngere Lernerin gibt diese Muster jedoch viel schneller auf und erreicht innerhalb von neun Kontaktmonaten einen im Hinblick auf die Verbstellung zielsprachlichen Endzustand. Die beiden Lernerinnen zeigen denselben Erwerbsverlauf wie erwachsene L2-LernerInnen, unterscheiden sich jedoch stark in der Erwerbsgeschwindigkeit.

1. Einführung

Wie der ungesteuerte Zweitspracherwerb des Deutschen bei Jugendlichen abläuft, wurde bis jetzt noch wenig erforscht. Die meisten Studien befassen sich mit dem Grammatikerwerb von Kindern (vor allem Kleinkindern) und Erwachsenen. In der Forschungsliteratur zum Altersfaktor im Zweitspracherwerb wird häufig zwischen präpubertären und postpubertären LernerInnen unterschieden (Pagonis 2009), was dazu führt, dass Jugendliche in dieselbe Gruppe fallen wie Erwachsene.

Der Altersfaktor im Zweitspracherwerb ist ein empirisch sehr gut belegtes Phänomen, auch wenn seine Ursachen noch immer kontrovers diskutiert werden (z.B. DeKeyser 2011; Muñoz & Singleton 2011). Die meisten empirischen Studien zum Altersfaktor sind Querschnittsstudien, in denen mehrere ProbandInnen auf bestimmte Kompetenzen (meist Ausspra-

---

[1] Mein Dank gilt den Herausgebern, ganz besonders Bernt Ahrenholz für seine kritischen Kommentare zu dem vorliegenden Artikel. Ebenso danke ich Christine Dimroth und Rudi de Cillia für ihr Feedback zur empirischen Studie, Sabine Laaha und Isa Hager für ihre statistische Expertise und den TeilnehmerInnen der Konferenzen EmMeth 2012 in Jena und EUROSLA22 in Poznán. Mein Dank geht auch an die Universität Wien, die die empirische Studie mit einem Forschungsstipendium unterstützt hat.

che, Morphologie, Syntax) hin getestet werden. Diese Studien untersuchen entweder den Endzustand des Erwerbs nach fünf bis zehn Jahren des ungesteuerten Spracherwerbs (Birdsong 2009) oder die Geschwindigkeit des Erwerbs nach z.b. einem halben Jahr. Bei Geschwindigkeitsstudien zeigt sich oft ein anfänglicher Vorteil älterer LernerInnen, wobei Jugendliche nicht nur besser abschneiden als Kinder, sondern auch als Erwachsene (z.B. Snow & Hoefnagel-Höhle 1978). Allerdings spielt bei diesen Studien das Alter beim Test eine große Rolle: Möglicherweise schneiden Jugendliche bei solchen Tests auch deshalb besser ab als Kinder, weil sie mit der Testsituation und den Testaufgaben besser vertraut sind. Jüngere LernerInnen holen jedoch diesen Vorsprung im Lauf der Zeit wieder auf, sodass sie bei Endzustandsuntersuchungen tendenziell besser abschneiden (DeKeyser 2011; Hyltenstam & Abrahamsson 2003; Pagonis 2009).

Die meisten Querschnittstudien zum Altersfaktor wurden im angloamerikanischen Raum zum Englischen als Zweitsprache durchgeführt. Zum Altersfaktor im Deutschen als Zweitsprache gibt es nur wenige Studien (Grotjahn & Schlak 2010). Meist werden, wie z.B. bei Meisel (2009), einzelne Längsschnittstudien zu LernerInnen unterschiedlichen Alters auf Unterschiede in der Erwerbsreihenfolge z.B. der Verbstellung hin verglichen. Nur wenige AutorInnen, wie z.B. Dimroth (2008b, 2007) und Pagonis (2009), weisen auch auf andere Unterschiede zwischen LernerInnen unterschiedlichen Alters hin.

In welcher Reihenfolge die einzelnen Verbstellungsmuster im Deutschen als Zweitsprache erworben werden, ist bereits gut erforscht. Hier besteht die Erwerbsaufgabe darin, zu erkennen, dass Deutsch eine SOV-Sprache mit V2-Eigenschaft ist. Im Hauptsatz steht das finite Verb in zweiter Position (V2), während es im Nebensatz am Ende steht (VE). Das infinite Verb steht immer hinter seinen Objekten (OV-Stellung). Im Hauptsatz (HS) bilden finite und infinite Verbteile die so genannte Satzklammer (SK), die beliebige Phrasen im Mittelfeld, wie z.B. eine Negationspartikel oder das Subjekt umfassen kann (XV- oder Distanzstellung). Aufgrund seiner V2-Eigenschaft enthält das Deutsche auch viele Sätze mit SV- bzw. SVO-Abfolge: Korpusanalysen sowohl gesprochener als auch geschriebener Sprache zeigen, dass ungefähr die Hälfte aller Hauptsätze im Deutschen mit einem Subjekt beginnen (Hinrichs & Kübler 2005).

Dies verleitet LernerInnen häufig zu der anfänglichen Hypothese, dass Deutsch eine SVO-Sprache darstellt. Dies gilt ganz besonders für LernerInnen, die eine SVO-Sprache wie Englisch, Französisch oder Russisch als Erstsprache (oder auch als erste Zweit- bzw. Fremdsprache) sprechen und die SVO-Abfolge ins Deutsche transferieren. Später, wenn sie komplexere Strukturen des Deutschen wie die Subjekt-Verb-Inversion (XVS) und Nebensätze erwerben, müssen sie diese Hypothese wieder auf-geben. Symptome einer initialen SVO-Hypothese sind nicht-zielsprachliche V3-Abfolgen im Hauptsatz und V2-ähnliche Strukturen im Nebensatz.

Aus den bisher in empirischen Studien zum Erwerb der Verbstellung ermittelten Erwerbsfolgen lassen sich zwei Spracherwerbstypen ableiten: zum einen der frühe L2-Erwerb im Kleinkindalter (bis ca. 4 Jahre), der ähnlich abläuft wie der L1-Erwerb des Deutschen (Meisel 2009; Rothweiler 2006; Tracy & Thoma 2009), und zum anderen der davon abweichende L2-Erwerb im Erwachsenenalter (Ahrenholz 2008; Meisel, Clahsen & Pienemann 1981; Clahsen, Meisel & Pienemann 1983). Kleinkinder beginnen sofort mit OV-Strukturen und erweitern diese zu vollständigen Sätzen mit V2-Stellung (zuerst SVX dann XVS), ohne V3-Strukturen zu produzieren. Sie bilden auch von Anfang an Nebensätze mit VE-Stellung, wobei dies für Kinder mit einer SVO-Sprache als L1 noch nicht ausreichend untersucht wurde. Ab dem 5. Lebensjahr beginnt der Erwerbsverlauf mehr dem erwachsenen L2-Erwerb zu gleichen, der nach Meisel, Clahsen & Pienemann (1983) folgendermaßen abläuft (in Klammer meine eigenen Bezeichnungen, die ich in diesem Aufsatz verwende):

(1) *Erwerbsreihenfolge im Erwachsenenalter*[2]
1. SVO
2. Adv-SVO (V3)
3. PARTIKEL (OV/XV)
4. INVERSION (V2)
5. ADV-VP
6. V-ENDE (VE im NS)

Erwachsene LernerInnen bilden von Anfang an SVO-Sätze, produzieren zunächst nicht-zielsprachliche V3-Abfolgen (besonders nach Adverbien) und erwerben die V2-Eigenschaft des Deutschen, d.h. die Subjekt-Verb-Inversion, erst nach und nach. Die größten Schwierigkeiten bereitet Erwachsenen der Erwerb der VE-Stellung im Nebensatz.

---

[2] Phase 1 stellt die kanonische Wortstellung dar, die durch die Voranstellung des Adverbs ohne Inversion in Phase 2 erhalten bleibt. Phase 3 bezeichnet die Positionierung des infiniten Verbteils (Infinitiv oder Partikel) in der rechten Satzklammer, also die korrekte Realisierung der Satzklammer. Dies umfasst sowohl die OV-Stellung als auch die von mir mit XV bezeichnete Distanzstellung von finitem und infinitem Verbteil.

Während also der Verlauf des L2-Erwerbs bei Kleinkindern eher dem L1-Erwerb gleicht, entspricht er bei LernerInnen spätestens ab dem fünften Lebensjahr bereits dem von Erwachsenen. Dies bedeutet jedoch nicht, dass es im Zweitspracherwerb von älteren Kindern, Jugendlichen und Erwachsenen keine Unterschiede mehr gibt. Allerdings ist der L2-Erwerb von Jugendlichen wie erwähnt bisher kaum dokumentiert. Ein grober Vergleich verschiedener Longitudinalstudien zeigt, dass die Erwerbsdauer mit steigendem Alter bei Erwerbsbeginn tendenziell zunimmt (Czinglar 2014). Andererseits erwerben Kinder im Grundschulalter morphologische und syntaktische Eigenschaften des Deutschen als Zweitsprache in kürzerer Zeit als Kleinkinder im L1-Erwerb (Dimroth & Haberzettl 2012; Haberzettl, Dimroth, Wulff & Czinglar 2013). Hier spielen offensichtlich die kognitive Reife und Sprachlernerfahrung älterer Kinder eine wichtige Rolle (Dimroth & Haberzettl 2012). Die Erwerbsgeschwindigkeit hängt allerdings von den Erwerbsbedingungen ab, also von Einflussfaktoren wie z.B. Input, Motivation und Bildung. Diese können also für einzelne ProbandInnen völlig unterschiedlich sein, was einen Vergleich der Erwerbsgeschwindigkeit über ProbandInnen und Studien hinweg grundsätzlich problematisch macht (Haberzettl 2005). Da die Erwerbsgeschwindigkeit für den Lernerfolg besonders im Schulalter ausschlaggebend sein kann, ist es unsere Aufgabe, Erhebungsmethoden und -designs zu finden, die es uns erlauben, sie näher zu untersuchen.

In diesem Aufsatz zeige ich, wie und unter welchen Bedingungen die Erwerbsgeschwindigkeit verschiedener LernerInnen verglichen werden kann und welchen Einflussfaktoren sie unterliegt. Im Rahmen einer longitudinalen Fallstudie wird der ungesteuerte L2-Erwerb einer Grundschülerin und einer Jugendlichen im Detail verglichen. Dabei gehe ich von der Hypothese aus, dass die jüngere Lernerin die Verbstellung schneller erwirbt als die ältere, d.h. dass sie den zielsprachlichen Endzustand früher erreicht. In Abschnitt 2 stelle ich die Probandinnen vor und erläutere die methodische Vorgehensweise. In Abschnitt 3 vergleiche ich den Erwerb drei zentraler Verbstellungsmuster (OV/XV, V2 und VE) bei beiden Probandinnen. Die Ergebnisse werden in Abschnitt 4 nochmals zusammengefasst und diskutiert.

2. Korpus und Methode

Die Daten in diesem Aufsatz stammen von zwei L2-Lernerinnen des Deutschen mit L1 Russisch, deren Entwicklung im longitudinalen DaZ-AF-Korpus (Deutsch als Zweitsprache – der Altersfaktor) dokumentiert ist (siehe u.a. Bast 2003; Czinglar 2014; Dimroth 2008a, 2008b, 2007; Pagonis 2009). Die Halbschwestern Nastja und Dascha kamen im Alter von 8;7 und 14;2 Jahren aus Sankt Petersburg nach Köln, wo sie gemeinsam mit ihrer Mutter für eineinhalb Jahre lebten. Sie wurden jede einzeln wöchentlich, meist an denselben Tagen in einer spontansprachlichen Interaktion mit einem/einer muttersprachlichen GesprächspartnerIn aufgenommen. Beide besuchten (bis auf einen achtstündigen Crash-Kurs noch in Russland) keinen DaF-Unterricht, sondern eine deutsche Regelschule und einmal wöchentlich eine russische Schule. Beide wachsen in einer bildungsnahen Familie auf und sprechen mit ihrer Mutter und untereinander Russisch. Dies stellt gemeinsam mit der parallelen Datenerhebung eine optimale Vergleichbarkeit sicher.

Natürlich gibt es zwischen den Lernerinnen individuelle und alterstypische Unterschiede, die sich methodisch nicht kompensieren lassen: Der deutschsprachige Input variiert einerseits mit dem Schultyp (2. Klasse Grundschule vs. 9. Klasse Gymnasium), andererseits sucht und findet die jüngere Schwester schneller deutschsprachige FreundInnen. Die Motivation der älteren Schwester Deutsch zu lernen ist zumindest am Anfang geringer, da sie mit Englisch bereits über eine erste Fremdsprache verfügt, mit der sie sich verständigen kann. Im Unterschied zu ihrer jüngeren Schwester ist für Daschas Schulerfolg vor allem das Zeugnis der russischen Schule relevant. Auch die Begrenztheit ihres Aufenthalts in Deutschland ist der älteren Lernerin viel stärker bewusst.

Für die Studie wurden 21 einstündige Aufnahmen analysiert, die zu 12 Kontaktmonaten (KM) zusammengefasst werden können, wobei der Erwerbsanfang im 2. bis 5. KM mit drei bis vier Aufnahmen pro Monat dichter dokumentiert ist als die späteren Monate mit nur einer Aufnahme. Die im Transkriptionssystem CHAT (MacWhinney 2000) verschriftlichten Aufnahmen wurden noch ein zweites Mal kontrolliert. Nicht spontan produzierte Äußerungen wie Selbst- oder Fremdwiederholungen, vorgelesene Passagen, unvollständige oder unverständliche Sätze wurden von der weiteren Kodierung ausgeschlossen. Eine konstituentenbasierte morpho-syntaktische Detailkodierung aller Sätze, die eine Verbform enthalten, wurde in Excel vorgenommen.

Insgesamt wurden 10.487 Teilsätze kodiert, also erheblich mehr als üblicherweise in longitudinalen Studien. Ungefähr ein Viertel dieser Sätze sind potentielle Chunks wie *ich weiß nicht, was ist das* und *es gibt/gibt es*, die nicht weiter berücksichtigt wurden. Weiter wurden für die Verbstellung nur deklarative Hauptsätze (HS) und alle Arten von Nebensätzen (NS) ausgewertet, die ein overtes Subjekt aufweisen. Für die Analyse von V2-Strukturen wurden Kopulasätze ausgeschlossen, da sie möglicherweise eine andere Struktur haben und die Bestimmung von Subjekten in manchen Kontexten notorisch schwierig ist. Bei der Analyse von Nebensätzen sind Kopulasätze inkludiert, jedoch eingebettete Infinitivsätze ausgeschlossen. Ebenfalls nicht berücksichtigt wurden V2-Sätze unter Brückenverben wie *glauben* und *sagen*, da diese eine hybride Kategorie zwischen HS und NS darstellen.

Die Größe des Korpus stellt einerseits sicher, dass auch nach dem Ausschluss dieser Konstruktionen eine ausreichende Anzahl von Sätzen für quantitative Vergleiche übrig bleibt. Andererseits kann dadurch auch das von Brown (1973) für den L1-Erwerb formulierte Erwerbskriterium der 90%-igen Korrektheit in mind. fünf obligatorischen Kontexten angewendet werden, mit dem viele L2-Erwerbsstudien Probleme haben (z.B. Meisel, Clahsen & Pienemann 1981). Zusätzlich wird als Marke für den Beginn des Erwerbs eine Korrektheitsrate von über 50% eingeführt. Um die Erwerbskurven statistisch zu vergleichen wurde ein *t*-Test auf Mittelwertgleichheit durchgeführt, wobei Aufnahmen mit weniger als zehn obligatorischen Kontexten ausgeschlossen wurden (Details siehe Czinglar 2014).

3. Ergebnisse

Im diesem Abschnitt überprüfe ich, ob der Erwerbsverlauf der beiden Probandinnen der in (1) beschriebenen Erwerbsreihenfolge für Erwachsene entspricht und vergleiche, wie schnell die einzelnen Stufen jeweils erworben werden.

3.1 SVO-, V3- und V2-Abfolgen im Hauptsatz

In deklarativen Hauptsätzen, in denen zielsprachlich eine V2-Abfolge zu erwarten ist, so genannte *V2-Kontexte*, kommen vier Verbstellungsmuster vor: V1, V2=SV(O), V2=XVS und V3.[3] In V2-Kontexten sind V1- und V3-Abfolgen nicht-zielsprachlich (*). Zielsprachliche V1-Abfolgen in deklarativen Hauptsätzen (z.B. *Topik-Drop*) wurden nicht zu den V2-Kontexten gezählt. Die Erwerbsreihenfolge entspricht bei beiden Lernerinnen der von Erwachsenen: Beide Lernerinnen produzieren von Anfang an SV- bzw. SVO-Abfolgen, bei vorangestellten Adverbien kommt es ab dem 2. Kontaktmonat (KM) vermehrt zu V3-Abfolgen (XSV) und erst ab dem 3. KM zu V2-Abfolgen (XVS). Aus Tabelle 1 geht bereits hervor, dass die ältere Lernerin doppelt so viele nicht-zielsprachliche V3-Abfolgen produziert wie die jüngere:

Tabelle 1.   Verbstellung in V2-Kontexten

	Dascha/DAS (14;2)		Nastja/NAS (8;7)	
V1 (*)	16	0,93%	10	0,43%
V2 = SV(O)	1135	65,76%	1589	68,11%
V2 = XVS	371	21,49%	611	26,19%
V3 (*)	204	11,82%	123	5,27%
V2-Kontexte	1726	100,00%	2333	100,00%

Das häufigste Verbstellungsmuster ist SV bzw. SVO, das auch im Russischen, das grundsätzlich eine freiere Wortstellung aufweist als das Deutsche, die häufigste (und die unmarkierte) Abfolge darstellt (Bailyn 2012; Siewierska & Uhlířová 1997). Es liegt daher nahe, dass die Probandinnen zunächst davon ausgehen, dass Deutsch wie Russisch eine SVO-Sprache ist, und die SV-Abfolge bei einem vorangestellten Adverb beibehalten, wie in (2b). Diese nicht zielsprachlichen V3-Abfolgen konkurrieren eine Zeitlang mit der korrekten V2-Stellung, die eine Inversion des Subjekts mit dem finiten Verb erfordert, wie in (2c):

---

[3] Dabei handelt es sich interessanterweise fast ausschließlich um finit flektierte Verben. Überraschenderweise produziert keine der beiden Lernerinnen viele Äußerungen mit infiniter Verbform und overtem Subjekt wie *er springen* statt *er springt* (insgesamt nur 28 Belege). In der Erstspracherwerbsforschung werden solche Äußerungen als *optionale Infinitive* bezeichnet, da sie über einen längeren Zeitraum parallel zu finiten Äußerungen verwendet werden. Die geringe Zahl an optionalen Infinitiven bei beiden Lernerinnen steht sowohl in Kontrast zum L1- als auch zum erwachsenen L2-Erwerb des Deutschen. Auch die beiden russischsprachigen ProbandInnen von Haberzettl (2005), beide GrundschülerInnen, verwenden mehr optionale Infinitive. Für diese Besonderheit von Nastja und Dascha habe ich bis jetzt keine Erklärung gefunden.

(2) *SVO, V3 und V2-Stellung in V2-Kontexten*[4]

a. und # tamagochi **lebt** nicht ein tag. KM 02   NAS-07.cha

b. jetz(t) ich **kann** spielen. KM 02   DAS-06.cha

c. so, jetz(t) **kannst** du deine wohnung beschreiben. KM 03   DAS-09.cha

Die korrekte Bildung der Inversion (XVS-Strukturen) ist daher ein besserer Indikator für den V2-Erwerb als SVO-Abfolgen, die möglicherweise nur einen Transfer aus der L1 darstellen. Beginnt ein deklarativer Hauptsatz mit einem Nicht-Subjekt (Inversionskontext) und es wird keine Inversion gebildet, entsteht eine nicht-zielsprachliche V3-Abfolge. Die Inversionsrate gibt an, in wie vielen Inversionskontexten tatsächlich eine Inversion gebildet wurde. In Abbildung 1 wird der V2-Erwerb der beiden Probandinnen anhand der Inversionsrate verglichen (für nicht analysierte Kontaktmonate wurden Mittelwerte errechnet):

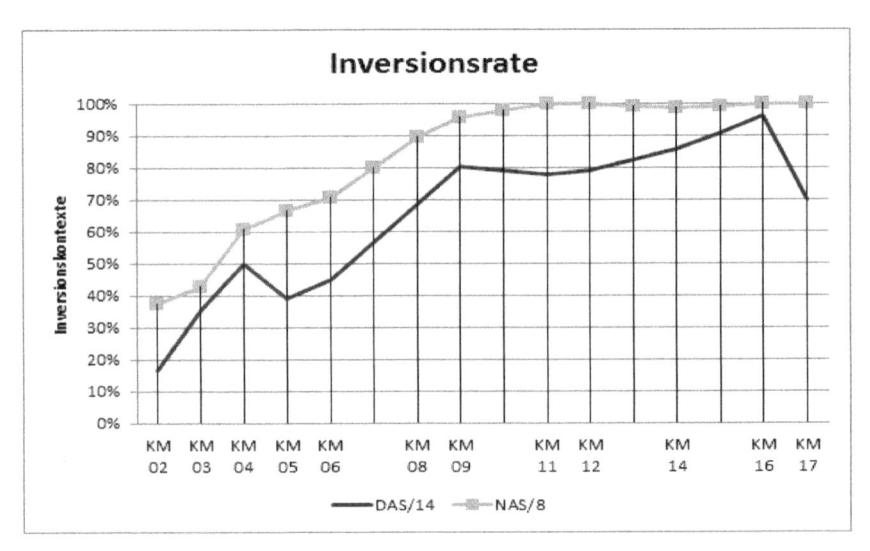

Abbildung 1. Vergleich des V2-Erwerbs anhand der Inversionsrate

Die beiden Kurven verlaufen zwar relativ ähnlich (das Ergebnis eines *t*-Tests auf Mittelwertgleichheit ist mit $p = ,052$ knapp nicht signifikant), dennoch zeigt sich ein deutlicher Unterschied zwischen den beiden

---

[4] Das Rautezeichen # steht für eine Pause, das Kürzel (eh@fp) steht für eine Pause mit Füllwort (filled pause) meist äh oder ähm.

Lernerinnen: Die jüngere Nastja (NAS) beginnt im 4. KM mit dem Inversionserwerb und benötigt vier Monate, um die 90%-Grenze zu erreichen und stabil zu halten. Dascha (DAS) beginnt zwei Monate später und überschreitet innerhalb von zehn Monaten zwar einmal die 90%-Grenze, aber ihr V2-Erwerb hat sich bis zum Ende des Untersuchungszeitraums noch nicht stabilisiert. Trotzdem passt auch Dascha ihre Lernervarietät schrittweise immer mehr der Zielsprache an, der Erwerbsprozess dauert nur deutlich länger.

3.2 Der Erwerb der Verbstellung im Nebensatz

Die Verbstellungsmuster im Nebensatz (NS) lassen sich auf vier Basiskategorien reduzieren: VE (ok), V2 (ok), Pseudo-V2 (*) und die Restkategorie „andere", die V1- und V3-Sätze umfasst. Die Übersicht in Tabelle 2 zeigt einen auffallenden Unterschied zwischen den beiden Lernerinnen, da die ältere Lernerin 52% aller NS mit nicht zielsprachlicher Pseudo-V2-Stellung bildet, während die jüngere zu 68% Verbendstellung verwendet:

Tabelle 2. Verbstellung im Nebensatz

	Dascha/DAS (14;2)		Nastja/NAS (8;7)	
VE (ok)	106	29,28%	419	68,13%
V2 (ok)	43	11,88%	71	11,54%
Pseudo-V2 (*)	187	51,66%	102	16,59%
andere	26	7,18%	23	3,74%
gesamt	362	100,00%	615	100,00%

Die ersten echten Nebensätze tauchen im 3. KM auf, bei beiden Lernerinnen zunächst vorwiegend mit nicht-zielsprachlicher Verbstellung (Pseudo-V2) wie in (5). Diese bietet sich aus mehreren Gründen an: Im Russischen ist die Verbstellung im Nebensatz dieselbe wie im Hauptsatz, und auch im Nebensatz kommt die SVO-Abfolge am häufigsten vor (Bailyn 2012). Es liegt also nahe, dass die LernerInnen zunächst davon ausgehen, dass Deutsch wie Russisch funktioniert. Sie müssen also überhaupt erst erkennen, dass das Verb im Deutschen im Nebensatz an einer anderen Position steht als im Hauptsatz wie in (3). Diese Restrukturierung ihrer anfänglichen Lernervarietät kann nur langsam vor sich gehen und wird zusätzlich dadurch erschwert, dass es im gesprochenen Deutsch mit *weil* einen sehr häufig verwendeten NS-Einleiter gibt, der wie in (4) auch V2-Stellung zulässt:

(3) *zielsprachliches VE im NS*

    a. ich will, dass du # der **nimmst** und # eine tasche **nimmst** und den +...   KM 04   NAS-15.cha

    b. wann sie dieses hund **trefft**, sie war ein alte +...   KM 05   DAS-17.cha

(4) *zielsprachliches V2 im NS*

    a. und eh@fp der Marco ist doch # böse, weil die Heike **war** mit ihn.   KM 05   NAS-19.cha

    b. weil ich **hat** französisch in meine schule .   KM 05   DAS-17.cha

(5) *nicht-zielsprachliches Pseudo-V2 im NS*

    a. und wenn ich **stehe** auf link(s) auch.   KM 04   NAS-13.cha

    b. sie haben gesagt, dass # eh@fp sie **haben** eh@fp drei oder vier oder fünf.   KM 05   DAS-18.cha

Nicht-zielsprachliche Pseudo-V2-Strukturen sind also (wie V3-Strukturen im Hauptsatz) ein Symptom dafür, dass die VE-Eigenschaft von Nebensätzen noch nicht erworben wurde. Aus dem Verhältnis zwischen VE- und Pseudo-V2-Strukturen wurde eine Korrektheitsrate für die Verbendstellung errechnet, die in Abbildung 2 für beide Probandinnen verglichen wird (für nicht analysierte Kontaktmonate wurden Mittelwerte errechnet).

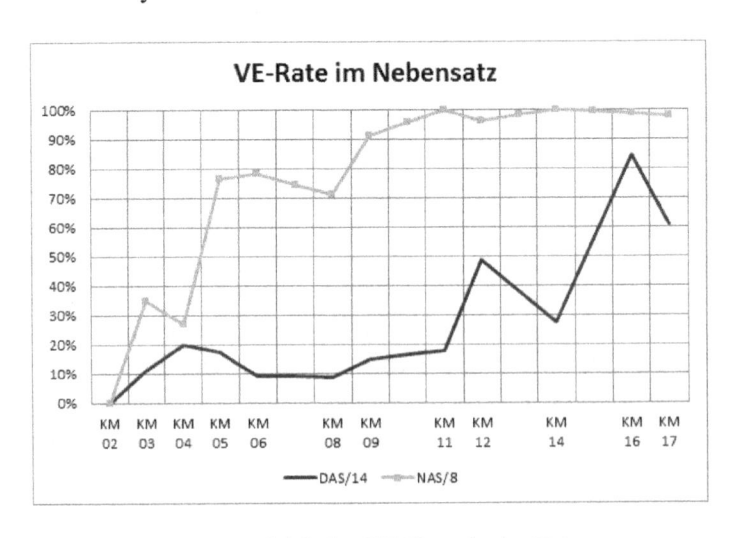

Abbildung 2.   Vergleich des VE-Erwerbs im Nebensatz

Abbildung 2 zeigt, dass sich die Erwerbskurven der beiden Lernerinnen stark unterscheiden. Auch das Ergebnis eines *t*-Tests auf Mittelwertgleichheit aller Aufnahmen ist mit *p* = *,000* hochsignifikant. Die jüngere Lernerin Nastja erreicht die 50%-Marke bereits zwischen dem 4. und 5. KM, und erfüllt ab dem 9. KM schon das 90%-Erwerbskriterium, d.h. sie hat die VE-Stellung im Nebensatz zu diesem Zeitpunkt stabil erworben. Die ältere Lernerin erreicht zwischen dem 14. und 16. KM die 50%-Marke (also zehn Monate später als Nastja). Im 16. KM kommt Dascha zwar nah an die 90%-Grenze heran, erreicht jedoch im Untersuchungszeitraum noch keinen stabilen zielsprachlichen Endzustand.

3.3 Der Erwerb der Satzklammer

Bis jetzt war nur von der Position des finiten Verbs die Rede, das im HS an zweiter, im NS an letzter Position steht. Das infinite Verb steht im Deutschen nach seinen Objekten (OV), im Gegensatz zum Russischen, das eine VO-Sprache ist (Bailyn 2012; Isačenko 1968). Wenn beide Verbpositionen besetzt sind, und das ist bei Modalverben, Auxiliaren und Partikelverben der Fall, bilden sie im Hauptsatz die so genannte Satzklammer (SK). Die SK kann wie in (6) neben Objekten auch invertierte Subjekte, Adverbien, Negation und andere Partikel umfassen:

(6) *Satzklammer im deklarativen HS*

a.	ich **habe** geige	**gespielt**.	KM 05	DAS-20.cha
b.	das **kann** ich nicht	**erklären**.	KM 05	NAS-19.cha
c.	das **sieht** doch blöd	**aus**.	KM 05	NAS-19.cha

Tabelle 3 zeigt, dass die beiden Lernerinnen insgesamt einen ähnlich geringen Anteil an inkorrekt realisierten Satzklammern produzieren:

Tabelle 3.   Satzklammer im deklarativen HS

	Dascha/DAS (14;2)		Nastja/NAS (8;7)	
SK korrekt	531	93,16%	820	94,80%
SK inkorrekt	39	6,84%	45	5,20%
SK-Kontexte	570	100,00%	865	100,00%

Dabei enthält die Kategorie „SK inkorrekt" sogar teilweise korrekt gebildete Satzklammern, in denen z.B. die OV-Stellung korrekt ist, aber die Distanzstellung für ein anderes Element nicht eingehalten wird, wie in (7b).

(7) *inkorrekt realisierte Satzklammer*

    a. meine musiklehrerin **kann** eh@fp   KM 02   NAS-05.cha
        sprechen russisch.

    b. man **kann** viele stadten **macht** kaputt.   KM 04   DAS-14.cha

Die Entwicklung der Satzklammer umfasst also sowohl die OV-Eigenschaft des Deutschen als auch die Distanzstellung (XV), die offensichtlich beide sehr schnell gelernt werden. Aus dem Verhältnis zwischen korrekten Satzklammer-Bildungen und Satzklammer-Kontexten wurde eine SK-Rate errechnet, die in Abbildung 3 für beide Probandinnen verglichen wird (für nicht analysierte Kontaktmonate wurden Mittelwerte errechnet):

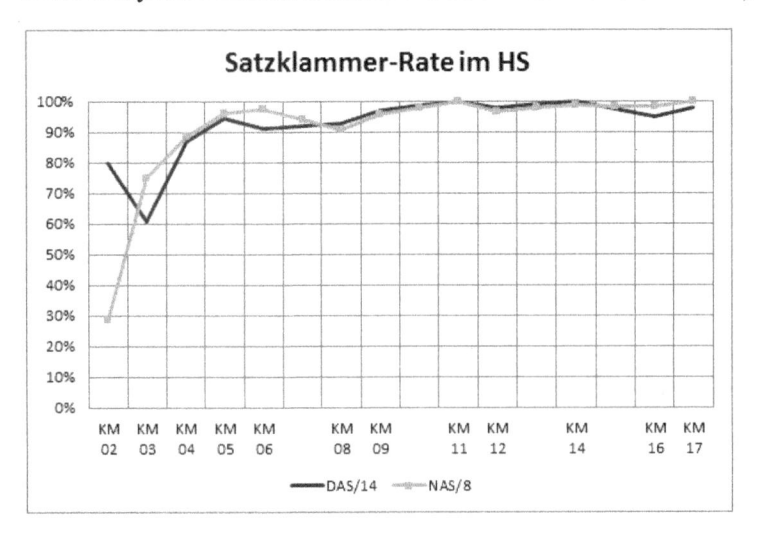

Abbildung 3.   Vergleich des SK-Erwerbs im HS

Die Erwerbskurven der beiden Lernerinnen in Abbildung 3 unterscheiden sich kaum von einander. Auch das Ergebnis eines *t*-Tests auf Mittelwertgleichheit über alle Aufnahmen ist mit $p = ,449$ nicht signifikant. Im 2. KM produziert die ältere Lernerin noch deutlich mehr korrekte Satzklammern als die jüngere Lernerin, die jedoch innerhalb eines Monats aufholt. Im 3. KM bilden beide Lernerinnen bereits über die Hälfte der obligatorischen Satzklammer-Kontexte korrekt. Im 4./5. KM haben beide Lernerinnen die

Satzklammer bereits erworben. Beim Erwerb der Satzklammer verhalten sich beide Lernerinnen also fast gleich.

4. Zusammenfassung und Diskussion

Wie aus der Zusammenfassung in Tabelle 4 hervorgeht, entspricht die Erwerbsreihenfolge der beiden Lernerinnen der in (1), d.h. was den Erwerbsverlauf angeht verhalten sich beide Lernerinnen wie Erwachsene. Sie bilden zuerst SVO- und V3-Abfolgen, erwerben dann die OV/XV-Stellung, dann die Inversion und als letztes die VE-Stellung im Nebensatz:

Tabelle 4. Erwerbsgeschwindigkeit bei Nastja und Dascha

Korrektheit	Dascha/DAS (14;2)		Nastja/NAS (8;7)	
	> 50%	> 90%	> 50%	> 90%
OV/XV im HS	2. KM	4./5. KM	3. KM	4. KM
V2/INV im HS	6. KM	(16. KM)	4. KM	8. KM
VE im NS	14. KM	~ (16. KM)	4. KM	9. KM

Der Altersunterschied wirkt sich jedoch auf die Erwerbsgeschwindigkeit aus: Während die jüngere Lernerin alle drei Verbstellungsmuster innerhalb von neun Kontaktmonaten stabil erwirbt, hat die ältere in 17 Kontaktmonaten nur die erste stabil erworben, die zweite annähernd und die dritte noch lange nicht. Die Ausgangshypothese bestätigt sich also: Die jüngere Lernerin erwirbt die Verbstellung tatsächlich schneller als die ältere, sie erreicht innerhalb von neun Monaten einen zielsprachlichen Endzustand. Außerdem setzt der Erwerb der jüngeren Lernerin früher und für alle drei Eigenschaften gleichzeitig ein. Dies deutet darauf hin, dass sie einen systematischen Zusammenhang zwischen den drei Verbstellungsmustern erkennt, während ihre ältere Schwester jedes Muster einzeln zu erwerben scheint.

Eine plausible Erklärung für diese Alterseffekte ist, dass der Einfluss der Erstsprache (Transfer) mit einem höheren Erwerbsalter steigt, und der Umstieg auf andere Sprachstrukturen daher länger dauert. Allerdings erklärt die Transfer-Hypothese nur die Unterschiede zwischen den beiden Lernerinnen und nicht die Gemeinsamkeiten: Dascha erwirbt die Satzklammer (OV/XV) immerhin gleich schnell wie Nastja. Die Erwerbsgeschwindigkeit hängt also auch vom Lerngegenstand ab. Möglicherweise kommen hier Unterschiede zwischen finiten und infiniten Verben bzw.

Verbpositionen zum Tragen. Interessant ist auch, dass die Unterschiede zwischen den beiden Lernerinnen immer größer werden, je später eine Struktur erworben wird. Dies könnte darauf hinweisen, dass der Grundstein für einen erfolgreichen bzw. schnellen (ungesteuerten) Erwerb in den ersten Monaten gelegt wird.

Im Vergleich zu L2-LernerInnen aus anderen Studien sind sowohl Nastja als auch Dascha sehr schnelle Lernerinnen. In der Literatur zum Verbstellungserwerb sind z.B. zwei jugendliche Lerner genauer dokumentiert: Cevdet kam mit 15 Jahren nach Deutschland, spricht Türkisch als L1 und ist verglichen mit erwachsenen L2-LernerInnen im ESF-Projekt ein erfolgreicher L2-Lerner (Klein & Perdue 1992). Bruno kam mit 16 Jahren nach Deutschland, spricht Italienisch als L1 und wurde im Rahmen des ZISA-Projekts ab dem 2. KM ungefähr zwei Jahre lang beobachtet (Clahsen, Meisel & Pienemann 1983). Die Angaben zum Erwerb der Verbstellung bei Cevdet stammen von Schwartz & Sprouse (1994) und bei Bruno von Müller (1998) und wurden in Tabelle 5 in Kontaktmonate umgerechnet:

Tabelle 5. Longitudinale Studien zur Verbstellung bei Jugendlichen

ab wann > 50%	Dascha/14	Cevdet/15	Bruno/16
OV/XV im HS	2. KM	12. KM	14. KM
V2/INV im HS	6. KM	20. KM	k.A.
VE im NS	14. KM	k.A.	23. KM

Beide Lerner beginnen deutlich später mit dem Erwerb der jeweiligen Verbstellungsmuster als Dascha. Da dies viele Gründe[5] haben kann und die Studien methodisch nicht direkt vergleichbar sind, lassen sich aus diesen Daten keine definitiven Schlussfolgerungen ableiten. Wir brauchen in Zukunft mehr longitudinale Studien zu verschiedenen Altersgruppen, besonders zu jugendlichen LernerInnen, die methodisch vergleichbar sind. Dazu müssen einerseits mehr Hintergrunddaten zu einzelnen ProbandInnen erhoben werden, andererseits verstärkt L2-LernerInnen mit verschiedenen Voraussetzungen untersucht werden. Nur so können wir herausfinden, welche Faktoren sich auf die Erwerbsgeschwindigkeit auswirken, und ob bzw. wie dieses Wissen auch im Sprachunterricht genutzt werden kann.

---

[5] Z.B. sticht ins Auge, dass Dascha aus einer bildungsnahen Familie kommt und das Gymnasium besucht, während z.B. Cevdet nach nur sechs Jahren Schulbildung in Italien und einem einjährigen Integrationskurs in Deutschland als Dachdecker arbeitet.

5. Literaturangaben

Ahrenholz, Bernt (2008): Zum Erwerb zentraler Wortstellungsmuster. In Ahrenholz, Bernt; Bredel, Ursula; Klein, Wolfgang; Rost-Roth, Martina & Skiba, Romuald (Hrsg.): *Empirische Forschung und Theoriebildung. Beiträge aus der Soziolinguistik, Gesprochene-Sprach- und Zweitspracherwerbsforschung. Festschrift für Norbert Dittmar.* Frankfurt a. M.: Lang, 165–177.

Bailyn, John Frederick (2012): *The Syntax of Russian.* Cambridge: Cambridge University Press.

Bast, Cornelia (2003): Der Altersfaktor im Zweitspracherwerb. Die Entwicklung der grammatischen Kategorien Numerus, Genus und Kasus in der Nominalphrase im ungesteuerten Zweitspracherwerb des Deutschen bei russischen Lernerinnen. *Kölner Universitäts-Publikations-Server*, Download 27.08.2007, http://kups.ub.uni-koeln.de/volltexte/2003/936/pdf/Der_Altersfaktor_im_Zweitspracherwerb.PDF.

Birdsong, David (2009): Age and the End State of Second Language Acquisition. In Ritchie, William C. & Tej, Bhatia (Hrsg.): *The New Handbook of Second Language Acquisition.* New York: Academic Press, 401–424.

Brown, Roger (1973): *A first language: The Early Stages.* Cambridge, MA: Harvard University Press.

Clahsen, Harald; Meisel, Jürgen M. & Pienemann, Manfred (1983): *Deutsch als Zweitsprache. Der Spracherwerb ausländischer Arbeiter.* Tübingen: Narr.

Czinglar, Christine (2014): *Grammatikerwerb vor und nach der Pubertät. Eine Fallstudie zur Verbstellung im Deutschen als Zweitsprache.* Berlin, De Gruyter.

Keyser, Robert (2011): Age effects in second language learning. In Gass, Susan M. & Mackey, Alison (Hrsg.): *The Routledge Handbook of Second Language Acquisition.* London: Routledge.

Dimroth, Christine (2008a): Age Effects on the Process of L2 Acquisition? Evidence From the Acquisition of Negation and Finiteness in L2 German. *Language Learning* 58 (1): 117–150.

Dimroth, Christine (2008b): Kleine Unterschiede in den Lernvoraussetzungen beim ungesteuerten Zweitspracherwerb: Welche Bereiche der Zielsprache Deutsch sind besonders betroffen? In Ahrenholz, Bernt (Hrsg.): *Zweitspracherwerb. Diagnosen, Verläufe, Voraussetzungen.* Freiburg: Fillibach, 117–134.

Dimroth, Christine (2007): Zweitspracherwerb bei Kindern und Jugendlichen: Gemeinsamkeiten und Unterschiede. In Anstatt, Tanja (Hrsg.): *Mehrsprachigkeit bei Kindern und Erwachsenen.* Tübingen: Narr-Francke, 115–137.

Dimroth, Christine & Haberzettl, Stefanie (2012): The Older the Better, or More is More: Language Acquisition in Childhood. In Watorek, Marzena; Benazzo, Sandra & Hickman, Maya (Hrsg.): *Comparative Perspectives to Language Acquisition: A Tribute to Clive Perdue.* Clevedon: Multilingual Matters, 324–349.

Grotjahn, Rüdiger & Schlak, Torsten (2010): Alter. In Krumm, Hans-Jürgen (Hrsg.): *Deutsch als Fremd- und Zweitsprache ein internationales Handbuch (Handbücher zur Sprach- und Kommunikationswissenschaft)*. Berlin: De Gruyter, 867-76.

Haberzettl, Stefanie (2005): *Der Erwerb der Verbstellungsregeln in der Zweitsprache Deutsch durch Kinder mit russischer und türkischer Muttersprache*. Tübingen: Niemeyer.

Haberzettl, Stefanie; Dimroth, Christine; Wulff, Nadja & Czinglar, Christine (2013): Erwerb des Deutschen als Zweitsprache im Grundschulalter In Berndt, Annette (Hrsg.): *Fremdsprachen in der Perspektive lebenslangen Lernens*. Frankfurt a. M.: Lang, 143–161.

Hinrichs, Erhard W. & Kübler, Sandra (2005): Treebank Profiling of Spoken and Written German. *Proceedings of the Fourth Workshop on Treebanks and Linguistic Theories (TLT)*. Barcelona.

Hyltenstam, Kenneth & Abrahamsson, Niclas (2003): Maturational constraints in SLA. In Doughty, Catherine J. & Long, Michael H. (Hrsg.): *The handbook of second language acqusition*. Oxford: Blackwell, 539–588.

Isačenko, Alexandr V. (1968): *Die russische Sprache der Gegenwart: Formenlehre*. Tübingen: Niemeyer.

Klein, Wolfgang & Perdue, Clive (1992): *Utterance structure: developing grammars again*. Amsterdam: Benjamins.

MacWhinney, Brian (2000): *The CHILDES Project: Tools for Analyzing Talk. 3rd Edition*. Mahwah, New Jersey: Lawrence Erlbaum Associates.

Meisel, Jürgen M. (2009): Second Language Acquisition in Early Childhood. *Zeitschrift für Sprachwissenschaft* 28: 5–34.

Meisel, Jürgen M.; Clahsen, Harald & Pienemann, Manfred (1981): On determining developmental stages in natural second language acquisition. *Studies in Second Language Acquisition* 3: 109–135.

Müller, Natasha (1998): Die Abfolge OV/VO und Nebensätze im Zweit- und Erstspracherwerb. In Wegener, Heide (Hrsg.): *Eine zweite Sprache lernen: empirische Untersuchungen zum Zweitspracherwerb*. Tübingen: Narr. 89–116.

Muñoz, Carmen & Singleton, David M. (2011): A critical review of age-related research on L2 ultimate attainment. *Language Teaching* 44 (1): 1–35.

Pagonis, Giulio (2009): *Kritische Periode oder altersspezifischer Antrieb. Was erklärt den Altersfaktor im Zweitspracherwerb? Eine empirische Fallstudie zum ungesteuerten Zweitspracherwerb des Deutschen durch russische Lerner unterschiedlichen Alters*. Frankfurt a. M.: Lang.

Rothweiler, Monika (2006): The acquisition of V2 and subordinate clauses in early successive acquisition of German. In Lleó, Conxita (Hrsg.): *Interfaces in Multilingualism: Acquisition, Representation and Processing*. Amsterdam: John Benjamins, 91–113.

Schwartz, Bonnie D. & Sprouse, Rex A. (1994): Word order and nominative case in non-native language acquisition: A longitudinal study of (L1 Turkish)

German interlanguage. In Hoekstra, Teun & Schwartz, Bonnie D. (Hrsg.): *Language Acquisition Studies in Generative Grammar: Papers in Honor of Kenneth Wexler from the 1991 GLOW Workshops.* Amsterdam: Benjamins, 317–368.

Siewierska, Anna & Uhlířová, Ludmila (1997): An overview of word order in Slavic languages. In Siewierska, Anna (Hrsg.): *Constituent order in the languages of Europe.* Berlin, New York: Mouton de Gruyter, 105–149.

Snow, Catherine E. & Hoefnagel-Höhle, Marian (1978): The critical period for language acquisition: Evidence from second language learning. *Child Development* 49 (4): 1114–1128.

Tracy, Rosemarie & Thoma, Dieter (2009): Convergence on finite V2 clauses in L1, bilingual L1 and early L2 acquisition. In Dimroth, Christine & Jordens, Peter (Hrsg.): *Functional categories in learner language.* Berlin: Mouton de Gruyter, 1–44.

Einflussfaktoren im Erwerb von Adverbkonnektoren bei L2-Lernern des Deutschen

Gisella Ferraresi

In diesem Beitrag wird der Frage nachgegangen, welche Faktoren beim Erwerb von Adverbkonnektoren durch L2-Lerner des Deutschen relevant sind. Adverbkonnektoren haben einerseits semantische Eigenschaften, die subordinierenden Konjunktionen gleichen, andererseits jedoch verhalten sie sich syntaktisch wie Adverbien. Um die grammatischen Faktoren Syntax und Semantik der Adverbkonnektoren sowie die Faktoren Alter beim Beginn des L2-Erwerbs und Dauer der Sprachexposition näher zu beleuchten, werden die Ergebnisse aus einem psycholinguistischen Test dargestellt: Dabei ergibt sich, dass die Syntax der Adverbkonnektoren den L2-Lernern besondere Schwierigkeiten zu bereiten scheint. Außerdem konnte eine erste Tendenz festgestellt werden, dass die Lerner, die schon im Kindes- oder Jungenalter mit dem Erwerb des Deutschen angefangen haben, Grammatikalitätsurteile abgeben, die denjenigen der Sprecher des Deutschen als Muttersprache näher kommen. Ähnlich signifikant ist auch die Dauer der Exposition: Je länger die Lerner mit dem Deutschen in Kontakt waren, desto zielsprachlicher sind ihre Grammatikalitätsurteile.

1. Einleitung

In der DaF-/DaZ-Forschung ist die Diskussion zum Altersfaktor im Spracherwerb – unabhängig vom theoretischen Rahmen – vor allem auf die grundlegende Frage zentriert, ab welchem Alter man als Lerner keine native Kompetenz mehr erreicht. Daran knüpft sich die weitere Frage, ob und durch welche Mechanismen sich der bilinguale Spracherwerb von Kindern und der Fremdspracherwerb von Erwachsenen unterscheiden. Die Begrifflichkeit zeigt, dass die Grenzen zwischen den beiden Erwerbsprozessen nicht klar festzulegen sind (vgl. die Diskussion in der Zeitschrift für Sprachwissenschaft 28, Meisel 2009). Die Faktoren, die dabei eine Rolle spielen, sind sehr heterogen und nicht nur sprachinhärent bzw. systeminhärent, sondern sie sind auch von der Biographie jedes einzelnen Lerners abhängig und individuell unterschiedlich gewichtet. Dieser Beitrag soll ein erster Versuch sein, die verschiedenen Faktoren, die beim Erwerb von Adverbkonnektoren eine Rolle spielen, durch eine psycholinguistische Untersuchung genau zu überprüfen.

Adverbkonnektoren stellen einen Bereich der Grammatik dar, der an der Schnittstelle zwischen Syntax, Semantik und Pragmatik liegt. Aus verschiedenen Studien auch zu anderen pragmatischen Elementen wie Modalpartikeln (vgl. Rost-Roth 2000) ist bekannt, dass gerade die Pragmatik beim Spracherwerb im Erwachsenenalter eine große Schwierigkeit darstellt. Kontextloses Erlernen der Adverbkonnektoren ist nicht möglich, weil ihr Gebrauch nicht nur durch syntaktisch-semantische Prinzipien, sondern auch durch informationsstrukturelle Faktoren gesteuert wird. Adverbkonnektoren wie *allerdings*, *immerhin* oder *jedoch* sind deswegen ein Bereich, der sich gut dazu eignet, die Altersfrage beim Erwerb grundlegend zu diskutieren. Da bestimmte Adverbkonnektoren entweder vorwiegend in der geschriebenen oder hauptsächlich in der gesprochenen Sprache vorkommen, werden Probleme der Frequenz im Gebrauch thematisiert. Dieser Aspekt wird im vorliegenden Beitrag jedoch nur am Rande behandelt. Das Hauptanliegen dieses Artikels ist eine feinkörnige Analyse in Bezug auf die Frage, welche der grammatischen Faktoren, nämlich Syntax und Semantik der Adverbkonnektoren, für den L2-Erwerb ein Hindernis darstellen.

Der Beitrag gliedert sich wie folgt: In Abschnitt 2 werden die Adverbkonnektoren in ihren grammatischen Eigenschaften näher beleuchtet. Dabei wird auf den Unterschied im Gebrauch zwischen geschriebener und gesprochener Sprache sowie auf Schwierigkeiten in der Klassifizierung solcher Elemente eingegangen. Diese Schwierigkeiten spiegeln sich auch in der Begrifflichkeit in Textgrammatiken und Übungsbüchern wider und stellen L2-Lerner des Deutschen vor erhebliche Hindernisse.

In Abschnitt 3 stelle ich zwei Teilexperimente vor, die an den Universitäten Bielefeld, Konstanz und Bamberg in Zusammenarbeit mit Markus Bader durchgeführt wurden. Diese Experimente hatten das Ziel, die Faktoren Semantik (Teilexperiment 1) und Syntax (Teilexperiment 2) als Schwierigkeitsfaktoren im Erwerb der Adverbkonnektoren bei L2-Lernern zu durchleuchten. Dabei werden auch das Alter der Lerner beim ersten Kontakt mit der deutschen Sprache und die Dauer des Deutschunterrichts berücksichtigt.

Schließlich werden in Abschnitt 4 die Ergebnisse aus der Diskussion kurz zusammengefasst.

2. Adverbkonnektoren in Theorie und Gebrauch

2.1 Adverbkonnektoren und Standardsprache

Die Diskussion zum Spracherwerb – sei dieser L1- oder L2-Erwerb – bezieht sich in der populären, aber auch in der wissenschaftlichen Literatur weitgehend auf eine homogene Standardsprache. Die Rede ist häufig vom Erwerb der deutschen Sprache. Aber was ist eigentlich ‚**die** deutsche Sprache'? Beachtet man die soziolinguistische Literatur zum Thema *Standardsprache/Variation*, wird schnell deutlich, dass die Standardsprache – oder wie sie in der soziolinguistischen Literatur auch bezeichnet wird: die Dachsprache (die selbst in geschriebene und gesprochene Dachsprache differenziert werden muss) – aus verschiedenen Ebenen der Variation besteht (vgl. Löffler 2005: 79). Neben der dialektalen (sog. diatopischen) Variation wird eine diastratische (d.h. gesellschaftliche und gruppenspezifische) Variation angenommen. Die Standardsprache ist eine Abstraktion, die dank der literalen bzw. medialen Standardisierung nur partiell der Realität entspricht. Von vielen Sprechern wird diese Sprache in Wirklichkeit als Zweitsprache erlernt (Weiß 2005). Die meisten Sprecher beherrschen mehrere Varietäten, die sich nicht nur lexikalisch, sondern auch in anderen Bereichen der Grammatik voneinander unterscheiden. Nur in manchen Varianten finden sich spezifische Konstruktionen, grammatische Phänomene oder Lexeme, die in anderen abwesend sind. In der Spracherwerbsforschung wird dieser Aspekt meistens vernachlässigt, da die Standardsprache der Literalitätssprache heutzutage weitgehend entspricht. In manchen Bereichen der Grammatik ist allerdings eine feinere Unterscheidung notwendig, zumindest die Unterscheidung zwischen gesprochener und geschriebener Sprache. Ein Bereich, in dem diese Unterscheidung auf jeden Fall relevant ist, ist die Satzverknüpfung. Das Thema Subordination und Einbettung ist jedoch zu komplex, um auf die detaillierte Diskussion eingehen zu können. Ich konzentriere mich auf die sogenannten Adverbkonnektoren, weil bei diesen ein breites Variationsspektrum zu beobachten ist, und weil L2-Lerner bei deren Erwerb besonderen Schwierigkeiten begegnen, selbst wenn sie fortgeschrittene Lerner sind. Ich werde zunächst auf die grammatischen Eigenschaften dieser Klasse eingehen, um dann auf die Schwierigkeiten bei L2-Lernern zu sprechen kommen. Dabei stellen sich folgende Fragen:
- Wie sind Adverbkonnektoren beschaffen?
- Auf welcher Ebene liegen die Schwierigkeiten beim L2-Erwerb?

Zur Beantwortung dieser Fragen werden die Ergebnisse aus den oben genannten psycholinguistischen Tests vorgestellt.

Schließlich werde ich auf mögliche Erklärungen dieser Erwerbsschwierigkeiten eingehen, insbesondere auf die Frage, welche Rolle Alter und Sprachexposition beim L2-Erwerb dieser Elemente spielen.

2.2   Ebenen des Gebrauchs

2.2.1 Adverbkonnektoren in Grammatiken

Adverbkonnektoren wie *allerdings, immerhin, jedoch* oder *trotzdem* verbinden zwei Sätze miteinander, die die Form eines Hauptsatzes aufweisen, d.h. das finite Verb steht in der zweiten Position. Die semantische Interpretation der Satzverknüpfung kommt jedoch eher der der Subordination näher. *Immerhin* oder *trotzdem* z.B. führen eine konzessive Relation zwischen beiden Sätzen ein, ähnlich wie die subordinierende Konjunktion *obwohl*. Adverbkonnektoren werden deshalb in den meisten Abhandlungen nach den gleichen Kategorien klassifiziert wie subordinierende Konjunktionen. Die Relationen, die durch Konnektoren zwischen zwei Konnekten hergestellt werden können, werden in den traditionellen Textgrammatiken als konzessiv (durch *allerdings, immerhin*), kausal (durch *zumal, nämlich, deshalb, deswegen, darum* u.a.), temporal (*danach*) oder adversativ (durch *aber, jedoch, dennoch* u.a.) gekennzeichnet. Auch die Konnektoren, die solche Relationen ausdrücken, werden in diese Klassen eingeteilt (vgl. DUDEN 2009, Helbig & Buscha 2005, Zifonun, Hoffmann & Strecker 1997). In der Tat haben die meisten Adverbkonnektoren (mit Ausnahme der adversativen) einen entsprechenden Satzkonnektor. Alle obengenannten Relationen werden außerdem sprachtypologisch sogar häufiger durch einen Satzkonnektor als durch einen Adverbkonnektor realisiert (Kortmann 1997).

Eine zweite Eigenschaft der Adverbkonnektoren ist, dass sie – im Unterschied zu subordinierenden Konjunktionen – nicht nur an erster Stelle, sondern in verschiedenen Positionen im Satz auftreten können. Diese Eigenschaft teilen sich Adverbkonnektoren mit Adverbien, aus denen viele von ihnen historisch entstanden sind (vgl. Ferraresi 2014). In Beispiel (1) steht *trotzdem* im Vorfeld, der Adverbkonnektor *trotzdem* kann jedoch auch im Mittelfeld und in der sogenannten Nullposition erscheinen (Pasch, Brauße, Breindl & Waßner 2003). Diese Position ist dadurch charakterisiert, dass das finite Verb in der linken Satzklammer auftritt und davor nicht nur der Adverbkonnektor steht, sondern auch das Subjekt, d.h. es handelt sich um eine extra-sententiale Position:

(1) a. **Mittelfeld**:
Und der Wahlkampf findet *trotzdem* statt (St. Galler Tagblatt, 19.10.1999)[1]
b. **Nullposition**:
Viermal hat «Vati» eine Berufslehre begonnen, die Ausbildung aber jedesmal nach kurzer Zeit abgebrochen. «Einmal lag die Schuld beim Lehrmeister, dreimal lag sie bei mir», gibt «Vati» zu. *Trotzdem*: Um sich seinen Wunsch von einer eigenen Wohnung erfüllen zu können, würde er jetzt auch gerne eine Festanstellung annehmen. (St. Galler Tagblatt, 03.01.1998)

Adverbkonnektoren verhalten sich demnach syntaktisch wie Adverbien, semantisch aber weitgehend wie subordinierende Konjunktionen.

Die Frage nach der Wortklasse der Adverbkonnektoren scheint also aus den gerade erwähnten Gründen alles andere als einfach. Die Textgrammatiken sind hierbei kaum eine Hilfe, da Elemente wie *allerdings* unterschiedlich klassifiziert werden: Beispielsweise wird *allerdings* im DUDEN (2009) als Kommentaradverb, in Engel (1996) als Modalpartikel, in Helbig & Buscha (2005) als Modaladverb und in Zifonun, Hoffmann & Strecker (1997) als Konnektivpartikel klassifiziert. Die unterschiedliche Charakterisierung solcher Elemente zeugt von Unsicherheit in der Forschung.

2.2.2 Varietäten

Wenn man den Gebrauch der Adverbkonnektoren durch eine korpusbasierte Recherche näher betrachtet – insbesondere den Unterschied zwischen geschriebener und gesprochener Sprache – fällt eine wichtige Beobachtung auf: Die geschriebene Sprache macht von bestimmten Adverbkonnektoren seltener Gebrauch als die gesprochene. Dafür werden in der geschriebenen Sprache vorwiegend (subordinierende) Konnektoren verwendet, falls eine entsprechende subordinierende Konjunktion vorhanden ist. Ein Beispiel: Der konzessive Konnektor *trotzdem* wird im Jahrgang 1999 der *Berliner Morgenpost* deutlich seltener realisiert als die Konjunk-

---
[1] Alle hier angeführten Daten der geschriebenen Sprache sind aus dem Mannheimer Korpus Cosmas entnommen.

tion *obwohl* (2705 Vorkommen von *obwohl* gegenüber 1915 von *trotzdem*). Ein Vergleich mit dem *Freiburger Korpus* der gesprochenen Sprache zeigt das gegenteilige Verhältnis in der Frequenz von *trotzdem* und *obwohl*: Hier kommt *trotzdem* 704-mal vor gegenüber 420 Vorkommen von *obwohl*[2]. ‚Unabhängige' Sätze werden in der gesprochenen Sprache bevorzugt benutzt, weil diese für den Sprecher einfacher zu produzieren und für den Hörer leichter *online* zu verstehen sind (vgl. Schwitalla 1997: 107ff). Andere Adverbkonnektoren wie z.B. *jedoch* scheinen wiederum typisch für einen gehobenen Stil in der geschriebenen Sprache zu sein. Dieser Punkt sollte bei der Forschung des Erwerbs von Adverbkonnektoren in Bezug auf die Frage berücksichtigt werden, welchen Einfluss die Frequenz auf den Erwerb hat. Wie Rost-Roth (2000) für den Erwerb der Modalpartikeln bei italienischen L2-Lernern des Deutschen diskutiert hat, werden bestimmte Modalpartikeln als Konstruktion in festen Sätzen gelernt und gebraucht, ohne dass das System dieser Partikeln schon erworben ist. Im vorliegenden Beitrag wird das Problem der Frequenz aus Platzgründen vernachlässigt; stattdessen werden vor allem die grammatischen Eigenschaften diskutiert.

2.2.3 Adverbkonnektoren und Informationsstruktur

Im Vergleich zu subordinierenden Konjunktionen haben Adverbkonnektoren eine größere syntaktische Flexibilität, da sie, wie bereits besprochen, nicht nur auf die Erstposition beschränkt sind. Diese syntaktische Flexibilität ist jedoch nicht beliebig, sondern durch informationsstrukturelle Faktoren gesteuert. Dies kann am Beispiel des Adverbkonnektors *allerdings* betrachtet werden. Im Vorfeld führt *allerdings* eine adversative bzw. einschränkende Interpretation ein:

(2) Berta war heute einkaufen, *allerdings* hat sie nicht geputzt.

Wenn *allerdings* nach einem Satzglied im Vorfeld steht (3a) – in der sog. Nacherstposition (Pasch, Brauße, Breindl & Waßner 2003) –, erhält das Satzglied im Vorfeld, das als Topik interpretiert wird, eine fokussierte Lesart. In (3a) wird *Maria* mit *Berta* in Bezug auf das Ereignis ‚einkaufen' kontrastiert. Der Satz ist nicht mehr akzeptabel, sobald das Subjekt in beiden Teilsätzen gleich ist (3b), weil dann keine Kontrastierung möglich ist:

---

[2] Abfragedatum: 27.09.2008.

(3) a. Berta war heute einkaufen, Maria *allerdings* war nicht einkaufen.
   b. *Berta war einkaufen, sie *allerdings* hat nicht geputzt.

Im Mittelfeld (4a) führt *allerdings* eine ähnliche Interpretation ein wie im Vorfeld (2), mit dem Unterschied, dass die Stellung im Mittelfeld flexibler ist, vor allem, wenn das Mittelfeld komplex ist (Beispiele 4b und 4c):

(4) a. Berta war einkaufen, sie hat *allerdings* nicht geputzt.
   b. Berta war einkaufen, sie hat *allerdings* die Schuhe nicht geputzt.
   c. Berta war einkaufen, sie hat die Schuhe *allerdings* nicht geputzt.

Manche der Adverbkonnektoren können auch im Nachfeld stehen Pasch, Brauße, Breindl & Waßner (2003: 496):

(5) Sie fordern bessere Lebensbedingungen. Das setzt eine alternative Politik voraus allerdings.

Auch möglich ist die desintegrierte Stellung (in Pasch, Brauße, Breindl & Waßner 2003 sog. ‚Nullstelle'). Diese ist außerhalb des Satzes und hat vor allem eine diskursive Funktion Pasch, Brauße, Breindl & Waßner (2003: 496):

(6) Allerdings: Das setzt eine alternative Politik voraus.

Die satzperipheren Positionen, d.h. die Nacherstposition, die ‚Nullstelle' und die Nachfeldposition, werden vor allem in der geschriebenen Standardsprache gebraucht. Der Grund hierfür besteht vor allem darin, dass die gesprochene Sprache über andere Strategien verfügt – wie die Prosodie –, um z.B. ein neues Topik zu markieren. Gerade mit den peripheren Stellungen von Adverbkonnektoren scheinen selbst fortgeschrittene Lerner Schwierigkeiten zu haben.

2.2.4 Adverbkonnektoren und L2-Erwerb

In der englischsprachigen Fremdsprachenforschung ist das Thema Adverbkonnektoren bei L2-Lernern spätestens seit der Veröffentlichung von Granger & Tyson (1996) ein relevantes und intensiv debattiertes Thema (vgl. Altenberg & Tapper 1998, Bolton, Nelson & Hung 2002, Chen 2006, Goldman & Murray 1992). Darin wird vor allem der Gebrauch der Adverbkonnektoren bei L2-Lernern durch korpusbasierte Studien empirisch untersucht. Diese Studien befassen sich hautpsächlich mit der Frage, welche Adverbkonnektoren von L2-Lernern im Vergleich zu Muttersprachlern unter- oder überdurchschnittlich verwendet werden. Die Daten sind in vielen dieser Studien im Rahmen der Kontrastivität entstanden. In Granger & Tyson (1996: 22) wird z.B. der überdurchschnittliche Gebrauch der englischen Konnektoren *in fact* und *indeed* durch französische Englischlerner auf die fälschliche Übertragung des französischen Konnektors *en fait* zurückgeführt, der eine andere Funktion hat. Obwohl in manchen Fällen der Einfluss der Erstsprache sicherlich eine wichtige Rolle beim nichtzielsprachlichen Gebrauch spielt, ist dieses Argument nicht plausibel bei Adverbkonnektoren, die in anderen Sprachen keine Entsprechung haben. Die Schwierigkeiten bei L2-Lernern sind – unabhängig von der Erstsprache – generell vergleichbar, so dass andere Gründe herangezogen werden müssen.

Im deutschsprachigen Raum ist eine Lücke in der Forschung des L2-Erwerbs von Adverbkonnektoren festzustellen. Die vorliegende Studie, die in Bader & Ferraresi (i.V.) und in Ferraresi (2014) detailliert beschrieben wird, versucht, diese Lücke zu schließen.

Im Folgenden werden die Ergebnisse aus zwei psycholinguistischen Experimenten vorgestellt, um zu verifizieren, auf welcher Ebene der Grammatik Adverbkonnektoren den L2-Lernern Schwierigkeiten bereiten und welche Rolle Alter und Zielsprachexposition dabei spielen.

3. Eine Pilotstudie zum Erwerb von Adverbkonnektoren

Die in diesem Beitrag vorgestellten Ergebnisse stellen nur einen ersten Schritt einer größer anzulegenden Studie dar, da das Thema Erwerb der Konnektoren bei L2-Lernern extrem komplex ist. Um erste Tendenzen in der Signifikanz der wichtigsten Faktoren, die beim Erwerb der Adverbkonnektoren in L2-Lernern eine Rolle spielen, feststellen zu können, mussten bestimmte Variablen konstant gehalten werden. Zum einen haben wir die Gruppe der Probanden sowohl der L2-Lerner als auch der Kontrollgruppe homogen gehalten, indem nur Studierende getestet wurden. Diese haben eine vergleichbare Ausbildung und ein homogenes Alter, sodass die Faktoren Dauer der Exposition und Alter des ersten Kontakts mit der Zielsprache relativ deutlich festzumachen sind. Die grammatischen Faktoren, die getestet wurden, waren die Syntax und die Semantik von Adverbkonnektoren. Diese wurden in zwei Teilexperimenten getestet, die unten näher beschrieben werden.

3.1 Die Probanden

An beiden Teilexperimenten nahm eine Gruppe von 71 L2-Lernern des Deutschen mit unterschiedlichen L1 teil. Die L1 waren Polnisch, Slowakisch, Tschechisch, Russisch, Ungarisch, Finnisch, Englisch, Dänisch, Französisch, Luxemburgisch, Chinesisch, Koreanisch und Vietnamesisch. Alle Probanden waren Studierende der Germanistik der Universitäten Konstanz, Bielefeld und Bamberg. Das Durchschnittsalter lag bei 22 Jahren. Allerdings hatten mehrere der Probanden teilweise recht früh, schon im Kindes- oder Jugendalter, mit dem Deutschlernen angefangen. Dies beinhaltet, dass zwar das Alter und das Bildungsniveau innerhalb der Gruppe homogen waren, das Alter beim ersten Kontakt mit der L2 und die Dauer der Exposition waren jedoch unterschiedlich. Diese Unterschiede in den Faktoren Alter beim Beginn des L2-Erwerbs sowie Dauer der Exposition erlaubten uns, die Daten auch nach diesen Faktoren zu prüfen. Recht homogen war auch die Dauer des Aufenthalts im Land der Zielsprache, denn die meisten waren durchschnittlich seit einem Jahr in Deutschland. Als Kontrollgruppe wurden 16 Probanden mit Deutsch als Muttersprache im gleichen Alter wie die L2-Gruppe getestet.

3.2 Hypothesen

In der Studie wurde zum einen getestet, welchen Einfluss die grammatischen Faktoren Semantik und Syntax auf den Erwerb der Adverbkonnektoren haben, zum anderen wurde die Korrelation zwischen diesen beiden Faktoren überprüft. Die Fragestellung lautete:

1. Ist es die Semantik oder die Syntax der Adverbkonnektoren oder die Verbindung beider, die für L2-Lerner besonders schwierig zu erwerben ist?

Um Semantik und Syntax voneinander unterscheiden zu können, wurden sie jeweils in einem eigenen Teilexperiment getestet (Teilexperiment 1: Semantik, Teilexperiment 2: Syntax). Ferner wurden die Faktoren Alter des ersten Kontakts mit der Zielsprache und Dauer des Unterrichts in der Zielsprache in den Tests berücksichtigt. Hierbei lautete die Fragestellung:

2. Besteht eine Korrelation zwischen zielsprachlichem Erwerb dieser Elemente und Alter beim Beginn des L2-Erwerbs bzw. Dauer der Sprachexposition?

Dies wurde überprüft, indem die Metadaten dieser beiden Faktoren und die Ergebnisse der bereits beschriebenen Teilexperimente durch eine multifaktorielle Analyse statistisch in Korrelation gebracht wurden.

3.3 Die Teilexperimente

Um die grammatischen Faktoren Semantik und Syntax zu testen, wurden für beide Teilexperimente acht Minidiskurse mit je vier Varianten konstruiert. Diese entsprachen den beiden Faktoren *Semantik* (‚kongruent' versus ‚inkongruent') und *Struktur* (‚Adverbkonnektor' versus ‚subordinierende Konjunktion'). Einleitend wurde in jedem Minidiskurs ein Kontextsatz vorangestellt. Nach dem Kontextsatz enthielt der Minidiskurs entweder zwei Hauptsätze, mit einem Adverbkonnektor im Vorfeld des zweiten Hauptsatzes, oder einen komplexen Satz mit einem vorangestellten Nebensatz, der durch eine subordinierende Konjunktion eingeleitet wurde.

Beide Teilexperimente wurden in Form eines Fragebogens durchgeführt: Die Versuchspersonen mussten die Sätze hinsichtlich ihrer grammatischen und semantischen Akzeptabilität bewerten. Jeder Frage-bogen enthielt eingangs eine schriftliche Anleitung, in der die Aufgabe erklärt wurde.

Die Akzeptabilität wurde numerisch auf einer Fünf-Punkte-Skala festgelegt: 1 entspricht in Worten „vollkommen akzeptabel", 2 „sehr gut", 3 „in Ordnung", 4 „weniger gut", 5 „vollkommen inakzeptabel". Zu bewerten waren in jedem Fragebogen insgesamt 41 Sätze: Acht Sätze aus Teilexperiment 1, 18 aus Teilexperiment 2, sowie zusätzlich 15 weitere Sätze als Distraktoren, die aus einem unabhängigen Experiment stammten. Die 41 Sätze wurden in unterschiedlichen Reihenfolgen in je 12 verschiedenen Versionen des Fragebogens angeordnet, um zu vermeiden, dass die Abfolge der Sätze eine Rolle spielte.

Beim Teilexperiment 1, in dem die semantischen Faktoren getestet wurden, wurden paarweise Sätze mit einem Adverbkonnektor und der entsprechenden subordinierenden Konjunktion konstruiert. In (7) ist die subordinierende konzessive Konjunktion *obwohl*, in (8) der konzessive Adverbkonnektor *trotzdem* enthalten. Zudem konnten die beiden Sätze in Bezug auf den entsprechenden Kontextsatz entweder semantisch kongruent (7) oder inkongruent (8) sein:

(7) Kontext: *Die Wirtschaftskrise hat viele Menschen den Job gekostet.*
 Obwohl die Wirtschaftskrise jetzt überstanden ist, haben viele immer noch keinen neuen Job.

(8) Kontext: *Die Wohnung musste dringend renoviert werden. Peter ist sehr beschäftigt.*
Trotzdem hat er bei der Renovierung überhaupt nicht geholfen.

In (7) ist die concessio verletzt: Auch wenn die Krise überstanden ist, haben viele Menschen keinen Job (semantisch kongruent). In (8) hingegen ist die concessio nicht verletzt (semantisch inkongruent). Es müsste nämlich heißen: Peter ist sehr beschäftigt, trotzdem hat er geholfen.

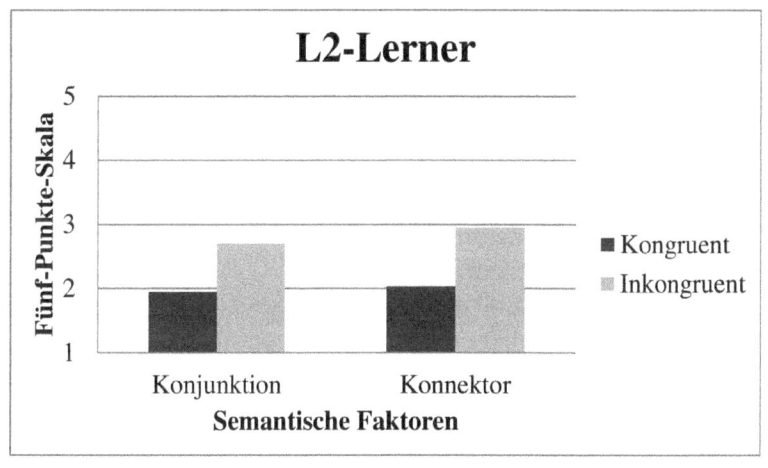

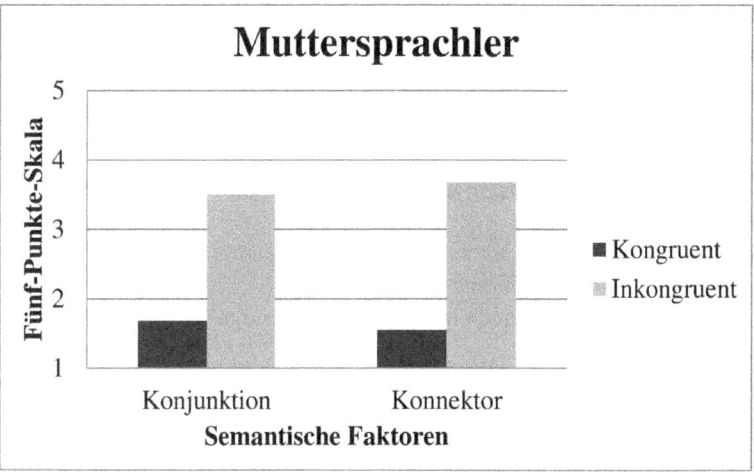

Abbildung 1. Teilexperiment 1 (Semantik): Kongruente und inkongruente Sätze mit subordinierender Konjunktion und Adverbkonnektor bei L2-Lernern und bei Muttersprachlern.

Bei der Auswertung wurden die numerischen Werte für die Kategorien in der Skala – wie oben schon beschrieben – herangezogen. Die Fünf-Punkte-Skala wird auch in den Abbildungen numerisch angegeben: In Abbildung 1 werden die Mittelwerte in den vier Bedingungen von Teilexperiment 1 (subordinierende Konjunktion vs. Adverbkonnektor und semantisch kongruent vs. semantisch inkongruent) in graphischer Form gezeigt. Wie in Abbildung 1 ersichtlich, führten die Bedingungen ‚semantisch kongruent' vs. ‚semantisch inkongruent' zu einem signifikanten Effekt: Inkongruente Sätze wurden sowohl von Sprechern mit Deutsch als Muttersprache als auch von L2-Lernern deutlich schlechter bewertet als kongruente Sätze. Die Bedingungen Adverbkonnektoren vs. subordinierende Konjunktion ergaben hingegen keinen signifikanten Unterschied in den Bewertungen. Auch die Interaktion zwischen den beiden Faktoren war nicht signifikant. Die Gruppe der L2-Lerner wird in den Ergebnissen von beiden Teilexperimenten zunächst einheitlich behandelt. Ich komme aber weiter unten zu einer differenzierten Betrachtung.

Im Teilexperiment 2 wurde der Faktor Syntax getestet. Verglichen wurden zwei Typen von Adverbkonnektoren: die sogenannten nach-erstfähigen Adverbkonnektoren und die Adverbkonnektoren, die nicht nacherstfähig sind (vgl. Pasch, Brauße, Breindl & Waßner 2003). Nacherstfähige Adverbkonnektoren wie z.B. allerdings können in allen drei syntaktischen Kontexten vorkommen, die in Teilexperiment 2 untersucht werden, im Mittelfeld (a), im Vorfeld (b) und in der Nacherst-Position im Vorfeld (c):

(9) **Nacherstfähiger Adverbkonnektor (*allerdings*):**
Kontext: *Die drei Freunde hatten gemeinsam für die Klausur gelernt.*
a. Mittelfeld:
Peter hatte ***allerdings*** auch noch Nachhilfe genommen.
b. Vorfeld:
Allerdings hatte Peter auch noch Nachhilfe genommen.
c. Vorfeld-Nacherst-Position:
Peter ***allerdings*** hatte auch noch Nachhilfe genommen

Adverbkonnektoren wie *allerdings* unterscheiden sich von Adverbkonnektoren wie *dennoch*, die nicht nacherstfähig sind. Für die drei untersuchten syntaktischen Kontexte ergibt sich für einen solchen Adverbkonnektor die folgende Grammatikalitätsverteilung:

(10) **Nicht-nacherstfähiger Adverbkonnektor (*dennoch*):**
Kontext:*Die Party hatte ziemlich lange gedauert.*
a. Mittelfeld:
Maria war ***dennoch*** pünktlich zum Seminar erschienen.

Einflussfaktoren im Erwerb von Adverbkonnektoren 53

    b. Vorfeld:
       Dennoch war Maria pünktlich zum Seminar erschienen.
    c. Vorfeld-Nacherst-Position:
       *Maria **dennoch** war pünktlich zum Seminar erschienen.

Der nicht-nacherstfähige Adverbkonnektor *dennoch* führt in der Nacherst-Position – wie (10c) zeigt – zu einem inakzeptablen Satz. Der nacherstfähige Adverbkonnektor *allerdings* ist hingegen in dieser Position vollkommen akzeptabel (9c). Wie bei Teilexperiment 1 wurde zunächst ein Kontextsatz für den Adverbkonnektor eingeführt, der dann im zweiten Satz vorkam, wie in (9) und (10). Der zweite Satz war so konstruiert, dass der Adverbkonnektor jeweils in den Positionen Mittelfeld, Vorfeld und Nacherst-Position im Vorfeld vorkam.

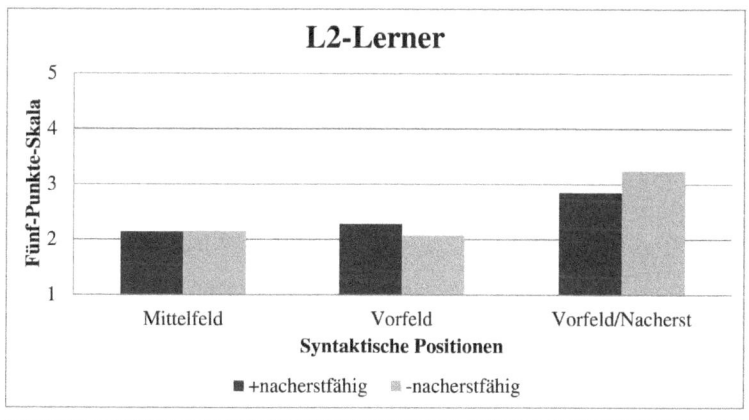

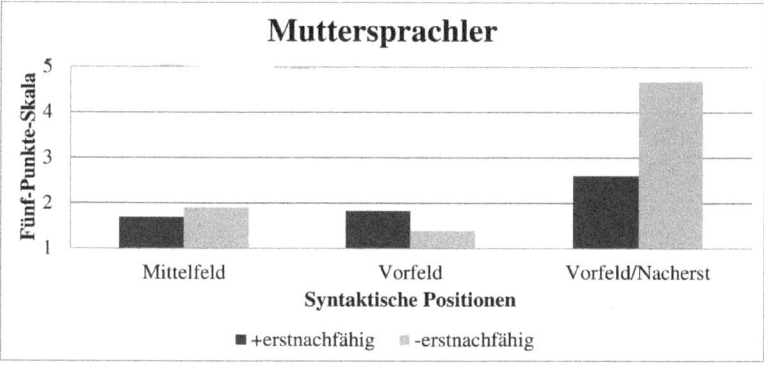

Abbildung 2.   Teilexperiment 2 (Syntax): Adverbkonnektor im Mittelfeld, Vorfeld oder Nacherst-Position im Vorfeld bei L2-Lernern und bei Muttersprachlern.

Wie die Abbildung 2 zeigt, sind bei diesem Teilexperiment die beiden Bedigungen nacherstfähige vs. nicht-nacherstfähige Adverbkonnektoren und Position im Satz, d.h. Mittelfeld, Vorfeld und Vorfeld/Nacherst-Position sowie ihre Interaktion signifikant, und zwar sowohl für die Gruppe der Muttersprachler als auch für die Gruppe der L2-Lerner. Insbesondere relevant für die Interaktion ist der Unterschied in der Bedingung Vorfeld/Nacherst-Position. Die Bedingungen Vorfeld und Mittelfeld weisen hingegen nur geringe Unterschiede zwischen den beiden Konnektorentypen auf. Entsprechend der erwarteten Grammatikalitätsverteilung werden nicht-nacherstfähige Konnektoren in dieser Position deutlich schlechter bewertet.

Bei L2-Lernern allerdings zeigt sich ein signifikanter Unterschied, da von dieser Gruppe die nicht-nacherstfähigen Konnektoren in der Vorfeld/Nacherst-Position deutlich besser bewertet werden als von Muttersprachlern. Die syntaktische Position, in der nicht nur syntaktisches Wissen, sondern auch informationsstrukturelle Faktoren eine wichtige Rolle spielen, wird also nicht zielsprachlich bewertet.

Für jeden L2-Lerner wurde der Korrelationskoeffizient zwischen seinen Urteilen in Experiment 1 bzw. Experiment 2 und den entsprechenden Mittelwerten der L1-Sprecher berechnet. Je höher dieser Korrelationskoeffizient ist, desto höher ist die Übereinstimmung zwischen L2- und L1-Sprechern.

Auf die erste Fragestellung, ob die Syntax, die Semantik oder die Interaktion beider das größte Hindernis für L2-Lerner ist, kommt man durch die zwei Teilexperimente zum Ergebnis, dass vor allem der syntaktische Faktor ein Problem darstellt, weil dabei informationsstrukturelle Argumente eine Rolle spielen.

3.4 Die Faktoren Alter und Sprachexposition

Nun kommen wir zur zweiten Fragestellung, die das Alter beim Beginn des L2-Erwerbs und Dauer der Exposition betrifft. Die Bewertung der Korrelation zwischen dem Alter bei Beginn des L2-Erwerbs, zielsprachlicher Grammatkalitätsverteilung und Dauer der L2-Exposition ergab ebenfalls interessante Resultate. Die Tendenz, die sich in dieser Pilotsudie abzeichnet, ist eine signifikante Korrelation zwischen Alter beim Beginn des L2-Erwerbs und Dauer der Sprachexposition insbesondere in Teilexperiment 2. In Teilexperiment 1 zeigt sich hingegen kein signifikanter Zusammenhang, weder zwischen dem Erwerbsalter und dem Grad der Übereinstimmung der

Urteile (r = -0,084; p = 0,486) (s. Ab-bildung 3) noch zwischen letzterem und der Dauer des Sprachunterrichts (r = 0,207; p = 0,083) (s. Abbildung 4):

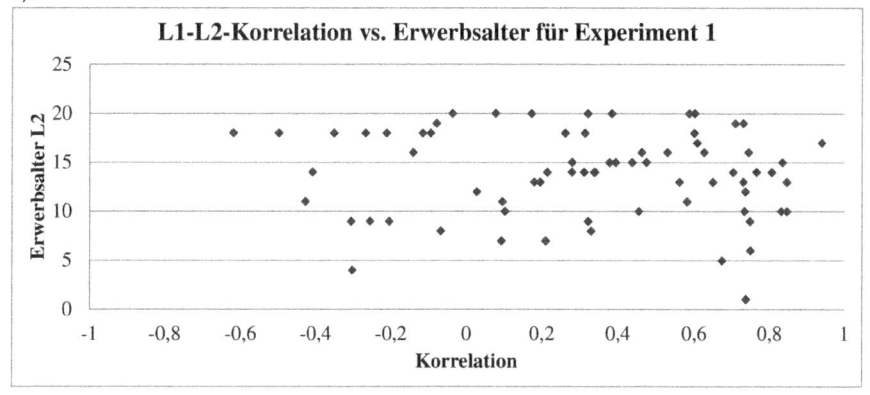

Abbildung 3. Teilexperiment 1 (Semantik): Korrelation zwischen Alter beim Beginn des Erwerbs und zielsprachlichen Grammatikalitätsurteilen.

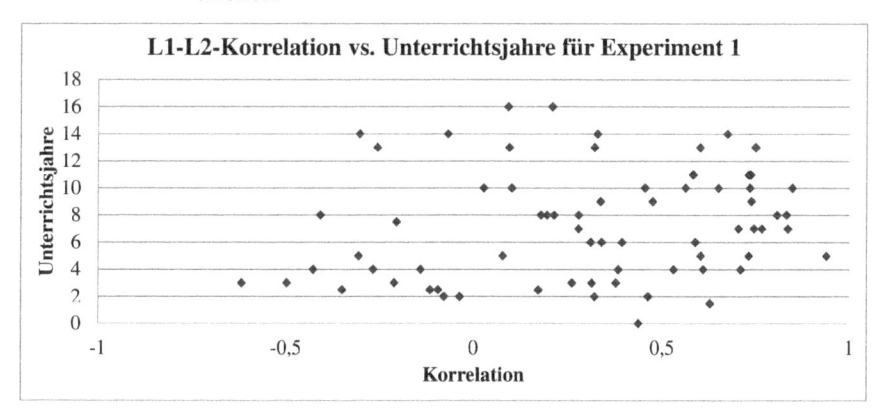

Abbildung 4. Teilexperiment 1 (Semantik): Korrelation zwischen Unterrichtsjahren und zielsprachlichen Grammatikalitätsurteilen.

Bei Teilexperiment 2 zeigt sich dagegen ein signifikanter Zusammenhang sowohl zwischen Alter beim Beginn des L2-Erwerbs und der L1-L2-Übereinstimmung (r = -0,324; p = 0,006) (s. Abbildung 5) als auch zwischen der Dauer des Sprachunterrichts und derselben (r = 0,286; p = 0,016) (s. Abbildung 6) Das Alter beim Beginn des L2-Erwerbs und der Grad der Übereinstimmung korrelieren negativ, d.h. je älter der Lernende bei Beginn des L2-Erwerbs war, desto weniger korrelieren seine Bewertungsurteile mit denen der muttersprachlichen Kontrollgruppe. Die Dauer des Unterrichts und die L1-L2-Übereinstimmung korrelieren positiv, d.h. je länger der Lernende Sprachunterricht hatte, desto stärker stimmen seine Urteile mit denen der Kontrollgruppe überein.

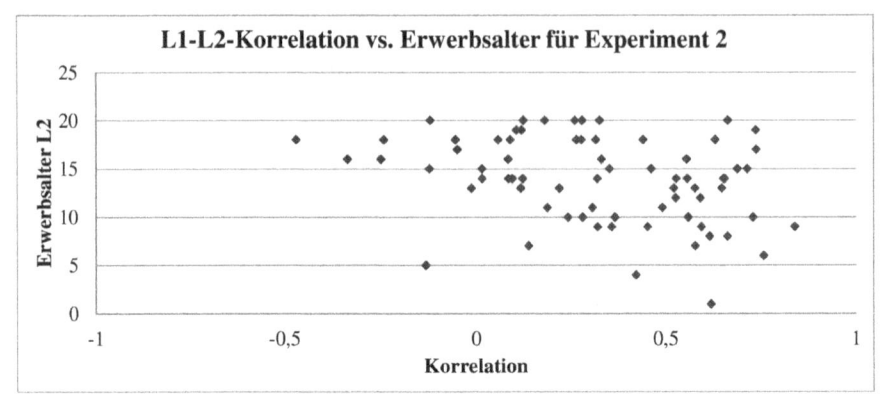

Abbildung 5. Teilexperiment 2 (Syntax): Korrelation zwischen Alter beim Beginn des Erwerbs und zielsprachlichen Grammatikalitätsurteilen.

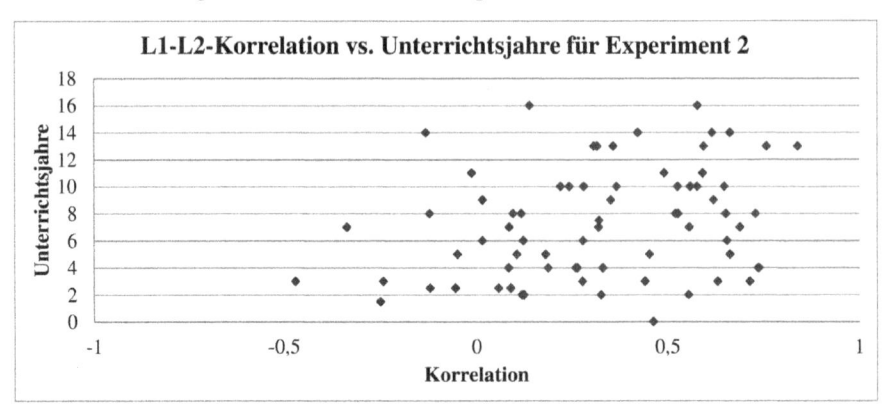

Abbildung 6. Teilexperiment 2 (Syntax): Korrelation zwischen Unterrichtsjahren und zielsprachlichen Grammatikalitätsurteilen.

Tendenziell zeigt sich in dieser Studie, dass die Zeit zwischen 15 und 20 Jahren in der Frage des Alters beim Beginn des L2-Erwerbs relevant ist. L2-Lerner, die schon vor dieser Zeit, d.h. vor der Pubertät, mit dem Erwerb der deutschen Sprache begonnen haben, haben in Teilexperiment 2 Grammatikalitätsurteile abgegeben, die denjenigen der Sprecher mit Deutsch als Muttersprache näher kommen. Aus den Daten ergibt sich noch kein Bild bezüglich der Frage, wie die L2-Sprache erworben wurde, ob zum Beispiel die Unterrichtsmethode eine relevante Rolle spielt. Einige der Probanden sind nämlich schon im Kindesalter mit dem Deutschen in Kontakt gekommen. Für die Frage der Unterrichtsjahre scheint die Grenze von fünf Jahren relevant zu sein. Auch hier müsste jedoch eine feinere Unterscheidung in Bezug auf den Unterrichtstyp gemacht werden.

4. Abschlussbemerkungen

In diesem Beitrag wurde die Frage, welche Faktoren im Erwerb von Adverbkonnektoren bei L2-Lernern eine wichtige Rolle spielen, behandelt. Neben der Unterscheidung Standardsprache vs. Varietäten sowie gesprochene vs. geschriebene Sprache sind es vor allem grammatische Faktoren, wie die Syntax und Semantik der Adverbkonnektoren, die den L2-Lernern besondere Schwierigkeiten bereiten. Um diese Faktoren genauer zu untersuchen, wurden zwei Teilexperimenten durchgeführt: Teilexperiment 1 hatte das Ziel, den Faktor Semantik zu prüfen. Dabei ergaben sich keine signifikanten Korrelationen und auch keine großen Unterschiede zwischen den L2-Lernern und der Kontrollgruppe der Sprecher mit Deutsch als Muttersprache. In Teilexperiment 2, das den Faktor Syntax prüfen sollte, ergaben sich hingegen signifikante Korrelationen. Insbesondere die syntaktische Position, die als Nacherst-Position bezeichnet wird, scheint den L2-Lernern große Probleme zu bereiten. Gerade diese Position ist von informationsstrukturellen Bedingungen abhängig, da durch die nacherstfähigen Adverbkonnektoren ein vorerwähntes Satzglied als fokussiertes Topik markiert wird. Deswegen eignet sich dieser Bereich der deutschen Grammatik besonders gut, auch die Frage des Alters beim Erwerbsbeginn sowie die Dauer des Unterrichts zu untersuchen. Beide Faktoren scheinen in Teilexperiment 2 eine wichtige Rolle zu spielen. Es hat sich als erster Hinweis die Tendenz gezeigt, dass das Pubertätsalter bis ca. 15 Jahre eine Grenze für den zielsprachlichen Erwerb dieser Elemente zu sein scheint.

5. Literatur

Altenberg, Bengt & Tapper, Marie (1998): The use of adverbial connectors in advanced Swedish learners' written English. In Granger, Sylviane (Hrsg.): *Learner English on Computer*. Harlow: Addison Wesley Longman, 80–93.
Bader, Markus & Ferraresi, Gisella (i.V.): Der Erwerb von Adverbkonnektoren in L2-Lernern des Deutschen.

Bolton, Kingsley; Nelson, Gerald & Hung, Joseph (2002): A corpus-based study of connectors in student writing: Research from the International Corpus of English in Hong Kong (ICE-HK). *International Journal of Corpus Linguistics*, 7 (2), 165–182.

Chen, Cheryl Wei-yu (2006): The use of connective adverbials in the academic papers of advanced Taiwanese EFL learners. *International Journal of Corpus Linguistics*, 11 (1), 113–130.

Dudenredaktion (Hrsg.) (2009): DUDEN 04. Die Grammatik. 8. überarb. Auflage. Mannheim: Brockhaus.

Engel, Ulrich (1996): *Deutsche Grammatik*. 3. Aufl. Heidelberg: Groos.

Ferraresi Gisella (2014): *Adverbkonnektoren und Modalpartikeln. Synchronie – Diachronie – L2-Erwerb*. Heidelberg: Winter.

Goldman, Susan R. & Murray, John D. (1992): Knowledge of connectors as cohesive devices in text: A comparative study of native-English and English-as-a-second-language speakers. *Journal of Educational Psychology*, 84 (4), 504–519.

Granger, Sylviane & Tyson, Stephanie (1996): Connector usage in the English essay writing of native and non-native EFL speakers of English, *World Englishes*, 15: 19–29.

Helbig, Gerhard & Buscha, Joachim (2005): *Deutsche Grammatik. Ein Handbuch für den Ausländerunterricht*. Berlin/München: Langenscheidt.

Kortmann, Bernd (1997): *Adverbial Subordination. A Typology and History of Adverbial Subordinators Based on European Languages*. Berlin/New York: Mouton de Gruyter.

Löffler, Heinrich (2005): *Germanistische Soziolinguistik*. 3. überarb. Aufl. Berlin: Eric Schmidt.

Meisel, Jürgen (2009): Second language acquisition in early childhood. *Zeitschrift für Sprachwissenschaft* 28, 5–34.

Pasch, Renate; Brauße, Ursula; Breindl, Eva & Waßner, Ulrich Hermann (2003): *Handbuch der deutschen Konnektoren*. Berlin/ New York: de Gruyter.

Rost-Roth, Martina (2000): Modalpartikeln. Erwerbsprinzipien, zielsprachliche Verwendungen und Vermittlung im Bereich Deutsch als Fremdsprache. *Materialien Deutsch als Fremdsprache*, 284–201.

Schwitalla, Johannes (1997): *Gesprochenes Deutsch. Eine Einführung*. Berlin: Eric Schmidt.

Weiß, Helmut (2005): Von den vier Lebensaltern einer Standardsprache. Zur Rolle von Spracherwerb und Medialität. *Deutsche Sprache* 33,4: 289–307.

Zifonun, Gisela; Hoffmann, Ludger & Strecker, Bruno (1997): *Grammatik der deutschen Sprache. Schriften des Instituts für deutsche Sprache Bd. 7*. Berlin, New York: de Gruyter.

„Da wo das Gummiabschluss runter gezogen war, dadurch wurden die Luftballongs größer". Zum Konnektorengebrauch in Versuchsprotokollen von Schülern mit Deutsch als Erst- und Zweitsprache

Julia Ricart Brede

In einer korpusbasierten Untersuchung werden 166 Versuchsprotokolle von 166 Schülern der Jahrgangsstufe 8 hinsichtlich des Gebrauchs von Konnektoren analysiert. Im Zentrum steht dabei die Frage, ob sich der Konnektorengebrauch abhängig davon unterscheidet, ob Deutsch für die Schüler alleinige Erstsprache (N= 80), eine Erstsprache neben einer weiteren Erstsprache (N= 35) oder keine Erstsprache (N= 51) ist. Insgesamt sind „und" und „wenn" mit Abstand die am häufigsten vorkommenden Konnektorenlemmata. Unterschiede zwischen Schülern mit Deutsch als Erst- und Zweitsprache zeigen sich nicht in Bezug auf die Vorkommenshäufigkeit einzelner Konnektoren, jedoch bezüglich ihrer Verwendungsweise: Während Schüler mit Deutsch als Erstsprache „und" vor allem als eingliedrigen Konnektor verwenden, gebrauchen Schüler, die (auch) eine andere Erstsprache als Deutsch haben, „und" vor allem in Mehrfachkonnektoren. Ein funktionsorientierter Blick auf konditionale Satzkonnexionen lässt weiterhin vermuten, dass Schüler mit Deutsch als Erstsprache neben lexikalisch-morphologischen Mitteln zur Satzkonnexion auch auf alternative Konnexionsmöglichkeiten (bspw. syntaktischer Art) zurückgreifen.

1. Einleitung

Der Quantität und Qualität von Satzverbindungen kommt bei der Herstellung von Textkohärenz allgemein eine zentrale Bedeutung zu (vgl. Bachmann 2005, Gogolin & Schwarz 2004: 841, auch Dollnick 2013: insbes. 69). Oftmals sind es jedoch gerade die hierzu erforderlichen Formwörter, die für Schüler (mit Deutsch als Zweitsprache) eine *sprachliche Hürde* darstellen (vgl. Eckhardt 2008: insbes. 76ff., auch Rösch 2003), weshalb ihre Verwendung – insbesondere im bildungssprachlichen Kontext – häufig als ein Indikator für die Schreibentwicklung bzw. für die Text(produktions)kompetenz angesehen wird (vgl. Riebling 2013: 138). Deutlich machen dies u. a. eine Untersuchung von Feilke zum Gebrauch von *weil*-Verknüpfungen in Schülertexten (vgl. Feilke 1996), eine Untersuchung von McCutchen zum Gebrauch von Satzverknüpfungen in Schülertexten (vgl. McCutchen 1986) sowie ein von Lengyel et al. entwickeltes Analyseraster zum Gebrauch von Satzverknüpfungen in Versuchsprotokollen (vgl. Lengyel et al. 2009: insbes. 133ff.).

Der vorliegende Beitrag knüpft hieran an. Im Rahmen einer Korpusanalyse werden im Folgenden die Mittel beschrieben, die Jugendliche zur Versprachlichung zeitlicher und logischer Zusammenhänge zwischen Sätzen nutzen. Analysegrundlage hierfür bilden Versuchsprotokolle von 166 Schülern[1] der Jahrgangsstufe 8 an Real- und Gemeinschaftsschulen. Textuell bestehen Versuchsprotokolle u.a. aus Versuchsbeschreibungen und Versuchsauswertungen: In Versuchsbeschreibungen ist anzugeben, wie die einzelnen Teilereignisse zeitlich zusammenhängen, wohingegen Versuchsauswertungen als Erklärungen darauf abzielen, „das Zustandekommen [...des] Sachverhalts zu explizieren" (Neumeister & Vogt 2009: 565) und damit die Ursachen der beobachteten Ereignisse anzugeben (vgl. Vollmer 2011: 7).[2] Zu erwarten ist in diesen Texten daher eine hohe Frequenz von „Konnektoren zur Bezeichnung zeitlicher oder logischer Beziehungen" (Thürmann 2012: 7, vgl. auch Lengyel et al. 2009: 133f.).

Inhaltlich beschäftigen sich die ausgewählten Versuchsprotokolle mit dem Donderschen Modell, das im Wesentlichen aus zwei Luftballonen besteht, die sich in einer über einen Gummiabschluss verschlossenen Glasglocke befinden. Das Ziehen am Gummiabschluss führt zu einem Unterdruck in der Glasglocke, sodass sich die beiden Luftballone in einer Ausgleichsreaktion ausdehnen und Luft in sie einströmt. Dies stellt eine Simulation der Zwerchfellatmung dar (vgl. hierzu auch Baer & Grönke 1977: 312, Schäffler & Menche 2000: 112, Campbell 1997: 922f.).

Ein der gesamten Analyse inhärenter Fokus gilt der Frage, ob Deutsch für die Jugendlichen jeweils eine Erst- oder Zweitsprache darstellt und ob sich die von den Schülern gewählten Mittel zur Darstellung der Zusammenhänge abhängig davon unterscheiden. Daher wurden von den 166 Schülern mittels Fragebogen auch Angaben zu ihrem jeweiligen sprachbiografischen Hintergrund erfasst. Mithilfe dieser Daten kann die Schülerschaft folgendermaßen beschrieben werden: Für 115 der 166 Schüler ist Deutsch die bzw. eine Erstsprache; 35 dieser 115 Schüler bezeichnen sich

---

[1] Die ausschließliche Verwendung der männlichen Form dient hier und im Folgenden der besseren Lesbarkeit; sie schließt die weibliche Form inhaltlich jeweils mit ein.

[2] Ein weiterer integraler Bestandteil eines Versuchsprotokolls ist die Versuchsskizze bzw. die Darstellung der Versuchsanordnung. Da den Schülern dieser Textbaustein vorgegeben war, wird er im Folgenden jedoch nicht weiter fokussiert. Zusätzlich berücksichtigt das Gros der Aufzählungen die Aufgaben- bzw. Fragenstellung sowie ggf. die Hypothesengenerierung als Bestandteile eines Versuchsprotokolls (vgl. z. B. Zürcher & Spörhase 2010: 163, Beese & Roll 2013: 216, Hoppe, Krämer & Reh 2013: 23); andere untergliedern die Versuchsauswertung nochmals in Versuchsdeutung und Versuchsergebnis (vgl. Kraus & Stehlik 2008: 23).

als bilingual, d.h. sie geben an, neben Deutsch eine weitere Erstsprache zu besitzen; für die übrigen 51 Schüler ist Deutsch die Zweitsprache. Neben Deutsch sind 14 weitere Erstsprachen vertreten, am häufigsten Türkisch (32), gefolgt von Russisch (13), Polnisch (10), Arabisch (9), Italienisch (5), Kurdisch (4), Albanisch (2), Kroatisch (2), Serbisch (2), Spanisch (2), Lingala (1), Persisch (1), Rumänisch (1) sowie Singalesisch (1).[3]

2. Theoretischer Rahmen und Eingrenzung des Analysegegenstandes

Einen möglichen Ansatzpunkt zur Analyse von Satzverknüpfungen bieten die Begriffe *Formwort* sowie *Verbindungsmittel*, worunter i. A. nicht flektierte Wörter gefasst werden, die Beziehungen zwischen Sätzen herstellen (vgl. Riebling 2013: 137, Schanen 2001: 5f. sowie 9).

Terminologisch deutlich enger gefasst und damit für die vorliegende Analyse tragfähiger, ist im Vergleich hierzu der Begriff *Konnektor*: In Ergänzung zu dem soeben genannten morphologischen Merkmal der Unflektierbarkeit zeichnen sich Konnektoren durch das syntaktische Merkmal aus, keine Kasusmerkmale an ihre syntaktische Umgebung zu vergeben, weshalb Präpositionen, die kasusregierend sind, nicht zu diesen Ausdrücken zählen (Pasch, Brauße, Breindl & Waßner 2003: 1f.). Ebenfalls mit Blick auf die Syntax kategorisiert Schanen Konnektoren aufgrund ihrer Stellung im Satz und unterscheidet so Konnektoren, die „die syntaktische Basis einer Konjunktionalgruppe sind, die also neben dem einleitenden ‚Subjunktor' eine Verbalgruppe als Glied [... haben] (*da er angekommen war, ...*); dann solche, die in deklarativen Äußerungen die erste Stellung vor der finiten Verbform besetzen können (das sind grosso modo die Konjunktionaladverbien); schließlich solche, die in vor-erster Stellung ohne Pause oder Interpunktionszeichen vorkommen (und das sind die Konjunktoren). Alle Konnektoren im Satz sind also letzten Endes unflektierbare lexikalische Elemente oder Lexikalisierungen, welche entweder als Konjunktionalpartikeln in vor-erster Stellung oder als Konjunktionaladverbien in erster Stellung erscheinen. Ob auch in Position eins nachgestellte Elemente wie im folgenden Beispiel: *Die Kinder ABER / FREILICH mussten*

---

[3] Wobei die einzelnen Erstsprachen in der vorliegenden Analyse nicht weiter berücksichtigt werden, um bspw. sprachtypologisch bedingte Unterschiede im Gebrauch der Konnektoren aufzudecken (für eine kontrastive Analyse der vorliegenden Versuchsprotokolle vgl. Ricart Brede 2012).

zu Hause bleiben oder auch im zweiten Feld ‚mittelgestellte' Konnektivpartikeln wie z.B. in: *Die Kinder mussten ABER / FREILICH zu Hause bleiben* zu den Konnektoren zu rechnen sind, muss jeweils aus dem Kontext heraus diskutiert werden" (Schanen 2001: 1f.).

Des Weiteren sehen einige Autoren die Bedeutung von Konnektoren als Relatoren im Vergleich zu einer allgemeinen Anzeige von Verhältnissen oder Beziehungen in Sätzen insofern spezifiziert, als darunter ausschließlich solche zweistelligen Relationen zu verstehen seien, deren Relate Sachverhalte sind, die durch Sätze bezeichnet werden können (vgl. Pasch, Brauße, Breindl & Waßner 2003: 1ff.). Schanen beschreibt die Bedeutung von Konnektoren mithilfe eines axialen Gefüges im zweidimensionalen Raum, wobei die Horizontale den Textzusammenhang als entweder anaphorisch oder kataphorisch (bzw. wie *nun* in der Mitte liegend als ambikonnex, d.h. sowohl eine Vor- als auch eine Nachäußerung verlangend) charakterisiert, wohingegen die vertikale Achse die Bedeutung des Konnektors zwischen den Polen *referentiell* und *semantisch-kommunikativ* definiert (vgl. Schanen 2001: 6, 11f.). Dem Duden folgend bezeichnet Dollnick Konnektoren mit ausschließlich referentieller Funktion (wie *dass*) auch als *neutral* und untergliedert Konnektoren mit semantisch-kommunikativer Bedeutung anhand der für Junktionen bekannten Klassen in additiv, temporal, kausal u.d.m. (vgl. Dollnick 2013: 71).

Bezüglich ihrer Form können zudem einteilige Konnektoren (z.B. *weil*) von mehrteiligen Konnektoren unterschieden werden, wobei letztere aufgrund ihrer Stellung in getrennt-mehrteilige (z.B. *wenn .... dann* oder *sowohl ... als auch*) und ungetrennt-mehrteilige (z.B. *als dass*) differenziert werden können. Letztere wiederum sind von relativ freien Kombinationen aus mehreren Konnektoren (wie *und dann* oder *und wenn*) zu unterscheiden (vgl. Dollnick 2013: 70f.), die insbesondere mit Blick auf die Analyse lernersprachlicher Daten von Bedeutung sein könnten.

Einer formorientierten Beschreibung von Konnektoren eingedenk ist sicherlich auch die Aufzählung derjenigen Wortarten, die prinzipiell als Konnektoren fungieren können. Eine große Gruppe innerhalb der Konnektoren stellen Junktionen (d.h. Konjunktionen und Subjunktionen) dar (vgl. Marschall 2001: 94), wobei hinsichtlich der Beschreibung und Definition dieser Wortart allerdings keinesfalls Einheitlichkeit herrscht (vgl. zu dieser Diskussion auch Dollnick 2013: 70). Darüber hinaus sind insbesondere Konjunktionaladverbien anzuführen, d.h. lexikalische Elemente, die semantisch ein textverknüpfendes Sem aufweisen und sich mit anderen funktionalsemantischen Semen bündeln (vgl. Schanen 2001: 9).

Nicht unproblematisch gestaltet sich eine auf Wortarten basierende Definition von Konnektoren allerdings dadurch, dass „ein und dasselbe lexikalische Element je nach Gebrauch und Standpunkt unterschiedlichen Klassen angehören kann und demnach auch metasprachlich mit unterschiedlichen Termini bezeichnet werden kann" (Schanen 2001: 9) bzw. werden muss.

Vor dem Hintergrund dieser Ausführungen werden Konnektoren für die vorliegende Analyse folgendermaßen definiert:
a) Es handelt sich bei ihnen um lexikalische Einheiten, die der Verbindung zwischen solchen Relaten dienen, deren Sachverhalte durch Sätze bezeichnet werden können. Innerhalb eines Satzgliedes gebrauchte Konnektoren wie in „Luftballon und Gummischlauch hängen an einem Rohr." bleiben in der vorliegenden Analyse entsprechend unberücksichtigt.
b) Morphologisch handelt es sich bei Konnektoren um unflektierbare lexikalische Einheiten, die sowohl aus einem Wort als auch aus mehreren Wörtern bestehen können.
c) An ihre syntaktische Umgebung vergeben sie keinerlei Kasusmerkmale.
d) Nachgestellte, d. h. im Mittelfeld befindliche Konnektoren, bleiben in der vorliegenden Analyse unberücksichtigt; wobei ihr Vorkommen im vorliegenden Korpus zahlenmäßig ohnehin zu vernachlässigen ist.

3. Analyse des Konnektorengebrauchs

3.1 Allgemeine Beschreibung der von den Schülern gebrauchten Konnektoren

Insgesamt werden in den 166 von Schülern verfassten Versuchsprotokollen 686 Konnektoren(paare) im oben definierten Sinn zur Satzverknüpfung genutzt. Der überwiegende Teil der Konnektoren ist einteilig (518 Belege); unter den mehrteiligen Konnektoren überwiegen zweigliedrige (151 Belege) gegenüber dreigliedrigen (17 Belege). Im Detail handelt es sich bei den 686 Vorkommen um 68 verschiedene Konnektoren(paare), die über 33 verschiedene Lemmata gebildet werden. Mit jeweils weit über 200 Belegen nehmen die Konnektoren *und* (293 Belege) und *wenn* (243 Belege) dabei der Frequenz nach eine Spitzenstellung ein. Das hohe Vorkommen des Konnektors *wenn* deckt sich dabei mit dem Ergebnis zahlreicher Veröffentlichungen, in denen *wenn(-dann)-Konstruktionen* ebenfalls als charakteristisch für Versuchsprotokolle (oder allgemeiner: für Vorgangsbeschreibungen und -erklärungen) angeführt werden (vgl. z.B.

Leisen 2003: 19, Rehbein 1984: 81ff., Beese & Roll 2013: 220). Attraktiv ist die Konjunktion *wenn* für Versuchsprotokolle sicherlich (auch) aufgrund ihrer doppelten Lesart (vgl. hierzu auch Ullmer-Ehrich 1979: 66 sowie Buscha 1989: 127ff.), die der Tatsache Rechnung trägt, dass es sich bei Versuchsabläufen nicht allein um eine rein temporale Verknüpfung von Ereignissen, sondern gleichermaßen um eine konditional motivierte Verkettung von Ereignissen handelt.

Das hohe Vorkommen von *und* kann hingegen auf seine allgemein hohe Frequenz im deutschen Sprachgebrauch bzw. auf seine kopulative und koordinierende Funktion (vgl. Eisenberg 2001: 367 sowie Buscha 1989: 120, auch Walter & Schmidt 2008: 331) zurückgeführt werden, die zur Folge hat, dass diese Konjunktion überproportional häufig zur Bildung mehrteiliger Konnektorenpaare genutzt wird. So gehen lediglich knapp 60 % (174 Belege) der insgesamt 293 Belege auf die Verwendung von *und* als eingliedrigem Konnektor zurück; in den übrigen gut 40 % der Fälle (119 Belege) ist *und* Bestandteil eines mehrgliedrigen Konnektorenpaares und fungiert damit, vordergründig die Markierung bzw. Einleitung überhaupt irgendeines Zusammenhanges darstellend, in gewisser Weise als *Allzweckkonnektor*. Auch die hohe Belegzahl für das Lemma *dass* (47 Belege) mit ausschließlich syntaktischer bzw. referentieller Funktion (s.o., vgl. hierzu auch Dollnick 2013: 71, Buscha 1989: 61) könnte ein Hinweis auf die schülerseitige Tendenz sein, sich zur Satzverknüpfung eher semantisch breit einsetzbarer Konnektoren zu bedienen.

3.2   Festlegung des Vergleichsmaßes (Normalisierungsebene)

Um in einem nächsten Schritt Aussagen darüber treffen zu können, ob sich der Konnektorengebrauch der Schüler abhängig davon unterscheidet, ob Deutsch für sie eine Erst- oder Zweitsprache darstellt (denkbar sind hierbei sowohl quantitative als auch qualitative Unterschiede), gilt es zunächst eine Vergleichs- bzw. Normalisierungsebene für die Analyse zu bestimmen (vgl. Perkuhn, Keibel & Kupietz: 78ff.). So unterscheidet sich nicht nur die Anzahl der Schüler pro Gruppe (DaZ, DaM, bilingual), sondern auch die Länge der einzelnen Texte voneinander. Absolute Angaben darüber, welche Konnektoren wie häufig in den Texten der Schüler mit Deutsch als Erst- und Zweitsprache vorkommen, entziehen sich damit eines jeglichen Vergleichs. Da mit der Analyse der Satzverknüpfungen die Ebene des Satzes in den Blick genommen wird, sind Normalisierungen auf der Wortebene wenig sinnvoll.[4] Zielführende Bezugsebene scheint stattdessen der Satz zu sein. Sätze werden dabei nicht anhand von Interpunktions- oder Intonationsmerkmalen bestimmt, weil die als lernersprachlich zu bezeichnenden Texte einerseits teilweise erhebliche Verstöße gegen die Regeln der Interpunktion aufweisen, und weil andererseits durch Koordination miteinander verbundene Teilsätze durch keinerlei Interpunktion gekennzeichnet sind. Stattdessen wird unter einem Satz im Folgenden eine syntaktische Einheit bestehend aus einer Verbalgruppe gefasst (vgl. auch Schanen 2001: 2) und damit eine um ein Verb als strukturellem Zentrum gelagerte syntaktische Einheit, die – der anglo-amerikanischen Tradition entsprechend – im Folgenden als Clause bezeichnet wird.

Durchschnittlich umfassen die schülerseitigen Versuchsprotokolle jeweils neun Clauses, wobei die Spannweite von zwei bis 30 Clauses pro Versuchsprotokoll reicht (Modus = 8). Schüler mit Deutsch als Erstsprache schreiben tendenziell längere Texte (wobei dieser Unterschied jedoch nicht signifikant ist), was für die Analyse der Konnektoren insofern nicht unerheblich ist, als die Textlänge Einfluss auf den Konnektorengebrauch haben könnte (vgl. auch Perkuhn, Keibel & Kupietz 2012: 93).

3.3 Vorkommen ein- und mehrgliedriger Konnektoren(paare)

Schüler mit Deutsch als Erstsprache verwenden auf 100 Clauses[5] durchschnittlich 42, bilinguale Schüler 53 und Schüler mit Deutsch als Zweitsprache 47 Konnektoren(paare). Mit diesem Ergebnis kann – zumindest was den Gebrauch von Konnektoren anbelangt – keinesfalls konstatiert werden, dass Schüler mit Deutsch als Zweitsprache oder Schüler, die neben Deutsch eine andere Erstsprache haben, die Sätze in ihren Versuchsprotokollen seltener miteinander verknüpfen. Vielmehr ist an der direkten Gegenüberstellung der Durchschnittswerte tendenziell ein häufigerer Gebrauch ein- wie zweigliedriger Konnektoren(paare) durch Schüler mit einer anderen/ weiteren Erstsprache als Deutsch ablesbar, wobei der Unterschied allerdings lediglich für den Bereich der zweigliedrigen Konnektorenpaare

---

[4] Ein Satz kann sowohl aus drei als auch aus 25 Wörtern bestehen. Eine Aussage darüber, wie viele Konnektoren gemessen an der Anzahl der Wörter in einem Text vorkommen, scheint daher nur wenig zielführend.

[5] Das aufgrund der geringen Belegzahlen vorgenommene Extrapolieren auf 100 Clauses pro Konnektoren(paar) ist statistisch nicht unkritisch zu sehen (vgl. auch Perkuhn, Kebel & Kupitz 2012: 91f.). Die im Folgenden präsentierten Ergebnisse gilt es daher vorsichtig eher als Tendenzen zu interpretieren.

statisch signifikant, wenngleich zahlenmäßig äußerst schwach ausgeprägt ist (Chi-Quadrat-Wert nach Pearson= 26,194, df= 8, Signifikanz= .001).[6]

Tabelle 1. Durchschnittliche Anzahl von Konnektoren.

	Durchschnittliche Anzahl (pro 100 Clauses) an			
	Konnektoren im Allgemeinen	1-gliedrigen Konnektoren	2-gliedrigen Konnektoren	3-gliedrigen Konnektoren
DaM (N=80)	41,73	31,29	8,57	1,87
Bilingual (N=35)	53,01	40,64	11,44	0,92
DaZ (N=51)	47,28	34,24	11,87	1,17
Alle (N=166)	45,81	34,17	10,19	1,45

Auch wenn die drei Schülergruppen zur Gestaltung ihrer Versuchsprotokolle in etwa gleich häufig Konnektoren zur Satzverknüpfung nutzen, könnten Unterschiede in der Art der jeweils gewählten Konnektorenpaare bestehen.

Tabelle 2 zeigt das auf 100 Clauses normalisierte Vorkommen der einzelnen Konnektorenlemmata für alle drei Schülergruppen im Vergleich. Die Tabelle macht deutlich, dass die zur Konnexion gebrauchte Konjunktion *so* überdurchschnittlich häufig von bilingualen Schülern eingesetzt wird, selbiges gilt für *dann*, wohingegen das Konjunktionaladverb *danach* insbesondere in den Versuchsprotokollen der DaZ-Schüler zu finden ist. Da die Vorkommenshäufigkeiten der einzelnen Lemmata im Allgemeinen relativ gering sind, sind die beobachtbaren Unterschiede statistisch jedoch nicht haltbar.[7]

---

[6] Um eine sinnvolle Kreuztabellierung mit einer überschaubaren Anzahl an Kategorienausprägungen vornehmen zu können, erfolgte eine Gruppierung der Konnektorenvorkommen pro 100 Propositionen in 0-20, 20-40, 40-60, 60-80 und 80-100; die Unterschiede zeigten sich lediglich unter Berücksichtigung dieser Gruppierung als signifikant.

[7] Für *so*: Chi-Quadrat-Wert nach Pearson= 12,819, df= 6, Signifikanz= .046; für *dann*: Chi-Quadrat-Wert nach Pearson = 16,415, df= 8, Signifikanz= .037; für *danach*: Chi-Quadrat-Wert nach Pearson = 6,89, df= 2, Signifikanz= .032. Auch die Signifikanzen dieser Kreuztabellierung zeigten sich lediglich nach einer, zu Ungunsten der Effektstärke ausfallenden Gruppierung (vgl. Fußnote 6).

Tabelle 2. Vorkommenshäufigkeit der einzelnen Konnektorenlemmata.

Bedeutung	Konnektorlemma	Vorkommmenshäufigkeit absolut			Normalisierte Vorkommenshäufigkeit (pro 100 Clauses)					
		insgesamt	1-gliedrig	mehr-gliedrig	insgesamt	DaM (80)		Bilingual (35)		DaZ (51)
syntaktisch	dass	45	31	14	3,75	3,64		6,31		2,17
	ob	3	0	3	1,74	0,26		0,00		0,15
aufzählend/ additiv	außerdem	2	1	1	0,07	0,08		0,00		0,93
	und	293	174	119	20,13	18,27		24,88		19,80
alternativ	oder	2	1	1	0,50	0,10		0,00		0,00
komparativ	wie	27	19	8	1,85	1,89	24,24	2,12	33,31	1,61	24,66
räumlich	daran	2	1	1	0,21	0,00		0,00		0,67
	darauf	1	0	1	0,05	0,11		0,00		0,00
	darüber	1	1	0	0,38	0,08	0,19	0,00	0,00	0,00	0,67
temporal	danach	7	2	5	0,39	0,13		0,00		1,09
	dann	85	20	65	5,73	5,35		6,38		5,90
	als	20	14	6	1,33	1,33		1,41		1,27
	dabei	5	5	0	0,29	0,24		0,00		0,58
	sobald	5	5	0	0,30	0,62	7,66	0,00	7,79	0,00	8,83
konsekutiv	dadurch	19	12	7	1,13	1,42		0,61		1,02
	deswegen	4	1	3	0,21	0,16		0,00		0,44
	so	36	25	11	2,39	1,14		5,03		2,52
	sodass	9	9	0	0,54	0,57	3,29	0,00	5,63	0,85	4,84
konditional/ temporal	wenn	243	153	90	16,29	15,48	15,48	15,10	15,10	18,37	18,37
kausal	da	17	7	10	1,24	1,07		1,84		1,11
	denn	2	1	1	0,11	0,22		0,00		0,00
	weil	8	5	3	0,33	0,59	1,87	0,00	1,84	0,16	1,28
final	dafür	1	0	1	0,35	0,00		0,17		0,00
	damit	5	4	1	0,38	0,49		0,41		0,20
	dazu	1	1	0	0,86	0,00		0,41		0,00
	um ... zu	6	5	1	0,30	0,24		0,00		0,61
instrumental	indem	9	9	0	0,58	0,19		1,03		0,89
konklusiv	somit	6	4	2	0,35	0,30	2,82	0,00	2,02	0,68	2,38
konzessiv	obwohl	1	1	0	0,60	0,00		0,00		0,20
adversativ	aber	7	5	2	0,57	0,22		0,20		1,36
	doch	2	0	2	0,17	0,35		0,00		0,00
	jedoch	2	0	2	0,14	0,28		0,00		0,00
	sondern	1	1	0	0,05	0,10	0,95	0,20	0,00	0,00	1,56
Summe		877	517	360	1,92		1,66		2,00		1,90

3.4 Kombinierte Analysen der Konnektoren(paare)

Aufgrund der geringen Belegzahlen scheint eine bspw. nach semantischen Aspekten[8] gebündelte Betrachtung der Konnektorvorkommen sinnvoll: Auffallend häufig wird von allen Schülern die Gruppe der Konnektoren mit deutlich stärkerer referentieller als semantisch-kommunikativer Funktion (z. B. *dass, und, oder*; vgl. auch Schanen 2001: 6, 11f.) genutzt; allen voran sind hier bilinguale Schüler zu nennen. Konnektoren zum Ausdruck räumlicher Beziehungen, die in den vorliegenden Versuchsprotokollen ausnahmslos über Konjunktionaladverbien (*da(d)ran, darauf, darüber*) realisiert werden, kommen allgemein sehr selten vor, werden aber tendenziell häufiger von Schülern mit Deutsch als Zweitsprache genutzt.[9] Beispiele hierfür sind:

e) „Die Flasche ist unten aufgeschnitten, daruber wurde ein Gummiabschluss gespant." (11O_03081S09, L1= Deutsch)
f) „Es wurde ein künstlicher Zwerchfell gebaut und dadran gezogen" (11O_03081S07, L1= Polnisch)

Abgesehen davon werden tatsächlich ausschließlich Konnektoren zur Anzeige zeitlicher und logischer (und hier vor allem konsekutiver, konditionaler und kausaler) Beziehungen verwendet. So verwenden die Schüler zum Ausdruck temporaler Relationen mit *dann* (85 Belege), *als* (20 Belege), *danach* (7 Belege), *dabei* (5 Belege) und *sobald* (5 Belege) fünf verschiedene Konnektoren, wobei das hohe Vorkommen von *dann* über *wenn(-dann)-Konstruktionen* erklärt werden kann, wohingegen die Beliebtheit von *als* wiederum mit der semantischen Flexibilität dieser Konjunktion zusammenhängen könnte (die es erlaubt, entweder Vorzeitigkeit, Gleichzeitigkeit oder Nachzeitigkeit ausdrücken) (vgl. auch Eggs 2006: 249). Unter den Konnektoren zur Darstellung logischer Bezüge

---

[8] Für die Bedeutungszuordnung der in Tabelle 2 aufgeführten Konnektoren wurden die Zuordnungen von Buscha 1989 und Dollnick 2013 zugrunde gelegt. Mehrdeutige Konjunktionen wurden von den Schülern lediglich in dem hier angegebenen Sinn verwendet.
[9] Eine mögliche Erklärung für dieses überraschende Ergebnis könnte sein, dass Schüler, für die Deutsch (auch eine) Erstsprache ist, hierfür auf alternative Formen (wie Präpositionalkonstruktionen o. ä.) zurückgreifen. So zeigen ergänzende, in diesem Beitrag jedoch nicht weiter dargestellte Analysen, dass Präpositionalkonstruktionen von Schülern mit Deutsch als Erstsprache in den Versuchsprotokollen tatsächlich häufiger zur Satzkonnexion genutzt werden als von Schülern mit Deutsch als Zweitsprache. Zudem ist allen Schülern, die Konnektoren zum Ausdruck räumlicher Zusammenhänge gebrauchen, gemein, dass sie neben dem Versuchsablauf auch den Versuchsaufbau beschreiben, was eigentlich nicht Gegenstand der Beobachtung oder Auswertung ist.

kommen vor allem *wenn* (243 Belege), *so* (36 Belege), *dadurch* (19 Belege) und *da* (17 Belege) in nennenswerter Häufigkeit vor. Zunächst überraschen mag ferner das Vorkommen von vier Konjunktionen mit adversativer Bedeutung, die von den Schülern dazu gebraucht werden, Ein- und Ausatmen als gegenläufige Teilprozesse darzustellen und somit voneinander abzugrenzen. Unterschiede zwischen Schülern mit Deutsch als Erst- und/ oder Zweitsprache sind weder für die Gruppe temporaler noch für eine (Unter-)Gruppe der logischen Konnektoren signifikant.

Auch bezüglich der Variabilität zeigen sich zwischen den Jugendlichen abhängig von der Frage, ob Deutsch für sie eine Erst- und/ oder Zweitsprache darstellt, – zumindest was den Gebrauch von Konnektoren anbelangt – keine signifikanten Unterschiede: So verwenden die Schüler pro Versuchsprotokoll durchschnittlich drei unterschiedliche Konnektorenlemmata zur Satzverknüpfung, unabhängig davon, ob Deutsch für sie Erst- und/ oder Zweitsprache ist. Normalisiert auf 100 Clauses ist die Variabilität unter den Schülern mit einer anderen Erstsprache als/ neben Deutsch sogar etwas größer als unter den Schülern mit Deutsch als Erstsprache, doch sind auch diese Unterschiede statistisch nicht signifikant (vgl. Tabelle 3).

Tabelle 3.   Variabilität im Konnektorengebrauch.

	Durchschnittliche Anzahl unterschiedlicher Konnektorenlemmata pro	
	Versuchsprotokoll	100 Clauses
DaM (N=80)	3,13	32,89
Bilingual (N=35)	2,83	40,67
DaZ (N=51)	3,04	39,35
Alle (N=166)	3,04	36,51

Deutlichere Unterschiede ergeben sich stattdessen bei einer kombinierten Betrachtung einzelner Merkmale: So sind für die drei Schülergruppen zwar im Allgemeinen keine Signifikanzen in Bezug auf die Verwendungshäufigkeit von *und* zu verzeichnen, doch wird diese Konjunktion von den drei Schülergruppen jeweils auf andere Weise genutzt: Während Schüler mit Deutsch als Erstsprache *und* vor allem als eingliedrigen Konnektor verwenden, ist für Schüler, die (auch) eine andere Erstsprache als Deutsch haben und hier insbesondere für DaZ-Schüler, der Gebrauch von *und* in Mehrfachkonnektoren wie in „Und wenn man den Gummiabschluss loslässt" (11O_0108bS03, L1= Türkisch) oder „und wenn er nicht mehr zieht" (11O_0308lS19, L1= Deutsch und Türkisch) charakteristisch (Chi-Quadrat-Wert nach Pearson= 20,307, df= 8, Signifikanz= .009, vgl. auch die

Gegenüberstellung in Tabelle 4). Bemerkenswert ist dabei, dass diese *und*-Mehrfachkonnektoren in zahlreichen Beispielen satzinitiierend gebraucht werden; ein Phänomen, dass auch Walter & Schmidt im Rahmen einer Korpusanalyse als Charakteristikum für Lerner des Deutschen als Fremdsprache konstatieren konnten (vgl. Walter & Schmidt 2008: 336).

Tabelle 4.   Analyse der Vorkommenszusammenhänge des Lemmas *und*.

	Durchschnittliche Häufigkeit für das Lemma *und* (pro 100 Clauses) in			
	Konnektoren im Allgemeinen	1-gliedrigen Konnektoren	2-gliedrigen Konnektoren	3-gliedrigen Konnektoren
DaM (N=80)	18,27	11,64	5,8	0,83
Bilingual (N=35)	24,88	16,69	7,99	0,20
DaZ (N=51)	19,8	9,28	9,76	0,76
Alle (N=166)	20,13	11,98	7,48	0,68

4. Funktionsorientierter Blick auf die Daten

Im Fokus der bisherigen Betrachtungen standen ausschließlich Konnektoren, doch können Satzkonnexionen prinzipiell auch anderweitig realisiert werden. Schleppegrell schreibt hierzu:

> "While in spoken discourse logical connections are most often made with conjunctions [resp. connectors, JRB], in school-based registers, fewer conjunctions [resp. connectors, JRB] are used, and those that occur are used in more restrictive and precise ways. In academic texts, logical connections are more typically made through clause embeddings or through nominal or verbal structures" (Schleppegrell 2001: 447).

Auch wenn sich diese aus dem anglo-amerikanischen Sprachraum stammende Beobachtung nicht ohne Weiteres auf den Sprachgebrauch im Deutschen übertragen lässt, so ergibt sich daraus in Ergänzung zu einer Analyse der gebrauchten Konnektoren doch zumindest die Frage, ob und wenn ja welche alternativen Möglichkeiten die Schüler zur Versprachlichung von Satzkonnexionen in ihren Versuchsprotokollen nutzen. Eine sprachliche Alternative zu *wenn(-dann)-Konstruktionen* und damit zur Realisierung konditionaler Zusammenhänge zeigt das folgende Beispiel (vgl. des Weiteren Riebling 2013: 146):

g) Lässt der Zuk nach entweicht die Luft aus den Lungen. (11O_0108bS02, L1= Deutsch)

Mittels Verbinitialstellung wird der konditionale Zusammenhang hier im entscheidenden Unterschied zum Gebrauch von Konnektoren nicht mittels lexikalisch-morphologischer Mittel, sondern ausschließlich auf syntaktischer Ebene angezeigt, was – kennzeichnend für den Sprachgebrauch im Fachunterricht (vgl. Feilke 2012: 8) – zu einer stärkeren Verdichtung der Äußerung beiträgt.

Ein Zugleich von syntaktischer und lexikalisch-morphologischer Satzkonnexion wählt die Schreiberin des nachfolgenden Protokollauszugs in ihrem zweiten Satz durch die Kombination der Verbinitialstellung mit dem Konnektor *so* als referentiellem Deixispartikel mit anaphorischem Textbezug (vgl. dazu auch Schanen 2001: 12). In ihrem ersten Satz greift sie zur Versprachlichung eines konditionalen Zusammenhangs stattdessen auf eine *wenn(-dann)-Konstruktion* zurück:

h) Wenn man das Gummiband nach unten zieht blasen sich die Luftballons im Modellinneren auf. Drückt man das Gummiband in das Model so wird den Luftballons jägliche Luft entzogen (11O_0108bS09, L1= Deutsch und Italienisch).

Allein diese konkurrierenden Formen zur Realisierung konditionaler Zusammenhänge machen deutlich, dass, auch wenn Form-Funktionszusammenhänge existieren, diese – und dies gilt für beide Richtungen – keinesfalls immer ein-eindeutig sind (vgl. hierzu auch Thürmann 2012: 8): Die Möglichkeiten, um ein- und denselben Zusammenhang sprachlich auszudrücken, sind vielfältig; umgekehrt kann aber auch ein Konnektor bzw. Lexem (z. B. *wenn* oder *da*) je nach Kontext eine andere Lesart implizieren.

Die nachstehende Tabelle zeigt, in wie vielen Schülertexten die in den Beispielen c) und d) aufgezeigten Mittel zur Versprachlichung konditionaler Zusammenhänge genutzt werden: Während *wenn(-dann)-Konstruktionen* in 112 Schülertexten vorkommen, gebrauchen lediglich 27 Schüler in ihren Texten den Konnektor *so* und lediglich in 10 Schülertexten findet sich hierzu schließlich mindestens eine Verbinitialstellung.

Tabelle 5. Vorkommen unterschiedlicher Möglichkeiten zur Realisierung konditionaler Zusammenhänge.

	Alle (N=166)	DaM (N=80)	Bilingual (N=35)	DaZ (N=51)
wenn(-dann)-Konstruktion	67,5 % (112)	68,8 % (55)	57,1 % (20)	72,6 % (37)
So	16,27 % (27)	10,0 % (8)	31,4 % (11)	15,7 % (8)
Verberststellung	6,0 % (10)	10,0 % (8)	2,9 % (1)	2,0 % (1)

Tabelle 5 zeigt allerdings nicht nur, wie häufig diese Möglichkeiten zur Realisierung konditionaler Zusammenhänge insgesamt in Schülertexten genutzt werden, sondern auch, wie häufig dies für die einzelnen Schülergruppen (Schüler mit Deutsch als Erstsprache, bilinguale Schüler und Schüler mit Deutsch als Zweitsprache) zutrifft. Die Gegenüberstellung macht deutlich, dass Schüler mit einer anderen/ weiteren Erstsprache als Deutsch zur Versprachlichung konditionaler Satzkonnexionen hauptsächlich auf Konnektoren(paare) zurückgreifen, während vor allem Schüler mit Deutsch als einziger Erstsprache hierfür auch Sätze mit Verbinitialstellungen bilden.

Ein Blick auf die Funktionsseite von Sprache sollte neben der Formenvielfalt zur Realisierung einer Funktion (wie konditionaler Strukturen) auch den (Satz-)Kontext mit einbeziehen, in dem diese Formen gebraucht werden. Dies gilt umso mehr, als die (mündlichen wie schriftlichen) Texte von Jugendlichen (in diesem Fall: jugendlichen Schülern) im Fachunterricht durch den Gebrauch von für sie (noch) wenig vertrauten sprachlichen Mitteln als lernersprachlich bezeichnet werden können; für solche Schüler, für die Deutsch eine Zweitsprache darstellt, potenziert sich dies, wie u. a. Feilke für den Gebrauch von *weil*-Verknüpfungen in Schülertexten konstatiert (vgl. Feilke 1996: insbes. 43). Interessant scheint daher nicht allein der Vergleich der gebrauchten Konnektorenlemmata, sondern, wie das nachstehende Beispiel deutlich macht, auch die Frage, auf welche Art und Weise bzw. welchem Zweck dienend diese Konnektoren jeweils gebraucht werden:

i) Da wo das Gummiabschluss runter gezogen war, dadurch wurden die Luftballongs größer (11O_03081S14, L1= Türkisch).

Der über *da wo* gestaltete Satzeinstieg des Schülers kann als Versuch gelesen werden, einen konditionalen Zusammenhang aufzuzeigen. Für diese Lesart spricht das vom Schüler zur Einleitung des zweiten Teilsatzes verwendete *dadurch*, welches unmissverständlich zu verstehen gibt, dass nicht eine rein temporale Verknüpfung angezeigt werden soll, sondern das Herunterziehen des Gummiabschlusses im Sinne einer konsekutiven Folge als Motor für das Ausdehnen des Luftballons fungiert und der gesamte Ausdruck somit im Sinne eines konditional verknüpften Ereignisses als *wenn-dann*-Struktur zu verstehen ist. Das Beispiel macht deutlich: Welches Konzept oder Verständnis die einzelnen Schüler im Kopf haben, wenn sie bestimmte Konnektoren oder Mittel zur Satzverknüpfung verwenden, kann mit der vorliegenden Analyse nicht erfasst werden.

4. Zusammenfassung und Ausblick

In den 166 analysierten Versuchsprotokollen gebrauchen die Schüler zahlreiche Konnektoren(paare); sie kommen durchschnittlich in jedem zweiten Clause vor, wobei diesbezüglich keine signifikanten Unterschiede abhängig davon festzustellen sind, ob für die Schüler Deutsch eine Erst- oder Zweitsprache darstellt. Bezogen auf einzelne Lemmata fallen einerseits – und dies insbesondere für bilinguale Schüler – Konnektoren mit stärker referentieller als semantisch-kommunikativer Funktion (wie *und* oder *dass*) in ihrer Häufigkeit auf sowie andererseits – und dies betrifft alle Schülergruppen – *wenn(-dann)-Konstruktionen*, die konditionale Zusammenhänge ausdrücken. Eine davon ausgehende Betrachtung konditionaler Zusammenhänge im Allgemeinen macht deutlich, dass Form-Funktions-Zusammenhänge keineswegs ein-eindeutig sind: So werden konditionale Zusammenhänge von den Schülern nicht ausschließlich über *wenn(-dann)-Konstruktionen* realisiert; eine Alternative stellen bspw. Verbinitialstellungen dar. Dieses syntaktische Mittel zur Anzeige konditionaler Zusammenhänge wird allerdings beinahe ausschließlich von Schülern mit Deutsch als Erstsprache gebraucht.

Ein weiterer Unterschied zwischen Schülern mit Deutsch als Erst- und/ oder Zweitsprache kann für die Verwendung einzelner Konnektorenlemmata konstatiert werden: Während Schüler mit Deutsch als Erstsprache die Konjunktion *und* überwiegend als eingliedrigen Konnektor gebrauchen, nutzen Schüler, die (auch) eine andere Erstsprache als Deutsch haben, *und* häufiger (satzinitiierend) in konzeptionell eher mündlich wirkenden Mehrfachkonnektoren (wie *Und dann* ... oder *Und wenn* ...).

Mit Blick auf den Fachunterricht ist die explizite Einführung der Textsorte Versuchsprotokoll aufgrund der Ergebnisse nicht nur hinsichtlich des Textaufbaus zu fordern; vielmehr sollten auch die Funktionen der einzelnen Textteile sowie das Inventar an sprachlichen Mitteln mit deren Hilfe sich diese Funktionen umsetzen lassen, zum expliziten Unterrichtsgegenstand gemacht werden. Konnektoren sind dabei eine Möglichkeit, um die einzelnen Textaussagen zeitlich und logisch miteinander zu verknüpfen, wobei *wenn(-dann)-Konstruktionen* sicherlich ein zu thematisierendes Sprachmittel wären, doch scheint insbesondere auch der Blick auf Konjunktionaladverbien lohnenswert. Darüber hinaus sollten den Schülern, als Heranführung an den Sprachgebrauch im Fachunterricht, bspw. mittels Verbinitialstellungen oder mittels Präpositionalkonstruktionen und inhaltlich aufeinander bezugnehmenden Nominalphrasen – zum Beispiel über Musterprotokolle – jedoch auch alternative Konnexionsmarker aufgezeigt und an die Hand gegeben werden.

5. Literatur

Bachmann, Thomas (2005): Kohärenzfähigkeit und Schreibentwicklung. In Feilke, Helmuth & Schmidlin, Regula (Hrsg.): *Literale Textentwicklung*. Frankfurt a. M.: Peter Lang, 155–183.

Baer, Heintz-Werner & Grönke, Ottokar (1977): *Arbeitstechniken Biologie*. Berlin: Volk und Wissen.

Beese, Melanie & Roll, Heike (2013): Versuchsprotokolle schreiben - zur Förderung literaler Routinen bei mehrsprachigen SuS in der Sekundarstufe I. In Decker-Ernst, Yvonne & Oomen-Welke, Ingelore (Hrsg.): *Deutsch als Zweitsprache. Beiträge zur durchgängigen Sprachbildung. Beiträge aus dem 8. Workshop „Kinder mit Migrationshintergrund", 2012*. Stuttgart: Fillibach bei Klett, 213–229.

Buscha, Joachim (1989): *Lexikon deutscher Konjunktionen*. Leipzig: VEB Verlag Enzyklopädie Leipzig.

Campbell, Neil A. (1997): *Biologie*. Heidelberg u.a.: Spektrum.

Dollnick, Meral (2013): Konnektoren in türkischen und deutschen Texten bilingualer Schüler. Eine vergleichende Langzeituntersuchung zur Entwicklung schriftsprachlicher Kompetenzen. Frankfurt a. M.: Peter Lang.

Eckhardt, Andrea G. (2008): Sprache als Barriere für den schulischen Erfolg. Potentielle Schwierigkeiten beim Erwerb schulbezogener Sprache für Kinder mit Migrationshintergrund. Münster u. a.: Waxmann.

Eggs, Frederike (2006): *Die Grammatik von als und wie*. Tübingen: Gunter Narr.

Eisenberg, Peter (2001): *Grundriß der deutschen Grammatik. Band 2: Der Satz.* Stuttgart u.a.: J.B. Metzler.
Feilke, Helmuth (1996): „Weil"-Verknüpfungen in der Schreibentwicklung. Zur Bedeutung 'lernersensivitver' empirischer Struktur-Begriffe. In Feilke, Helmuth & Portmann, Paul R. (Hrsg.): *Schreiben im Umbruch. Schreibforschung und schulisches Schreiben.* Stuttgart: Klett, 40–53.
Feilke, Helmuth (2012): Bildungssprachliche Kompetenz - fördern und entwickeln. In *Praxis Deutsch* (233): 4–13.
Gogolin, Ingrid & Schwarz, Inga (2004): „Mathematische Literalität" in sprachlich-kulturell heterogenen Schulklassen. *Zeitschrift für Pädagogik* 50 (6): 835–848.
Hoppe, Petra; Krämer, Silke & Reh, Juana (2013): Wie keimt Kresse am besten? Materialpaket, Materialheft. *Biologie im naturwissenschaftlichen Unterricht 5 bis 10* (4): 22–35.
Kraus, Martin Ernst & Stehlik, Sebastian (2008): Protokolle schreiben. *Unterricht Physik* 19 (104): 17–22.
Leisen, Josef (2003): Vorgänge und Experimente beschreiben. *Unterricht Physik* 14 (75): 18–21.
Lengyel, Dorit; Heintze, Andreas; Reich, Hans H.; Roth, Hans-Joachim & Scheinhardt-Stettner, Heidi (2009): Prozessbegleitende Diagnose zur Schreibentwicklung: Beobachtung schriftlicher Sprachhandlungen in der Sekundarstufe I. In Lengyel, Dorit; Reich, Hans H.; Roth, Hans-Joachim & Döll, Marion (Hrsg.): *Von der Sprachdiagnose zur Sprachförderung.* Münster u. a.: Waxmann, 129–138.
Marschall, Matthias (2001): Textstrukturierung und Konnektoren. In Cambourian, Alain (Hrsg.): *Textkonnektoren und andere textstrukturierende Einheiten.* Tübingen: Stauffenburg, 91–107.
McCutchen, Deborah (1986): Domain Knowledge and Linguistic Knowledge in the Development of Writing Ability. *Journal of Memory and Language* 25 (4): 431–444.
Neumeister, Nicole & Vogt, Rüdiger (2009): Erklären im Unterricht. In Michael Becker-Motzek (Hrsg.): *Mündliche Kommunikation und Gesprächsdidaktik.* Baltmannsweiler: Schneider Verlag Hohengehren, 562–583.
Pasch, Renate; Brauße, Ursula; Breindl, Eva & Waßner, Ulrich Hermann (2003): Handbuch der deutschen Konnektoren. Linguistische Grundlagen der Beschreibung und syntaktische Merkmale der deutschen Satzverknüpfer (Konjunktionen, Satzadverbien und Partikeln). Berlin: Walter de Gruyter.
Perkuhn, Rainer; Kaibel, Holger & Kupietz, Marc (2012): *Korpuslinguistik.* Paderborn: Wilhelm Fink, UTB.
Rehbein, Jochen (1984): Beschreiben, Berichten und Erzählen. In Ehlich, Konrad (Hrsg.): *Erzählen in der Schule.* Tübingen: Gunter Narr (Kommunikation und Institution, 10), 67–124.
Ricart Brede, Julia (2012): Passivkonstruktionen in Versuchsprotokollen aus dem Fachunterricht Biologie der Sekundarstufe I. Ein Vergleich von lehrerseitigen Erwartungen und schülerseitigen Realisierungen unter besonderer Berücksich-

tigung der jeweiligen Erstsprachen. In Jeuk, Stefan & Schäfer, Joachim (Hrsg.): *Deutsch als Zweitsprache in Kindertageseinrichtungen und Schulen. Aneignung, Förderung, Unterricht. Beiträge aus dem 7. Workshop „Kinder mit Migrationshintergund", 2011.* Freiburg i. Br.: Fillibach, 265–284.

Riebling, Linda (2013): Heuristik der Bildungssprache. In Gogolin, Ingrid; Lange, Imke; Michel, Ute & Reich, Hans H. (Hrsg.): *Herausforderung Bildungssprache - und wie man sie meistert.* Münster u. a.: Waxmann, 106–153.

Rösch, Heidi (2003): Vom Afrika bies zu Berlin. Deutsch als Zweitsprache in der Grundschule. *Grundschule Deutsch* 12 (5): 44–46.

Schäffler, Arne & Menche, Nicole (2000): *Biologie, Anatomie, Physiologie. Kompaktes Lehrbuch für die Pflegeberufe.* 4. Aufl. München: Urban & Fischer.

Schanen, François (2001): Textkonnektoren: der begriffliche Hintergrund. In Cambourian, Alain (Hrsg.): *Textkonnektoren und andere textstrukturierende Einheiten.* Tübingen: Stauffenburg, 1–17.

Schleppegrell, Mary J. (2001): Linguistic Features of the Language of Schooling. *Linguistics and Education* 12 (4): 431–459.

Thürmann, Eike (2012): Lernen durch Schreiben? Thesen zur Unterstützung sprachlicher Risikogruppen im Sachfachunterricht. *dieS-online* (1): 1–28. http://geb.uni-giessen.de/geb/volltexte/2012/8668/, (15.01.2013).

Ullmer-Ehrich, Veronika (1979): Wohnraumbeschreibungen. *Zeitschrift für Literaturwissenschaft und Linguistik (LiLi)* 9 (33): 58–83.

Vollmer, Helmut Johannes (2011): *Schulische Kompetenzen: Zentrale Diskursfunktionen.* http://www.home.uni-osnabrueck.de/hvollmer/ VollmerDF-Kurzdefinitionen.pdf, (06.08.2012).

Walter, Maik & Schmidt, Karin (2008): Und das ist auch gut so! Der Gebrauch des satzinitialen und bei fortgeschrittenen Lernern des Deutschen als Fremdsprache. In Ahrenholz, Bernt; Bredel, Ursula; Klein, Wolfgang; Rost-Roth, Martina & Skiba, Romuald (Hrsg.) *Empirische Forschung und Theoriebildung. Beiträge aus Soziolinguistik, Gesprochene-Sprache- und Zweitspracherwerbsforschung. Festschrift für Norbert Dittmar zum 65. Geburtstag.* Frankfurt: Peter Lang, 331–342.

Zürcher, Simone & Spörhase, Ulrike (2010): Protokoll. In Spörhase, Ulrike & Ruppert, Wolfgang (Hrsg.): *Biologie Methodik. Handbuch für die Sekundarstufe I und II.* Berlin: Cornelsen Scriptor, 162–165.

Präpositionen in Mathematik-Prüfungsaufgaben als spezifische Herausforderung für türkischsprachige Lernende mit Deutsch als Zweitsprache

Erkan Gürsoy & Nadine Wilhelm

Vielfach empirisch belegt ist der enge Zusammenhang zwischen Sprachkompetenz bzw. sozioökonomischem Status und schulischen Fachleistungen, doch welche spezifischen Anforderungen in Prüfungsaufgaben führen zu diesen statistischen Zusammenhängen, gerade für mehrsprachige Lernende? Der Artikel untersucht linguistisch-vergleichend rekonstruierbare potentielle sprachliche Herausforderungen für die Gruppe der türkisch-sprachigen Schülerinnen und Schüler mit Deutsch als Zweitsprache am Beispiel der Präpositionen. Ihre tatsächliche Relevanz zeigt sich in empirischen Analysen zu den Zentralen Prüfungen 10 Mathematik in Nordrhein-Westfalen.

1. Einleitung

Ausgangspunkt des vorliegenden Beitrags sind Befunde aus internationalen Vergleichsstudien, aus denen hervorgeht, dass insbesondere mehrsprachige Lernende im Vergleich zu einsprachigen Lernenden in Mathematikleistungstests geringere Kompetenzwerte erreichen (OECD 2007; Burns & Shadoian-Gersing 2010; Heinze, Rudolph-Albert, Reiss, Herwartz-Emden et al. 2009). Dies betrifft jedoch nicht alle Mehrsprachigen gleichermaßen: Der Blick auf Mathematikleistungen von Schülerinnen und Schülern, die sich im deutschen Bildungssystem befinden, zeigt nämlich, dass insbesondere türkischsprachige Lernende niedrigere Kompetenzwerte in Mathematikleistungen erreichen, während z.B. russischsprachige Lernende teilweise erfolgreicher als monolingual deutschsprachige Lernende, und erheblich erfolgreicher als türkisch-sprachige Lernende sind (Pöhlmann, Haag & Stanat 2013).

Ein Erklärungsansatz für die Unterschiede verweist auf den Zusammenhang zwischen sozioökonomischem Status und Mathematikleistung (Bos, Lankes, Prenzel, Schwippert et al. 2003; Ehmke, Hohensee, Heidemeier & Prenzel 2004, Walzebug 2012). Doch konstatiert Brizić (2007), dies allein sei keine hinreichende Begründung für das schlechte Abschneiden türkischsprachiger Lernender in Deutschland, und sie verweist auf die Notwendigkeit, schicht- und kulturbedingte Faktoren differenziert zu betrachten, wenn man Leistungsunterschiede und Benachteiligungen türkischsprachiger Lernender (Klemm 2010) genauer verstehen will.

Der folgende Beitrag fokussiert die Relevanz der Sprachkompetenz für die Fachleistungen und bezieht neben schicht- und kulturbedingten Faktoren konsequent auch konkrete sprachliche Anforderungen im Fach Mathematik mit ein, die für türkischsprachige Lernende mit Deutsch als Zweitsprache (DaZ) eine besondere Herausforderung darstellen können.

Die hier vorgestellte Untersuchung zu den spezifischen Herausforderungen im Mathematikunterricht erfolgt anhand der nordrhein-westfälischen Zentralen Prüfungen am Ende der Klasse 10 im Fach Mathematik (ZP10-Mathematik), die in interdisziplinärer Kooperation zwischen Linguistik und Mathematikdidaktik analysiert wurden (vgl. Prediger, Renk, Büchter, Gürsoy et al. 2013, Renk, Prediger, Büchter, Benholz et al. 2013, Gürsoy, Benholz, Renk, Prediger et al. 2013). Der Beitrag konzentriert sich dabei auf Präpositionen, da sich diese im Sprachvergleich als besondere Herausforderung für türkischsprachige Lernende in Deutschland erwiesen und auch für mathematische Texte als hoch relevant herausgestellt haben, wie in Abschnitt 2 ausgeführt wird.

Dabei werden die Analysen zeigen, dass der Gebrauch von Präpositionen nicht nur für türkischsprachige Jugendliche eine sprachliche Herausforderung darstellt, sondern auch für monolingual deutschsprachige Lernende.

2. Forschungsstand zu Präpositionen für türkischsprachige DaZ-Lernende

Als Basis für die Analyse von Präpositionen in Mathematik-Prüfungsaufgaben und ihrer Bedeutung für türkischsprachige DaZ-Lernende werden in diesem Kapitel theoretische Bezüge zu verschiedenen Disziplinen hergestellt: Zunächst erfolgt ein Einblick in den aktuellen Stand der Zweitspracherwerbsforschung zu Präpositionen als Erwerbsaufgabe von türkischsprachigen Lernenden (2.1.). Anschließend wird ein kurzer Überblick zum Stellenwert der Präpositionen für das Fach Mathematik gegeben (2.2.).

2.1 Bezüge aus der Zweitspracherwerbsforschung: Präpositionen als Erwerbsaufgabe im Deutschen

Präpositionen als Erwerbsaufgabe sind ein zentraler Untersuchungsgegenstand in der Zweitspracherwerbsforschung (Bryant 2012; Grießhaber 1999; Lütke 2011). Im Vordergrund der Kontrastierungen stehen Präpositionen, mit denen eine Lokalisierung ausgedrückt wird. Beispielsweise zeigt der Sprachvergleich zu Raumausdrücken im Deutschen, Russischen, Englischen, Französischen und Türkischen Differenzen, wie bzw. ob Lokalisierungsausdrücke für den Rand und die obere Peripherie differenziert werden (vgl. Tab. 1 nach Becker 1994: 127; Bryant 2012: 61). Während im Deutschen, Russischen, Englischen und Französischen zwischen AUF- und ÜBER-Konstellationen unterschieden wird, ist im Türkischen keine Differenzierung vorhanden. Für beide Konstellationen wird die Post-position *üst-* (z.B. *dolabın üstünde = auf/über dem Schrank*) verwendet, womit ausgedrückt wird, dass sich das zu lokalisierende Objekt OBEN befindet.

Tabelle 1. AUF und ÜBER im Sprachvergleich

Sprache	Sprachliche Realisierung	AUF	ÜBER
Deutsch	Präpositionen	*auf*	*über*
Russisch	Präpositionen	*na*	*nad*
Englisch	Präpositionen	*on*	*above*
Französisch	Präpositionen	*sur*	*au-dessus*
Türkisch	Postpositionen	*üst-*	*üst-*

Postpositionen werden allerdings fakultativ verwendet, um die Lokalisierung eines Objekts im Raum zu spezifizieren. Unabhängig vom Gebrauch der Postpositionen und der nicht vorhandenen Differenzierung von AUF und ÜBER ist der Gebrauch des Kasus Lokativ -DE[1] im Türkischen verpflichtend. Steht ein Nomen im Lokativ ohne die Verwendung von Postpositionen, sind mehrere Lesarten im Hinblick auf lokale Angaben möglich (vgl. Tabelle 2).

---

[1] Das Lokativsuffix wird hier aufgrund der Konsonanten- und Vokalharmonie im Türkischen groß geschrieben, da je nach phonetischem Status -de, -da, -te oder -ta möglich sind. Das Suffix beginnt mit einem stimmhaften /d/ bzw. mit einem stimmlosen /t/, wenn das vorangehende Nomen mit einem stimmhaften bzw. stimmlosen Laut endet. Die Wahl des vorderen Vokals /e/ bzw. hinteren Vokals /a/ im Suffix hängt davon ab, ob in der letzten Silbe des vorangehenden Nomens der Vokal velar oder palatal ist (Huber 2008).

Tabelle 2. Lokativ als Möglichkeit der allgemeinen Lokalisierung

Deutsch	Türkisch
im Haus	
zu Hause	*ev-de*
auf dem Haus	Haus-Lokativ
über dem Haus	
...	

Während laut Bryant (2012) die Erwerbsverläufe von DaZ-Lernenden mit Russisch als Erstsprache aufgrund der sprachtypologischen Nähe des Russischen zum Deutschen denen der Lernenden mit Deutsch als Erstsprache ähnlicher sind, erwerben DaZ-Lernende mit Türkisch als Erstsprache Präpositionen im Deutschen später. Darüber hinaus ist die Präposition ÜBER – u.a. aufgrund der Verwechslungsgefahr von ÜBER und AUF (Bryant 2012) – eine der zuletzt erworbenen Präpositionen:

> In meiner Studie zum Zweitspracherwerb (...) ist UNTER bei den meisten DaZ-Kindern die erste zielsprachliche lokale Kategorie – hingegen verursacht ÜBER anhaltende Probleme. Auch im Erstspracherwerb ist ÜBER mit Abstand die schwierigste [Präposition]. (Bryant 2012: 201).

Auch Lütke (2011) beobachtet, dass insbesondere die Präposition ÜBER DaZ-Lernenden bei der Produktion Schwierigkeiten bereitet. Bei Grießhaber (2007a) sind vergleichbare Befunde bei DaZ-Lernenden mit Türkisch als Erstsprache zu finden. Dabei wird differenziert zwischen Präpositionen, die von Schülerinnen und Schülern häufiger verwendet (wie z.B. AUF, AUS, MIT, NACH, VOR, ZU), und Präpositionen, die seltener produziert werden (wie z.B. AN, BEI, DURCH, IN, ÜBER) (vgl. Grießhaber 2007b: 638).

2.2 Bezüge zur Fachdidaktik: Präpositionen als Lernhindernis im Mathematikunterricht

Prediger (2013) weist darauf hin, dass die mathematikdidaktische Diskussion zur Sprache im Mathematikunterricht eine lange Tradition hat (z.B. bei der Arbeit an mathematischen Fachbegriffen als sprachlicher Lerngegenstand bzw. Arbeit an Begründungen als sprachliches Lernmedium), allerdings der Bereich Sprache als Lernhindernis in den letzten Jahren neu hinzu gekommen und wenig erforscht sei. Dies ist ein besonders wichtiger Bereich im Mathematikunterricht, weil empirische Studien belegen, dass

Sprachkompetenz einen entscheidenden Faktor für Mathematikleistungen bildet (Secada 1992; Abedi 2006). Dieser Zusammenhang konnte auch im deutschsprachigen Kontext in den ZP10-Mathematik nachgewiesen werden (Prediger, Renk, Büchter, Gürsoy et al. 2013).

Charakteristisch für die Sprache des Mathematikunterrichts, die zum Lernhindernis werden kann, ist deren Zuordnung zur Sprache der (gebildeten) Mittelschicht, die wiederum elementare Grundlagen für den Erwerb der Sprache im Mathematikunterricht ermöglicht (vgl. Jorgensen 2011: 319):

> In adopting a language approach to teaching mathematics, it becomes important to recognise the specific language of mathematics. Much like any other language, mathematics has its unique features. When the language of instruction is standard Australian English (SAE), it is recognised that the greater the difference between the home language and the school language, the greater the difficulty in coming to learn school mathematics. (Jorgensen 2011: 320).

Präpositionen sind ein charakteristisches Spezifikum der Sprache der Mathematik, da sie als Funktionswörter einen wesentlichen Beitrag zur Herstellung von Beziehungen zwischen den mathematischen Sachverhalten leisten, so dass sie eine Schlüsselfunktion beim Verstehen von mathematischen Aufgabentexten innehaben. Jorgensen (2011) beobachtet hingegen, dass Präpositionen von Schülerinnen und Schülern – insbesondere bei Nichtpassung der Erstsprache mit der Schulsprache – überlesen werden[2], obwohl vor allem primäre Präpositionen (wie z.B. *across, after, against, among, along, beneath, between, over* usw.)[3] in der Mathematik zahlreich und variantenreich erscheinen. Die Bedeutung der Präposition OVER, des Pendants zum deutschen ÜBER, wird auch im mathematischen Kontext explizit betont:

> For example, the preposition 'over' can be used to denote position in an overt way, but can be used to describe position when working with numbers—'the numerator is over the denominator'. It is difficult to think of teaching mathematics without the use of prepositions. (Jorgensen 2011: 324).

---

[2] Auch Duarte, Gogolin & Kaiser (2011) weisen darauf hin, dass mehrsprachige Lernende Präpositionen nicht beachten bzw. nicht richtig interpretieren.
[3] Sekundäre Präpositionen wie *trotz, zufolge* und tertiäre Präpositionen wie *in Anbetracht* (vgl. Grießhaber 2007b: 631) werden in diesem Beitrag nicht berücksichtigt.

Bisher liegen wenige systematische empirische Befunde zur Rezeption von Präpositionen im Bearbeitungsprozess von Textaufgaben vor. Daher sollen hier die Aufgabenbearbeitungen von DaZ-Lernenden (mit Türkisch als Erstsprache) mit denen von Lernenden mit Deutsch als Erstsprache verglichen werden.

Im vorliegenden Beitrag wird folgenden Forschungsfragen im Einzelnen nachgegangen:

- F1. Welche sozialen und sprachlichen Hintergrundfaktoren haben bei türkischsprachigen DaZ-Lernenden den stärksten Zusammenhang mit der Mathematikleistung in den Zentralen Prüfungen 10?
- F2. Welche Bedeutung haben mathematisch-relevante Präpositionen im Textkorpus der Zentralen Prüfung 10 Mathematik 2012?
- F3. Welche Schwierigkeiten treten bei der Bearbeitung von mathematischen Prüfungsaufgaben auf, die mathematisch-relevante primäre Präpositionen enthalten? Welche davon sind spezifisch für türkischsprachige DaZ-Lernende?

3. Vorgehen und Stichprobe der Untersuchung

3.1 Vorgehen bei der Datenerhebung

Sicherlich können die Befunde der Zweitspracherwerbsforschung zu Präpositionen nicht direkt auf Schülerinnen und Schüler der Klasse 10 übertragen werden, da die in Kap. 2 genannten Studien auf Probanden zurückgreifen, die sich im Kindesalter befinden, während die Stichprobe der hier vorgelegten Studie im Jugendalter ist. Eine Übertragung ist auch aus mathematikdidaktischer Sicht nicht möglich, da die Studien der Zweitspracherwerbsforschung auf lokale Präpositionen fokussieren, während in diesem Beitrag mathematisch-relevante abstrakte Präpositionen untersucht werden. Dennoch basiert das methodische Vorgehen auf den in Kap. 2 dargestellten theoretischen und empirischen Hintergründen, durch deren Berücksichtigung die empirischen Befunde (Kap. 4) differenzierter erklärt werden sollen. Das Vorgehen der hier vorgelegten Studie ist in drei Schritte unterteilt:

(1) Zur statistischen Beantwortung der ersten Forschungsfrage werden die Daten aus der Breitenanalyse (Prediger, Renk, Büchter, Gürsoy et al. 2013), die im Rahmen der interdisziplinären Forschungsstudie „Sprachliche und konzeptuelle Herausforderungen für mehrsprachige Lernende in den Zentralen Prüfungen 10 im Unterrichtsfach Mathematik – Empirische

Analysen"[4] ausgewertet wurden, hier im Hinblick auf Teilstichproben der türkischsprachigen und deutschsprachigen Lernenden re-analysiert.

Dabei wird die *abhängige Variable* Mathematikleistung mittels der Rohpunkte der Bewertungsbögen der Mathematiklehrkräfte aus den ZP10-Mathematik 2012 erfasst.

Als *unabhängige Variablen* dienen soziale Hintergrundfaktoren und sprachliche Kompetenzen. Die sozialen Hintergrundfaktoren der Lernenden wurden im Vorfeld der Prüfungen über einen Erhebungsbogen erfasst, der insbesondere folgende Faktoren misst:

- Sozioökonomischer Status (SES, erfasst durch die Bücheraufgabe, in der nach dem Buchbestand in den Familien gefragt wird, Paulus 2009)
- Migrationshintergrund sowie Zeitpunkt des Deutscherwerbs (erfasst in einem Selbstauskunftfragebogen).

Die Erhebung der Sprachkompetenz erfolgt durch zwei unterschiedliche Konzeptualisierungen der Kompetenz:

- Lesekompetenz gemessen durch die Items zum Leseverstehen (L-Test) der ZP10 im Fach Deutsch (ZP10-Deutsch)
- rezeptive und produktive sprachliche Kompetenz im Deutschen (verkürzend: Sprachkompetenz, operationalisiert anhand eines C-Tests, vgl. Baur & Spettmann 2010).

(2) Zur linguistischen Behandlung der zweiten Forschungsfrage wird für das Textkorpus der ZP10-Mathematik 2012 und ZP10-Deutsch 2012 die zunächst quantitative Relevanz (operationalisiert als relative Häufigkeit) von Präpositionen verglichen. Die qualitative Relevanz wird durch eine genauere sprachliche Analyse exemplarisch an einem Item, der Aufgabe 2a2 aus der ZP10-Mathematik 2012, für die Präposition ÜBER aufgezeigt.

(3) Zur Beantwortung der dritten Forschungsfrage nach den allgemeinen und spezifischen Schwierigkeiten für DaZ-Lernende bei der Bearbeitung von Mathematikaufgaben mit Präpositionen werden die statistischen und theoretischen Ergebnisse aus (1) und (2) durch empirische Tiefenanalysen trianguliert. Dazu werden 196 schriftliche Bearbeitungen von Schülerinnen und Schüler zur Aufgabe 2a2 der ZP10-Mathematik 2012 betrachtet, aus

---

[4] Das zugrundeliegende Kooperationsprojekt unter der Leitung von Susanne Prediger (TU Dortmund, Mathematikdidaktik) und Claudia Benholz (Universität Duisburg-Essen, Deutsch als Zweit- und Fremdsprache) wurde durch das Ministerium für Schule und Weiterbildung NRW gefördert. Unterstützt wurde das Projekt von Andreas Bücher (Universität zu Köln, Mathematikdidaktik) und durchgeführt von Nadine Wilhelm und Erkan Gürsoy.

denen hervorgeht, inwiefern die Schülerinnen und Schüler die Funktion der Präposition ÜBER in der Aufgabe 2a2 erkannt haben.[5]

3.2 Stichprobe

Die Basis für die empirische Untersuchung bildete eine Stichprobe von 1495 Schülerinnen und Schülern der zehnten Jahrgangsstufe aus 67 Erweiterungskursen[6] Mathematik von 19 Gesamtschulen aus dem Ruhr-gebiet, die gezielt als repräsentatives Schulsample ausgewählt wurden (vgl. Tabelle 3).

Während der Anteil der Lernenden mit eigenen Migrationserfahrungen, also Migrantinnen und Migranten der ersten Generation mit 10,3% recht gering ausfällt, gehören 42,1% zu jenen der zweiten Generation. Die dritte Generation wurde nicht erfasst, jedoch gibt der Zeitpunkt des Deutscherwerbs tiefere Einblicke in die Situation der Mehrsprachigkeit im Ruhrgebiet. Demnach sind 55,6% der Schülerinnen und Schüler des Gesamtsamples mehrsprachig, Deutsch haben sie entweder zuhause, im Kindergarten oder in der Schule gelernt. Die bezüglich der Mehrsprachigkeit am häufigsten genannte Sprache außer Deutsch ist mit Abstand Türkisch mit einem Anteil von 46,7% (n=386) an allen Mehrsprachigen.

Bezüglich der sprachlichen Faktoren Lesekompetenz (L-Test) und Sprachkompetenz (C-Test) wurde die Gesamtstichprobe in Drittel-Perzentile eingeteilt. Die Drittel werden beschrieben als schwache, mittlere, starke Lesekompetenz, bzw. schwache, mittlere, starke Sprachkompetenz. Die Gruppen sind insgesamt kleiner, weil nicht alle Lernenden an dem L-Test und dem C-Test teilgenommen haben.

---

[5] Die für tiefere Einblicke ebenfalls geführten Interviews werden mathematikdidaktisch analysiert in Wilhelm (i.V.). Der vorliegende Beitrag konzentriert sich auf die linguistische Analyse der Befunde, die in Gürsoy (i.V.) ausführlicher dargestellt werden.
[6] Erweiterungskurse sind diejenigen Kurse in der Gesamtschule, die zum Mittleren Schulabschluss führen.

Tabelle 3. Überblick zur Stichprobe und Teilstichproben

Merkmal	Gruppenbildung	Verteilung
Gesamt	19 Gesamtschulen, 67 Mathe-E-Kurse	n=1495
Alter	17 Jahre und älter	311 (20,9 %)
(n=1489)	16 Jahre	984 (66,1 %)
	15 Jahre	194 (13,0 %)
Geschlecht	männlich	774 (52,1 %)
(n=1487)	weiblich	713 (47,9 %)
Migrations-	1. Generation	152 (10,3 %)
hintergrund	2. Generation	623 (42,1 %)
(n=1480)	ab 3. Generation / ohne	705 (47,6 %)
Sozioökonomischer	niedriger SES	509 (34,1 %)
Status	mittlerer SES	488 (32,7 %)
(n=1493)	hoher SES	496 (33,2 %)
Lesekompetenz	schwache Lesekompetenz	365 (34,2 %)
(n=1066)	mittlere Lesekompetenz	405 (38,0 %)
	starke Lesekompetenz	296 (27,8 %)
Sprachliche	schwache Sprachkompetenz	235 (33,7 %)
Kompetenz	mittlere Sprachkompetenz	233 (33,4 %)
(n=698)	starke Sprachkompetenz	230 (33,0 %)
Zeitpunkt des	mehrsprachig, Deutsch ab Kindergarten	289 (19,4 %)
Deutscherwerbs	mehrsprachig, Deutsch vor Kindergarten	538 (36,2 %)
(n=1486)	einsprachig, nur Deutsch	659 (44,3 %)
Hier untersuchte Teilstichproben		
L1 Deutsch	Familiensprache nur Deutsch	n=659
L1 Türkisch	Familiensprache Türkisch & ggf. weitere	n=386

Die hier betrachteten Teilstichproben der in der Familie gelernten Sprachen Deutsch und Türkisch (und ggf. weitere Sprachen) wurden jeweils mit den Teilstichproben zu SES, L-Test und C-Test geschnitten. Die Zugehörigkeit zur Teilstichprobe wurde bestimmt durch Erfassung der Familiensprache gemäß Selbstauskunft der Lernenden.

4. Befunde zur Bedeutung der Präpositionen auf unterschiedlichen Ebenen

4.1 Quantitative Ergebnisse zu Mathematikleistungen

Für die Gesamtstichprobe aller Lernenden konnte in der Breitenanalyse nachgewiesen werden, dass Sprachkompetenz unter allen sprachlichen und sozialen Hintergrundfaktoren denjenigen mit dem stärksten Zusammenhang zur ZP10-Mathematikleistung bildet (Prediger, Renk, Büchter, Gürsoy et al. 2013). Im Folgenden wird u.a. dieser Befund für die Teilstichproben der monolingual deutschsprachigen (L1 Deutsch) und türkischsprachigen DaZ-Lernenden (L1 Türkisch) näher beleuchtet und überprüft, inwieweit für diese Gruppen andere Hintergrundfaktoren einen ähnlichen Zusammenhang zur Mathematikleistung haben.

Gerade da das schlechte Abschneiden der türkischsprachigen DaZ-Lernenden oft dem sozioökonomischen Status zugeschrieben wird, zeigt Tab. 4 die Mittelwerte der Mathematikleistungen in Abhängigkeit vom sozioökonomischen Status, hier innerhalb der Teilstichproben nach der Familiensprache Deutsch bzw. Türkisch.

Tabelle 4. Gruppenvergleiche der Mathematikleistungen mit den Erstsprachen und dem sozioökonomischen Status

Erstsprachen	sozioökonomischer Status (SES)	Verteilung der Gruppen		Mittelwerte und Standardabweichung der ZP10-Mathematikleistungen (max. 85 Punkte)
Gesamtstichprobe	niedriger SES	507	34,1 %	41,9 (14,0)
	mittlerer SES	484	32,6 %	42,9 (12,9)
	hoher SES	494	33,3 %	45,7 (13,5)
(n=1485)	insgesamt	1485		43,5 (13,6)
L1 Deutsch	niedriger SES	206	31,3 %	45,0 (13,4)
	mittlerer SES	202	30,7 %	45,7 (12,5)
	hoher SES	251	38,1 %	48,0 (12,8)
(n=659)	insgesamt	659		46,3 (13,0)
L1 Türkisch	niedriger SES	132	34,2 %	40,0 (14,0)
	mittlerer SES	148	38,3 %	39,0 (12,8)
	hoher SES	106	27,5 %	42,1 (12,4)
(n=386)	insgesamt	386		40,0 (13,2)

Hinsichtlich des sozioökonomischen Status ergibt sich in der Gesamtstichprobe ein ausgeglichenes Bild: 34,1% weisen einen niedrigen, 32,6% einen mittleren und 33,3% einen hohen SES auf. Trotz eines leichten Überhangs mit 38,1% der monolingual deutschsprachigen Lernenden und einer etwas niedrigeren Verteilung mit 27,5% der türkischsprachigen DaZ-Lernenden beim hohen SES, zeigt sich auch innerhalb der Gruppen gemäß ihrer Erstsprache eine recht gleichmäßige Verteilung auf die Gruppierungen des SES, die gängigen Erklärungsmustern widerspricht.

Hinsichtlich der ZP10-Mathematikleistung erzeugt der sozio-ökonomische Status innerhalb des Gesamtsamples geringe Differenzen der Gruppenmittelwerte zwischen niedrigem und hohem SES von 3,8 Punkten (vgl. dazu auch Prediger, Renk, Büchter, Gürsoy et al. 2013). Innerhalb der Teilstichproben der monolingual deutschsprachigen Lernenden und der türkischsprachigen DaZ-Lernenden sind die Gruppendifferenzen der Mittelwerte noch geringer, innerhalb der sprachbiographisch homogeneren Gruppen scheint der SES also eine geringere Rolle zu spielen.

Tab. 5 stellt die Mittelwerte der Mathematikleistungen in Abhängigkeit von der C-Test-Leistung dar, hier innerhalb der Teilstichproben nach der Erstsprache Deutsch bzw. Türkisch.

Tabelle 5. Gruppenvergleiche der Mathematikleistungen in der türkisch- und deutschsprachigen Teilstichprobe, jeweils gruppiert nach Sprachkompetenz im C-Test

Teilstichproben nach Erstsprachen	Gruppierung nach Sprachkompetenz (C-Test)	Verteilung der Gruppen		Mittelwerte und Standardabweichung der ZP10-Mathematikleistungen (max. 85 Punkte)
gesamte C-Test-Stichprobe (n=692)	schwacher C-Test	233	33,7 %	37,4 (13,4)
	mittlerer C-Test	229	33,1 %	44,2 (12,6)
	starker C-Test	230	33,2 %	50,3 (11,4)
	insgesamt	692		44,0 (13,6)
L1 Deutsch (n=292)	schwacher C-Test	041	14,0 %	45,0 (10,4)
	mittlerer C-Test	099	33,9 %	47,0 (12,1)
	starker C-Test	152	52,1 %	51,3 (10,7)
	insgesamt	292		49,0 (11,4)
L1 Türkisch (n=189)	schwacher C-Test	115	60,8 %	34,8 (12,7)
	mittlerer C-Test	050	26,5 %	42,7 (12,4)
	starker C-Test	024	12,7 %	45,9 (10,5)
	insgesamt	189		38,3 (13,1)

Innerhalb der Gruppe der türkischsprachigen DaZ-Lernenden zeigt sich beim Vergleich der Mathematikleistung, dass Lernende mit einer hohen Sprachkompetenz mit 45,9 Rohpunkten durchschnittlich 11,1 Punkte mehr erreichen als Schülerinnen und Schüler mit einer schwachen Sprachkompetenz. In diese Betrachtung einbezogen werden sollte, dass eine Mehrheit von 60,8% der türkischsprachigen Lernenden lediglich eine schwache Sprachkompetenz aufweisen.

Für die Teilstichprobe der monolingual deutschsprachigen Lernenden zeigt sich zunächst, dass über die Hälfte der Lernenden (52,1%) eine hohe Sprachkompetenz aufweisen. Auch innerhalb aller monolingual deutschsprachigen Lernenden ergibt sich eine ähnliche Tendenz des Zusammenhangs zwischen Sprachkompetenz und Mathematikleistung wie bei den türkischsprachigen DaZ-Lernenden, allerdings mit weit geringerer Ausprägung mit einer Differenz von 6,3 Punkten in der Mathematikleistung zwischen Lernenden mit schwacher und starker C-Test-Leistung.

Vergleicht man nun die Mittelwerte der jeweils schwächsten C-Test-Gruppen miteinander, ergibt sich folgendes Bild: Die sprachlich schwachen Lernenden der türkischsprachigen DaZ-Lernenden erreichen mit 34,8 Punkten 10,2 Punkte weniger als die sprachlich Schwachen der monolingual deutschsprachigen Lernenden. Im Vergleich mit der Gesamtstichprobe fällt die Differenz der türkischsprachigen DaZ-Lernenden mit 2,6 Punkten weitaus geringer aus. Dieser Befund untermauert trotz der Überrepräsentanz der türkischsprachigen DaZ-Lernenden bei den Lernenden mit schwacher Sprachkompetenz die Eingangsaussage, dass die Sprachkompetenz der bedeutsamste Faktor unter allen sprachlichen und sozialen Hintergrundfaktoren für die ZP10-Mathematikleistung ist.

Tab. 6 stellt abschließend die Mittelwerte der Mathematikleistungen in Abhängigkeit von der Lesekompetenz dar, die im L-Test aus der ZP10-Deutsch 2012 als Variable zur Erhebung des Leseverstehens erhoben wurde. Dabei zeigen sich für beide Teilstichproben vergleichbare Zusammenhänge mit der ZP10-Mathematikleistung, wobei hier auffällt, dass die Verteilung der Teilgruppen innerhalb der türkischsprachigen Teilstichprobe bzgl. der Lesekompetenz im Vergleich zu den C-Test-Werten etwas positiver ausfällt.

Tabelle 6. Gruppenvergleiche der Mathematikleistungen in der türkisch- und deutschsprachigen Teilstichprobe, jeweils gruppiert nach Lesekompetenz im L-Test aus der ZP10-Deutsch

Erstsprachen	Lese-Test (Lesekompetenz in der ZP10- Deutsch)	Verteilung der Gruppen		Mittelwerte und Standardabweichung der ZP10-Mathematikleistungen (max. 85 Punkte)
gesamte Lese-Test-Stichprobe (n=1059)	schwacher L-Test	137	12,9 %	37,2 (11,7)
	mittlerer L-Test	447	42,2 %	43,9 (13,2)
	starker L-Test	475	44,9 %	49,3 (12,3)
	insgesamt	1059		45,5 (13,2)
L1 Deutsch	schwacher L-Test	041	8,3 %	38,8 (9,7)
	mittlerer L-Test	198	40,0 %	45,7 (12,8)
	starker L-Test	255	51,6 %	51,3 (11,8)
(n=494)	insgesamt	494		48,0 (12,6)
L1 Türkisch	schwacher L-Test	043	17,6 %	37,4 (11,1)
	mittlerer L-Test	121	49,6 %	42,1 (13,3)
	starker L-Test	080	32,8 %	45,4 (12,2)
(n=189)	insgesamt	244		42,4 (12,8)

Die quantitativen Ergebnisse zeigen, dass soziale Hintergrundfaktoren wie der SES bei allen Lernenden und insbesondere bei den türkischsprachigen DaZ-Lernenden einen leichten Einfluss auf die Mathematikleistung haben. Bedeutend ausgeprägter sind aber die Unterschiede zwischen den nach Sprachkompetenz im deutschen C-Test kategorisierten Gruppen, gerade für die türkischsprachige Teilstichprobe.

Diese statistisch nachweisbaren Zusammenhänge lassen jedoch keine Aussage darüber zu, wie diese Unterschiede in den Mathematikleistungen zu begründen sind. Hierzu ist eine vertiefte Betrachtung von möglichen spezifischen sprachlichen Herausforderungen für türkischsprachige DaZ-Lernende notwendig.

4.2 Quantitative und qualitative Relevanz von Präposition

Zur Erfassung der sprachlichen Eigenheiten der mathematischen Prüfungstexte wurden deskriptive Häufigkeitsanalysen zu sprachlichen Merkmalen durchgeführt. Dabei wurden ZP10-Mathematik und ZP10-Deutsch des Jahres 2012 einander gegenübergestellt (Gürsoy, Benholz, Renk, Prediger et al. 2013; Gürsoy, i.V.). Abb. 1 zeigt die Häufigkeitsverteilung von Präpositionen dieser Prüfungen.

```
ZP10-Mathematik  ████████████████████ 101
ZP10-Deutsch     █████████████ 67
                 0    20   40   60   80   100  120
```

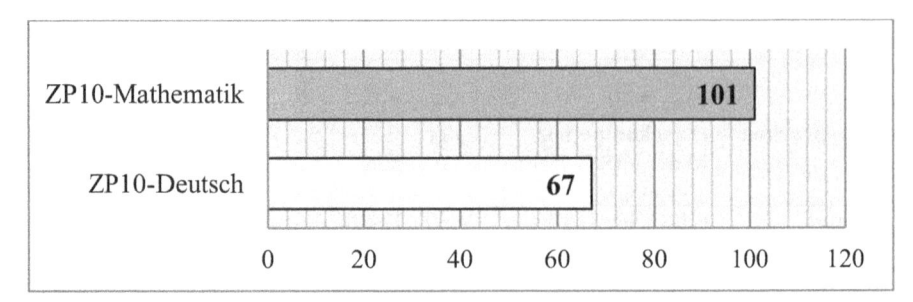

Abbildung 1. Häufigkeitsverteilungen von Präpositionen in den ZP10-Mathematik 2012 und ZP10-Deutsch 2012

Im Fächervergleich fällt auf, dass Präpositionen in der ZP10-Mathematik deutlich häufiger erscheinen als in den ZP10-Deutsch, was die Beobachtungen von Jorgensen (2011) aus dem australischen Kontext auch für den deutschsprachigen Kontext bestätigt. So ergibt sich bei einer Anzahl von 1063 Wörtern in der gesamten ZP10-Mathematik 2012, dass insgesamt 101 Präpositionen vorkommen, während bei einer Anzahl von 1079 Wörtern in den Aufgaben der ZP10-Deutsch 2012 – Primärtexte wurden hier aufgrund einer vergleichbaren Korpusbasis hinsichtlich der Korpuslänge bewusst ausgelassen – 67 mal vorkommen.

Die Dominanz der Präpositionen in der ZP10-Mathematik 2012 im Kontrast zur ZP10-Deutsch 2012 ist überwiegend auf ihre Funktion zurückzuführen, da Präpositionen in der Mathematik abstrakte Beziehungen herstellen und mathematische Sachverhalte in Relation bringen (Jorgensen 2011, Prediger 2013).

Die qualitative Relevanz der Präpositionen wird anhand eines Beispiels (Aufgabe 2a2, ZP10-Mathematik 2012) zu funktionalen Abhängigkeiten exemplarisch verdeutlicht. Abbildung 2 bildet die Aufgabe im Originalwortlaut ab.

Die Fragestellung der Aufgabe beinhaltet in einem Satz gleich vier Präpositionen (vgl. Abbildung 2). Insbesondere die Präposition ÜBER, die zusammen mit dem Verb *liegen* erscheint, ist aus sprachlicher Sicht ein zentraler Bestandteil des Aufgabenverstehens. Durch ÜBER wird ausgedrückt, dass ein Wert höher ist als ein anderer bzw. ein prozentualer Vergleich erfolgen muss. Für die zu bearbeitende Fragestellung heißt dies, dass der Prozentsatz gesucht ist. Um die korrekte Rechnung durchzuführen, müssen aus dem Diagramm der Grundwert $f(100) = 8$ und der Prozentwert $f(180) = 13$ entnommen werden. Ein möglicher Lösungsweg lautet somit

(13 - 8) : 8 = 62,5 %. Der Verbrauch ist somit bei 180 km/h um ca. 63 % höher als bei 100 km/h. Wird die semantische Funktion von ÜBER nicht erfasst oder überlesen, ist eine Mathematisierung der Aufgabe nicht möglich.

[...] Das Diagramm zeigt den Kraftstoffverbrauch für ein Auto, das im höchsten Gang gefahren wird. Daher beginnt der Graph bei 70 km/h. [...]
***Um** wie viel Prozent liegt der Verbrauch **bei** 180 km/h **über** dem Verbrauch **bei** 100 km/h? Notiere deine Rechnung.*

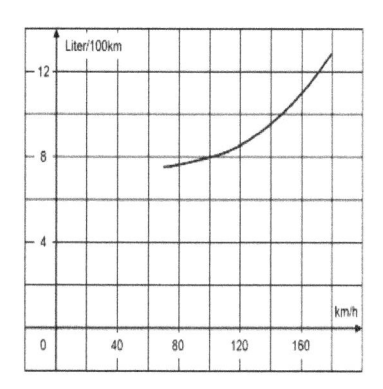

Abbildung 2. Verbrauchsaufgabe aus der ZP10-Mathematik 2012 (NRW), Prüfungsteil 2 (Hervorhebung durch die Verfasser)

4.3 Schriftliche Bearbeitungen im Vergleich

Insgesamt haben von allen Schülerinnen und Schülern nur 12,4 % die dargestellte Verbrauchsaufgabe richtig gelöst, von dem Drittel mit schwachem C-Test nur 6 % der Schülerinnen und Schüler. Das Drittel der Schülerinnen und Schüler mit guten C-Test-Ergebnissen war zwar anteilig erfolgreicher, doch auch in dieser Gruppe bewältigen nur 19,2 % die Aufgabe (Prediger, Renk, Büchter, Gürsoy et al. 2013).

Da diese Aufgabe besondere sprachliche Schwierigkeiten enthält, lohnt es sich, genauer zu untersuchen, inwiefern die Lernenden die Präposition ÜBER semantisch erfasst haben. Hierzu wurden 196 schriftliche Bearbeitungen von Schülerinnen und Schülern entlang eines aufgabenspezifisch entwickelten Zuordnungssystems kategorisiert.

Vorgestellt werden hier nicht die Ergebnisse zur inhaltlichen Bewältigung der Verbrauchsaufgabe (vgl. dazu Wilhelm i.V.), sondern die Ergebnisse, die sich auf die sprachliche Bewältigung der Präpositionen beziehen.

Im Hinblick auf die Frage, ob unabhängig von der fachlichen Bewältigung der prozentuale Vergleich erkannt wurde, der durch ÜBER markiert ist, wurden folgende Bearbeitungsvarianten als sprachlich richtig eingestuft:

- sprachlich und fachlich richtig
- sprachlich richtig, fachlich falsch (z.B. falsche Berechnung, falscher Vergleichswert)
- nur Rechenweg und Lösung (Ergebnis richtig)

Als sprachlich nicht richtig wurden folgende Bearbeitungsvarianten in Betracht gezogen:

- sprachlich falsch, damit auch fachlich falsch (weil z.b. kein Vergleichswert angegeben ist)
- nur Rechenweg und Lösung (Ergebnis falsch)
- keine Schreibprodukte (kein Text und keine Rechnung)

Die Funktion der abstrakten Präposition ÜBER wird in der Teilstichprobe der Bearbeitungen türkischsprachiger DaZ-Lernender (n=77) von 29% erfasst, in der Teilstichprobe der monolingual deutschsprachigen Lernenden (n=54) von 46%. Dieses ausgewählte Ergebnis der Bearbeitungsanalysen verdeutlicht, dass türkischsprachige DaZ-Lernende im Vergleich zu monolingual deutschsprachigen Lernenden deutlich häufiger bei der Erfassung der Semantik der Präposition ÜBER scheitern. Dennoch liegen auch Bearbeitungen vor, in denen türkischsprachige Lernende durchaus die Funktion der Präposition erkennen (vgl. Abbildungen 3 und 4).

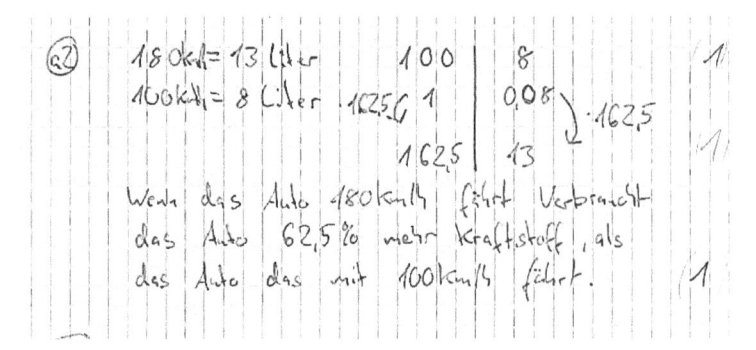

Abbildung 3. Bearbeitung 1 – ÜBER semantisch erfasst (L1 Türkisch, Deutsch im Kindergarten gelernt)

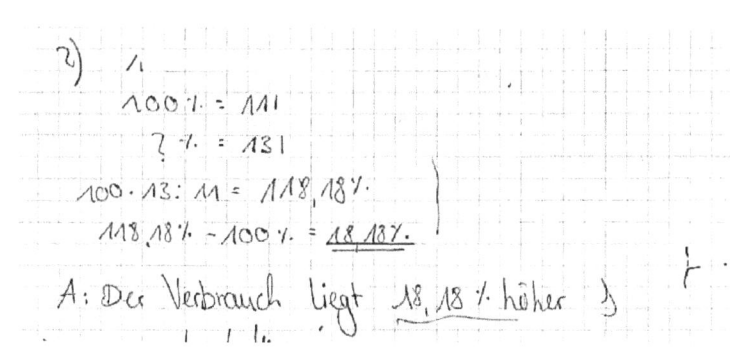

Abbildung 4. Bearbeitung 2 – ÜBER semantisch erfasst, mathematisch falsch
(L1 Deutsch, einsprachig)

Andererseits gibt es auch Textbelege dafür, dass nicht nur türkischsprachige DaZ-Lernende, sondern auch weitere DaZ-Lernende (vgl. Abbildung 5) sowie monolingual deutschsprachige Lernende (vgl. Abbildung 6) Schwierigkeiten bei der Erfassung der Funktion von ÜBER haben können.

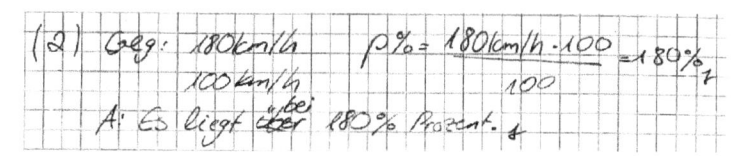

Abbildung 5. Bearbeitung 3 – ÜBER semantisch nicht erfasst (L1 Berberisch und Französisch, Deutsch in der Schule gelernt)

Abbildung 6. Bearbeitung 4 – ÜBER semantisch nicht erfasst (L1 Deutsch, einsprachig)

Als schwierig erweist sich die Präposition somit auch für viele monolingual deutschsprachige Lernende, die zwar im Vergleich zur Teilstichprobe der türkischsprachigen DaZ-Lernenden erfolgreicher sind, dennoch hat fast die Hälfte der monolingual deutschsprachigen Lernenden ÜBER nicht adäquat erfasst.

5. Fazit

Sprachkompetenz hat von den erhobenen Faktoren den größten Einfluss auf die Mathematikleistung in den ZP10-Mathematik (Prediger, Renk, Büchter, Gürsoy et al. 2013). Auch in den in diesem Beitrag durchgeführten Re-Analysen zeigt sich, dass in den Gruppen L1 Deutsch und L1 Türkisch ein Zusammenhang zwischen Sprachkompetenz und Mathematikleistung zu beobachten ist.

Spezifische sprachliche Herausforderungen in den ZP10-Mathematik kommen auf verschiedenen linguistischen Ebenen vor, die in Gürsoy, Benholz, Renk, Prediger et al. (2013) überblicksartig dargestellt sind. In diesem Beitrag wurden hingegen Präpositionen genauer unter die Lupe genommen und ihre Relevanz in den ZP10-Mathematik exemplarisch an der Präposition ÜBER verdeutlicht. Für die meisten der türkischsprachigen DaZ-Lernenden stellt die Präposition ÜBER eine sprachliche Herausforderung in der ZP10-Mathematik dar. Die Präposition ÜBER ist nicht nur die Präposition im Deutschen, die als letzte Kategorie erworben wird (Bryant 2012), sondern auch noch im Jugendalter in mathematischen Kontexten schwierig.

Die Befunde gelten natürlich nicht für alle türkischsprachigen DaZ-Lernenden, denn gerade unter denjenigen mit hoher (im C-Test gemessenen) Sprachkompetenz im Deutschen sind auch einige durchaus erfolgreich.

Im vorliegenden Beitrag ging es insbesondere um den Verstehensprozess von sprachlichen Hürden am Beispiel der Präposition ÜBER. Schwierigkeiten im Lösungsprozess ergeben sich aber nicht nur auf dieser Ebene, sondern sind als ein komplexes Zusammenspiel sprachlicher und konzeptueller Hürden zu verstehen. Für den Lösungserfolg von sprachlich schwachen Lernenden stellen auch die Ausbildung eines Situationsmodells und des konzeptuellen Verständnisses Probleme dar (vgl. Wilhelm i.V.). Am Beispiel der Verbrauchsaufgabe zeigt sich dies für sprachlich schwache Lernende an den konzeptuell anspruchsvollen Anforderungen der funktionalen Abhängigkeit und des prozentualen Vergleichs. Für die Entwicklung und Implementierung von Fördermaßnahmen ergibt sich dadurch die Notwendigkeit einer integrierten Behandlung beider Ebenen. Die Förderung mit dem sprachlichen Fokus auf mathematisch-relevante Präpositionen (Meyer & Prediger 2012; Prediger & Wessel 2013) kommt dabei allen Lernenden zugute: Nicht nur bei den türkischsprachigen DaZ-Lernenden ergeben sich Probleme beim Umgang mit der Präposition ÜBER, sondern für viele Lernende aller Sprachhintergründe. Ein Vergleich von schriftlichen Bearbeitungen von Schülerinnen und Schülern zu weiteren Präpositionen in der Mathematik ist damit weiterhin erforderlich.

Dass u.a. Präpositionen im Deutschen als sprachliches Lernhindernis im Mathematikunterricht eruiert wurden, ist in diesem Kontext ein zentraler Befund. Um sprachliche und fachliche Lerneffekte zu bewirken, muss – wie so oft – eine Integration des sprachlichen und fachlichen Lernens im Fachunterricht weiterhin postuliert werden.

6. Literatur

Abedi, Jamal (2006): Language issues in item-development. In Downing, Steven M. & Haldayna, Thomas M. (Hrsg.): *Handbook of Test Development*. Mahwah, NJ: Erlbaum, 377–398.

Baur, Rupprecht S. & Spettmann, Melanie (2010): Lesefertigkeiten testen und fördern. In Benholz, Claudia; Kniffka, Gabriele & Winters-Ohle, Elmar (Hrsg.): *Fachliche und sprachliche Förderung von Schülern mit Migrationsgeschichte*. Münster u.a.: Waxmann, 95–114.

Becker, Angelika (1994): *Lokalisierungsausdrücke im Sprachvergleich: eine lexikalisch-semantische Analyse von Lokalisierungsausdrücken im Deutschen, Englischen, Französischen und Türkischen*. Tübingen: Niemeyer.

Bos, Wilfried; Lankes, Eva-Maria; Prenzel, Manfred; Schwippert, Knut ; Valtin, Renate & Walther, Gerd (2003) (Hrsg.): *Erste Ergebnisse aus IGLU. Schülerleistungen am Ende der vierten Jahrgangsstufe im internationalen Vergleich*. Münster u.a.: Waxmann.

Brizić, Katharina (2007): *Das geheime Leben der Sprachen. Gesprochene und verschwiegene Sprachen und ihr Einfluss auf den Spracherwerb in der Migration*. Münster u.a.: Waxmann.

Bryant, Doreen (2012): *Lokalisierungsausdrücke im Erst- und Zweitspracherwerb: Typologische, ontogenetische und kognitionspsychologische Überlegungen zur Sprachförderung in DaZ*. Baltmannsweiler: Schneider Verlag Hohengehren.

Burns, Tracey & Shadoian-Gersing, Vanessa (2010): The importance of effective teacher education for diversity. In OECD (Hrsg.): *Educating Teachers for Diversity. Meeting the Challenge*. Paris: OECD, 19–40.

Duarte, Joana; Gogolin, Ingrid & Kaiser, Gabriele (2011): Sprachlich bedingte Schwierigkeiten von mehrsprachigen Schülerinnen und Schülern bei Textaufgaben. In Prediger, Susanne & Özdil, Erkan (Hrsg.): *Mathematiklernen unter Bedingungen der Mehrsprachigkeit. Stand und Perspektiven der Forschung und Entwicklung in Deutschland*. Münster u.a.: Waxmann, 35–53.

Ehmke, Timo; Hohensee, Fanny; Heidemeier, Heike & Prenzel, Manfred (2004): Familiäre Lebensverhältnisse, Bildungsbeteiligung und Kompetenzerwerb. In PISA-Konsortium Deutschland (Hrsg.): *PISA 2003. Der Bildungsstand der*

Jugendlichen in Deutschland. Erste Ergebnisse des zweiten internationalen Vergleichs. Münster u.a.: Waxmann, 225–253.

Grießhaber, Wilhelm (1999): Sprachliche Prozeduren bei der Wiedergabe einer Hörspielszene. In Johanson, Lars & Rehbein, Jochen (Hrsg.): *Türkisch und Deutsch im Vergleich*. Wiesbaden: Harrassowitz, 95–128.

Grießhaber, Wilhelm (2007a): „und wir faren in die andere seite" – Der Gebrauch lokaler Präpositionen durch türkische Grundschüler. In Meng, Katharina & Rehbein, Jochen (Hrsg.): *Kindliche Kommunikation – einsprachig und mehrsprachig*. Münster u.a.: Waxmann, 371–392.

Grießhaber, Wilhelm (2007b): Präposition. In Hoffmann, Ludger (Hrsg.): *Deutsche Wortarten*. Berlin / New York: de Gruyter, 629–655.

Gürsoy, Erkan (i.V.): *Textkohäsion und Textkohärenz in den Zentralen Prüfungen 10 Mathematik (NRW) – Eine multiperspektivische Untersuchung zu Kohäsionsmitteln im Deutschen und Türkischen und zur Repräsentation von Kohäsion bei türkisch-deutschsprachigen Schülerinnen und Schülern (Arbeitstitel)*. Eingereichte Dissertation, Universität Duisburg-Essen.

Gürsoy, Erkan; Benholz, Claudia; Renk, Nadine; Prediger, Susanne & Büchter, Andreas (2013): Erlös = Erlösung? – Sprachliche und konzeptuelle Hürden in Prüfungsaufgaben zur Mathematik. *Deutsch als Zweitsprache* (1), 14–24.

Heinze, Aiso; Rudolph-Albert, Franziska; Reiss, Kristina; Herwartz-Emden, Leonie & Braun, Cornelia (2009): The development of mathematical competence of migrant children in German primary schools. In Tzekaki, Marianna; Kaldrimidou, Maria & Sakonidis, Haralambos (Hrsg.): *Proceedings of 33rd PME*. Thessaloniki (3), 145–152.

Huber, Emel (2008): *Dilbilime Giriş*. İstanbul: Multilingual.

Jorgensen, Robyn (2011): Language, culture and learning mathematics: A Bourdieuian analysis of indigenous learning. In Wyatt-Smith, Claire; Elkins, John & Gunn, Stephanie (Hrsg.): *Multiple Perspectives on Difficulties in Learning Literacy and Numeracy*. Dordrecht: Springer Netherlands, 315–329.

Klemm, Klaus (2010): *Migranten und Migrantinnen im Schulsystem Deutschlands*. Kompetenzzentrum ProDaZ (Stiftung Mercator). Online abrufbar: http://www.uni-due.de/imperia/md/content/prodaz/klemm_prodaz.pdf (07.12.2013).

Lütke, Beate (2011): *Deutsch als Zweitsprache in der Grundschule. Eine Untersuchung zum Erlernen lokaler Präpositionen*. Berlin / Boston: de Gruyter.

Meyer, Michael & Prediger, Susanne (2012): Sprachenvielfalt im Mathematikunterricht – Herausforderungen, Chancen und Förder-ansätze. *Praxis der Mathematik in der Schule* 54(45), 2–9.

OECD (2007): *Science Competencies for Tomorrow's World*. Vol. 2: Data (PISA 2006). Paris, OECD.

Paulus, Christoph (2009): *Die „Bücheraufgabe" zur Bestimmung des kulturellen Kapitals bei Grundschülern*. Online abrufbar: http://bildungswissenschaften. uni-saarland.de/personal/paulus/Artikel/ BA_ Artikel.pdf

Pöhlmann, Claudia; Haag, Nicole & Stanat, Petra (2013): Zuwanderungsbezogene Disparitäten. In Pant, Hans Anand; Stanat, Petra; Schroeders, Ulrich; Roppelt, Alexander; Siegle, Thilo & Pöhlmann, Claudia (Hrsg.): *IQB-Ländervergleich 2012. Mathematische und naturwissenschaftliche Kompetenzen am Ende der Sekundarstufe I.* Münster u.a.: Waxmann, 297–329.

Prediger, Susanne (2013): Darstellungen, Register und mentale Konstruktion von Bedeutungen und Beziehungen – Mathematikspezifische sprachliche Herausforderungen identifizieren und überwinden. In Becker-Mrotzek, Michael; Schramm, Karen; Thürmann, Eike & Vollmer, Helmut Johannes (Hrsg.): *Sprache im Fach – Sprachlichkeit und fachliches Lernen.* Münster u.a.: Waxmann, 167–183.

Prediger, Susanne; Renk, Nadine; Büchter, Andreas; Gürsoy, Erkan & Benholz, Claudia (2013a): Family background or language disadvantages? Factors for underachievement in high stakes tests. In Lindmeier, Anke M. & Heinze, Aiso (Hrsg.): *Proceedings of the 37th Conference of the International Group for the Psychology of Mathematics Education*, Vol. 4. Kiel: PME, 4.49–4.56.

Prediger, Susanne & Wessel, Lena (2013): Fostering German language learners' constructions of meanings for fractions – Design and effects of a language- and mathematics-integrated intervention. *Mathematics Education Research Journal* 25(3), 435–456.

Renk, Nadine; Prediger, Susanne; Büchter, Andreas; Benholz, Claudia & Gürsoy, Erkan (2013): *Hürden für sprachlich schwache Lernende bei Mathematiktests – Empirische Analysen der Zentralen Prüfungen 10 NRW. Beiträge zum Mathematikunterricht.* Münster: wtm Verlag, 809–812.

Secada, Walter G. (1992): Race, ethnicity, social class, language and achievement in mathematics. In Grouws, Douglas A. (Hrsg.): *Handbook of Research on Mathematics Teaching and Learning.* New York: MacMillan, 623–660.

Thoma, Dieter & Tracy, Rosemarie (2006): Deutsch als frühe Zeitsprache: zweite Erstsprache? In Ahrenholz, Bernt (Hrsg.): *Kinder mit Migrationshintergrund: Spracherwerb und Fördermöglichkeiten.* Freiburg: Fillibach, 58–79.

Walzebug, Anke (2012): „Was ist denn jetzt noch mal geteilt?" Mathematische Test-Aufgaben und ihre Bearbeitung im Fokus Bernsteins soziolinguistischer Überlegungen. In Gellert, Uwe & Sertl, Michael (Hrsg.): *Zur Soziologie des Unterrichts Arbeiten mit Basil Bernsteins Theorie des pädagogischen Diskurses.* Weinheim und Basel: Beltz / Juventa, 283–311.

Wilhelm, Nadine (i.V.): *Hürden in Löseprozessen von mathematischen Prüfungsaufgaben durch sprachlich schwache Lernende – Quantitative und qualitative Analysen (Arbeitstitel).* Dissertation in Vorbereitung, TU Dortmund.

Kasuswahl und Kasuslehre bei Schülern mit Migrationshintergrund: eine differenzierte Betrachtung[1]

Nicole Marx

Durch den im deutschen Schulsystem anhaltend steigenden Anteil an Schülerinnen und Schülern, die mit mindestens einer weiteren Sprache als Deutsch aufwachsen, ist ein erhöhtes Interesse sowohl an Forschungsarbeiten als auch an didaktisierten Materialien für den Erwerb des Deutschen als Zweitsprache oder als gleichzeitig mit einer Herkunftssprache erworbene Sprache (DaZ) entstanden. Hier rücken – v.a. bei den Unterrichtsmaterialien – oft morphosyntaktische Phänomene in den Vordergrund des wissenschaftlichen und didaktischen Interesses; dabei werden die Nominalflexion und insbesondere die Kasuswahl gern als beispielhaft problematische Bereiche genannt. Jedoch werden sowohl in Forschungsansätzen als auch in der Entwicklung von Unterrichtsmaterialien oft notwendige Differenzierungen wie die zwischen der Verwendung des obliquen Kasus und des präpositionalen Kasus oder für die Kasuswahl bei Nomina und Pronomina unterschiedlicher Genera verkannt. Die vorliegende Studie untersucht die Kasuswahl bei Schülerinnen und Schülern der Sekundarstufe. Es werden 63 schriftliche Texte von Schülern der 5. und 6. Klasse mit Deutsch als Zweitsprache in Regelklassen an Haupt-, Real- und Gesamtschulen im Hinblick auf die von ihnen getroffene Kasuswahl untersucht. Die Fehleranalyse ergibt ein differenziertes Bild der Kasuswahl dieser Probanden. Die Auswirkungen für die Didaktik werden diskutiert.

1. Einleitung

Nach dem Mikrozensus 2010 gehörten 29% aller Kinder im Alter von 6-19 Jahren und knapp ein Drittel (32,4%) im Alter von 0-5 Jahren bundesweit zur Gruppe „Bevölkerung mit Migrationsgeschichte" (Statistisches Bundesamt 2010). Wenn von „Kindern mit Deutsch als Zweitsprache" gesprochen wird, wird oft auf die gesamte Gruppe von Schülern[2] mit Migrationshintergrund (im Weiteren: SmM) rekurriert. Dabei werden neu zugewanderte 16-Jährige in die gleiche Demografie geschoben wie Kinder, die in

---

[1] Für ihre wertvollen Hinweise zu früheren Versionen dieses Aufsatzes möchte ich mich bei Monika Rothweiler, Bernt Ahrenholz und Gunde Kurtz bedanken.
[2] Der Lesbarkeit halber verwende ich das Maskulinum für Lernende und Schüler und Schülerinnen, das Femininum für Lehrer und Lehrerinnen und Unterrichtskräfte, und meine in beiden Fällen beide Geschlechter.

Deutschland geboren und aufgewachsen sind und ihre gesamte Schullaufbahn nur in der „Zweitsprache" Deutsch absolviert haben.

Problematisch ist dies in mehrfacher Hinsicht. So sind es nicht (mehr) die neu zugewanderten Schüler, die einen bedeutenden Teil der „Bevölkerung mit Migrationshintergrund" ausmachen. Bereits 2006 wurde unter allen Grundschulkindern mit Migrationshintergrund der überwiegende Teil (88,5%) in Deutschland geboren, weitere 8% zogen bereits vor Schuleintritt nach Deutschland (Avenarius 2006). Auch wenn die reine Anwesenheit in Deutschland einen häufigen vorschulischen Kontakt mit der deutschen Sprache nicht garantiert, ist doch davon auszugehen, dass SmM schon mit Deutschkenntnissen in die Schule eintreten. So sprechen 51% aller SmM *vorwiegend* Deutsch im Alltag und weitere 31% sowohl eine Herkunftssprache als auch Deutsch in etwa gleichem Umfang (Ramm, Oliver & Heidemeier 2005).

Basierend auf diesen demografischen Daten sowie Praxiserfahrungen in der Schule können SmM in zwei grobe Gruppen geteilt werden. Zunächst gibt es eine kleinere Gruppe von SmM, die während der Schulzeit nach Deutschland zugewandert ist, bereits in der Herkunftssprache alphabetisiert wurde und Deutsch als Zweit-/Umgebungssprache in Aufnahmeklassen oder -schulen erlernt. Durch eine Reihe sprachlicher und fachlicher Aspekte unterscheidet sich diese Gruppe von SuS ohne eigene Migrationserfahrung, und sie weist insgesamt bessere Ergebnisse in internationalen Vergleichsstudien wie PISA auf, vgl. OECD (2006). Das liegt oft an der Tatsache, dass ein Großteil dieser Gruppe aus Familien mit einem höheren sozioökonomischen Status stammt und tendenziell häufiger Eltern mit höherem Bildungsstatus hat. Andererseits gehört ebenfalls zu dieser Gruppe ein wachsender Anteil an Schülern, die sehr brüchige Bildungsbiographien aufweisen und auf Grund unterschiedlicher sozialer Begebenheiten erschwert Zugang zum deutschen Bildungssystem erhalten.

Für die weitaus größere Gruppe von SmM – die o.g. 96,5% davon, die bereits hier geboren wurden oder vor dem Schuleintritt nach Deutschland gezogen sind, sowie für die entsprechende Gruppe in den Sekundarstufen[3] – gelten andere Lernbedingungen. Ein überwiegender Teil dieser SuS hat keine Alphabetisierung in ihrer Herkunftssprache erfahren und spricht nicht notwendigerweise die vermeintliche „Erstsprache". Jedoch haben auch

---

[3] In den gesamten Sekundarstufen (5.-13. Klasse) wurden 78,8% der SuS mit Migrationshintergrund in Deutschland geboren; genaue Daten für diejenigen dieser Altersgruppe, die *vor* Schuleintritt zugezogen sind, werden im Bericht nicht aufgeführt (Avenarius 2006, Tab. H2-4web).

diese Schüler noch sprachlichen Nachholbedarf, wie auch der neueste 9. Bericht der Beauftragten der Bundesregierung für Migration, Flüchtlinge und Integration über die Lage der Ausländerinnen und Ausländer in Deutschland 2012 sowie die Vergleichsstudien (PISA, IGLU) belegen.

Bundesweit wächst also ein Großteil der SmM bei Schuleintritt bilingual auf, so dass für diese Schüler die Bezeichnung *Deutsch als Zweitsprache* nicht immer so zutreffend ist wie für Schüler, die in der Tat Deutsch als „zweite" Sprache erwerben. Die Situation des Deutschen als Zweitsprache zeigt sich somit zunehmend als eine (besondere) Situation der Bilingualität. Im Weiteren verwende ich daher den Begriff *Deutsch als Fremd- und Zweitsprache* (DaF/DaZ) nur für die Situation bis zum Schuleintritt herkunftssprachig monolingual aufgewachsener SmM, jedoch die Bezeichnung *Deutsch für SuS mit Migrationshintergrund* für die durchaus häufigere Situation der bilingualen SuS. Um terminologische Verwirrung zu vermeiden, verwende ich „DaZ" nur in Bezug auf diese zweite Gruppe.

Die Unterscheidung zwischen diesen zwei Gruppen ist weder für die Sprachlern- und Sprachlehrforschung noch für die Unterrichtspraxis irrelevant. Sie spiegelt einen in den letzten Jahren für die Praxis sehr bedeutsamen demografischen Wandel wider, wird jedoch von Seiten auch neuer Lehrmaterialien für „DaZ" sowie von für die sprachlich und kulturell heterogene schulische Situation nicht ausreichend ausgebildeten Lehrenden (vgl. u.a. Becker-Mrotzek, Hentschel, Hippmann & Linnemann 2012) kaum wahrgenommen. So sind viele heute noch eingesetzte Fördermaterialien für SmM auf der Prämisse aufgebaut, dass diese Deutsch als Fremd- und Zweitsprache, also auf der Basis einer anderen Erstsprache das Deutsche erlernen (ob im Aus- oder Inland). Wenn schon solche Materialien – die oft auf langjähriger Praxiserfahrung beruhen – noch für die o.g. erste Gruppe von SmM durchaus zielführend sein können, ist unklar, ob sie das für die zweite, heute größere Gruppe, ebenfalls ist. Dies geht auch weit über die einfache Rekurrenz auf kontrastiv vorgehende Materialien, die nicht mehr zielgruppenentsprechend sind, hinaus. Aus dem DaF- oder DaZ-Unterricht entstandene oder auf Grund kontrastiver Analysen entwickelte Fördermaterialien laufen Gefahr, die Bedürfnisse dieser SuS zu verkennen.

Ein bislang äußerst ergiebiger Forschungs- und Förderfokus bezieht sich auf grammatikalische Aspekte der sprachlichen Produktion von SmM. Komplexe Sätze, aber auch die Nominalflexion und insbesondere die Kasuswahl werden gern als beispielhaft problematische Bereiche genannt und wurden schon früh untersucht (u.a. Clahsen 1984, Pienemann 1981). Allerdings konnte besonders in neueren Arbeiten gezeigt werden, dass bestimmte Erwerbsprozesse von SmM denen von monolingual deutschsprachigen Kindern ähneln: In Bezug auf Syntaxerwerb folgen sie in einer natürlichen Erwerbssituation dem gleichen Verlauf im gleichen zeitlichen Rahmen wie Monolinguale, unabhängig von der L1 der Schüler (vgl. u.a. Thoma &Tracy 2006), und der Erwerb von Satzstellungsregeln ist bis zum Ende der Grundschulzeit auf altersgemäßem Niveau (Grießhaber 2006). Praxiserfahrung sowie vereinzelte Untersuchungen (s.u.) belegen jedoch länger anhaltende Defizite im morphologischen Bereich. Wie sich genau Schüler mit DaZ in der Sekundarstufe verhalten, ist nicht ganz eindeutig; und ob hierfür entwickelte Fördermaterialien mit tatsächlich aufzuzeigenden Fehlern dieser SuS im Einklang sind, ist unklar.

In der vorliegenden Studie gilt es daher zu untersuchen, inwiefern SmM in der Sekundarstufe noch Probleme in einem spezifischen morphosyntaktischen Handlungsbereich, der Zuweisung von Kasus, aufweisen und ob bestimmte Teilbereiche auch in diesem Alter besonders problembehaftet bleiben. Hierbei ist zu bemerken, dass Fördermaterialien für diese Zielgruppe am häufigsten das ganze Kasusspektrum sowie die mit sogenannten Wechselpräpositionen (Präpositionen, die zwei Kasus regieren können) verbundenen Kasus fokussieren. Besonderes Augenmerk sollte daher dem Vergleich zwischen Fördermaterialien und dem tatsächlichen Kasusgebrauch der Schüler gelten.

2. Kasuserwerb im Deutschen unter Bedingungen der Mehrsprachigkeit

„Die Kasusmarkierung ist eines der zentralen grammatischen Phänomene des Deutschen" (Dürscheid 2007: 89) – und gleichzeitig gehört „zu den schweren Verstößen gegen die Grammatik [...] die Verbindung des Verbs mit einem falschen Fall" (Heuer, Flückiger & Gallmann 2008: 471). Es handelt sich weniger um eine bloße Normabweichung als um damit verbundene Kommunikationsstörungen: Die Herstellung von Textkohäsion bedient sich u.a. des Kasus, und Unsicherheiten bei der Rezeption (z.B. in schulischen Fachtexten) und Produktion komplexer Nominalphrasen sind mitunter ein Grund für sprachliche, und somit auch fachliche, Probleme in der Schule.

Die Beherrschung der Kasus im Deutschen wird als schwierige Erwerbsaufgabe aufgefasst, ist dafür doch eine Reihe grammatischer Information zu lernen und simultan einzusetzen. So muss der Lernende ein

Regelsystem aufbauen, das aus verschiedensten Gründen äußerst schwer aus der sprachlichen Umgebung zu erschließen ist. So besteht erstens keine direkte Entsprechung zwischen Form, semantischer Funktion und Argument. Flektiert wird am definiten sowie am indefiniten Artikel, am Adjektiv, am Nomen – im Genitiv an Maskulina und Neutra, im Dativ am Plural sowie an schwachen Maskulina – und am Pronomen. In Bezug auf semantische Funktion trägt der Nominativ eine einzige Rolle und kommt bei fast allen Verben, teilweise zweifach bei einigen zweiwertigen Verben als zweiter, obligatorischer Aktant vor. Der Akkusativ sowie der Dativ können unterschiedliche Satzgliedfunktionen übernehmen (z.B. als Ergänzung zum Verb, zum Prädikativ, als lexikalischer Prädikatsteil, als Apposition etc.). Auch dem Argument kann kein bestimmter Kasus zugewiesen werden; so ist der Subjektnominativ als Agens, Patiens, Identifizierte oder Eingeordnete, vgl. Helbig & Buscha (2003) vorzufinden. Zweitens muss der Lernende erfassen, dass der Kasus sowohl vom Verb als auch von einer Präposition zugewiesen werden kann. Im Deutschen wird neben dem Nominativ zwischen dem obliquen *(ich danke dir / ich treffe dich / ich gedenke seiner)* und dem präpositionalen *(ich komme zu dir / ich bete für dich / er fehlt wegen eines Unfalls)* Kasus unterschieden – und hier tritt die Problematik der korrekten Präpositionswahl auf (für DaZ vgl. Grießhaber 2010: 310). Drittens besteht bei manchen Präpositionen, die sog. „Wechselpräpositionen", eine semantisch motivierte Variation in der Setzung einer Kasuskategorie *(in den Wald* vs. *in dem Wald)*. Viertens wird die Erwerbsaufgabe durch den Synkretismus der morphologischen Formen erschwert und die Tatsache, dass Kasus nicht immer explizit markiert wird, wie z.B. in Tabelle 1 aufgelistet:

Tabelle 1.   Synkretismus und Wegfall morphologischer Formen

Form	Funktion	Beispiel
-en	Pluralmarkierung	Frau**en**
	Akkusativflexiv am Artikel vor Maskulina	d**en**/ein**en** Mann
	Dativflexiv vor Plural	d**en** Kindern
	Adjektivdeklination	der Wert gut**en** Weins
-		Wir gehorchen ___ Eltern.
Ø	Nominativ- und Akkusativflexiv am indef. Artikel vor Neutra	ein**Ø** Kind

Schließlich erschweren nicht-standardsprachliche Variationen Erwerbsprozesse; hierzu gehören u.a. die Tilgung der Akkusativendung in der gesprochenen Sprache bei Artikelwörtern, die auf *-einen* enden [ma͟in] sowie der Wegfall der Nomendeklination bei schwachen Maskulina (vgl. Köpcke 2002, z.B. *den PrinzØ*), bei weiteren Nomina im Dativ, Plural und im Genitiv („*Schöner Wohnen mit neuen Möbel"*, vgl. Dürscheid 2007: 101 für eine vollständige Behandlung der Variation).

Es bedarf keiner vertieften Untersuchung der Kasusmarkierungs- und -anwendungsregularitäten, um zu vermuten, dass der Kasuserwerb eine schwierige Lernaufgabe darstellt. Studien zum Kasuserwerb des Deutschen bei Kindern unterschiedlicher Herkunft zeugen von einem Prozess mit länger anhaltenden Fehlern.

Dies trifft auch auf monolinguale Kinder zu. Für Deutsch als Erstsprache hat schon Clahsen (1984) Phasen des Kasuserwerbs vorgeschlagen (zu Kritik am Modell s. Szagun 2006) und anhand einer Längsschnittuntersuchung herausgestellt, dass deutschsprachige Kinder erst relativ spät – im Vergleich zu Kindern mit anderen Erstsprachen – die Kasusflexion erwerben; erst mit Beginn des dritten Lebensjahres fangen sie überhaupt damit an, Kasusmarkierungen zu differenzieren (s.a. Tracy 1984). Der Eintritt in die Schule gewährleistet keinesfalls eine Beherrschung des Regelsystems; vielmehr muss hier zwischen unterschiedlichen syntaktischen Umgebungen differenziert werden, wie Köpcke (2003) zeigt: Kinder in der Grundschule weisen häufiger Kasusfehler bei zwei- als bei dreistelligen Verben auf, eher bei Maskulina als bei Feminina und Neutra, und auch im Vergleich zwischen Pronomina und indefiniten vs. definiten Nominalphrasen ist die Erwerbsreihenfolge nach Kontext (zwei- vs. dreistelligen Verben) und Genus unterschiedlich. So konnte Köpcke nachweisen, dass „eine vollständige Kontrolle des Systems erst im Alter von etwa 10 Jahren erreicht wird" (Köpcke 2003: 57).

Für DaF-Lernende ist die reine Bestimmung des Kasus – abgesehen von den damit verbundenen Deklinationsproblemen – ein System, das auch nach jahrelangem Üben nicht fehlerfrei beherrscht wird. Exemplarisch hierzu zeigt die DiGS-Studie (Diehl, Christen, Leuenberger. Pelvat et al. 2000), dass für frankophone Lernende (4.-12. Klasse) des Deutschen als Fremdsprache die Kasusmarkierung deutlich schwieriger ist als die Plural- und Genusmarkierung. Bei diesen Lernenden wird die Kasusdifferenzierung in schriftlichen Aufsätzen erst zu einem recht späten Zeitpunkt – beim Einsatz der Verbendstellung und der Vergangenheitstempora – überhaupt markiert. Die Beherrschung eines Drei-Kasus-Systems „bleibt einer

Minderheit in den letzten Klassen des Gymnasiums vorbehalten" (Diehl 1999: 17) – auch wenn die Kasus bereits im ersten Lernjahr gelehrt werden. Auch korrekte Kasusmarkierung in Präpositionalphrasen lief zum größten Teil auf memorisierte Chunks zurück; überhaupt war hier eine selbstständige Verwendung des Kasus nur bei Lokalangaben und dann nur bei Schülern in der letzten Phase des Kasuserwerbs nachzuweisen.

Beide der soeben beschriebenen Lernergruppen (Deutsch als Erstsprache, Deutsch als Fremdsprache) sind inzwischen relativ aufwändig beforscht worden. Für Schüler mit Migrationshintergrund gibt es eine bedeutsame, jedoch noch kleine Anzahl an Untersuchungen, die den Kasuserwerb zu erhellen versuchen. Wegener (1995) konnte belegen, dass die Erwerbsreihenfolge und Sicherheit bei der Kasusmarkierung im obliquen Kasus der monolingual deutschsprachiger Kinder ähnelt, auch wenn die von ihr untersuchten Aussiedlerkinder bei der Kasusbestimmung im Vergleich zu den monolingualen Kindern verstärkt positionelle Strategien anwenden als morphologische (sie gehen also verstärkt von der Reihenfolge der Satzglieder bei der Kasuszuweisung aus und bestimmen somit z.B. das zweite Satzglied tendenziell häufiger als Akkusativobjekt). Ein Vergleich der Kasusverwendung bei sukzessiv bilingual türkisch-deutschen und monolingual deutschen Vorschulkindern ergibt Ähnliches: Die 2;5-5;0 alten bilingualen Kinder, die einen deutschen Kindergarten besuchten, waren bei der Kasusmarkierung genauso erfolgreich wie die monolingualen (Schönenberger, Rothweiler & Sterner 2012). Die Ergebnisse von Bast (2003) und Dimroth (2008), die auf eine Untersuchung spontansprachlicher Äußerungen zweier neu immigrierter, russischsprachiger Schwestern (*age of onset*: 8;7 resp. 14;2) über anderthalb Jahre zurückgehen, bestätigen die bei Wegener aufgezeigte Erwerbsreihenfolge, zeigen aber auch Vorteile der jüngeren Schwester auf, die ab dem 10. Erwerbsmonat keine Fehler mehr produzierte. Beide Untersuchungen nehmen jedoch Neuzuwanderer in den Fokus und spiegeln somit nicht unbedingt die heutige Demografie wider. Dagegen untersuchen Jeuk (2008) sowie Grießhaber (2006) die Erwerbsreihenfolge bei Schülern, die bereits länger im deutschen Schulsystem sind. Bei 14 Erstklässlern stellt Jeuk 2008 nach dem Nominativ zunächst nur Akkusativ-, dann auch Dativformen fest. Ähnlich verhalten sich die Kinder in der Studie von Grießhaber (2006), die von der 1. bis zur 4. Klasse untersucht wurden: Nur die sprachlich sichersten, ein Drittel aller L1- und L2-Kinder, beherrschen die Kasusmarkierung im obliquen Dativ; die übrigen Kinder machten bis zum Ende der Grundschule noch mehr als 50% Fehler im obliquen Kasus. Diese Ergebnisse unterstützt auch eine experimentelle Studie mit elf Vorschulkindern türkischer, russischer und polnischer Erstsprache im Alter zwischen 4 und 6 Jahren, die ergab, dass deutlich mehr Sicherheit in der Zuweisung des Akkusativs als des Dativs besteht (Schönenberger, Sterner & Ruberg 2011). Dies wundert nicht, wenn die Tatsache einbezogen wird, dass Dativergänzungen von diesen Kindern deutlich seltener angewendet werden als Akkusativergänzungen oder Präpositionalphrasen (Grießhaber 2006, Mehlem 2004, Schönenberger, Sterner & Ruberg 2011).

In der bislang wohl umfassendsten Querschnittsstudie zur Erwerbsreihenfolge des Kasus bei Schülern mit Migrationshintergrund untersuchte Mehlem (2004) vier Gruppen marokkanischer Kinder zwischen der 2. und der 10. Klasse und drei Gruppen deutscher Kinder zwischen der 3. und der 9. Klasse. Während die jüngeren Kinder weniger Dativmarkierungen produzierten und noch über ein zweigliedriges Paradigma verfügten, wich die mittlere Gruppe vor allem bei Akkusativen ab. So wurden auch Akkusative gelegentlich als Dative markiert, wobei Mehlem nicht zwischen präpositionalen und obliquen Kasus unterscheidet. Insgesamt seien deutsche Schüler am Ende der Schulzeit in ihren Kasusmarkierungen „schon erheblich sicherer" als die marokkanisch-deutschen Schüler (Mehlem 2004: 177).

Die Kasusmarkierung in präpositionalen Kontexten wird nur selten gesondert behandelt. So unterscheiden Jeuk (2008) und Sahel (2010) nicht zwischen obliquem und präpositionalem Kasus. Dagegen stellen Bast (2003) und Dimroth (2008) bei den zwei untersuchten, neu zugewanderten Schwestern zunächst eine sichere Verwendung des Dativs in Präpositionalgruppen (im Folgenden: PrGr) fest, und zwar nach dem Ausbau eines 3-Kasus-Systems bei den Personalpronomina, aber vor dem Ausbau eines vollständigen 3-Kasus-Systems. In Bezug auf den Dativ konnten Grießhaber (2006) bei 127 Grundschulkindern mit Deutsch als Erst- und Zweitsprache sowie Mehlem (2004) bei marokkanischen Kindern (s.o.) zeigen, dass besonders bei den sprachlich schwächeren (Grießhaber 2006) und jüngeren (Mehlem 2004) Kindern eine eindeutige Unsicherheit nachzuweisen sei, wobei Dative in Präpositionalgruppen überwiegend korrekt markiert, im obliquen Kasus aber nur äußerst selten vorkommen. Mehlem (2004) stellt zwar die Vermutung auf, dass als Dative markierte Akkusative häufiger in PrGr vorkommen, genauere Daten werden hierzu aber nicht präsentiert. Schönenberger, Sterner & Ruberg (2011) finden im Gegensatz dazu, dass in Dativ fordernden Kontexten eher Akkusative verwendet werden, wobei es sich hier allerdings um eine sehr kleine Versuchsgruppe handelt. Interessanterweise finden Schönenberger, Sterner & Ruberg (2011) aber auch eine Tendenz zur Übergeneralisierung des Akkusativs bei der Präposition *zu*.[4]

Für deutsch-französisch bilingual aufwachsende Kinder findet Meisel (1986), dass besonders Präpositionen, die je nach semantischem Kontext zwei Kasus regieren können (sog. Wechselpräpositionen) problematisch sind. Diese werden in anderen Studien nicht gesondert berücksichtigt. In Unterrichtsmaterialien für Deutsch als Zweitsprache werden sie aber oft besonders hervorgehoben, so dass zumindest aus dieser Perspektive besondere Schwierigkeiten mit der Kasusmarkierung zu erwarten sind.

Eine auch gelegentlich bei monolingualen Kindern nachweisbare Tendenz, den obliquen durch einen präpositionalen Kasus zu ersetzen, finden u.a. Grießhaber (2006), Wegener (1995) und Schönenberger, Sterner & Ruberg (2011). In all diesen Studien zeigt sich, dass Kinder mit Migrationshintergrund besonders häufig Präpositionalphrasen anstelle einer Dativergänzung nutzen. Diese Formulierungshilfe wird auch gelegentlich von jüngeren monolingualen Kindern verwendet (vgl. Eisenbeiss, Bartke & Clahsen 1994). Nach Schönenberger, Sterner & Ruberg (2011) wurden Präpositionalphrasen mit *für* (nur türkischsprachige Kinder) und *zu* (sowohl türkisch- als auch russisch- und polnischsprachige Kinder) als Ersatz für eine Dativergänzung eingesetzt.

In Bezug auf den Effekt des Genus auf die Kasusmarkierung findet Sahel (2010) bei 47 Realschülern in einem Förderprogramm zur Prävention von funktionalem Analphabetismus, dass sowohl L1- als auch L2-Schüler Schwierigkeiten mit der Deklination hatten. wobei v.a. artikellose NPen mit einem Substantiv im Neutrum oder Maskulinum problematisch waren. Darüber hinaus seien insbesondere für die L2-SuS die Kasuswahl sowie die Kongruenz in der NP problematisch. Dies spricht eher gegen den Befund von Bast (2003) und Dimroth (2008), dass das Schwesterpaar zunächst den Kasus bei Maskulina erwirbt, erst später bei Feminina und Neutra. Allerdings müssen die Ergebnisse Sahels (2010) noch als vorläufig betrachtet werden, da in den Lückentextaufgaben nur 12 von insgesamt 36 möglichen Kontexten (ohne Betrachtung der Differenzierung zwischen definit/ indefiniten NPen sowie NPen mit und ohne Adjektiv) untersucht wurden, und vor allem auf Kinder fokussiert, die deutliche sprachliche Schwierigkeiten aufweisen.

Zusammenfassend scheint der Kasuserwerb bei Kindern mit Migrationshintergrund weniger sicher zu verlaufen als bei monolingual deutsch-

---

[4] Dies wäre evtl. durch die Semantik der Präposition *zu* zu erklären, da sie oft in lokaler Bedeutung auf dynamische Prozesse verweist, vgl. *Ich laufe zur Eisdiele.*

sprachigen Kindern. Dabei können unterschiedliche Bedingungen eine Auswirkung auf die Sicherheit in der Kasusmarkierung haben, u.a. das Genus des betroffenen Nomens oder Pronomens, die semantische Rolle der Nominalphrase, die Unterscheidung zwischen obliquen und präpositionalen Kasuskontexten und die Frage, ob eine Präposition nur einen oder zwei Kasus regieren kann.

3. Methode

Im Folgenden geht es nicht um die Aufschlüsselung einer möglichen Erwerbsreihenfolge wie bei Grießhaber (2006) und Jeuk (2008) für jüngere SuS, Mehlem (2004) für Sekundarstufenlernende, Bast (2003) und Dimroth (2008) für neu zugewanderte Schüler oder Clahsen (1984) und Köpcke (2003) für Deutsch als L1 bzw. Diehl, Christen, Leuenberger, Pelvat et al. (2000) für Deutsch als Fremdsprache. Vielmehr geht es um eine Momentaufnahme der sprachlichen Leistungen von sprachlich schwächeren Schülern in der Orientierungsstufe. Dabei gilt es zu erforschen, inwiefern die Kasuswahl in der mit-erworbenen Sprache Deutsch beherrscht wird.

3.1 Fragestellung und Hypothesen

Die vorliegende Studie bestand aus zwei Teilen. Zunächst war von Interesse, inwiefern die Kasusmarkierung für SuS mit DaZ in der Orientierungsstufe problematisch ist. Dies war die erste Analyse der Studie. In einer weiterführenden Analyse lag der Schwerpunkt dagegen auf der Frage nach möglichen Interferenzen aus der Herkunftssprache. An dieser Stelle wird nur die erste Analyse besprochen.

Die Hauptfragestellung diese Analyse war die folgende:
Inwiefern ist die Kasusmarkierung für SuS im DaZ-Förderunterricht in der Orientierungsstufe problematisch?

Hier spiegelt sich der eigentliche Fokus der Untersuchung wider: Nicht die korrekte Kongruenzmarkierung der Nominalphrase im obliquen und präpositionalen Kasus, sondern die Wahl des Kasus beim Schreiben freier Texte ist hier von Interesse. Auf Grund der o.g. Studien zu Sekundarstufenschülern sind noch Unsicherheiten in der Kasusmarkierung zu erwarten. Da aber auch der Erfolg bei der Kasusmarkierung in unterschiedlichen

Kontexten untersucht werden sollte, wurden folgende differenzierende Untersuchungsfragen gestellt:
1. Ergeben sich Unterschiede in der Korrektheit der Kasuswahl im obliquen und im präpositionalen Kasus?
Hier kann auf Grund des oben besprochenen Forschungsdefizits in Bezug auf SuS mit DaZ kaum eine Hypothese aufgestellt werden. Wie oben besprochen, deuten Studien zu Deutsch als Erstsprache oder zu den Anfangsphasen des Deutschen als Fremd-/Zweitsprache darauf hin, dass im obliquen Kasus Akkusativkontexte weniger fehlerbehaftet sind als Dativkontexte, wobei im präpositionalen Kasus Dativkontexte weniger fehlerbehaftet sind als im obliquen Kasus. Ergebnisse zum Akkusativ in Präpositionalphrasen für diese Zielgruppe liegen nicht vor. Zu vermuten ist in Anlehnung an die Ergebnisse zu DaM und DaF, dass die vielerorts behauptete Schwäche von SuS mit DaZ in Bezug auf den Dativ zwar für den obliquen, jedoch nicht für den präpositionalen Kasus gilt.
2. Inwiefern unterscheidet sich die Kasuswahl im präpositionalen Kasus bei Präpositionen, die den Akkusativ oder den Dativ bzw. je nach semantischer Umgebung einen dieser beiden Kasus fordern?
Zu dieser Fragestellung sind für die anvisierte Zielgruppe noch kaum Daten vorzufinden. Anlehnend an Meisel (1986) wird vermutet, dass vor allem die Wechselpräpositionen Schwierigkeiten bereiten.
3. Ist die Fehlerrate in der Kasuswahl bei Maskulina höher als bei Neutra und Feminina?
Auf Grund widersprüchlicher Ergebnisse in der Literatur ist eine Hypothesenbildung erschwert. Folgt man Köpcke (2003) für monolinguale sowie Sahel (2010) für bilinguale Kinder und nicht den Ergebnissen von Dimroth (2008) und Bast (2003), ist eine erhöhte Fehlerrate bei den Maskulina zu erwarten, die unterschiedlich begründet ist.

3.2 Versuchspersonen

Versuchspersonen waren 72 SuS mit Deutsch als Zweitsprache in Regelklassen der 5. und 6. Jahrgangsstufe an Haupt-, Real- und Gesamtschulen im Paderborner Raum. Zur Zeit der Datenerhebung waren alle Kinder zwischen 10 und 14 Jahre alt (Durchschnittsalter: 12,1, SD: 1,2). Alle gaben an, mindestens eine andere Sprache als Deutsch mit mindestens einem Elternteil zu sprechen. In der Gruppe waren elf unterschiedliche Familiensprachen vertreten, wobei das Türkische (31 Versuchspersonen) überwog. Darüber hinaus waren Schüler mit russischem und afghanischem Hintergrund (jeweils 8) stark vertreten. Zahlenmäßig weniger stark vertreten waren arabische Dialekte (4), Armenisch und Italienisch (jeweils 3), Albanisch (2), sowie jeweils einmal Pakistanisch, Persisch, Portugiesisch und Urdu.

Eine Besonderheit der Stichprobe war, dass sämtliche Versuchspersonen zur Zeit der Datenerhebung seit kurzem auf Grund ihres von dem/der jeweiligen Deutschlehrer/in festgelegten Förderbedarfs an einem Nachmittags-Sprachförderprogramm für Deutsch teilnahmen. Somit konnten insbesondere die SuS einbezogen werden, die im Regelunterricht sprachliche Auffälligkeiten aufwiesen.

Von den ursprünglich 72 untersuchten SuS wurden neun von der Gesamtanalyse im Voraus ausgeschlossen, da sie erst nach im Ausland begonnener Schullaufbahn nach Deutschland gezogen waren. Der Text einer weiteren Schülerin, der eine Wortlänge von mehr als zwei Standardabweichungen über dem Durchschnitt und ein weit ausgebautes Kasussystem aufwies, wurde als Ausreißer nicht weiter berücksichtigt. Hierzu ist anzumerken, dass Schüler, die erst nach Schuleintritt nach Deutschland zugezogen waren, insgesamt deutlich *längere* Texte schrieben als die in der Analyse aufgenommenen SuS (durchschnittlich 114,0 vs. 90,8 Wörter); ein Vergleich der weiteren Auswertungen kann aber auf Grund der kleinen Vergleichsgröße nicht vorgenommen werden. Von den übrig gebliebenen 62 Schülern sind 14 noch vor Schuleintritt eingewandert (im durchschnittlichen Alter von 3;6), 48 wurden in Deutschland geboren.

3.3   Material und Datenerhebung

Die Datenerhebung erfolgte in den ersten vier Wochen der Sprachförderung. SuS wurden in den regulären Fördergruppen gebeten, den von der FörMig-Gruppe erstellten Bildanlass zur Sprachstandsdiagnostik „Sturz ins Tulpenbeet" (Reich, Roth & Gantefort 2008) anzuschauen und dazu eine Geschichte zu erfinden und niederzuschreiben. Besonderheiten dieser Geschichte sind ein fehlendes drittes Panel, in dem SuS selbst ein Ereignismoment erklären sollen, und die Aufgabe, eine zusammenhängende Geschichte mit den erforderlichen syntaktischen und semantischen Mitteln zu formulieren.

SuS hatten 30 Minuten zur Bearbeitung der Aufgabe, die sie in Einzelarbeit anfertigten und dann einreichten. Hilfsmittel standen nicht zur Verfügung.

3.4 Datenanalyseverfahren

Untersucht wurde die Wahl der Kasus in Nominalphrasen und Präpositionalphrasen. Nach der Datenerhebung wurden alle mit belegbarer Kasuswahl verbundenen NPen (außer Nominativkontexten) kategorisiert. Ausgewertet wurden sämtliche Vorkommnisse einer Kasuswahl. Zu den in die Untersuchung einzubeziehenden Tokens gehörte jeder Fall einer Deklination des definiten oder indefiniten Artikels sowie eines Pronomens ebenso wie einer starken Deklination am Adjektiv.

Da im Deutschen bei der Deklination mehrere Faktoren eine Rolle spielen und es sich hier ausschließlich um die Kasuswahl handelt, wurden von der Auswertung ausgeschlossen:

– eine (fehlerhafte) Flexion am Substantiv (zu den *Kinder_),
– Fälle, bei denen unklar war, ob es sich um einen Genus- oder Kasusfehler handelte (Klaus und Karin machten *ein Spaziergang; nicht eindeutig, ob Spaziergang als Neutrum verwendet wurde),
– Eigennamen ohne Kasusmarkierung (einbezogen wurde dagegen z.B. Der Vater gab denn fotoaparat der Susi.),
– nicht-kasusmarkierte feststehende Ausdrücke (nach Hause, voller Dreck, Hunger haben, viel XX, ein paar Minuten, ohne Ende),
– die Wahl falscher Personalpronomen (bsp. *er, bezogen auf Lisa) oder des Possessivpronomens (Tom und Lisa… *sein Vater), d.h. von Genus- oder Numerusfehlern, bei korrekter Kasuswahl,
– Genitivfälle, da sie im gesamten Korpus nur fünfmal vorkamen, wobei es sich dreimal um die feste Wendung „eines Tages" handelte und zweimal um ein Genitivattribut, die von einem einzigen Schüler gebildet wurden.

Bei der Datenauswertung wurden zudem nur die jeweiligen Types gezählt. Somit konnte vermieden werden, dass Wiederholungen im Text die Ergebnisse der Auswertung verzerrten.

Die Daten wurden mit dem Chi-Quadrat-Test analysiert; bei 2x2-Matrixen wurde der Test mit der Yates Korrektur durchgeführt. Bei signifikanten Ergebnissen wird die Effektgröße als Cramér's V angezeigt.

4. Darstellung und Besprechung der Ergebnisse

An die Bildergeschichte angelehnte Texte wiesen eine durchschnittliche Länge von 93,2 Wörtern auf, wobei diese stark variierte (SD: 32,4). Die Textlänge korrelierte interessanterweise nicht mit den Ergebnissen eines in der gleichen Woche erhobenen C-Tests, der als allgemeine Sprachstandserhebung in den Gruppen durchgeführt wurde (r= 0,05, n.s.).

Im gesamten Textkorpus kamen nach den Nominativen am häufigsten Akkusative im obliquen Kasus (306 Tokens) vor. Weit seltener wurden PrGr im Dativ (188 Tokens) verwendet, gefolgt von PrGr im Akkusativ (130 Tokens) und wenigen Dativen im obliquen Kasus (35 Tokens).

Bei den PrGr handelt es sich fast ausschließlich um Angaben und Attribute, wobei die Angaben (v.a. Lokalangaben) mit 87% aller PrGr deutlich überwiegen. Die Attribute betrafen überwiegend die Formulierung „ein Foto/Bild von [+Dat]".

In der weiteren Ergebnispräsentation soll es um die Ergebnisse der Fehleranalyse mit Bezug auf die gestellten Forschungsfragen gehen.

4.1 Hauptfragestellung: Kasusmarkierung insgesamt

Wie zu erwarten war, wiesen die Texte in den 703 vorkommenden Nominativen keine Fehler in der Kasusmarkierung auf. Nicht ganz so erfolgreich, trotzdem als vergleichsweise sicher beherrscht können die Akkusativmarkierungen gelten, die zu 92,4% korrekt waren. Auch Dative schienen besser als erwartet beherrscht zu werden: In drei Vierteln (73,5%) der Dativkontexte wurde der korrekte Kasus gewählt. Für die zwei obliquen Kasus Akkusativ und Dativ unterscheiden sich die Werte für korrekte Markierung signifikant (χ^2= 40,7, p< 0,001, Cramér's V= 0,25).

Als Zwischenfazit kann festgehalten werden, dass die hier untersuchten Schüler mit sprachlichem Förderbedarf zwar keine vollständige Kontrolle des deutschen Kasussystems in ihren frei produzierten Texten aufweisen, jedoch wird selbst der als fehlerbehaftet zu erwartende Dativ zu einem beträchtlichen Anteil korrekt zugewiesen. Unterschiede zwischen den Kasus bestehen jedoch allemal.

Die Ergebnisse der differenzierenden Fragestellungen betreffen bestimmte Kontexte, in denen die Kasus eingesetzt wurden. Darauf gehen die spezifische Untersuchungsfragen ein.

4.2 Fragestellung 1: Kasuswahl im obliquen und im präpositionalen Kasus

Eine differenziertere Analyse der Daten ergibt, dass die Texte bei der Zuweisung des präpositionalen Kasus deutlich mehr Fehler aufzeigen als bei der Zuweisung des obliquen Kasus (χ^2= 13,4, p< 0,001, Cramér's V= 0,14).[5]

Beim Vergleich der Akkusativ- und Dativkontexte wird allerdings deutlich, dass dieses Ergebnis nicht ohne Weiteres generalisiert werden darf. In Akkusativkontexten haben diese Lernenden mehr Unsicherheiten beim präpositionalen als beim obliquen Kasus (korrekte Kasuswahl: 85,1% im präpositionalen, 95,9% im obliquen Kasus; χ^2= 15,3, p< 0,001, Cramér's V= 0,19). Beim Dativ sind die Schwierigkeiten eher umgekehrt. So sind 78,1% aller Dative im präpositionalen Kontext korrekt, dagegen nur 48,6% aller vorgekommenen Types im obliquen Kasus (χ^2= 12,0, p<0,001, Cramér's V= 0,23) (Abb. 1).

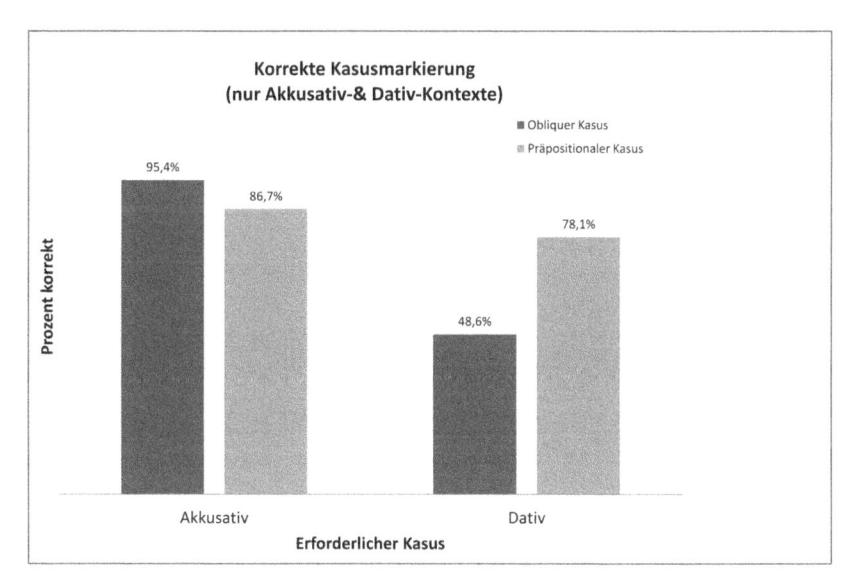

Abbildung 1. Korrekte Kasusmarkierung im obliquen und präpositionalen Kasus

---

[5] Bei sämtlichen 2x2-Berechnungen wurde der Fischer's *exact test* verwendet.

Hier sind besonders die vorkommenden Tokens bei den jeweiligen Versuchspersonen von Interesse. Denn obwohl neben NPs im Nominativ auch NPs im Akkusativ in allen Texten vorkamen (und in 30% aller Sätze), waren besonders Präpositionalgruppen (PrGr) im Dativ (in 57 Texten vorzufinden) häufig. Auch PrGr im Akkusativ kamen, wie oben erwähnt, häufig vor; lediglich 12 Schüler haben davon keinen Gebrauch gemacht. Ganz anders verhält es sich mit den Dativergänzungen; 37 Schüler haben keinen einzigen Satz formuliert, in dem ein obliquer Dativ vorkam.[6]

4.3 Fragestellung 2: Kasusmarkierung bei Präpositionen mit einem vs. zwei Kasus

Da nur ein Teil der von den Schülern gewählten Präpositionen einen einzigen Kasus regiert, war von Interesse, inwiefern die Kasuswahl nach Präpositionen, die den Akkusativ, den Dativ oder – je nach semantischer Umgebung – beide Kasus regieren (können), also so genannte Wechselpräpositionen sind, erfolgreich ist.

Im vorliegenden Korpus folgten 316 Vorkommen auswertbarer Kasusmarkierungen nach Präpositionen. Diese waren fast ausschließlich Wechselpräpositionen oder Präpositionen mit Dativrektion. Die genaue Verteilung ist in Tabelle 2 abgebildet:

Tabelle 2. Kasuswahl bei Präpositionen

	Anzahl Tokens	% korrekt
Präpositionen mit Akkusativ (*durch, für, gegen, ohne*)	7	100%
Präpositionen mit Dativ (*aus, bei, mit, seit, von, zu*)	121	77%
Wechselpräpositionen (*an, auf, hinter, in, neben, über, vor*)		
davon mit Akkusativ	117	85%
davon mit Dativ	71	86%

Wie Tabelle 2 zu entnehmen ist, scheint die Verwendung der sog. Wechselpräpositionen sicherer zu sein, als die Ergebnisse von Meisel (1986) vermuten ließen. Dies wird auch durch die Datenanalyse bestätigt: So

---

[6] Im vorliegenden Korpus wurden keine freien Dative verwendet (*dativus ethicus* und *dativus iudicantis*). Die Gründe für die Nichtverwendung von Dativergänzungen können hier nur vermutet werden, deren Fehlen bei eher schwächeren Lernenden ist aber nicht überraschend.

ergeben sich keine signifikanten Unterschiede in der Kasuswahl bei den vier präpositionalen Subgruppen.

Die häufigsten von den Schülern verwendeten Wechselpräpositionen waren eindeutig *auf* (74 Fälle) und *in* (84 Fälle). Bei *auf* wurde gelegentlich der Dativ übergeneralisiert (in 8 von 58 Akkusativkontexten wurde fehlerhaft der Dativ realisiert); es ergaben sich für *auf* dagegen keine Fehler im Dativkontext. Bei *in* zeigten sich in beiden Kasus einige Unsicherheiten: In 6 von 42 Akkusativkontexten (13%) und 7 von 36 Dativkontexten (19%) wurde der falsche Kasus zugewiesen.

Interessant in diesem Kontext ist die Tatsache, dass die Präpositionen *mit, von* und *zu*, die nur den Dativ regieren, trotz häufiger Verwendung in den Texten weniger sicher beherrscht werden. So ergaben sich Fehlerraten bei auswertbaren Kontexten von 18% (*zu*, vgl. *Als sie zu *den Mann hin gingen*, Vp Gem11AD1), 29% (*von*[7], vgl. *[sie] machte ein Foto von *ihren Vater,* Vp Gem13T1) und 30% (*mit*, vgl. *mit *ein schönes schwarzes Aperat,* Vp DAlbw14SK). Eine Begründung für die Schwierigkeiten mit diesen nur den Dativ regierenden Präpositionen kann in diesem Kontext nicht versucht werden.

Als Addendum hierzu sind zwei Beobachtungen zu nennen. Zunächst ist – aus der Sicht der Sprachlehre – beruhigend, dass von 316 Präpositionen nur 12 fehlerhaft ausgewählt wurden. Bei dieser Fehlerrate von nur 4% ergeben sich keine Tendenzen; die einzigen Mehrfachnennungen waren *auf*, das fehlerhaft mit **bei* (eine Nennung) oder **in* (drei Nennungen) ersetzt wurde, sowie *in*, das viermal durch **auf* ersetzt wurde.

Zweitens ist interessant, dass – im Gegensatz zu den Ergebnissen bei den jüngeren Kindern in Grießhaber (2006), Schönenberger, Sterner & Ruberg (2011) und Wegener (1995) – nur selten eine Präpositionalgruppe anstatt einer erforderlichen Nominalphrase im obliquen Dativ gewählt wurde. Eine unangemessene Präpositionalphrase kam nur mit den zweiwertigen Verben *sagen, zeigen* und *fragen* vor, wobei es sich bei *fragen* und *zeigen* jeweils um nur einen Ersatz (mit *zu*) handelte. In den 99 Kontexten, in denen *sagen* vorkam, folgte bei 81 eine Redewiedergabe ohne Benennung der Dativergänzung. Von den restlichen 18 Fällen wurde in 14 *sagen* mit der Präposition *zu* verbunden, vgl. *der Mann sagt *zu den Kinder* (Vp HW11B2); dabei wurde in nur drei Fällen die korrekte Ergänzung gewählt, vgl. *wen ihr mir das nicht gibt dan sag ich eurer Mutter das ihr mich angelogen habt* (Vp Hm13RD1).

---

[7] Sämtliche fehlerhafte Kasuswahlen nach der Präposition *von* waren an Kasusträgern bei Maskulina; bei *zu* und *mit* jedoch wurden ebenfalls Neutra und Feminina betroffen.

4.4 Fragestellung 3: Fehlerrate nach Genus

Die dritte Fragestellung konzentrierte sich auf die Kasusfehlerrate in Bezug auf das Genus. Vermutet wurde anhand vorliegender Ergebnisse bei unterschiedlichen Zielgruppen, dass Kontexte im Maskulinum für die untersuchte Zielgruppe problematischer wären.

Bei der Auswertung wurden – im Kontrast zu den weiteren Auswertungen, in denen eine eindeutige Kasuswahl genügte – nur Tokens betrachtet, denen auch ein Genus zugewiesen werden konnte. So konnte das Beispiel *Chris stolperte über *dem Blumenbett* eindeutig als Kasusfehler betrachtet werden (*über* regiert im Beispiel den Dativ anstatt den Akkusativ), konnte jedoch nicht in die Analyse der Fehler nach dem Genus aufgenommen werden, da nicht sichergestellt werden konnte, dass das Kind *Blumenbett* korrekterweise als ein Neutrum (und nicht als Maskulinum) identifiziert hat.

Von den eindeutig zuzuordnenden 91 Fehlern waren erstaunliche 61 Maskulina.[8] Das liegt zum Teil daran, dass etwas erhöht Maskulina v.a. bei den Aktanten in den Texten vorkamen (*der Mann, der Junge* vs. *das Mädchen*), jedoch liefert diese Tatsache keine vollständige Erklärung für den hohen Anteil an Maskulina unter den Kasuswahlfehlern: Bei einem Gesamtanteil von 36% aller NPs machen die Kasuswahlfehler an Maskulina 67% aller Fehler aus. Diese Unterschiede sind signifikant (χ^2= 30,1, p< 0,001, Cramér's V = 0,24). Bei den anderen Genera scheint besonders der Dativ bei Feminina und beim Plural problematisch zu sein. Betrachtet man die Korrektheit der Kasuswahl, differenziert nach Kasus, Genus und Determiner – also insgesamt 18 möglichen Situationen – ergeben sich deutliche Unterschiede (Abbildung 2).

---

8 NPen im Plural folgten mit 14%, Feminina mit einem Anteil von 10% aller Fehler. Das Neutrum bildete nur 6% aller Fehler. Keine Fehler waren dagegen an den insgesamt 31 Tokens der Pronomina in 1. oder 2. Person zu verzeichnen. Da es sich aber um sehr geringe Zahlen handelt – gerade 6 Fehler wurden im Kontext einer NP im Neutrum gemacht – werden diese weiteren Ergebnisse nicht besprochen.

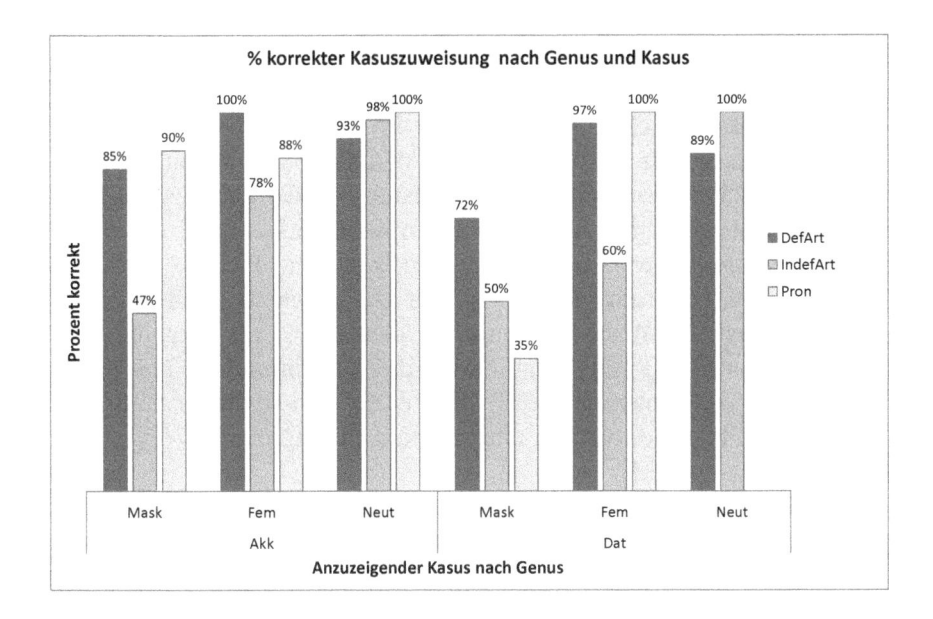

Abbildung 2. Korrekte Kasuswahl nach Genus und Kasus

Bei mehreren Kontexten handelte es sich um weniger als 10 Tokens, weswegen die Ergebnisse dieser im Weiteren nicht beachtet werden. Es handelt sich dabei um: Feminina (indefiniter Artikel *eine* und Pronomen im Akkusativ und Dativ *sie, ihr*) sowie sämtliche Neutra im Dativ (*dem, einem, ihm*) sowie Neutrum-Pronomina im Akkusativ (*es*). Ebenfalls nicht berechnet waren die insgesamt 12 artikellosen Nomen im Gesamtkorpus. Pronomina im Neutrum im Dativ kamen im Gesamtkorpus nicht vor. Bei den Feminina und Neutra zeigten sich nach dieser Rechnung daher keine bedenklichen Probleme.

Insgesamt ergaben sich jedoch bei den Maskulina mehrfache Abweichungen in den unterschiedlichen Kontexten. Diese werden im Folgenden näher untersucht.

Für alle Akkusativ- und Dativfälle ergab sich bei den Maskulina eine Fehlerrate von 28% bei Kontexten mit definitem Artikel. Problematischer waren die Pronomina (mit einer Fehlerrate von 36%) und indefinite Artikel (48% fehlerhaft, also knapp die Hälfte aller indefiniten Artikel wiesen eine fehlerhafte Kasuswahl auf).[9] Die Unterschiede zwischen diesen drei Kontexten sind jedoch nicht signifikant ($\chi^2 = 5{,}8$; n.s.).

Erst durch die Differenzierung zwischen Akkusativ- und Dativkontexten werden unterschiedliche Erfolgschancen in der Kasuswahl offenbar. So sind Lernende bei der Bestimmung des Akkusativs in pronominalen Kontexten (*ihn*, 23% Fehlerrate) und Kontexten mit definitem Artikel (*den*, 27% Fehlerrate) erfolgreicher als mit dem indefiniten Artikel (*einen*, 50% fehlerhaft); die Unterschiede sind signifikant mit kleiner Effektgröße ($\chi^2 = 6{,}2$, $p < 0{,}05$, Cramér's $V = 0{,}22$). In Dativkontexten ändern sich die Fehlerraten bei der Wahl des definiten *dem* (28%) und des indefiniten Artikels *einem* (44%) kaum, dafür wird das Dativpronomen *ihm* deutlich problematischer (Fehlerrate: 65%). Für diese Dativkontexte sind Unterschiede signifikant und weisen eine mittlere Effektgröße auf ($\chi^2 = 8{,}8$, $p < 0{,}05$, Cramér's $V = 0{,}31$).

Vor allem ist in diesem Kontext interessant, dass die Fehlerraten bei den Maskulina zumindest nicht in allen Kontexten alleine von phonologischen Undeutlichkeiten (der Unterschied zwischen [n] und [m] wird nicht wahrgenommen) herrühren können. Wäre dies der Fall, wären die Fehlerraten im Akkusativ und Dativ ähnlich. Dies trifft zwar für definite und indefinite Artikel zu, keinesfalls aber für die Personalpronomina. Da das Personalpronomen *ihn* zu 77%, *ihm* aber nur zu 35% korrekt gewählt wurde, können hier aufgezeigte Unsicherheiten nicht alleine der phonologischen Unschärfe zugeschrieben werden.

4.5 Zusammenfassung der Ergebnisse

In Bezug auf die gestellten Untersuchungsfragen kann an dieser Stelle resümiert werden:

Die vielerorts behaupteten Unsicherheiten von DaZ-SuS in Bezug auf Kasuswahl sind zwar vorhanden, zumindest bei den hier untersuchten, am Sprachförderunterricht teilnehmenden Haupt-, Real- und Gesamtschülern, allerdings scheinen diese Probleme auf bestimmte Umgebungen begrenzt zu sein. Insbesondere seien hier die Faktoren (1) obliquer vs. präpositionaler Kasus, (2) Genus der Nominalphrase und (3) bei Maskulina die Art der zu flektierenden Nominalphrase (definiter vs. indefiniter Artikel vs. Pronomen) zu nennen.

---

[9] Zu den indefiniten Artikelwörtern wurden auch Possessivpronomen gezählt, da sie den gleichen Deklinationsregeln folgen.

Erstens ist bedeutend, dass eine einfache Einteilung in Akkusativ- und Dativkontexte der Problematik nicht gerecht wird. So ist für den Akkusativ zu schlussfolgern, dass die Kasuswahl im obliquen Kasus nahezu problemlos ist – in weniger als einem von 20 Fällen wird hier der falsche Kasus zugewiesen –, während der präpositionale Kasus deutlich fehlerbehafteter ist. Das gegenteilige Fehlermuster weist der Dativ auf, bei dem die Kasuswahl im präpositionalen Kasus signifikant erfolgreicher war.

Ausschlaggebend für die korrekte Kasuswahl scheint zweitens das Genus der zu flektierenden Nominalphrase zu sein. Denn obwohl Neutra und Feminina vergleichsweise wenige Fehler aufwiesen, waren bei den Maskulina mehrfach Unsicherheiten zu verzeichnen.

Drittens musste auch bei den Maskulina weiter differenziert werden, denn Fehler zeigen sich hier insbesondere am indefiniten Artikel (*einen* und *einem*) sowie am Personalpronomen im Dativ (*ihm*), jedoch nicht im Akkusativ. Dies weist ebenfalls darauf hin, dass bei einer Behandlung des Kasus insbesondere die Differenzierung bei den Maskulina beachtet werden sollte.

Dagegen scheint die Rektion der Präpositionen (*einen* oder zwei Kasus regierend) wenig Bedeutung für die Korrektheit der Kasusmarkierung zu haben, und die statistischen Analysen ergaben hier keine signifikanten Unterschiede. Insgesamt findet sich der höchste Anteil an Fehlern bei Präpositionen, die einen einzigen Kasus, und zwar den Dativ (vor allem *mit*, *von* und *zu*), regieren. Dagegen waren die Wechselpräpositionen wider Erwarten weder in Akkusativ- noch in Dativkontexten weniger fehlerbehaftet, wenn auch hier tendenziell Unsicherheiten zu verzeichnen sind. Hier ist insbesondere die Präposition *in* zu nennen.

Zusammenfassend kann somit gelten, dass noch Unsicherheiten in der Kasusmarkierung bei diesen Schülern zu verzeichnen sind, dass diese aber keinesfalls alle Kontexte im gleichen Maße betreffen.

5. Konsequenzen

Eine vollständig differenzierte Betrachtung der Kasuswahl nach semantischer und syntaktischer Umgebung wird in den wenigsten Untersuchungen zur Kasuswahl bei SmM unternommen. Dagegen könnte genau diese sich sowohl für die Spracherwerbsforschung als auch und vor allem für die Sprachlehre lohnen. Denn wird eine Unsicherheit in Bezug auf Kasus durch die Lehrkraft oder ein Diagnostikverfahren festgestellt, wird zur Förderung oft auf Lehr- und Lernmaterialien rekurriert, die kaum eine differenzierte

Betrachtung der Kasus vornehmen. Stattdessen werden die Kasus und insbesondere die Deklination in allen semantischen und syntaktischen Umgebungen geübt. Dagegen zeugen nicht nur die vorliegenden Daten davon, dass weder eine reine Formenlehre noch ein Einüben aller Umgebungen benötigt wird. Vielmehr gilt es, die Fähigkeit, selbstständig eine Entscheidung über die Kasusmarkierung treffen zu können, zu unterstützen.

Hier ist empfehlenswert, dass Lehrkräfte die unterschiedlichen syntaktischen Umgebungen in Betracht ziehen und überlegen, welche Formen und Funktionen ihre Lernenden besonders üben müssten. Für Schüler mit Förderbedarf am Anfang der Sekundarstufe wäre es nach den hier vorliegenden Daten sinnvoll, vor allem die präpositionalen Kontexte zu üben sowie mehr Gelegenheiten zu eröffnen, den obliquen Dativ anzuwenden. Ebenfalls sollte dem Maskulinum – vor allem in Bezug auf den indefiniten Artikel, aber im Dativ ebenfalls das Pronomen *ihm* betreffend – vermehrt Beachtung geschenkt werden. Da aus gutem Grunde die meisten für den DaF-Unterricht entwickelten Materialien kaum eine solche Differenzierung vornehmen, ist ebenfalls davor zu warnen, ursprünglich für den DaF-Unterricht vorgesehene Materialien unhinterfragt auf die DaZ-Situation zu übertragen.

Somit unterstützen die aus dieser Studie gezogenen Konsequenzen für die Ausbildung von Deutschlehrenden für die Schule sowie für die Förderung von SuS mit sprachlichem Förderbedarf grundlegende didaktische Prinzipien. Erstens müsste bei einer Sprachförderung mehr auf sich tatsächlich herausstellende Unsicherheiten seitens der SuS geachtet und auf dieser Basis ansprechende Lernmaterialien ausgewählt werden. Zweitens sollte das Üben in kontextfreien Formen vermieden werden – denn die Texte der SuS beweisen, dass sämtliche Kasusformen sehr wohl beherrscht werden. Dagegen sollen die von SuS unsicher verwendeten Formen in unterschiedlichen Kontexten und in größeren sprachlichen Einheiten eingebettet geübt werden. Nur so kann eine zielgerechte Förderung sprachlicher Kompetenzen erreicht werden.

6. Literatur

Avenarius, Hermann (2006): *Bildung in Deutschland. Ein indikatorengestützter Bericht mit einer Analyse zu Bildung und Migration.* Bielefeld: Bertelsmann.

Bast, Cornelia (2003): *Der Altersfaktor im Zweitspracherwerb - die Entwicklung der grammatischen Kategorien Numerus, Genus und Kasus in der Nominal-*

phrase im ungesteuerten Zweitspracherwerb des Deutschen bei russischen Lernerinnen. Universität zu Köln: Philosophische Fakultät.

Beauftragte der Bundesregierung für Migration, Flüchtlinge und Integration (Hrsg.) (2012): *9. Bericht der Beauftragten der Bundesregierung für Migration, Flüchtlinge und Integration über die Lage der Ausländerinnen und Ausländer in Deutschland (Juni 2012)*. Berlin: Besscom AG. http://www.bundesregierung. de/Content/DE/_Anlagen/IB/2012-06-27neunter-lagebericht.pdf?_blob=publi cationFile&v=1. (27.08.2012)

Becker-Mrotzek, Michael; Hentschel, Britta; Hippmann, Katrin & Linnemann, Markus (2012): *Sprachförderung in deutschen Schulen - die Sicht der Lehrerinnen und Lehrer*. Mercator-Institut für Sprachförderung: Köln. http://www.mercator-institut-sprachfoerderung.de. (27.08.2012)

Clahsen, Harald (1984): Der Erwerb der Kasusmarkierungen in der deutschen Kindersprache. *Linguistische Berichte* 89: 1–31.

Diehl, Erika; Christen, Helen; Leuenberger, Sandra; Pelvat, Isabelle & Studer, Thérèse (2000): *Grammatikunterricht: Alles für der Katz?* Tübingen: Max Niemeyer.

Diehl, Erika (1999): Schulischer Grammatikerwerb unter der Lupe. Das Genfer DiGS-Projekt. *Bulletin suisse de linguistique appliquée* 70: 7–26. http://www.vals-asla.ch/cms/fileadmin/ly_valsasla/usermedia/ diehl70.pdf. (27.08.2012)

Dimroth, Christine (2008): Kleine Unterscheide in den Lernvoraussetzungen beim ungesteuerten Zweitspracherwerb: Welche Bereiche der Zielsprache Deutsch sind besonders betroffen? In Ahrenholz, Bernt (Hrsg.): *Zweitspracherwerb. Diagnosen, Verläufe, Voraussetzungen. Beiträge aus dem 2. Workshop Kinder mit Migrationshintergrund*. Freiburg: Fillibach, 117–133.

Dürscheid, Christa (2007): Quo vadis, Casus? Zur Entwicklung der Kasusmarkierung im Deutschen. In Lenk, Hartmut E. H. & Walter, Maik (Hrsg.): *Wahlverwandtschaften. Valenzen - Verben – Varietäten. Festschrift für Klaus Welke zum 70. Geburtstag*. Hildesheim: Olms, 89–113.

Eisenbeiss, Sonja; Bartke, Susanne & Clahsen, Harald (1994): *Elizitationsverfahren in der Spracherwerbsforschung: Nominalphrasen, Kasus, Plural, Partizipien*. Arbeiten des Sonderforschungsbereichs 282.

Grießhaber, Wilhelm (2010): *Spracherwerbsprozesse in Erst- & Zweitsprache. Eine Einführung*. Duisburg: Univ.-Verl. Rhein-Ruhr.

Grießhaber, Wilhelm (2006): Die Entwicklung der Grammatik in Texten vom 1. bis zum 4. Schuljahr. In Ahrenholz, Bernt (Hrsg.): *Kinder mit Migrationshintergrund. Spracherwerb und Fördermöglichkeiten*. Freiburg: Fillibach, 150–167.

Helbig, Gerhard & Buscha, Joachim (2003): *Leitfaden der deutschen Grammatik*. 4. Dr., Berlin u.a.: Langenscheidt.

Heuer, Walter; Flückiger, Max & Gallmann, Peter (2008): *Richtiges Deutsch. Vollständige Grammatik und Rechtschreiblehre unter Berücksichtigung der aktuellen Rechtschreibreform*. 28., überarb. Aufl. Zürich: Verl. Neue Zürcher Zeitung.

Jeuk, Stefan (2008): "Der Katze sieht den Vogel". Aspekte des Genuserwerbs im Grundschulalter. In Ahrenholz, Bernt (Hrsg.): *Zweitspracherwerb. Diagnosen, Verläufe, Voraussetzungen. Beiträge aus dem 2. Workshop Kinder mit Migrationshintergrund.* Freiburg: Fillibach, 135–149.

Köpcke, Klaus-Michael (2002): Wie entwickeln sich die Deklinationsklassen im Deutschen? In Wiesinger, Peter (Hrsg.): *Akten des X. Internationalen Germanistenkongresses Wien; Bd. 2: Entwicklungstendenzen der deutschen Gegenwartssprache.* Bern: Lang, 101–108.

Köpcke, Klaus-Michael (2003): Grammatische Komplexität und die Beherrschung der Kasusmorphologie durch Grundschulkinder. *Didaktik Deutsch* 14: 55–68.

Mehlem, Ulrich (2004): Kasusmarkierungen in Verschriftungen mündlicher Nacherzählungen bei marokkanischen Migrantenkindern. In Siebert-Ott, Gesa; Bredel, Ursula & Thelen, Tobias (Hrsg.): *Schriftspracherwerb und Orthographie.* Baltmannsweiler: Schneider Verlag Hohengehren, 162–188.

Meisel, Jürgen (1986): Word order and case marking in early child language. Evidence from simultaneous acquisition of two first languages: French and German. *Linguistics* (24): 123–183.

OECD Directorate for Education (2006): *Where immigrant students succeed. A comparative review of performance and engagement in PISA 2003.* Paris: OECD. http://www.gbv.de/dms/bowker/toc/9789264023 604.pdf. (27.08.2012)

Pienemann, Manfred (1981): *Der Zweitspracherwerb ausländischer Arbeiterkinder.* Bonn: Bouvier.

Ramm, Gesa; Oliver, Walter & Heidemeier, Heike (2005): Soziokulturelle Herkunft und Migration im Ländervergleich. In Prenzel, Manfred; Baumert, Jürgen & Blum, Werner (Hrsg.): *PISA 2003. Der zweite Vergleich der Länder in Deutschland – was wissen und können Jugendliche?* Münster: Waxmann, 269–298.

Reich, Hans; Roth, Hans-Joachim & Gantefort, Christoph (2008): Auswertungshinweise 'Der Sturz ins Tulpenbeet' (Deutsch). In Klinger, Thorsten (Hrsg.): *Evaluation im Modellprogramm FörMig. Planung und Realisierung eines Evaluationskonzepts.* Münster: Waxmann, 209–237.

Sahel, Said (2010): Ein Kompetenzstufenmodell für die Nominalphrasenflexion im Erst- und Zweitspracherwerb. In Mehlem, Ulrich (Hrsg.): *Erwerb schriftsprachlicher Kompetenzen im DaZ-Kontext. Diagnose und Förderung.* Freiburg im Breisgau: Fillibach, 185–210.

Schönenberger, Manuela; Rothweiler, Monika & Sterner, Franziska (2012): Case marking in child L1 and early child L2 German. In Braunmüller, Kurt & Gabriel, Christoph (Hrsg.): *Multilingual individuals and multilingual societies.* Amsterdam: John Benjamins, 3–21.

Schönenberger, Manuela; Sterner, Franziska & Ruberg, Tobias (2011): The realization of indirect objects and case marking in experimental data from child L1 and child L2 German. In Universität Hamburg (Hrsg.): *Arbeiten zur Mehrsprachigkeit/Working Papers in Multilingualism,* 95 /2011. Hamburg (Folge B).

Szagun, Gisela (2006): *Sprachentwicklung beim Kind. Ein Lehrbuch.* [7. Aufl.], vollst. überarb. Neuausg. Weinheim: Beltz.

Thoma, Dieter & Tracy, Rosemarie (2006): Deutsch als frühe Zweitsprache: zweite Erstsprache? In Ahrenholz, Bernt (Hrsg.): *Kinder mit Migrationshintergrund. Spracherwerb und Fördermöglichkeiten.* Freiburg: Fillibach, 58–79.

Tracy, Rosemarie (1984): Fallstudien: Überlegungen zum Erwerb von Kasuskategorie und Kasusmarkierung. In Czepluch, Hartmut & Janßen, Hero (Hrsg.): *Syntaktische Struktur und Kasusrelation.* Tübingen: Narr, 271–313.

Wegener, Heide (1995): Kasus und Valenz im natürlichen DaZ-Erwerb. In Eichinger, Ludwig M. & Eroms, Hans-Werner (Hrsg.): *Dependenz und Valenz.* Hamburg: Buske, 337–356.

Wegener, Heide (2005): Komplexität oder Kontrastivität der L2 – worin liegt das Problem für DaZ/DaF? *ODV-Zeitschrift* 12, 91–114.

„Das von ihnen dargestellte Problem zur Leistungsbewertung in den Schulen" – komplexe Nominalphrasen in Texten von Schüler/innen und Studierenden mit Deutsch als Erst- und Zweitsprache

Inger Petersen

In diesem Beitrag werden Ergebnisse einer Studie vorgestellt, in der die syntaktischen Schreibfähigkeiten von ein- bzw. mehrsprachigen Oberstufenschüler/innen (Klasse 11 und 13) und Studierenden untersucht wird. Im Mittelpunkt der Untersuchung stehen folgende Fragen: 1. Benutzen die mehrsprachigen Untersuchungsteilnehmer/innen weniger komplexe Nominalphrasen als die einsprachigen? 2. Steigt der Gebrauch komplexer Nominalphrasen mit steigendem Schreibalter an? Darüber hinaus sollen auftretende Schwierigkeiten bei der Flexion mehrgliedriger Nominalphrasen betrachtet werden. Zur Untersuchung der Forschungsfragen wurde ein Korpus von 370 Texten untersucht. Zwischen den Texten der Ein- und Mehrsprachigen lassen sich im Bereich der syntaktischen Komplexität kaum signifikante Unterschiede erkennen, wohl aber zwischen den Texten der drei Altersgruppen. Überdies zeigt sich, dass die Flexion von Nominalphrasen mit Adjektivattribut auch in dieser Altersgruppe noch nicht sicher beherrscht wird.

1. Einleitung

Der Zusammenhang von schriftsprachlichen Fähigkeiten und Bildungserfolg steht in jüngster Zeit – insbesondere mit Blick auf Kinder und Jugendliche mit Deutsch als Zweitsprache – vermehrt in der Diskussion. Dass mündliche Fähigkeiten in einer Zweitsprache, die der Bewältigung von Alltagssituationen dienen, relativ problemlos erworben werden können, ist hinreichend bekannt.[1] Ehlich geht jedoch davon aus, dass die Beherrschung von *Schriftlichkeit,* genauer der *konzeptionellen Schriftlichkeit,* die „Voraussetzung und Herausforderung für eine entwickelte Mehrsprachigkeit" ist (Ehlich 2010: 59). Konzeptionelle Schriftlichkeit kommt in Situationen der Distanzkommunikation zum Tragen, in denen der Schreiber/Sprecher und der Adressat nicht unmittelbar miteinander kommunizieren. Diese Situationsentbindung macht bestimmte Versprachlichungsstrategien erforderlich, die zu einer hohen „Kompaktheit, Komplexität und

---

[1] Vgl. hierzu die Arbeiten von Cummins (1979, 2000).

Informationsdichte" von Texten führen (Koch & Oesterreicher 1985: 22). Es ist offensichtlich, dass konzeptionelle Schrift-lichkeit in Bildungsinstitutionen, wo mittels bestimmter Text- und Diskursformen Wissen übertragen wird und Lernprozesse stattfinden, von großer Relevanz ist. Die Beherrschung konzeptioneller Schriftlichkeit kann im schulischen Kontext deshalb auch als „Globalziel sprachlicher Lern- und Erwerbsprozesse" bezeichnet werden (Pohl & Steinhoff 2010: 7f.). Insbesondere für mehrsprachige Schüler/innen scheint das Erreichen dieses Lernziels eine Herausforderung darzustellen (Cantone & Haberzettl 2008; Haberzettl 2009). Allerdings weiß man bisher wenig darüber, wie sich die konzeptionell schriftlichen Fähigkeiten von ein- und mehrsprachigen Schüler/innen, insbesondere im Bereich der Textproduktion, unterscheiden. Ein Blick auf den Stand der Forschung zeigt, dass ältere Schüler/innen sowie Studierende mit Deutsch als Zweitsprache von dieser Forschungslücke doppelt betroffen sind: Es liegen wenig Erkenntnisse sowohl über das Schreiben in der Zweitsprache Deutsch als auch über das Schreiben von älteren Jugendlichen und Erwachsenen vor. Erst in jüngster Zeit wird sich – wie auch in dem vorliegenden Sammelband – dieser Altersgruppe in der Fachliteratur vermehrt angenommen (vgl. Feilke, Köster & Steinmetz 2013, Glässing; Schwarz & Volkwein 2011, Strecker 2010). Insgesamt stellen Fragen der systematischen (Weiter-)Entwicklung von Sprach- und Schreibfähigkeiten in der Sekundarstufe II jedoch einen vernachlässigten Bereich sowohl in der Forschung als auch der Praxis dar (vgl. auch Sitta 2005). Das ist wohl u.a. darauf zurückzuführen, dass es im Allgemeinen noch nicht zum Selbstverständnis des Gymnasiums gehört, dass die Schülerschaft der gymnasialen Oberstufe über heterogene sprachliche Voraussetzungen und Kompetenzen verfügt.[2]

In diesem Beitrag wird ein Teilbereich der Schreibkompetenz der o.g. Gruppe, nämlich die syntaktische Schreibfähigkeit, fokussiert.[3] Damit ist die Fähigkeit zur Produktion komplexer Syntax in schriftlichen Texten gemeint. Als Ausdruck einer komplexen Syntax kann beispielsweise die mehrfach attribuierte Nominalphrase *Das von ihnen dargestellte Problem zur Leistungsbewertung in den Schulen* im Titel dieses Beitrags gezählt werden, die aus einem Text von einem Schüler aus der 13. Klasse stammt. Dass mehrfach erweiterte Nominalphrasen zwar in diesem Alter schon

---

[2] Bosse (2003) spricht in diesem Zusammenhang von *verdrängter Heterogenität*.
[3] Die hier vorgestellten Ergebnisse gehen auf ein Dissertationsprojekt zur Entwicklung von Schreibfähigkeiten bei ein- und mehrsprachigen Oberstufenschüler/innen und Studierenden zurück (vgl. Petersen 2014).

vielfach eingesetzt werden, aber trotzdem noch eine Herausforderung darstellen können, zeigt sich in diesem Beispiel darin, dass anstatt eines Genitivattributs („das ...Problem *der Leistungsbewertung*") ein Präpositionalattribut (*„das ...Problem *zur Leistungsbewertung*") benutzt wird. Auf die unterschiedlichen Attribuierungsarten und die damit verbundenen syntaktischen und morphologischen Anforderungen wird in den nächsten Abschnitten noch näher eingegangen. Aufgrund ihres Kontextualisierungspotentials können komplexe syntaktische Strukturen als notwendige Voraussetzung für die Produktion konzeptionell schriftlicher Texte gelten:

> „Während in der gesprochenen Sprache die Umfelder des Handelns und die Handlungsstruktur die empraktische Rede stützen, muß der Schreiber, der sich an der Norm eines semantisch ‚selbstversorgten' und aus sich selbst heraus verständlichen Textes orientiert, verstärkt von sprachlichen synsemantischen und syntaktischen Strukturmitteln Gebrauch machen. Die syntaktische Eigenstruktur des Textes kontextualisiert; sie erzeugt einen sprachlichen Kontext, der dem (impliziten) Leser Orientierung ermöglichen soll. Da auch außersprachlich bzw. im Weltwissen von SchreiberInnen Kontexte nicht einfach vorfindlich sind, sondern ihrerseits wiederum nur eingebettet in weitere Kontexte einen Verstehenshorizont abgeben können, ist die Fähigkeit zu einer auch sprachlich rekursiven Einbettung und Unterordnung von Propositionen gerade für die zeitlich und räumlich versetzte partnerferne schriftliche Kommunikation von zentraler Bedeutung." (Feilke 1996b: 1181f.)

Gleichzeitig zeichnet sich aus der Perspektive des Spracherwerbs für den Bereich komplexer syntaktischer Strukturen ein Forschungsbedarf ab, denn „[d]ie komplexere Syntax und besonders die syntaktische Strukturierung komplexer Satzgefüge und die Rolle der Syntax im Textaufbau (und damit eine wichtige Aneignungsaufgabe für die ‚Bildungssprache' der Schule und darüber hinaus) sind bisher kaum untersucht" (Ehlich 2009: 21). Bei erst- und zweitsprachlichen Schreibern können Unterschiede in den syntaktischen Wissensbeständen erwartet werden, da diese sprachgebunden sind. Wie im Laufe dieses Beitrags zu zeigen sein wird, bestätigen die Ergebnisse der vorliegenden Untersuchung diese Erwartungshaltung für die hier untersuchte Gruppe jedoch nur sehr eingeschränkt.

Zur theoretischen Einbettung der hier vorgestellten Ergebnisse werde ich zunächst den Begriff „syntaktische Komplexität" näher definieren und anschließend die Merkmale unterschiedlicher komplexer Nominalphrasen und die Heraustorderungen bei ihrer Flexion näher beschreiben. Es folgt die Vorstellung der Studie und ausgewählter Ergebnisse. Der Beitrag schließt mit Empfehlungen für die Sprach- und Schreibförderung in der Sekundarstufe II und an der Hochschule.

2. Komplexe Nominalphrasen

2.1 Syntaktische Komplexität

Um die Komplexität, genauer gesagt die *syntaktische Komplexität* der Texte dieser Untersuchung eingehender betrachten zu können, muss zunächst geklärt werden, was unter diesem Begriff überhaupt zu verstehen ist. Der Ausdruck *komplexe Syntax* bezieht sich klassischerweise auf die Satzebene (z.B. Diessel 2004; Fritzenschaft, Gawlitzek-Maiwald, Tracy & Winkler 1990; Kemp & Bredel: 2008). Von komplexer Syntax wird in diesem Kontext dann gesprochen, wenn zwei oder mehr Sätze durch Koordination oder Subordination miteinander verbunden sind (vgl. u.a. Diessel 2004: 1; Kemp & Bredel 2008: 93). Die Auffassung, dass durch die Subordination von Sätzen Komplexität entsteht, entspricht auch dem Verständnis von syntaktischer Komplexität in den Arbeiten von Hunt (1965, 1970). Hunt operiert mit dem Begriff der *T-unit* und meint damit „one main clause plus any subordinate clause or nonclausal structure that is embedded in it" (Hunt 1970: 4). Wenn eine *T-unit* eine große Anzahl von eingebetteten Teilsätzen enthält, weist dies auf eine hohe syntaktische Komplexität hin. Auch in aktuellen anglo-amerikanischen Publikationen wird das Verhältnis von *T-unit* und *clause* als Maß zur Erfassung syntaktischer Komplexität eingesetzt (vgl. Beers & Nagy 2011, Wagner et al. 2011). In deutschen Publikationen erscheint es üblicher, den Anteil der Nebensätze mit unterschiedlichem Einbettungsgrad zu untersuchen (vgl. Augst & Faigel 1986, Augst, Disselhoff, Henrich, Pohl et al. 2007).

Da im Zentrum dieses Beitrags die Untersuchung der Komplexität auf Ebene der Nominalphrase steht, muss jedoch eine umfassendere Definition von komplexer Syntax herangezogen werden. Nach Givón ist Komplexität eine Eigenschaft von „organized entities, of organisms, or of systems. Individual entities, as long as they have no internal organization, are by definition maximally simple" (Givón 2009: 3). In Anlehnung an Arbeiten des Soziologen Herbert Simon (1962) über die „Architecture of complexity" geht Givón weiter davon aus, dass Komplexität die Zunahme hierarchischer Ebenen bedeutet: „[...] increased complexity is, at the most general level, increased hierarchic organization; that is, an increase in the number of hierarchic levels within a system" (Givón 2009: 4). Übertragen auf die Syntax steigt die Komplexität also mit der Anzahl der Konstituenten, die innerhalb eines sprachlichen Systems in einem hierarchischen Verhältnis zueinander stehen bzw. subordiniert sind. Dies kann sowohl für Sätze als auch für Nominalphrasen gelten. Bisher gibt es allerdings nur wenige Studien, die die Aneignung komplexer Syntax auf Ebene der Nominalphrase untersuchen. Augst & Faigel betrachten zusätzlich zu subordinierten Sätzen die Entwicklung im Gebrauch von Substantivierungen, Partizipialsätze und Abstraktbildungen bzw. Nominalisierungen in argumentativen Texten von 13- bis 23-Jährigen. Von den Schüler/innen in Klasse 7 hin zu den Studierenden ist eine beständige und deutliche Zunahme dieser sprachlichen Mittel zu beobachten (vgl. Augst & Faigel 1986: 79f.). Pohl (2007, 2010) weist nach, dass für die Entwicklung wissenschaftlicher Schreibkompetenz „eine erhöhte lexikalische Dichte und erhebliche syntagmatische Integrationsbemühungen, zusammen also eine Steigerung der lexiko-syntagmatischen Komplexität" charakteristisch ist (Pohl 2010: 106). Diese Komplexität wird vor allem in der Zunahme der lexikalischen Dichte (Verhältnis von lexikalischen zu grammatischen Wörtern) pro Substantivgruppe (bzw. Nominalphrase) augenscheinlich (vgl. Pohl 2010: 102f.). Seine Aussagen basieren allerdings auf den Längsschnittsdaten von nur drei Studierenden. Zudem stellt sich die Frage, durch welche Art von Erweiterungen der Ausbau der Nominalphrasen eigentlich zustande kommt.

Aufgrund der offensichtlichen Bedeutung komplexer Nominalphrasen für die Herstellung konzeptionell schriftlicher Texte in einem fortgeschrittenen Stadium der Schreibentwicklung sollen in diesem Beitrag folgende Fragen beantwortet werden:
– Benutzen die mehrsprachigen Untersuchungsteilnehmer/innen in ihren Texten weniger komplexe Nominalphrasen als die monolinguale Vergleichsgruppe?
– Steigt der Gebrauch komplexer Nominalphrasen mit steigendem Schreibalter an?
– Welchen Einfluss hat das (Schreib-)Alter auf den Anteil fehlerhaft flektierter Nominalphrasen?
– Welche Schwierigkeiten bestehen bei den älteren Schüler/innen und Studierenden bei der Flexion mehrgliedriger Nominalphrasen?

2.2 Nominalphrasen mit verschiedenen Attributen

Die unterschiedlichen Attributtypen, die in der vorliegenden Untersuchung Berücksichtigung finden, werden im Folgenden anhand von Beispielen aus dem Korpus vorgestellt. Ist eine Nominalphrase durch ein Attribut[4] erweitert, so wird sie im Folgenden als „komplexe Nominalphrase" bezeichnet. In dieser Studie werden Nominalphrasen mit adjektivischem Attribut, Genitiv- und Präpositionalattribut sowie mit satzwertigem Attribut (Attributsatz) ausgewertet.

Nominalphrase mit Adjektivattribut: Die adjektivischen Attribute sind in dem Korpus dieser Studie der am häufigsten verwendete Attribuierungstyp. Nach Weinrich steht das adjektivische Attribut in einer „Nominalklammer", die über einen „klammeröffnenden Artikel" (ggf. Nullartikel) und ein „klammerschließendes Nomen" verfügt (Weinrich 2007: 355f):

(1) ein **individuelles** Bewertungssystem

Beim Gebrauch attributiv gebrauchter Partizipien, die über spezifische Valenzeigenschaften verfügen, kann der pränominale Bereich besonders komplex werden:

(2) Zum einen treffen Eltern oftmals **falsche, ihrer Schicht entsprechende** Entscheidungen...

Für Deutsch-Lerner/innen gehört die Morphosyntax dieser Nominalklammer zu einem der schwierigsten Bereiche beim Erwerb der deutschen Grammatik (s. Abschnitt 2.3). Wie später deutlich wird, zeigen aber auch junge erwachsene L1-Sprecher/innen Unsicherheiten bei der Flexion mehrgliedriger Nominalphrasen.

Nominalphrase mit Genitivattribut: Nominalphrasen können durch weitere Nominalphrasen modifiziert werden, die dann rechts vom substantivischen Kern stehen. Ein solches postnominales Attribut ist das Genitivattribut[5]: „Der attributive Genitiv (das Genitivattribut) ist ein Gliedteil, der die Form einer Substantivgruppe hat und seinerseits von einem Substantiv abhängt, also in einer übergeordneten Substantivgruppe enthalten ist" (Dudenredaktion 1998: 668). Das Genitivattribut besteht mindestens aus einem

---

[4] Gelegentlich werden neben Substantiven auch Adjektive und Adverbien als attribuierbar bezeichnet (vgl. Fuhrhop & Thieroff 2005: 312). In der vorliegenden Untersuchung wird allerdings ein enger Attribut-Begriff zugrunde gelegt; demnach ist das Attribut eine Konstituente, die ein Substantiv modifiziert (vgl. Fuhrhop & Thieroff 2005: 308).

[5] Das pränominale Genitivattribut in Form des sog. Sächsischen Genitivs findet an dieser Stelle keine Berücksichtigung.

pronominal oder adjektivisch deklinierten Wort sowie einem Kernnomen mit Genitivflexion (vgl. Dudenredaktion 1998: 671) und enthält oft andere eingebettete nominale Attribute:

(3) Zum anderen entscheidet auch Förderung und Einschätzung **der Leistungen eines Kindes**, welche Schullaufbahn es antritt.

Im Beispiel (3) handelt es sich um eine sog. endozentrische Konstruktion (das Genitivattribut „der Leistungen" ist durch ein weiteres Genitivattribut „eines Kindes" erweitert), die theoretisch über eine unbegrenzte Einbettungstiefe verfügt (vgl. Eisenberg 2006: 247). Weil die kognitive Verarbeitung solcher Konstruktionen aufwändig ist, gehören sie eher der Schriftsprache an. Während Genitivattribute immer direkt hinter dem Bezugsnomen stehen (vgl. Eisenberg 2006: 246) und daher eindeutig zu identifizieren und dem Kernnomen zuzuordnen sind, stellt sich die Situation bei Präpositionalattributen anders dar.

Nominalphrase mit Präpositionalattribut: Eisenberg (2006) charakterisiert Präpositionalattribute folgendermaßen:

> „Im präpositionalen Ausdruck wird ein Nominalausdruck zum Kernsubstantiv in Beziehung gesetzt. Lexikalischer Träger dieser Beziehung ist die Präposition, auch wenn sie in vielen Fällen abstrakt oder semantisch leer ist. Die etwa zweihundert Präpositionen sichern dem präpositionalen Attribut erhebliche semantische Reichweite. Sie geht insbesondere weit über die des Genitivattributs hinaus. Das spiegelt sich auch in der Syntax. Während das Genitivattribut das nächststehende Substantiv modifiziert, ist das Präpositionalattribut in dieser Hinsicht frei." (Eisenberg 2006: 262)

Teil des präpositionalen Attributs können entweder Präpositionen sein, die von dem Kernsubstantiv regiert werden (Bsp. 4), oder Präpositionen, die syntaktisch frei sind (Bsp. 5).

(4) der starke Einfluss **auf den Schulerfolg**
(5) Schüler **aus unteren Schichten**

Die Bildung einer komplexen Nominalphrase mit Präpositionalattribut erfordert somit immer Kenntnisse über das Rektionsverhalten von Präpositionen, ggf. aber auch über das Rektionsverhalten von Substantiven. So verwundert es nicht, dass Turgay (2010) in einer Studie zum Erwerb von Präpositionalphrasen durch kindliche L2-Lerner/innen zu dem Ergebnis kommt, dass deren Aneignung „[a]ufgrund der morphosyntaktischen Markierung, der syntaktischen Eigenschaften und der funktionalen Elemente und der Semantik der Präpositionen und PPs" eine große Herausforderung

darstellt und vor allem die Kasusrektion zu Schwierigkeiten führt (Turgay 2010: 306).
Nominalphrase mit Attributsatz: Zu den Attributsätzen gehören typischerweise Relativsätze (Bsp. 6). Aber auch Konjunktionalsätze (Bsp. 7) und Infinitivsätze (Bsp. 8), die sich auf ein Substantiv im übergeordneten Satz beziehen, können als Attribute dienen:

(6) Dies hängt mit den sozialen Schichten zusammen, **in denen die Kinder aufwachsen.**

(7) [..] weil die Eltern das Risiko zu hoch einschätzen, **dass ihr Kind auf dem Gymnasium versagt.**

(8) Kinder ohne Migrationshintergrund haben laut Text eine wesentlich höhere Chance, **das Gymnasium zu erreichen.**

Insbesondere der Gebrauch von Relativsätzen erfordert komplexe syntaktische Operationen, da das Relativpronomen mit dem Substantiv im Matrixsatz hinsichtlich Numerus und Genus kongruieren muss und eine Kasusmarkierung trägt, die sich nach der Konstituentenposition des Relativums im Relativsatz richtet.

2.3   Nominalphrasenflexion

Neben der Häufigkeit des Gebrauchs von Nominalphrasen mit unterschiedlichen Attribuierungstypen soll auch die Flexion der Nominalphrasen näher untersucht werden. Eine fehlerhaft flektierte Nominalphrase liegt vor, wenn der Artikel, das Adjektiv und/oder das Substantiv hinsichtlich Kasus, Numerus und/oder Genus nicht korrekt flektiert werden. Besonders komplex ist im Deutschen die Flexion einer Nominalphrase mit Adjektivattribut, die aus diesem Grund im Folgenden im Mittelpunkt stehen soll.

Dies Adjektivdeklination im Deutschen weist (mindestens) zwei Flexionsreihen auf, die sog. starke (s. Tab. 1) und schwache Deklination (s. Tab. 2).

Tabelle 1.   Starke Adjektivdeklination (Quelle: Thieroff & Vogel 2012: 55)

	Mask	Neut	Fem	Plural
N	*guter Wein*	*gutes Bier*	*gute Milch*	*gute Drinks*
A	*guten Wein*	*gutes Bier*	*gute Milch*	*gute Drinks*
D	*gutem Wein*	*gutem Bier*	*guter Milch*	*guten Drinks*
G	*guten Wein(e)s*	*guten Bier(e)s*	*guter Milch*	*guter Drinks*

Tabelle 2. Schwache Adjektivdeklination (Quelle: Thieroff & Vogel 2012: 55)

	Mask	Neut	Fem	Plural
N	*der gute W.*	*das gute B.*	*die gute M.*	*die gut**en** D.*
A	*den gut**en** W.*	*das gute B.*	*die gute M.*	*die gut**en** D.*
D	*dem gut**en** W.*	*dem gut**en** B.*	*der gut**en** M.*	*den gut**en** D.*
G	*des gut**en** W.*	*des gut**en** B.*	*der gut**en** M.*	*der gut**en** D.*

Thieroff & Vogel (2012) gehen davon aus, dass es nicht notwendig ist, eine weitere, „gemischte" Flexionsreihe anzunehmen.[6] Stattdessen kann folgende syntaktische Regel gelten: „Das Adjektiv wird genau dann stark flektiert, wenn ihm kein Artikel oder Artikelpronomen mit Flexionsendung vorausgeht; sonst wird es schwach flektiert" (Thieroff & Vogel 2012: 55).

Eine fehlerhaft flektierte Nominalphrase liegt also vor, wenn der Artikel (Bsp. 9), das Adjektiv (Bsp. 10) und/oder das Substantiv (Bsp. 11) hinsichtlich der Merkmalsklassen Genus, Kasus und Numerus nicht korrekt flektiert werden:

(09) *Also ich finde **eine Zeugnis** ohne Noten besser.
(10) *Und die Idee mit den regelmäßigen Elterngesprächen würde zu Hause nur zu **unnötigen Streit** führen.
(11) *Einige **Schulempfehlung** werden nicht immer nach dem Leistungspotenzial des Kindes entschieden.

Trotz einer hohen Frequenz im Input ist die Flexion von Nominalphrasen mit Adjektivattribut eine höchst anspruchsvolle Aufgabe:

„Um eine dreigliedrige NP korrekt zu flektieren, muss der Lerner das Genus des Kopfnomens abrufen, sich je nach Mitteilungsabsicht für einen Numerus entscheiden, der NP unter Beachtung des außerhalb derselben befindlichen Regens einen Kasus zuweisen und abhängig von der vorliegenden NP-Struktur die Flexive auf Artikelwort und Adjektiv verteilen." (Sahel 2010: 187)

Auch im Rahmen des gesteuerten Spracherwerbs ist die Adjektivdeklination ein kritischer Erwerbsbereich (vgl. Diehl, Albrecht & Zoch 1991).

Um Entwicklungsverläufe beim Erwerb der Nominalphrase nachvollziehen zu können, entwickelt Sahel (2010) sowohl theoriegeleitet als auch datenbasiert ein „Kompetenzstufenmodell für die Nominalphrasenflexion". Damit reagiert er auf das Forschungsdesiderat, dass zwar der Erwerb des

---

[6] Eine „gemischte Deklination" führen z.B. Helbig & Buscha (1993: 302) auf.

Genus, Kasus und Numerus beim Erwerb der Nominalphrasenflexion gut untersucht ist, es aber an Arbeiten fehlt, die den Erwerb der Morphosyntax in zwei- bis dreigliedrigen Nominalphrasen (d.h. bestehend aus Artikelwort und/oder Adjektiv und Kernnomen) zum Gegenstand haben (Sahel 2010: 185f.). Sahels Daten stammen von 47 als sprachförderbedürftig eingestuften Realschüler/innen aus der 6. Klasse, von denen 29 mehrsprachig sind bzw. einen Migrationshintergrund haben. Die Schüler/innen bekamen einen Lückentext vorgelegt, in denen die Flexionsendungen von 12 zwei- bis dreigliedrigen Nominalphrasen eingesetzt werden sollten (Sahel 2010: 192). Im Vergleich zu den L1-Schüler/innen produzieren die L2-Schüler/innen mehr Fehler. Diese beruhen auf falschen Kasuszuweisungen sowie auf Unsicherheiten in Bezug auf die interne Kongruenz der Nominalphrase (vgl. Sahel 2010: 200). Die größten Schwierigkeiten treten jedoch sowohl bei den L1- als auch bei den L2-Schüler/innen auf, „wenn die Flexion bei fehlendem Artikelwort am Adjektiv realisiert werden muss und die NP im Dativ Singular Maskulinum/Neutrum steht" (Sahel 2010: 200) (s. auch Beispiel 10 in diesem Abschnitt). Als mögliche Gründe nennt Sahel Schwierigkeiten mit der Zuweisung des Dativs, mit der Endung -*m* und der Markierung direkt am Adjektiv (Sahel 2010: 195). Aufgrund theoretischer Vorüberlegungen und der Ergebnisse der Datenauswertung stellt Sahel schließlich folgendes Kompetenzstufenmodell auf:

> „Kompetenzstufe 1: Der Lerner ist nicht in der Lage, NPs intern korrekt zu flektieren; er produziert oft inkongruente NPs (z.B. *in einer große Villa*).
> Kompetenzstufe 2: Der Lerner ist in der Lage, NPs intern korrekt zu flektieren, produziert aber oft Kasus- und/oder Genusfehler ([*wohnt*] *in eine große Villa*).
> Kompetenzstufe 3: Der Lerner ist in der Lage, NPs auch hinsichtlich Genus und Kasus korrekt zu flektieren.
> Kompetenzstufe 4: Der Lerner ist in der Lage, Adjektive bei fehlendem Artikelwort stark zu flektieren, auch im Dativ Singular Maskulinum/Neutrum (*mit prächtigem Dach*)." (Sahel 2010: 203)

Das Kompetenzstufen-Modell macht noch einmal deutlich, dass bei der Fehleranalyse die Nominalphrase als Einheit in den Blick genommen werden muss. Zudem legt es nahe, dass Lerner/innen auch in einem fortgeschrittenen Stadium des Spracherwerbs noch Schwierigkeiten mit den Anforderungen der Kompetenzstufe 4 haben könnten.

3. Studie

3.1 Untersuchungsdesign

Die Datengrundlage dieser Studie bildet ein Korpus von $n=370$ Texten (191 argumentative Texte und 179 Sachtextzusammenfassungen) (s.Tabelle 3). Die Texte wurden in dem Zeitraum von August 2009 bis Dezember 2010 an zwei Schulen im Bundesland Bremen in Stadtteilen mit einem hohen Anteil an Bewohner/innen mit Migrationshintergrund und an den Universitäten Oldenburg, Bremen und Duisburg-Essen erhoben. Es wurden Texte von insgesamt 198 Schüler/innen (Klasse 11 und Klasse 13) und Studierenden in die Stichprobe aufgenommen. Als Schreibimpuls dienten zwei selbst entwickelte Schreibaufgaben, die parallel in allen Gruppen eingesetzt wurden. Zudem haben alle Untersuchungsteilnehmer/innen einen Fragebogen zu sprach-, bildungs- und schreibbiografischen Daten ausgefüllt. Auf der Grundlage dieser Angaben wurden die Untersuchungsteilnehmer/innen in die Sprachgruppen „einsprachig" ($n = 103$) und „mehrsprachig" ($n = 95$) eingeteilt.[7] Tabelle 3 zeigt die Verteilung der erhobenen Texte in den Alters- und Sprachgruppen.

Innerhalb der Altersgruppen sind die Proband/innen in Hinblick auf die Sprachgruppen annähernd gleichmäßig verteilt. Innerhalb der Gruppe der Mehrsprachigen (n = 95) können 8 Personen als Seiteneinsteiger gelten. Damit sind in dieser Untersuchung Schüler/innen und Studierende gemeint, die während der Grundschulzeit eine Schule im Ausland besucht haben und erst zwischen der 5. und der 10. Klasse in das deutsche Schulsystem eingestiegen sind. Aufgrund ihres geringen Umfangs in der Gesamtstichprobe kann die Gruppe der Seiteneinsteiger statistisch jedoch nicht als separate Kategorie ausgewertet werden. Alle Texte des Korpus wurden u.a. hinsichtlich der unterschiedlichen Attribute (s. 2.2) und der Fehler im Bereich der Nominalphrasen-Flexion (s. 2.3) annotiert.

---

[7] Für die Bildung der Sprachgruppen wurde als Kriterium festgelegt, dass als mehrsprachig gilt, wer eine andere oder eine weitere Sprache als Deutsch als seine Muttersprache angibt und diese auch mit mindestens einem Elternteil spricht. Zudem müssen beiden Elternteile zur ersten Generation gehören, sprich selbst nach Deutschland migriert sein. Damit soll ausgeschlossen werden, dass in die Gruppe „mehrsprachig" Personen fallen, die einen bilingualen Erstspracherwerb durchlaufen haben.

Tabelle 3. Anzahl der argumentativen Texte und Zusammenfassungen in den Altersgruppen nach Sprachgruppe

	Klasse 11	*Klasse 13*	*Studierende*	*Gesamt*
Argumentative Texte				
Einsprachig	30	34	34	98
Mehrsprachig	30	34	29	93
Gesamt	**60**	**68**	**63**	**191**
Zusammenfassungen				
Einsprachig	29	33	30	92
Mehrsprachig	27	35	25	87
Gesamt	**56**	**68**	**55**	**179**

3.2 Ergebnisse[8]

3.2.1 Produktion komplexer Nominalphrasen

Die statistische Auswertung erfolgte für die argumentativen Texte und die Zusammenfassungen getrennt. Um sowohl Aussagen zum Vorkommen komplexer Nominalphrasen in den Altersgruppen als auch in den Sprachgruppen machen zu können, wurden die verschiedenen Sprachgruppen innerhalb der Altersgruppen sowie die einzelnen Altersgruppen für sich als unabhängige Stichproben behandelt.

Aufgrund der fehlenden Normalverteilung der Werte wurde für die Berechnung der Unterschiede zwischen den Sprachgruppen ein verteilungsfreies Verfahren, der U-Test nach Mann und Whitney, eingesetzt.[9] Als wichtigstes Ergebnis kann festgehalten werden, dass sich in Hinblick auf die untersuchten Variablen für syntaktische Komplexität (Textlänge, Satzlänge, Adjektiv-, Genitiv-, und Präpositionalattribute, Attributsätze) so gut wie keine signifikanten Unterschiede zwischen den Ein- und Mehrsprachigen erkennen lassen. Eine Ausnahme stellen lediglich die Adjektiv- und Präpositionalattribute in den Zusammenfassungen aus Klasse 11 dar: Hier liegt bei den mehrsprachigen Schüler/innen ($n = 27$) der Wert für die komplexen Nominalphrasen mit Adjektivattribut ($MD = 16{,}67$, $QA = 9$)[10]

---

[8] Teile der im Folgenden berichteten Ergebnisse habe ich bereits an anderer Stelle publiziert (Petersen 2012, 2013).
[9] Ein p-Wert von $p = 0{,}05$ wird als signifikant angesehen (zweiseitige Testung).
[10] *MD* steht für Median, *QA* für Quartilabstand. Der Median liegt in der Mitte der Verteilung, d.h. jeweils 50 % der Werte liegen unter und über dem Median. Der

signifikant unter dem Wert der einsprachigen Schüler/innen ($n = 29$) (Adjektivattribute: $MD = 20,00$, $QA = 11$) ($U = 265,00$; $p < 0,038$).[11] Ähnliches gilt für die Präpositionalattribute: Die mehrsprachigen Schüler/innen aus der Klasse 11 kommen hier auf einen Wert von $MD = 5,26$ ($QA = 6$), während die einsprachigen Schüler/innen fast doppelt so viele Präpositionalattribute benutzen ($MD = 10,00$, $QA = 9$) ($U = 239,500$; $p = 0,013$). Was die argumentativen Texte aus Klasse 11 betrifft, so schreiben die mehrsprachigen Schüler/innen ($MD = 109,00$, $QA = 51$) wider Erwarten signifikant längere Texte als die einsprachigen Schüler/innen ($MD = 88,50$, $QA = 63$) ($U = 298,00$; $p = 0,05$). Bei den Schüler/innen aus Klasse 13 und den Studierenden sind solche Unterschiede zwischen den Sprachgruppen aber nicht zu erkennen. Das spricht dafür, dass zwischen den Ein- und Mehrsprachigen der hier untersuchten Stichprobe keine systematischen Unterschiede in Hinblick auf die Entwicklung der syntaktischen Schreibfähigkeiten bestehen. Die mehrsprachigen Untersuchungsteilnehmer/innen benutzen genau so viele komplexe Nominalphrasen wie ihre einsprachigen Altersgenossen.

Eingangs wurde vermutet, dass der Gebrauch komplexer Nominalphrasen mit dem Alter ansteigt (s. 2.1). Auch die Text- und Satzlänge müsste demnach zunehmen.[12] Um diese Unterschiede zwischen den Altersgruppen zu überprüfen, wurde der Kruskall-Wallis-Test verwendet.[13]

Der Trend, dass mit zunehmendem Schreibalter mehr komplexe Nominalphrasen produziert werden, ist bis auf eine Ausnahme in den argumentativen Texten für alle Variablen eindeutig signifikant (s. Tabelle 4). Die älteren Textproduzenten profitieren von ihrer Schreiberfahrung. Lediglich der Anstieg der Präpositionalattribute von Klasse 11 bis zu den Studierenden erweist sich als statistisch nicht bedeutsam. Auffällig sind auch die hohen Quartilabstände, die auf eine große Streuung der Daten hinweisen. Bei der Satzlänge ist die Streuung im Vergleich zu den anderen Variablen relativ klein. Dieses Maß scheint also ein relativ zuverlässiges Kriterium für die Entwicklung syntaktischer Schreibfähigkeiten zu sein. Für das

---

Quartilabstand ist das Maß für die Streuung der Werte, er repräsentiert die mittleren 50 % der Werte.
[11] Die Werte beziehen sich auf jeweils 100 (potentiell attribuierbare) Substantive, bzw. bei den Attributsätzen auf 100 Sätze.
[12] Zur Berechnung der Satzlänge wurde die Anzahl aller Wörter durch die Anzahl aller Sätze eines Textes geteilt. Die Anzahl der Sätze ergab sich aus der Summe aller finiten Verben und Infinitivkonstruktionen mit *zu* eines Textes.
[13] Ein p-Wert von $p = 0,05$ wird als signifikant angesehen (zweiseitige Testung).

Korpus der Zusammenfassungen ergeben sich ähnliche Ergebnisse (s. Tabelle 5).

Tabelle 4. Syntaktische Komplexität in den argumentativen Texten nach Altersgruppe

Argumentative Texte	Klasse 11 n = 60		Klasse 13 n = 68		Studierende n = 63		χ2	p
	MD	(QA)	MD	(QA)	MD	(QA)		
Textlänge	95,50	(57)	123,00	(52)	158,00	(43)	55,021	<0,001
Satzlänge	6,72	(2)	7,71	(2)	8,41	(2)	32,496	<0,001
Adjektivattribute	11,27	(14)	15,39	(13)	18,18	(10)	10,467	<0,01
Genitiv-attribute	1,06	(6)	4,82	(9)	5,56	(8)	9,604	<0,01
Präpositionalattribute	6,45	(7)	8,45	(10)	8,57	(9)	2,810	0,245
Attributsätze	0,00	(7)	8,33	(14)	7,14	(14)	20,316	<0,001

Anmerkungen: MD = Median, QA = Quartilabstand

Tabelle 5. Syntaktische Komplexität in den Zusammenfassungen nach Altersgruppe

Zusammenfassungen	Klasse 11 n = 56		Klasse 13 n = 68		Studierende n = 55		χ2	p
	MD	(QA)	MD	(QA)	MD	(QA)		
Textlänge	128,50	(57)	141,00	(41)	210,00	(78)	56,980	<0,001
Satzlänge	8,76	(2)	9,40	(2)	10,04	(2)	56,980	<0,001
Adjektivattribute	18,18	(9)	23,27	(13)	28,77	(10)	48,785	<0,001
Genitivattribute	7,95	(8)	9,84	(7)	12,00	(7)	11,247	<0,01
Präpositionalattribute	7,55	(10)	10,05	(7)	11,48	(7)	12,787	<0,05
Attributsätze	8,00	(14)	10,82	(12)	14,29	(10)	10,870	<0,01

Anmerkungen: MD= Median, QA= Quartilabstand

Der Anstieg der Werte von Klasse 11 bis zu Studierenden ist in den Zusammenfassungen für alle Variablen signifikant, hier sogar auch für die

Präpositionalattribute. Die Quartilabstände sind wiederum auffällig groß, eine Ausnahme bildet auch hier der Quartilabstand für die Satzlänge. Ein weiteres interessantes Ergebnis ist, dass die Werte für alle Variablen in den Zusammenfassungen höher liegen als in den argumentativen Texten. Besonders frappierend ist dieser Unterschied bei dem Vorkommen von Genitivattributen und Attributsätzen. Während beispielsweise in den argumentativen Texten 50 % der Schüler/innen aus Klasse 11 gar keine Attributsätze benutzen ($MD = 0,00$), liegt der Wert für dieselbe Gruppe in den Zusammenfassungen bei $MD = 8,00$, d.h. fast jeder zehnte Satz hat hier eine attributive Funktion. Es kann also festgehalten werden, dass die Zusammenfassungen insgesamt über eine höhere syntaktische Komplexität verfügen. Dieser Unterschied lässt sich durch Merkmale der Zusammenfassung als Textsorte erklären: Sie dient der verdichteten Darstellung von Propositionen.

3.2.2 Nominalphrasen-Flexion

Im vorangegangenen Abschnitt wurde die Produktion komplexer Nominalphrasen untersucht. Dabei wurde allerdings nur das bloße Vorkommen, nicht aber die Korrektheit der Nominalphrasen-Flexion berücksichtigt. Diese scheint aber insbesondere mit Blick auf die mehrsprachigen Untersuchungsteilnehmer/innen von Interesse, könnte man doch annehmen, dass bei ihnen gehäuft Fehler vorkommen. Zwar sollten grammatische und orthografische Fehler nicht überbewertet werden und bei der Beurteilung von Texten nicht dazu führen, dass andere Textqualitäten unberücksichtigt bleiben. Dennoch spielt sprachliche Richtigkeit in normativ geprägten Bildungsinstitutionen eine große Rolle; Mängel in diesem Bereich können in der gymnasialen Oberstufe und an der Universität u.a. zu Nachteilen in Selektionsprozessen führen. Was den Anteil der fehlerhaft flektierten Nominalphrasen an dem Gesamtkorpus (argumentative Texte und Zusammenfassungen) betrifft, so kann dieser insgesamt als unerheblich bezeichnet werden. Jedoch streuen die Werte stark. So machen viele Untersuchungsteilnehmer/innen überhaupt keine Fehler, und einige Untersuchungsteilnehmer/innen viele Fehler in diesem Bereich (Petersen 2012, 2013). Wie sich die Fehler in den Sprach- und Altersgruppen verteilen, soll am Beispiel der argumentativen Texte gezeigt werden.

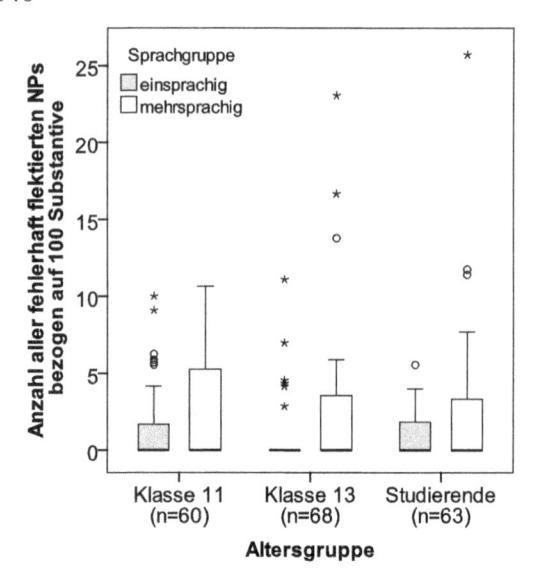

Abbildung 1. Fehler in der Nominalphrasen-Flexion in den argumentativen Texten

Abbildung 1 ist zu entnehmen, dass 50 % aller Untersuchungsteilnehmer/innen in allen Sprach- und Altersgruppen im Bereich der Nominalphrasenflexion überhaupt keine Fehler machen. In allen Altersgruppen liegt der maximale Wert der Mehrsprachigen jeweils über dem Wert der Einsprachigen. Die Unterschiede zwischen den Sprachgruppen sind aber in keiner Altersgruppe signifikant. Auch lässt sich keine Ab- oder Zunahme der Fehlerhäufigkeit von Klasse 11 bis zu den Studierenden erkennen. Es bleibt festzuhalten, dass der Anteil der Flexionsfehler insgesamt gering ist, aber sowohl Untersuchungsteilnehmer/innen mit Deutsch als Erstsprache als auch Studierende noch Flexionsfehler machen. Der Erwerb der Nominalphrasenflexion scheint bei diesen älteren Jugendlichen und jungen Erwachsenen noch nicht abgeschlossen zu sein.

Im Folgenden sollen die fehlerhaft flektierten Nominalphrasen noch etwas genauer betrachtet werden. Von den insgesamt 252 gemachten Fehlern entfallen 165 auf Nominalphrasen im Singular und 87 auf Nominalphrasen im Plural. Aus der Gruppe der fehlerhaft flektierten Nominalphrasen im Singular werden nun diejenigen näher untersucht, die ein Adjektivattribut enthalten ($n = 89$), da ihre Flexion als besonders anspruchsvoll gelten kann (s. 2.3).

Tabelle 6. Fehlerhaft flektierte Nominalphrasen mit Adjektivattribut nach Genus und Kasus im Singular

	Femininum	*Neutrum*	*Maskulinum*	*Gesamt*
Nominativ	4	5	**13**	22
Akkusativ	8	4	6	18
Dativ	5	**12**	**26**	**43**
Genitiv	2	2	2	6
Gesamt	19	23	**47**	89

Anmerkung: Auffällige Werte sind fett markiert.

Die Zahlen in Tabelle 6 lassen erkennen, dass im Vergleich zu den anderen Kasus häufig Fehler bei der Nominalphrasenflexion im Dativ auftreten. Besonders fehleranfällig sind die Nominalphrasen im Dativ Maskulinum, aber auch im Dativ Neutrum tauchen viele Fehler auf. Von den dargestellten Fehlern entfallen jeweils ungefähr die Hälfte, nämlich im Dativ Maskulinum 12 und im Dativ Neutrum 6 Fehler auf Nominalphrasen mit fehlendem Artikelwort. Einen weiteren Fehlerschwerpunkt stellen die Nominalphrasen im Nominativ Maskulinum dar. Die Zahlen sind zwar lediglich deskriptiver Art und können, da die Bezugsgröße fehlt, nur Tendenzen aufzeigen. Dennoch bleibt auffällig, dass sich die Fehler in den Nominalphrasen im Dativ häufen, insbesondere in Kombination mit dem Maskulinum als Zielgenus. Diese Merkmalskombination sowie die Anforderungen der Kompetenzstufe 4 des Modells von Sahel (2010) (Nominalphrasen mit fehlendem Artikelwort im Dativ Maskulinum/Neutrum) scheinen auch für einige Lerner/innen der hier untersuchten Gruppe noch eine Herausforderung darzustellen. Hier müssten weitere Analysen auf der Grundlage einer größeren Datenbasis und mit einer differenzierteren Annotation angeschlossen werden.

Abschließend sollen noch zwei Texte von Studierenden betrachtet werden, die innerhalb ihrer Altersgruppe den höchsten Fehleranteil aufweisen (vgl. den Ausreißer und die extremen Werte in der Gruppe der Studierenden in Abb. 1). Warum diese Untersuchungsteilnehmer/innen noch Schwierigkeiten bei der Flexion von Nominalphrasen haben, wird verständlich, wenn man ihre biografischen Daten berücksichtigt. Bei dem Verfasser des ersten Textes handelt es sich um einen 24-jährigen Studierenden, der mit 16 nach Deutschland kam und in die 10. Klasse eingeschult wurde. Es handelt sich also um einen Seiteneinsteiger, dessen L2-Erwerb relativ spät eingesetzt hat. Der Student gibt Ukrainisch als seine Erstsprache an und verwendet diese auch in der Kommunikation mit seinen Geschwistern. Mit seinen

Eltern spricht er jedoch Russisch. Er befindet sich im 7. Semester seines Lehramtstudiums mit den Fächern Elementarmathematik und Physik und hat bis dato eine Hausarbeit, ein Portfolio, drei Praktikumsberichte sowie acht Protokolle geschrieben.

(1) Zuerst möchte ich, als Studierende auf Lehramt, *mein Position* klar und deutlich festlegen. (2) *Meine Meinung nach* sind die Noten an der Grundschule überflüssig. (3) Die Kinder werden schon hier mit den Noten unter Druck gesetzt und zum Leistungsabruf gezwungen. (4) Diese Kinder verlieren *die Interesse* und die Möglichkeiten sich frei zu entwickeln. (5) Im Gegensatz *zur Grundschulen* sollen die Noten im Sekundarbereich beibehalten werden. (6) Die SchülerInnen sollen schon an diesem Alter für das Leben *in unsere Gesellschaft* vorbereitet werden. (7) *In unsere Zeit* gibt es nur die Leistungsgesellschaft. (8) Diese beurteilt die Menschen nicht *nach individuelle Fertigkeiten und Fähigkeiten*, sondern *nach festgelegte Standarts*. (9) Wenn wir jetzt die Benotung abschaffen, werden diese Schüler spätestens ab der 13. Klasse untergehen und *in diese Gesellschaft* nicht überleben. (10) *Aus obengenannte Gründen* bin ich gegen die komplette Abschaffung aller Noten.

Zunächst einmal soll angemerkt werden, dass der Text auf einigen sprachlichen Ebenen (z.B. Verbstellung, Wortschatz) und auf der textuellen Ebene, z.B. was den Textaufbau betrifft, als durchaus gelungen gelten kann. Gravierend sind jedoch die Unsicherheiten auf der Ebene der Nominalphrase. Es fallen sowohl Probleme bei der Genuszuweisung („mein Position" in Satz (1), „die Interesse" in Satz (4)) als auch viele fehlerhaft flektierte Artikelwörter und Adjektive in mehrgliedrigen Präpositionalphrasen auf, in denen der Lerner durchgehend die Endung -e übergeneralisiert. Bei den Köpfen handelt es sich jeweils um Präpositionen, die den Dativ regieren. Auf Basis des Kompetenzstufenmodells von Sahel (2010) würde der Student auf der 2. von 4 Stufen eingeordnet werden, da er die Nominalphrasen zwar überwiegend intern kongruent flektiert, aber viele Genus- und Kasusfehler macht. Die Häufung der Fehler entspricht auf jeden Fall nicht den Erwartungen an einen Lehramtsstudenten, der zukünftig ein Sprachvorbild sein soll. Eine gezielte Vermittlung des Deklinationssystems würde dem Studierenden wahrscheinlich helfen, seine morpho-sytaktischen Fähigkeiten in diesem Bereich zu verbessern.

Die Studentin, von der der nächste Text stammt, ist 24 Jahre alt und ebenso Seiteneinsteigerin. Sie ist mit 12 Jahren nach Deutschland gekommen und wurde in die 5. Klasse eingeschult. Mit ihren Eltern spricht sie in ihrer Erstsprache Farsi. Sie ist ebenso Lehramtsanwärterin und studiert im 6. Semester die Fächer Hispanistik und Religionswissenschaften. Nach eigenen Angaben hat sie in ihrem Studium bisher zwei Praktikumsberichte und drei Protokolle geschrieben.

> (1) Ich habe das Interview gelesen und finde, dass die Chefin des Münchner Lehrerverbandes vollkommen Recht hat. (2) Ich kann ihre Aussagen ganz unterstützen und mich daran anschließen. (3) Noten haben für mich persönlich keine große Bedeutung und spielen auch keine unbedingt große Rolle im Schulalltag. (4) Wichtig ist nach meiner Ansicht, die Lernfähigkeit und die Lernleistung der Schüler. (5) Noten haben mehr Nachteile als Vorteile für die Schüler, weil sie dadurch *in „fleißigen" und „faulen" Schüler* geteilt werden. (6) Außerdem kommt es immer wieder zum Neid und zum Streit der Kinder, weil der eine eine 1 hat und deren Freundin eine 3. (7) ***Eine gut Lösung*** wäre, mit den Eltern auch ***mit den Schüler*** selbst über ihre Lernleistungen zu reden und wie Waltraud Lucic ***in das Interview*** sagte die Stärken und Schwächen des Schülers festzustellen. (8) Somit hat das Kind mehr Selbstbewusstsein und ist nicht aufgeregt wegen seiner Note.

In dem Text werden einige korrekt flektierte Nominalphrasen verwendet (s. Satz 1 bis 4). Bei der Flexion der Präpositionalphrasen mit der Wechselpräposition *in*, die in (5) den Akkusativ und in (7) den Dativ regiert, zeigt sie aber deutliche Schwächen. Bei den fehlenden Flexionsendungen in Satz (7) (*eine gut Lösung, mit den Schüler*) kann man nicht ausschließen, dass es sich um Performanzfehler handelt. Eine Einordung in das Kompetenzstufenmodell von Sahel (2010) erweist sich aufgrund der kleinen Anzahl an Fehlerbelegen jedoch als schwierig. Es ist davon auszugehen, dass auch diese Studentin von einer Unterstützung bei der differenzierten Aneignung des Deklinationssystems profitieren würde.

4. Fazit

Dieser Beitrag hat gezeigt, dass die in dieser Studie untersuchten mehrsprachigen Jugendlichen und jungen Erwachsenen sich in ihrer Fähigkeit, Texte mit komplexer Syntax zu produzieren, nur marginal von ihren einsprachigen Altersgenossen unterscheiden. Als einflussreicher Faktor auf die Schreibentwicklung erweist sich das Schreibalter, nicht die Mehrsprachigkeit. Dieses Ergebnis ist erfreulich, da es die oft pauschalen Klagen über mangelnde Deutschkenntnisse von Schüler/innen mit Migrationshintergrund in Frage stellt und zeigt, dass lebensweltliche Mehrsprachigkeit nicht zwangsläufig zu Benachteiligungen beim Erwerb schulerfolgsrelevanter sprachlicher Kompetenzen führen muss. Für die untersuchte Gruppe kann ausgeschlossen werden, dass das Aufwachsen mit und die Verwendung von mehreren Sprachen einen negativen Einfluss auf den Erwerb komplexer Nominalphrasen als Teilbereich des Erwerbs konzeptioneller Schriftlichkeit hat. Nun gilt es, den Erwerb weiterer Parameter schriftsprachlicher Kompetenz in dieser Altersgruppe zu untersuchen. Die exemplarische Analyse der Texte von zwei Studierenden, die erst als Jugendliche nach Deutschland eingereist sind, legt nahe, dass bei Seiteneinsteigern auch im Studium noch sprachliche Defizite im grammatischen Bereich bestehen können und entsprechende Förderangebote gemacht werden sollten.

Die quantitative Analyse hat aber auch gezeigt, dass beim Vergleich der Altersgruppen zwar überindividuelle Entwicklungsphasen erkennbar sind, es sich jedoch bei den einzelnen Altersgruppen in Hinblick auf das Kompetenzniveau keineswegs um homogene Gruppen handelt. Für fast alle Variablen ist die Streuung der Werte innerhalb der Altersgruppen groß. Insofern kann tatsächlich davon ausgegangen werden, dass man es in der gymnasialen Oberstufe und an der Hochschule mit heterogenen Lerngruppen zu tun hat. Es gibt sehr wohl tatsächlich Texte, die auf einen sprachlichen Förderbedarf im Bereich der komplexen Syntax verweisen – dies allerdings unabhängig von der Ein- oder Mehrsprachigkeit der betroffenen Schüler/innen bzw. Studierenden.

Komplexe Nominalphrasen könnten bei der Ausbildung und Förderung sprachlicher Kompetenzen im Unterricht und in universitären Schreibkursen als sprachliche Mittel thematisiert werden, die bei der Verdichtung von Informationen und der Herstellung von Explizitheit helfen. Diese Funktion von komplexen Nominalphrasen kommt beispielsweise insbesondere bei der Produktion von zusammenfassenden Texten zum Tragen, die zum Unterrichtsalltag fast aller Fächer und auch zum Studienalltag gehört. In Modelltexten könnte die Aufmerksamkeit der Schüler/innen bzw. Studierenden auf die jeweilige Form und Funktion der Nominalphrasen gelenkt werden. Wenn komplexe Nominalphrasen anschließend in eigenen Texten benutzt werden, sollte die Angemessenheit ihres Gebrauchs jeweils kritisch reflektiert werden. Dazu bieten z.B. kooperative Lernformen Gelegenheit. Da komplexe Nominalphrasen ein typisches Merkmal von Fachtexten sind, wäre ihre Thematisierung und Bearbeitung im Fachunterricht selbst bzw. anhand fachsprachlicher Texte empfehlenswert.

Der in den Daten beobachtbare progressive Ausbau der komplexen Nominalphrasen innerhalb von nur zwei Schuljahren (Klasse 11 bis 13) zeigt eindrücklich, dass die Schüler/innen auch in den zwei bzw. drei Jahren der gymnasialen Oberstufe über ein großes sprachliches Entwicklungspotenzial verfügen, das im Unterricht noch stärker genutzt werden sollte. In den derzeitigen Curricula – sowohl des Deutschunterrichts als auch des Fachunterrichts – findet dieses Potenzial zu wenig Beachtung.

5. Literatur

Augst, Gerhard; Disselhoff, Katrin; Henrich, Alexandra & Pohl, Thorsten (Hrsg.) (2007): *Text - Sorten - Kompetenz. Eine echte Longitudinalstudie zur Entwicklung der Textkompetenz im Grundschulalter.* Frankfurt am Main: Peter Lang.

Augst, Gerhard & Faigel, Peter (1986): *Von der Reihung zur Gestaltung. Untersuchungen zur Ontogenese der schriftsprachlichen Fähigkeiten von 13 - 23 Jahren.* Frankfurt am Main: Peter Lang.

Beers, Scott F. & Nagy, William E. (2011): Writing development in four genres from grades three to seven: syntactic complexity and genre differentiation. *Reading and Writing* 24, 183–202.

Bosse, Dorit (2003): Differenziertes Lernen bis zum Abitur. Anregungen zum Umgang mit Heterogenität in der gymnasialen Oberstufe. *Pädagogik* 9: 25–27.

Cantone, Katja Francesca & Haberzettl, Stefanie (2008): Zielsprache „Schuldeutsch": Entwicklung eines Sprachdiagnose-Instruments für mehrsprachige Schüler der Sekundarstufe I – ein Werkstattbericht. In Ahrenholz, Bernt (Hrsg.): *Zweitspracherwerb. Diagnosen, Verläufe, Voraussetzungen. Beiträge aus dem 2. Workshop Kinder mit Migrationshintergrund.* Freiburg: Fillibach, 93–113.

Cummins, Jim (1979): Cognitive/academic language proficiency, linguistic interdependence, the optimum age question and some other matters. *Working papers on bilingualism* (19), 121–129.

Cummins, Jim (2000): *Language, power, and pedagogy. Bilingual children in the crossfire.* Clevedon: Multilingual Matters.

Diehl, Erika; Albrecht, Helga; Zoch, Irene (1991): *Lernerstrategien im Fremdsprachenerwerb. Untersuchungen zum Erwerb des deutschen Deklinationssystems.* Tübingen: Niemeyer.

Diessel, Holger (2004): *The Acquisition of Complex Sentences.* Cambridge: University Press.

Dudenredaktin (1996): *Duden. Grammatik der deutschen Gegenwartssprache.* Mannheim: Dudenverlag (Band 4).

Ehlich, Konrad (2009): Sprachaneignung – Was man weiß, und was man wissen müsste. In Lengyel, Drorit; Reich, Hans. H.; Roth, Hans-Joachim & Döll, Marion (Hrsg.): *Von der Sprachdiagnose zur Sprachförderung.* Münster: Waxmann, 15–24.

Ehlich, Konrad (2010): Textraum als Lernraum. Konzeptionelle Bedingungen und Faktoren des Schreibens und Schreibenlernens. In Pohl, Thorsten & Steinhoff,

Torsten (Hrsg.): *Textformen als Lernformen*. Duisburg: Gilles & Francke, 47–62.

Eisenberg, Peter (2006): *Grundriss der deutschen Grammatik. Der Satz. 2 Bände, Bd. 2*. Stuttgart/Weimar: J.B. Metzler.

Feilke, Helmuth (1996): Die Entwicklung der Schreibfähigkeiten. In Günther, Hartmut & Ludwig, Otto (Hrsg.): *Schrift und Schriftlichkeit. Ein interdisziplinäres Handbuch internationaler Forschung*. Berlin: de Gruyter, 1178–1191.

Feilke, Helmuth; Köster, Juliane & Steinmetz, Michael (Hrsg.) (2013): *Textkompetenzen in der Sekundarstufe II*. Freiburg: Fillibach.

Field, Andy (2009): *Discovering Statistics Using SPSS*. London u.a.: Sage Publications.

Fritzenschaft, Agnes; Gawlitzek-Maiwald, Ira; Tracy, Rosemarie & Winkler, Susanne (1990): Wege zur komplexen Syntax. *Zeitschrift für Sprachwissenschaft* 9, 1–2, 52–134.

Fuhrhop, Nanna & Thieroff, Rolf (2005): Was ist ein Attribut? *Zeitschrift für Germanistische Linguistik* 33 (2–3), 306–342.

Givón, Talmy (2009): Introduction. In Givón, Talmy & Shibatani, Masayoshi (Hrsg.): *Syntactic complexity. Diachrony, acquisition, neuro-cognition, evolution*. Amsterdam; Philadelphia: John Benjamins, 1–22.

Glässing, Gabriele; Schwarz, Hans-Hermann & Volkwein, Karin (Hrsg.) (2011): *Basiskompetenz Deutsch in der Oberstufe. Ein Konzept für Unterricht und Schulentwicklung*. Weinheim, Basel: Beltz.

Haberzettl, Stefanie (2009): Förderziel: Komplexe Grammatik. *Zeitschrift für Literaturwissenschaft und Linguistik* (153), 80–95.

Helbig, Gerhard & Buscha, Joachim (2007): *Deutsche Grammatik. Ein Handbuch für den Ausländerunterricht*. Berlin: Langenscheidt.

Hunt, Kellog (1965): *Grammatical structures written at three grade levels*. Illinois: National Council of Teachers of English.

Hunt, Kellog (1970): *Syntactic maturity in school children and adults*. Chicago: Society for Research in Child Development.

Kemp, Robert F. & Bredel, Ursula (2008): Morphologisch-syntaktische Basisqualifikation. In Ehlich, Konrad; Bredel, Ursula & Reich, Hans H. (Hrsg.): *Referenzrahmen zur altersspezifischen Sprachaneignung – Forschungsgrundlagen*. Bonn, Berlin: Bundesministerium für Bildung und Forschung, 77–102.

Klieme, Eckhard (2006): *Zusammenfassung zentraler Ergebnisse der DESI–Studie*. Frankfurt am Main. Online verfügbar unter http://www.dipf.de/de/pdf–dokumente/projekte–materialien/DESI_Ausgewaehlte_Ergebnisse.pdf.

Koch, Peter; Oesterreicher, Wulf (1985): Sprache der Nähe – Sprache der Distanz. Mündlichkeit und Schriftlichkeit im Spannungsfeld von Sprachtheorie und Sprachgeschichte. *Romanisches Jahrbuch* 35, 15–34.

Petersen, Inger (2012): Syntaktische Komplexität in Zusammenfassungen von ein- und mehrsprachigen Oberstufenschüler/innen und Studierenden. In Carroll, Rebecca & Olthoff, Antje (Hrsg.): *Linguistik im Nordwesten: Beiträge zum*

2. Nordwestdeutschen Linguistischen Kolloquium, Oldenburg, 03.-04. Dezember 2010. Bochum: Universitätsverlag Dr. N. Brockmeyer, 147-169.

Petersen, Inger (2013): Text-, Schreib- und Sprachkompetenz in Deutsch als Erst- und Zweitsprache. Untersuchungen zu einem komplexen Verhältnis. In Feilke, Helmuth; Köster, Juliane & Steinmetz, Michael (Hrsg.): *Textkompetenzen in der Sekundarstufe II.* Freiburg: Fillibach, 229–260.

Petersen, Inger (2014): *Schreibfähigkeit und Mehrsprachigkeit.* Berlin, Boston: de Gruyter.

Pohl, Thorsten (2007): *Studien zur Ontogenese wissenschaftlichen Schreibens.* Tübingen: Niemeyer.

Pohl, Thorsten (2010): Das epistemische Relief wissenschaftlicher Texte. In Pohl, Thorsten & Steinhoff, Torsten (Hrsg.): *Textformen als Lernformen.* Duisburg: Gilles & Francke, 97–116.

Pohl, Thorsten; Steinhoff, Torsten (2010): Textformen als Lernformen. In: Pohl, Thorsten & Steinhoff, Torsten (Hrsg.): *Textformen als Lernformen.* Duisburg: Gilles & Francke, 5–26.

Sahel, Said (2010): Ein Kompetenzstufenmodell für die Nominalphrasenflexion im Erst– und Zweitspracherwerb. In Ulrich Mehlem, Ulrich & Sahel, Said (Hrsg.): *Erwerb schriftsprachlicher Kompetenzen im DaZ-Kontext. Diagnose und Förderung.* Freiburg: Fillibach, 185–209.

Simon, Herbert A. (1962): The architecture of complexity. *Proceedings of the American Philosophical Society* 106, 6, 467–482.

Sitta, Horst (2005): Sachtexte im Deutschunterricht. Wozu? Welche? Ein Plädoyer für stärkere Berücksichtigung argumentativer Texte im gymnasialen Deutschunterricht. In Fix, Martin & Jost, Roland (Hrsg.): *Sachtexte im Deutschunterricht. Für Karlheinz Fingerhut zum 65. Geburtstag.* Baltmannsweiler: Schneider Verlag Hohengehren, 150–159.

Strecker, Geeske (2010): Die Förderung von Deutsch als Zweitsprache in der Sekundarstufe II – ein Luxusproblem? Erste Einsichten aus dem Sprachförderprojekt FJM. In Rost-Roth, Martina (Hrsg.): *DaZ-Spracherwerb und Sprachförderung Deutsch als Zweitsprache. Beiträge aus dem 5. Workshop Kinder mit Migrationshintergrund.* Freiburg: Fillibach, 255–272.

Wagner, Richard K.; Puranik Cynthia S.; Foorman, Barbara; Foster, Elizabeth; Gehron Wilson, Laura; Tschinkel, Erika & Thatcher Kantor, Patricia (2011): Modeling the development of written language. *Reading and Writing* 24, 203–220.

Weinrich, Harald; Thurmair, Maria (2007): *Textgrammatik der deutschen Sprache.* Mannheim, Leipzig, Wien, Zürich: Duden.

Textsorten und Schreiben in der Schule

Hören, Lesen, Schreiben – Eine Analyse schulsprachlicher Kompetenzen im Zeichen relevanter Bildungsübergänge

Nora Dittmann-Domenichini

Ähnlich den Bildungssystemen anderer europäischer Länder, sieht sich die Schweiz mit einem erhöhten Anteil fremdsprachiger Kinder und einer veränderten Zusammensetzung der Schülerschaft vor neue Herausforderungen gestellt. Trotz eines weithin akzeptieren sprachlichen Föderalismus ist das schulische Standardmodell der Schweiz ausschließlich auf den Erwerb des schulisch-lokalsprachlichen Standards ausgerichtet. Es stellt sich die Frage wie sich der Bildungserfolg der fremd- und mehrsprachigen Schülerschaft im monolingual ausgerichteten Schulmodell der Schweiz entwickelt. Der Artikel referiert hierzu einige aussagekräftige Studien Schweizer Autoren, und präsentiert Ergebnisse beruhend auf einer eigenen umfassenden empirischen Datenbasis. Ein spezifisches Augenmerk wird dabei auf den Vergleich der schulsprachlichen Leistungsentwicklung von ein- und mehrsprachigen Kindern und Jugendlichen gerichtet a) zum Zeitpunkt der schulischen Selektion in die weiterführende Sekundarstufe 2 (11 bis 13jährige) und b) kurz vor Ende der obligatorischen Schulzeit (15 bis 16 jährige).

1. Mehrsprachigkeit im Schweizer Bildungssystem

Bedingt durch die friedliche Koexistenz von vier Landessprachen wird die Schweiz als ein erfolgreiches Modell für Mehrsprachigkeit betrachtet. Der Schweizer Sprachfrieden beruht jedoch auf dem Territorialprinzip, demgemäß es in den meisten Gebieten der Schweiz nur *eine* anerkannte Sprache für den Umgang mit den Behörden, dem Gerichtswesen und in den öffentlichen Schulen gibt. Das Phänomen der Mehrsprachigkeit hat keinen Platz im Habitus der Schweizer Volksschule. Der schulische Spracherwerb mehrsprachiger Kinder ist assimilativ monolingual ausgerichtet und findet unter weitgehender Vernachlässigung der Erstsprache statt. Sein Ziel ist ausschließlich der Erwerb des lokalen schulsprachlichen Standards, im deutschsprachigen Teil der Schweiz wird damit das Schweizer Hochdeutsch bezeichnet.

Nach einer sechsjährigen Grundschulzeit, erfolgt der Übertritt in die Sekundarstufe 1; diese beinhaltet im Wesentlichen drei Niveaus: Grundansprüche, erweiterte Ansprüche und gymnasiale Ansprüche[1]. Je nach Gemeinde und Kanton stehen dafür verschiedene Schulmodelle bereit, welche sich durch einen unterschiedlichen Grad an Durchlässigkeit und Integration auszeichnen. Der Selektionsentscheid erfolgt im 2. Halbjahr des 6. Schuljahres und wird maßgeblich von der Lehrperson bestimmt. Zwei der drei relevanten Selektionsfächer sind sprachlicher Natur: die Schulsprache Deutsch und die erste Fremdsprache. Das dritte Selektionsfach ist die Mathematik. Die schulsprachlichen Kompetenzen wirken somit nicht nur durch die fächerübergreifende Notwendigkeit zur angemessenen mündlichen und schriftlichen Kommunikation auf den Schulerfolg. Auch das Selektionssystem mit dem frühen Selektionsentscheid trägt zu ihrer gesteigerten Bedeutung für die Schullaufbahn bei (Müller 2006).

Wir haben es somit in der Schweiz mit einem monolingual ausgerichteten, früh selektierenden und auf der Sekundarstufe I eher wenig durchlässigen System zu tun, dem in den PISA Analysen ein starker Einfluss der sozialen Herkunft auf die erzielten Leseleistungen nach-gewiesen wurde. Auch eine von der Schulsprache abweichende Herkunftssprache und ein im Ausland befindlicher Geburtsort des Kindes oder der Eltern wirken gemäß PISA in der Schweiz signifikant negativ auf die erzielte Leseleistung. Dabei wirken die Effekte additiv. So wird beispielsweise die durchschnittliche Leseleistung eines Kindes aus einer Schweizer Familie durch die Anzahl der Geschwister[2] kaum beeinträchtigt, selbst wenn diese Familie aus einer tieferen sozialen Schicht stammt. Die Lesekompetenzen eines Migrantenkindes mit vier Geschwistern fallen aber auf ein Niveau, welches unter dem Durchschnitt Brasiliens[3] liegt (Coradi Vellacott, Hollenweger, Nicolet & Wolter 2003: 25).

Folgt man der Logik, dass sich der Bildungserfolg einer Minoritätengruppe erkennen lässt an der Übereinstimmung ihrer Übertrittsquoten in die existierenden „Züge" des Bildungssystems, verglichen mit jenen der Majoritätsgruppe, so finden sich in der Schweiz Indikatoren für eine spezifische Bildungsbenachteiligung von Kindern mit Migrationshintergrund. Einerseits befindet sich in sonderpädagogischen Zügen ein überproportionaler

---

[1] Nach der sechsten Klasse besteht die Möglichkeit eines Wechsels in das Langzeitgymnasium, die häufigere und traditionellere Variante besteht jedoch in einem gymnasialen Übertritt nach der 9. Klasse.

[2] Die referierte Studie von Coradi-Vellacot, Hollenweger, Nicolet & Wolter (2003). nutzt das Konzept der Geschwisterrivalität als Indikator für die familiäre Ausstattung an Ressourcen.

[3] Brasilien schnitt in der PISA-Untersuchung 2000 in den Lesekompetenzen am schlechtesten ab.

Anteil von Migrantenkindern, der bis zu viermal größer ist als in der Gruppe der einsprachigen Kinder. Gleichzeitig findet man einen weit geringeren Anteil mehrsprachiger als einsprachiger Schülerinnen und Schülern im Sekundarstufe I-Typus mit erweiterten Ansprüchen (Kronig, Haeberlin & Eckhard 2000; Lischer 1997; Müller 1997; 2000). Müller kommt zu dem Schluss, dass die Chancen auf einen Übertritt in die Sekundarstufe mit erweiterten Ansprüchen für mehrsprachige Schülerinnen und Schüler um 25 % geringer sind als für ihre einsprachigen Mitschüler und Mitschülerinnen – und dies bei gleichen bildungsmäßigen Voraussetzungen.

Der Trend setzt sich fort in der nachobligatorischen Ausbildung. So ist der Anteil von Universitätsabsolventen bei Mehrsprachigen mit nur 31 % um 9 % geringer als in der Gruppe der einsprachigen Berufseinsteiger (OECD 2012). Gemäß Hupka-Brunner & Stalder (2011) kann die Herkunft der Migrantinnen und Migranten die Chancen reduzieren, eine Lehre beginnen zu können. Dies ist für die Autorinnen insbesondere durch die Stigmatisierung von Knaben der ersten Ausländergeneration zu begründen. Des Weiteren ist bei Jugendlichen mit Migrationshintergrund das Risiko, die Ausbildungslaufbahn nicht abzuschließen, höher als bei gleichaltrigen Schweizerinnen und Schweizern (Keller, Hupka-Brunner & Meyer 2010). Es gibt jedoch auch Hinweise, dass der Einfluss elterlicher Bildung für Schweizer Jugendliche stärker ist als für die Zuwanderer der zweiten Generation, und Jugendliche mit Migrationshintergrund die ihnen gebotenen Ausbildungsmöglichkeiten besser nutzen (Riphan 2007).

Müller vermutet, dass die Dominanz, die der Beherrschung der Schulsprache im Selektionsprozess zuteil wird, verantwortlich ist für die Ungleichverteilungen der ein- und mehrsprachigen Schülerinnen und Schüler im Schweizer Bildungssystem. So sind beispielsweise in der Realschule (Grundansprüche) und der Sekundarschule (erweiterte Ansprüche) die mehrsprachigen Jugendlichen in Mathematik und Französisch signifikant besser als ihre einsprachigen Mitschülerinnen und Mitschüler. Im Bereich der schulsprachlichen Leistungen sind die Mehrsprachigen hingegen deutlich schlechter, was ihre Zuteilung zum Leistungstyp mit Grundansprüchen (Realschule) zu begründen scheint (Müller 2000).

Die Ende der neunziger Jahre einsetzende Debatte um die Benachteiligung sozial schwacher oder mehrsprachiger Schülerinnern und Schüler wurde verstärkt durch die bereits erwähnten Ergebnisse der PISA Studien, in deren Folge die *Sprachförderung für Kinder und Jugendliche mit ungünstigen Lernvoraussetzungen* als eines von insgesamt fünf bildungspolitischen Handlungsfeldern festgeschrieben wurde (EDK 2003).

Spuren des bildungspolitischen Willens zur Verminderung der skizzierten Bildungsungleichheiten finden sich in der Abschaffung der Kleinklassen und Sonderklassen verbunden mit einem Bekenntnis zur integrativen Förderung aller Schülerinnen und Schüler innerhalb der Regelklassen. Eine früher einsetzende gemeinsame Beschulung, welche insbesondere benachteiligten Kindern helfen soll eventuelle Defizite in schulisch relevanten Vorläuferfertigkeiten auszugleichen, wurde im Zuge des HarmoS-Konkordats[4] in Form eines allgemeinen Kindergartenobligatoriums ab dem 5. Lebensjahr umgesetzt. Dadurch wurde der Kindergarten Teil der obligatorischen Schulzeit.

Bezogen auf sprachliche Förderung als notwendige Voraussetzung für schulischen Bildungserfolg wird auch die Bedeutung der Erstspracheförderung immer wieder diskutiert. Sie wird häufig als Mittel zur Steigerung des Lernerfolgs in der schulischen Zweitsprache angepriesen. In der Schweiz findet eine freiwillige, außerfamiliäre Erstspracheförderung in Form von Unterricht in *Heimatlicher Sprache und Kultur* (*HSK*) statt. Die HSK Kurse sind nicht im Schulcurriculum integriert und werden in schulischen Randzeiten angeboten. Es verlangt seitens der Schülerinnen und Schüler eine große Motivation, um regelmäßig, an den schulfreien Mittwochnachmittagen oder am Samstag, den HSK Kurs zu besuchen. Gleichzeitig bedauern viele HSK-Lehrpersonen die mangelnden Möglichkeiten zum Austausch mit den Regellehrpersonen und die fehlende Integration ins Kollegium der schulischen Lehrpersonen (Caprez-Krompàk 2010).

Eine von Moser, Bayer, Tunger und Berweger (2008) durchgeführte Interventionsstudie mit 183 Kindergartenkindern aus dem Kanton Zürich analysierte die Wirkung der Erstspracheförderung auf die kognitiven Grundfähigkeiten und den Entwicklungsverlauf der sprachlichen Kompetenzen in der Erst- und Zeitsprache. Die Intervention, bestehend aus zwei Lektionen pro Woche in der Erstsprache in jeweils vier Phasen von je zwölf Wochen, bezog auch die Eltern ein. Sie waren aufgefordert, ihren Kindern zu Hause drei Mal pro Woche in der Erstsprache eine Geschichte vorzulesen oder Hörbücher abzuspielen. Die Intervention hatte nachweislich positive Effekte auf die Entwicklung der Sprachkompetenzen in der Erstsprache, auf die Entwicklung der kognitiven Grundfähigkeiten und auf das sprachliche Fähigkeitsselbstkonzept. Trotz Hinweisen auf Transfer-

---

[4] HarmoS = Bildungspolitisches Projekt zur Harmonisierung und Vereinheitlichung des Schulsystems der verschiedenen Schweizer Kantone.

leistungen in den Bereichen phonologische Bewusstheit, Buchstabenkenntnis und erstes Lesen waren jedoch keine Effekte auf die Entwicklung der Sprachkompetenzen in der Zweitsprache Deutsch nachweisbar.

Zu ähnlichen Ergebnissen kommt Caprez-Krompàk (2010) in ihrer Untersuchung zur Wirkung des HSK Unterrichts bei Schülerinnen und Schülern albanischer Herkunft in der Schweiz. Sie konnte signifikante positive Effekte auf die Entwicklung der Erstsprache nachweisen. Die gezielte Förderung der Erstsprache in Form des HSK Unterrichts beeinträchtige die Entwicklung der Zweitsprache Deutsch nicht. Es konnte jedoch auch kein durch den HSK Unterricht bedingter, positiver Lernzuwachs in der Zweitsprache Deutsch festgestellt werden, wie er im Sinne der Interdependenzhypothese (Cummins 1981) zu erwarten gewesen wäre.

Der fehlende Wirkungsnachweis der Erstspracheförderung auf den schulischen Zweitsprachenerwerb gefährdet das am häufigsten gebrauchte Argument für eine verstärkte schulische Einbindung und Unterstützung der HSK Kurse: Durch den Kompetenzaufbau in der familienbedingten Erstsprache fördert man längerfristig die Entwicklung der schulisch relevanten (Zweit)Sprache. Hierin offenbart sich eine zunehmend ökonomisch geprägte, ergebnisorientierte Ausrichtung des bildungspolitischen Diskurses.

Es erscheint uns wichtig nochmals auf die Ergebnisse von Moser, Bayer, Tunger & Berweger (2008) zurückzukommen. Die Autoren betonen, dass:

„...die Migrantenkinder beim Schuleintritt nicht einfach über ungenügende Sprachkompetenzen [...] verfügen. Mit der Intervention ist der Lernfortschritt in der Erstsprache während des Kindergartens gleich groß wie der Lernfortschritt der einheimischen Kindergartenkinder in Deutsch, sodass zwischen den beiden Gruppen beim Schuleintritt keine Unterschiede in den Erstsprachkompetenzen nachzuweisen sind." (Moser Bayer, Tunger & Berweger 2008:38)

Die Autoren weisen weiter darauf hin, dass der Lernfortschritt in der Zweitsprache Deutsch nicht geringer ist als in der (geförderten) Erstsprache. Es gelingt aber nicht, die bestehenden Rückstände bis zum Schuleintritt aufzuholen, da das Ausgangsniveau im Deutschen und insbesondere der Wortschatz der Migrantenkinder beim Eintritt in den Kindergarten äußerst gering sind. Es scheint unbestritten, dass bestehende Bildungsungleichheiten für mehrsprachige Schülerinnen und Schüler verknüpft sind mit deren schulsprachlichem Kompetenzniveau.

Für Grundschüler und Grundschülerinnen der dritten Klasse in Deutschland konnte Chudaske (2012) vor kurzem bestätigen, dass die sprachliche Kompetenz für die Vorhersage schulfachlicher Leistungen in Mathematik, Rechtschreibung und Lesen einen größeren Stellenwert hat als der Migrationshintergrund. Letzterer wirkt sich nur dann negativ aus, wenn die Sprachkompetenzen als Moderator-Variable in das Modell aufgenommen werden. Gleichzeitig findet die Autorin, dass es bereits bei den Drittklässlern keine Unterschiede gibt zwischen ein- und mehrsprachigen Kindern in der Rechtschreibung und im testbasierten Sprachverstehen.

2. Einfluss der sozialen Herkunft

Es scheint offen, inwiefern die Probleme in der schulsprachlichen Entwicklung bei Mehrsprachigen ein Resultat ihrer Mehrsprachigkeit sind. Christa Röber (2004) weist beispielsweise nach, dass die über PISA und IGLU erhobenen Lesekenntnisse von Migrantenkindern nicht mit eventuellen ethnischen oder kulturellen Unterschieden korrelieren, sondern mit dem geringeren sozioökonomischen Status (SES) ihrer Familien. Tatsächlich sinkt bei Kontrolle des SES die Differenz zwischen einheimischen Kindern und im Ausland geborenen Migrantenkinder von 58 auf 41 Punkte bezüglich der durchschnittlichen Leseleistung. Besonders deutlich ist der Einfluss des SES in der Gruppe der in der Schweiz geborenen Migrantenkinder, ihre Punktedifferenz zu den Einheimischen halbiert sich von 42 auf nur noch 20 Punkte (OECD 2012).

Demgegenüber stehen die Ergebnisse von Rüesch (1998), der ausgehend von Datenanalysen basierend auf der IEA Reading Literacy Study feststellt:

> Auch bei vergleichbarem sozioökonomischem Status erzielen Immigrantenkinder schwächere Leseleistungen als ihre einheimischen Mitschüler. Die Schulschwierigkeiten von Immigranten können deshalb nicht auf ein schichtspezifisches Problem reduziert werden (Rüesch 1998: 326).

Müller (1997; 2006) zeigt ebenfalls auf, dass die soziale Schichtzugehörigkeit und die Bildungsnähe bei der Entstehung von Varianzen im schulischen und insbesondere im schulsprachlichen Erfolg zwar eine Rolle spielen mögen, aber in keiner systematisch kontrollierten Untersuchung in der Schweiz den Großteil der Varianzaufklärung beisteuern. Bei der Erklärung der schulsprachlichen Leistungen – gemessen über das Lehrerurteil und standardisierte Testverfahren – zeigt sich sogar, dass die soziale Herkunft im Gegensatz zur sprachlichen Herkunft keine signifikanten Effekte erzeugt.

Eine einseitige Fokussierung auf Individualmerkmale von Lernenden wird dem Bedingungsgefüge, indem insbesondere schulische Lernprozesse stattfinden, allerdings nicht gerecht. Rüesch (1997, 1998) kommt basierend auf Mehrebenenanalysen zu dem Schluss, dass die sprachlichen Kompetenzen nicht der alleinige Grund sind für die weniger erfolgreichen Bildungsverläufe mehrsprachiger Kinder, sondern dass Einflüsse des Klassenkontextes und Unterrichtsmerkmale eine große Rolle spielen.

3. Forschungsprojekt zur Entwicklung schulsprachlicher Kompetenzen

Das im Folgenden vorgestellte Forschungsprojekt der Pädagogischen Hochschule Bern[5] zur schulsprachlichen Entwicklung ein- und mehrsprachiger Schülerinnen und Schüler liefert, ausgehend von den zuvor dargelegten Ergebnissen, folgenden Beitrag zum aktuellen Forschungsstand:

- Es wird untersucht, ob zwischen ein- und mehrsprachigen Schülerinnen und Schülern unabhängig vom SES signifikante Unterschiede in den schulsprachlichen Leistungen bestehen, auf die Bildungsbenachteiligungen zurückgeführt werden könnten.
- Es wird untersucht wie sich eventuelle bestehende schulsprachliche Unterschiede entwickeln, das heißt, ob sie in ihrer Ausprägung von der Primarstufe zur Sekundarstufe eher zu- oder abnehmen.
- Schulsprachliche Leistungen werden differenziert erhoben und analysiert. Es werden rezeptive (Lesen und Hören) und produktive (Schreiben) Sprachkompetenzen berücksichtigt, es werden sowohl normative Aspekte und auch funktional-pragmatische Aspekte des sprachlichen Könnens analysiert.
- Über die Ebene der Individualmerkmale hinaus werden auch Merkmale des Klassen- und Schulkontextes in die Analysen mit einbezogen.

3.1 Methodisches Vorgehen

Es handelt sich um eine quantitative Untersuchung mit zwei Messzeitpunkten (2008 und 2009) auf drei Altersstufen (2./3. Klasse, 5./6. Klasse

---

[5] Siehe Homepage des Projektes unter: www.sprachlichekompetenzen.ch

und 8./9. Klasse). Die Stichprobe umfasste insgesamt 1178 einsprachige und mehrsprachige Schülerinnen und Schüler aus dem Kanton Zürich.

Die Erhebungen beinhalteten nebst der Messung der Sprachkompetenz auch Erhebungen zu den schulischen Kontexten: der Schule als Institution (Fragebogen an die Schulleitung), des Unterrichts (Lehrpersonenbefragung) und des familiären Umfelds (Elternfragebogen).

Neben der Klassenstufe zur Messung von Lernzuwächsen im Zeitraum t1(2008) bis t2 (2009) haben wir uns für den Einfluss des Faktors Mehrsprachigkeit interessiert, bei gleichzeitiger Kontrolle des IQ, des Geschlechts, des SES, der elterlichen Bildungsaspiration und des sprachlichen Selbstkonzeptes (siehe Tabelle 1).

Tabelle 1. Mehrebenenmodell mit unabhängigen Analysevariablen

Kontrollvariablen	Unabhängige Variablen
Zeitebene	
	Klassenstufe
	Messzeitpunkte 2008/2009
Individualebene	
Kognitive Leistungsfähigkeit (IQ)	
Geschlecht	
Sozioökonomischer Status	
Elterliche Bildungsaspiration	Mehrsprachigkeit
Sprachliches Selbstkonzept	
Klassenebene (Kompositions- und Kontextmerkmale)	
Anteil mehrsprachige SchülerInnen	
Individualisierung des Unterrichts	Förderung konzeptioneller Schriftlichkeit
Sozialindex der Schulgemeinde	Förderung der Unterscheidung von konzeptioneller Mündlichkeit und Schriftlichkeit

Eine eindeutige Unterteilung zwischen Ein- und Mehrsprachigkeit ist aus sprachwissenschaftlicher Sicht schwierig (Müller & Dittmann-Domenichini, 2007). Gerade in der Deutschschweiz begegnen auch einsprachige Kinder in Form von regionalen Dialekten unterschiedlichen Varietäten ihrer Sprache und einer überregionalen Standardsprache. Die Standardsprache ist die schulisch relevante Zielsprache. Die Mundart hat in der Schweiz einen sehr großen Stellenwert. Davon zeugt unter anderem die Annahme der Mundart-Initiative am 15.5.2011 durch eine Volksabstimmung, wodurch der der lokale Dialekt als Unterrichtssprache des Kindergartens im Volksschulgesetz verankert wurde.

In der Gruppe der sogenannten Mehrsprachigen können wiederum eine Vielzahl unterschiedlicher Konstellationen vereint sein (z.B. monolingual fremdsprachige oder bilinguale Familien). Je nachdem welches Kriterium zugrunde gelegt wird, kann ein und dieselbe Familie in verschiedenen Studien unterschiedlich klassifiziert werden. Dies hat Auswirkungen auf die Ergebnisse und die Vergleichbarkeit verschiedener Studien, da Ungleichheiten zwischen Gruppen über- oder unterschätzt werden in Abhängigkeit des gewählten Klassifizierungskriteriums (Dubowy, Duzy, Pröscholdt, Schneiter et al. 2011).

In der hier berichteten Untersuchung waren die Angaben der Kinder zu den von ihnen gesprochenen Sprachen, zum Geburtsland, zur Nationalität sowie die Angaben der Eltern zu ihren Sprachen und ihrer Nationalität die Grundlage für die Gruppenzuteilung. Wir verwenden die Bezeichnung *Einsprachige* für Kinder und Jugendliche, die im familiären Umfeld nur mit der deutschen Sprache und/oder dem lokalen Schweizer Dialekt aufgewachsen sind. Die von uns untersuchte Gruppe der *Mehrsprachigen*[6] umfasst Kinder und Jugendliche mit Migrationshintergrund, die in ihrem familiären Umfeld mit einer oder mehreren anderen Sprachen als Deutsch oder Schweizerdeutsch aufgewachsen sind, und den größten Teil ihrer Bildungslaufbahn in der Schweiz verbracht haben. Schulische Quereinsteiger, die erst vor kurzem in die Deutschschweiz immigriert sind, wurden nicht berücksichtigt. Die Schüler unserer Stichprobe erleben im Klassenverband den gleichen Unterricht mit den gleichen Lehrpersonen, sie teilen somit eine Reihe von Merkmalen, die ihnen als Schulklasse gemein sind. Diese Merkmale, die innerhalb einer Klasse gleich sind, sich zwischen verschiedenen Klassen jedoch unterscheiden, können ebenso wie individuelle Schülermerkmale einen Einfluss nehmen auf den schulsprachlichen Leistungsstand.

Neben den Kontrollvariablen auf der Individualebene, haben wir daher einige Merkmale auf der Klassenebene in die Analysen aufgenommen

---

[6] Kinder aus binationalen Partnerschaften in denen Deutsch und eine andere Sprache in der Familie gesprochen werden, wurden ebenfalls den Mehrsprachigen zugeordnet, da es uns in erster Linie um Mehrsprachigkeit geht und nicht nur um Fremdsprachigkeit.

(siehe Tabelle 1). Wir unterscheiden dabei Kompositionsmerkmale wie den Anteil mehrsprachiger Kinder in einer Klasse, und Kontextmerkmale wie das Ausmaß in dem die Lehrperson den Unterricht individualisiert, bewusst zwischen konzeptioneller Mündlichkeit und Schriftlichkeit unterscheidet und spezifisch letztere fördert. Der Sozialindex der Gemeinde setzt sich zusammen aus der Arbeitslosenquote, der Zuwandererquote, der Quote der Einfamilienhäuser und der Sesshaftigkeitsquote und ist ein Maß für die soziale Belastung einer Gemeinde.

Eine ausführliche Beschreibung des methodischen Vorgehens und des Testmaterials findet sich bei Müller & Dittmann-Domenichini (2007) sowie Dittmann, Khan-Bol, Rösselet & Müller (2011). Im Fokus der hier berichteten Studie stand die Schulsprache, da das monolingual assimilativ ausgerichtete Schweizer Bildungssystem die schulsprachlichen Leistungen für den Schulerfolg stark gewichtet und sie als Mittel zur Abgrenzung und gesellschaftlichen Gliederung nutzt (Müller 2000). Die Operationalisierung der schulsprachlichen Kompetenzen, als uns interessierende abhängige Variable, sollte daher möglichst umfassend und schulnah sein.

Als abhängige Variablen wurden erhoben:

(1) Pragmatisch-funktionale Sprachkompetenzen wurden gemessen anhand eines vom HarmoS_L1 Konsortium[7] entwickelten und gesamt schweizerisch validierten Testverfahrens. Dieses Testverfahren erhebt mit Hilfe verschiedener Lese-, Schreib- und Höraufgaben fünf Sprachhandlungsaspekte (Planen, Situieren, Realisieren, Evaluieren, Reparieren).

(2) Die basalen Lesekompetenzen werden mittels der standardisierten Tests ELFE (Lenhard & Schneider 2006) und Salzburger Lesescreening (Auer, Gruber, Mayringer & Wimmer 2005; Mayringer & Wimmer 2003) erhoben.

(3) Die formal-normativen Schreibkompetenzen werden mithilfe der Hamburger Schreibprobe (May 2002) gemessen.

---

[7] Das HarmoS_L1 Konsortium ist eine von der Konferenz der Erziehungsdirektoren eingesetzte Projektgruppe mit dem Auftrag der Ausarbeitung von Basiskompetenzen im Bereich der Schulsprache. Im Zuge dieses Projektes wurden umfassende altersangepasste Sprachaufgaben entwickelt zur Messung des schulsprachlichen Leistungsniveaus. Sie stützen sich auf einen funktional-pragmatischen Sprachansatz welcher fünf wesentliche Aspekte von Sprachhandlungen voneinander abgrenzt und neben der Fähigkeit zum korrekten Sprachgebrauch auch die situative und adressatenbezogene Angemessenheit des Sprachgebrauchs berücksichtigt.

Eine faktorenanalytische Auswertung der HarmoS-Tests zeigte eine konsistente, zwei-faktorielle Struktur in den Schreib-, Hörverstehens- und Lesetests über alle 3 Altersstufen hinweg. Spezifisch für jede Sprachaufgabe offenbarte sich:

- ein Faktor mit starkem Bezug zum Inhalt der Aufgabe.
  Beispiele: In der gehörten Diskussion „Schuluniform" muss rekonstruiert werden, welche spezifischen Argumente gegen die Uniform vorgebracht wurden. Im Schreibtext „Zimmerbeschreibung" müssen alle sechs Möbelstücke des Zimmers genannt sein.
- Ein zweiter Faktor, dessen Items einen Bezug zum vorgängigen genrespezifischen Wissen der SchülerInnen herstellen und eine Evaluation und Situierung des Textes verlangen. Die inhaltliche Ebene des Textes muss verlassen werden und der Text, quasi von einer Meta-Ebene aus, beurteilt werden.
  Beispiele: Es muss erkannt werden, aus welcher Art von Buch ein Text stammt und welchem Zweck er dient. Im Hörtext „Schuluniform" müssen die Merkmale, welche auf ein Streitgespräch hinweisen, erkannt werden. Der geschriebene Brief mit der „Zimmerbeschreibung" soll eine Anrede- und Grußformel enthalten.

Diese Struktur wurde in unserer Studie erstmals nachgewiesen für die HarmoS-Sprachtests. Sie erlaubt uns somit neben dem erzielten globalen Testwert im HarmoS Lese-, Hör-, und Schreibtest noch in jedem der drei Sprachbereiche den erreichten Testwert spezifisch für den Faktor „Inhalt" und „Meta" als abhängige Variable in unsere Analysen aufzunehmen. Eine ähnliche zwei-faktorielle Struktur wurde in der IGLU Studie gefunden, wo sich innerhalb der analysierten Lesekompetenzen zwei Teilkompetenzen unterscheiden ließen. Die Fähigkeit zur „Nutzung von textimmanenter Information" ähnelt dem von uns identifizierten stark inhaltsbezogenen Faktor. Die Fähigkeit zum „Heranziehen externen Wissens" (Bos, Lankes, Prenzel, Schwippert et al. 2003) kommt unserem metatextuellen Faktor nahe, welcher der Verortung und Situierung eines Textes dient. Auch die Rahmenkonzeption der PISA Studien unterscheidet zwischen zwei Arten von Verstehensleistungen: eine textimmanente und eine wissensbasierte (Kirsch, de Jong, Lafontaine, McQueen et al. 2002). Bemerkenswert an unseren Ergebnissen ist nun, dass wir eine solche zwei-faktorielle Struktur nicht nur im Bereich der Lesekompetenzen finden, sondern auch im Bereich des Hörverstehens und des Schreibens[8].

Wir haben die Ergebnisse der Faktorenanalysen in Rasch-Analysen integriert und für alle Schülerinnen und Schüler den individuellen Rasch-Score (Kompetenzwert) für jeden der beiden Faktoren in den HarmoS-Aufgaben zum Lesen, zum Hören und zum Schreiben berechnet. Der Vorteil von Rasch-Analysen ist, dass die individuellen Kompetenzwerte in Abhängigkeit von der simultan gemessenen Aufgabenschwierigkeit berechnet werden.

Die Rasch-Scores wurden dann ebenso wie die Ergebnisse des standardisierten Lese- und Schreibtests z-transformiert. Da sich die uns interessierenden unabhängigen Variablen und die Kontrollvariablen auf verschiedenen hierarchischen Ebenen befinden (siehe Tabelle 1: Zeitebene, Individualebene, Klassenebene), wurden für die weiteren Auswertungen Mehrebenenanalysen mit Hilfe des MLwiNProgramms durchgeführt. Im Unterschied zu einfachen Regressionen, wird bei Mehrebenenanalysen die hierarchische Struktur der Daten und die fehlende Varianz von Klassenmerkmalen innerhalb einer Klasse berücksichtigt.

4. Ergebnisse

Bezogen auf die Frage nach signifikanten Leistungsunterschieden sowie deren Entwicklung in drei verschiedenen Altersgruppen zeigen die Auswertungen keine generell schlechteren Leistungen für mehrsprachige Schülerinnen und Schüler in der Schulsprache Deutsch. Es finden sich jedoch in einzelnen Sprachbereichen spezifische Schwierigkeiten, die auf einen gezielten Förderbedarf hinweisen.

4.1 Rezeptive Sprachkompetenzen

In den über die HarmoS-Aufgaben geprüften Lesekompetenzen erzielen die mehrsprachigen Schülerinnen und Schüler in allen drei Altersgruppen ähnliche Ergebnisse wie ihre einsprachigen Mitschülerinnen und Mitschüler.

---

[8] Darüber hinaus gibt unsere Studie Hinweise, dass diese Struktur nicht an eine bestimmte Altersgruppe gebunden ist, sondern bei Schülern und Schülerinnen der 2., der 5. und auch der 8. Klassen zu finden ist.

Die Fähigkeit zum schnellen, flüssigen Satzlesen, welche über das Salzburger Lesescreening geprüft wird, unterscheidet sich ebenfalls nicht zwischen den ein- und mehrsprachigen Schülerinnen und Schülern.

In den basalen Lesetechniken (ELFE-Test) bestehen in der jüngsten Altersgruppe auf Wort- und Textebene Rückstände bei den Mehrsprachigen, welche in der Gruppe der Fünftklässler jedoch nicht mehr zu finden sind.

Im Unterschied zum Lesen finden sich im Bereich des Hörverstehens (HarmoS-Aufgaben) deutliche Unterschiede zwischen ein- und mehrsprachigen Schülerinnen und Schülern der 2. und 5. Klasse. So ist der Leistungsstand der mehrsprachigen Kinder in der 2. Klasse um eine halbe Standardabweichung tiefer als derjenige der Einsprachigen (b=-0.494, α=0.1%)[9]. In der 5. Klasse beträgt der Unterschied etwa ein Drittel einer Standardabweichung (b=-0.363, α=0.1%). Auch in der 8. Klasse besteht der Leistungsrückstand der Mehrsprachigen im Hörverstehen, bezogen auf den Gesamtscore, weiterhin. Schaut man die Ergebnisse getrennt nach den beiden Faktoren „Meta" und „Inhalt" an zeigt sich, dass die Probleme der Mehrsprachigen nur beim Faktor „Meta" liegen, da wo es um das Verorten, Situieren und Heranziehen metatextuellen Wissens geht. Die rein inhaltsspezifischen Anforderungen (Faktor „Inhalt") meistern die mehrsprachigen Schülerinnen und Schüler ebenso gut wie die Einsprachigen. Dies stimmt mit den Ergebnissen im Bereich des Leseverstehens überein. Bedingt durch eine wahrscheinlich geringere Exposition beispielsweise über das Radio, Hörgeschichten etc. scheint vielen mehrsprachigen Kindern die Erfahrung mit Hörtexten zu fehlen, um über ausreichende „metatextuelle" Kenntnisse in diesem Sprachbereich zu verfügen.

4.2 Produktive Sprachkompetenzen

In den funktional-pragmatisch orientierten HarmoS-Schreibaufgaben befinden sich die Leistungen der mehrsprachigen Schülerinnen und Schüler knapp ein Drittel einer Standardabweichung hinter den Leistungen der Einsprachigen. Der Leistungsnachteil zeigt sich vor allem im inhaltlichen Bereich, bei eng an die Aufgabenstellung angelehnten Kriterien wie der adäquaten Wahl von Informationen für eine gelungene Zimmerbeschreibung (z.B. Information zum Vorhandensein von Möbelstücken, Maße, räumliche

---

[9] Alle berichteten Regressionsgewichte der Mehrebenenanalysen sind z standardisiert, eine Standardabweichung beträgt daher immer den Wert 1.

Anordnung). In der Kohorte der 8. Klasse ist dieser Leistungsunterschied nicht mehr zu finden.

Die geschriebenen Texte zu den HarmoS-Schreibaufgaben wurden einer orthographischen und morphologischen Fehleranalyse unterzogen. In der 2. Klasse sind in beiden Fehlerquoten (Anzahl Fehler / Anzahl gesamt geschriebener Wörter) keine signifikanten Unterschiede zwischen Ein- und Mehrsprachigen feststellbar. Ab der 5. Klasse zeigen sich signifikante Unterschiede im Bereich der Orthographie, die zugunsten der mehrsprachigen Schülerinnen und Schüler ausfallen. Tatsächlich sind die orthographischen Leistungen der Mehrsprachigen um knapp ein Drittel einer Standardabweichung besser als die der Einsprachigen (b=-0.274, α=5%).

Der standardisierte Rechtschreibstrategietest (Hamburger Schreibprobe) bestätigt ebenfalls ein besseres Abschneiden der mehrsprachigen Schülerinnen und Schüler in der 5. Klasse bei den orthographisch richtig geschriebenen Elementen (b=0.269, α= 0.1%).

Schaut man hingegen die Fähigkeit zur richtigen Anwendung von Kasus, Numerus und Genus sowie die Fähigkeit zur Herleitung von Schreibweisen aufgrund des Wortstammes an, dann ergeben sich deutliche Nachteile für die mehrsprachigen Schülerinnen und Schüler. Tatsächlich beträgt der Leistungsunterschied im Bereich der morphologischen Fehler rund eine halbe Standardabweichung (b=0.544, α=0.1%). Damit wird deutlich, dass die konsequente Trennung der beiden Fehlerarten im Unterricht sowohl für Diagnostik und Förderung unumgänglich ist.

5. Fazit

Die hier dargelegten, signifikanten Einflüsse des Faktors Mehrsprachigkeit zeigten sich unter Kontrolle des SES, der Intelligenz, des Geschlechts, der elterlichen Bildungsaspiration und einer Reihe weiterer Kontrollvariablen. Von den vielfältigen potentiellen Einflussfaktoren, die als Kontrollvariablen auf der Individualebene berücksichtigt wurden, zeigt sich für die kognitive Leistungsfähigkeit ein durchgängig positiver signifikanter Effekt. Das sprachliche Selbstkonzept in Form einer Einschätzung der eigenen sprachlichen Fähigkeiten, beeinflusst die schulsprachlichen Leistungen im Allgemeinen ebenfalls positiv. Die elterliche Bildungsaspiration hat signifikante Effekte auf die Ergebnisse im Harmos-Lesetest sowie die orthographische und morphologische Fehlerquote. Das Geschlecht wirkt sich in den hier berichteten Analysen nur auf die mit den HarmoS-Aufgaben geprüften

Schreibfähigkeiten zugunsten der Mädchen aus. Der Leistungsvorteil der Mädchen findet sich dabei sowohl beim inhaltsgebundenen Faktor als auch beim metatextuellen Faktor.

Der häufig angeführte Erklärungsfaktor des sozioökonomischen Status (SES) bewirkt signifikante Leistungsunterschiede im Bereich des Hörverstehens, wobei sich diese beim inhaltsgebundenen Faktor finden (im Unterschied zum Einfluss der Mehrsprachigkeit, die auf den Faktor „Meta" wirkt). Weitere Effekte des SES zeigen sich in der allgemeinen Verständlichkeit der geschriebenen Schülertexte und in der morphologischen Fehlerquote. Diese Ergebnisse bestätigen, dass schulsprachliche Leistungsnachteile von mehrsprachigen Schülerinnen und Schülern nicht einfach der Wirkung des SES zugeschrieben werden dürfen. Außer in der morphologischen Fehlerquote weisen unsere Ergebnisse auf unterschiedliche Bedürfnisse in der schulsprachlichen Förderung hin. In diesem Zusammenhang ist die Unterscheidung zwischen den eher inhaltsbezogenen und den stärker metatextuellen Anforderungen, wie wir sie in den verschiedenen HarmoS-Aufgaben finden, hilfreich, um spezifische Bedürfnisse genauer zu identifizieren.

Die hier kurz dargelegten Ergebnisse für die Stichprobe der mehrsprachigen Schülerinnen und Schüler zeigen keine generellen schulsprachlichen Leistungsrückstände zum Zeitpunkt der Selektion und des Sekundarstufenübertritts. Probleme zeigen sich im Hörverstehen und bestimmten Aspekten des Schreibens (Orthographie und pragmatisch-funktionales Schreiben). Im Lesen und in der Rechtschreibung sind die Leistungen der Mehrsprachigen vergleichbar mit denen der Einsprachigen.

Unsere Ergebnisse zum Lesen stimmen überein mit den Ergebnissen der aktuelleren PISA-Untersuchung von 2009 und 2012. Diese weisen auf einen Rückgang der Unterschiede zwischen ein- und mehrsprachigen Schülerinnen und Schülern in den Lesekompetenzen hin. So betrug die Differenz zwischen zugewanderten Kindern und einheimischen Kindern im Jahr 2000 noch 111 Punkte, im Jahr 2009 betrug sie nur noch 58 Punkte (OECD 2012). Bei in der Schweiz geborenen Kindern von Immigranten ist die Verbesserung weniger eindrücklich, die Punktedifferenz sinkt von 54 auf 42 Punkte. Dieser Trend setzt sich in Daten von 2012 fort. Zurückgeführt werden kann dieses erfreuliche Ergebnis zum einen auf verstärkte Anstrengungen zur Leseförderung, zum anderen auf die veränderte sozioökonomische und sprachliche Zusammensetzung der Schülergruppe mit Migrationshintergrund (PISA.ch 2013). Der Anteil gut ausgebildeter und sozial privilegierter Einwanderer ist in der Schweiz seit 2000 deutlich gestiegen. Auch die sprachliche Zusammensetzung hat sich verändert. Von 80% im Jahr 2000 ist der Anteil Jugendlicher mit Migrationshintergrund, die zuhause nicht die Testsprache sprechen, auf 58% zurückgegangen (PISA.ch 2013). Die 2012 veröffentlichte Integrationsstudie der OECD bewertet das Schweizer Bildungssystem für Zuwanderer-Kinder als vorteilhaft, da es beispielsweise im Leseverstehen kaum Unterschiede gibt zwischen Einwandererkindern, die seit dem frühkindlichen Alter in der Schweiz beschult wurden, und spät (ab 11 Jahre) immigrierten Kindern.

Widersprechen unsere Ergebnisse nun den eingangs zitierten Studien zur sprachlichen und schulischen Benachteiligung mehrsprachiger Kinder und Jugendlicher in der Schweiz?

Zum einen kann der nachweislich geringere Schulerfolg der mehrsprachigen Schülerinnen und Schüler nicht nur auf die Mehrsprachigkeit zurückgeführt werden. Weitere Variablen, welche die Sprachkompetenzen beeinflussen wie beispielsweise der SES, können sich additiv auswirken.

Zum anderen muss auch auf die vielfältigen Einflussfaktoren verwiesen werden, die im schulischen Kontext zu finden sind. Unsere Analysen berücksichtigten eine Reihe von Kontrollvariablen auf der Klassenebene. Mittels eines Fragebogens zu Händen der Lehrpersonen wurde versucht, verschiedene Aspekte des didaktischen Vorgehens im Unterricht zu erheben. Die Ergebnisse zeigen einen deutlichen Einfluss der im Unterricht bewusst eingesetzten Förderung der konzeptionellen Schriftlichkeit[10] auf die Fähigkeit des Lesens und Verstehens authentischer, altersgerechter Texte (HarmoS Lesetest).

Das Konzept der konzeptionellen Schriftlichkeit versus Mündlichkeit basiert auf den Arbeiten von Koch & Oesterreicher (1985), welche damit aus sprachdidaktischer Sicht zwei verschiedene Konzepte von Sprachverwendung und von Sprachenlernen in Bezug auf (1) die Kommunikationsbedingungen und (2) die Versprachlichungsstrategien unterscheiden. Während die Mündlichkeit primär face-to-face, situations-bezogen und spontan verläuft, ist Schriftlichkeit primär monologisch, situationsfremd, reflektiert und geplant und stellt somit andere Anforderungen an den Strukturierungsgrad, die Verdichtung oder die Abstraktion (Müller & Dittmann-Domenichini 2007). Cummins Begriffspaar *BICS (basic interpersonal communication skills)* und *CALP (cognitiv academic language*

---

[10] Siehe Variable CALP Förderung in Abbildung 1.

proficiency) wendet den Gedanken der Unterscheidung von Mündlichkeit und Schriftlichkeit auf den Zweitsprachenerwerb an[11].

Günther (1993) weist auf die sich daraus ergebenden Konsequenzen und Ansätze für den Erstlese- und Schreibunterricht hin. Fördert eine Lehrperson gezielt die Kenntnisse und Fähigkeiten zur Anwendung und zum Umgang mit konzeptioneller Schriftlichkeit, so wirkt sich dies signifikant positiv auf die Leseverstehenskompetenzen aus.

Schmellentin, Schneider & Hefti (2011) betonen ebenfalls die Bedeutung der konzeptionellen Schriftlichkeit für den schulsprachlichen Bildungserfolg. Ausgehend von einer Analyse einschlägiger, in der Schweiz verwendeter Lehrmittel zeigen sie auf, dass nicht nur die Bedeutung der CALP gegen Ende der Primarstufe sprunghaft ansteigt, sondern dass auch zunehmend die notwendigen Kenntnisse zum Umgang mit Fachtexten, wie beispielsweise das Beherrschen einer fach- bzw. domänenspezifischen Bildungssprache, vorausgesetzt werden. Gleichzeitig stellen die Autoren fest, dass weder im Deutschunterricht und im DaZ Unterricht, noch in den Fachdidaktiken, der Umgang mit Fachtexten bewusst thematisiert und angeleitet wird. Es könnten sich somit, nicht nur für Mehrsprachige aber möglicherweise besonders für sie, Schwierigkeiten ergeben, die auf dem Phänomen der teils fachspezifischen Aspekte von CALP beruhen, die mit standardisiertem, unterrichtsfernem sprachlichen Testmaterial nicht erkannt werden.

Im Hinblick auf weitere Untersuchungen sollte somit die Fähigkeit zum Umgang mit fachspezifischen Formen der konzeptionellen Schriftlichkeit als mögliche Moderator-Variable für den Schulerfolg stärker berücksichtigt werden.

Bezogen auf das Unterrichtsgeschehen braucht es in der Lehrer- und Lehrerinnen-Ausbildung eine systematische Entwicklung der Fähigkeit zur Erstellung individueller förderorientierter Diagnosen. Diese sollte nicht nur verschiedene Sprachmodalitäten (Lesen, Hören, Schreiben, Sprechen) und verschiedene Fehlerarten (z.B. orthographisch versus morphologisch) berücksichtigen, sondern auch verschiedene Aspekte von Sprachaufgaben (beispielsweise inhaltsgebunden versus metatextuell) differenzieren, um den spezifischen Förderbedarf eines jeden Kindes zu erkennen sei es mehrsprachig oder einsprachig, sozial unterprivilegiert oder nicht. An die Forschung wird die Aufgabe zur Entwicklung geeigneter diagnostischer In-

---

[11] Da sich unsere Untersuchung mit dem schulischen Zweitsprachenerwerb beschäftigt nutzen wir Cummins Begriffspaar.

strumente gestellt und die Erwartung, die Beziehung zwischen Sprachlernen und Fachlernen besser auszuleuchten.

6. Literatur

Auer, Michaela; Gruber, Gabriele; Mayringer, Heinz & Wimmer, Heinz (2005): *SLS 5-8. Salzburger Lese-Screening für die Klassenstufen 5-8.* Göttingen, Bern, Wien: Hogrefe.

Bos, Wilfried; Lankes, Eva-Maria; Prenzel, Manfred; Schwippert, Knut; Walther, Gerd & Valtin, Renate (2003): *Erste Ergebnisse aus IGLU. Schülerleistungen am Ende der vierten Jahrgangsstufe im inter-nationalen Vergleich.* Münster: Waxmann.

Caprez-Krompàk, Edina (2010): *Entwicklung der Erst- und Zweitsprache im interkulturellen Kontext: eine empirische Untersuchung über den Einfluss des Unterrichts in heimatlicher Sprache und Kultur (HSK) auf die Sprachentwicklung.* Münster: Waxmann.

Chudaske, Jana (2012): *Sprache, Migration und schulfachliche Leistung. Einfluss sprachlicher Kompetenz auf Lese-, Rechtschreib und Mathematikleistungen.* Wiesbaden: VS Verlag.

Coradi Vellacott, Maja; Hollenweger, Judith; Nicolet, Michel & Wolter, Stefan C. (2003): *Soziale Integration und Leistungsförderung Thematischer Bericht der Erhebung PISA 2000.* Neuchâtel: BFS/EDK.

Cummins, Jim (1981): *The Role of Primary Language Development in Promoting Educational Success for Language Minority Students: A Theoretical Framework.* Los Angeles California State University: Evaluation, Dissemination and Assessment Center.

Dittmann-Domenichini, Nora; Khan-Bol, Jeannine; Rösselet, Stephan, & Müller, Romano (2011): Sprache(n) - Schulen(n) - Schulsprache(n). Ressourcen und Risikofaktoren auf dem Weg zu schulsprachlicher Kompetenz. In Wyss, Eva Lia; Stotz, Daniel; Gnach, Aleksandra; De Pietro, Jean-François & De Saint-Georges, Ingrid (Hrsg.): *Bulletin VALS-ASLA. Sprachkompetenzen in Ausbildung und Beruf - Übergänge und Transformationen* Nr. 94 (Vol. 2), Neuchâtel: Centre de Linguistique Appliquée, 107–128.

Dubowy, Minja; Duzy, Dagmar; Pröscholdt, Marie Verena; Schneiter, Wolfgang; Souvignier, Elmar & Gold, Andreas (2011): Was macht den "Migrationshintergrund" bei Vorschulkindern aus? *Schweizerische Zeitschrift für Bildungs-wissenschaften*, 3: 355–376.

EDK. (2003): *Aktionsplan "Pisa 2000" Folgemassnahmen, 2005,* http//www.edk.ch/PDF_Downloads/Monitoring/AktPlanPISA2000_d. pdf.

Günther, Hartmut (1993). Erziehung zur Schriftlichkeit. In Eisenberg, Peter & Klotz, Peter (Hrsg.): *Sprache gebrauchen – Sprachwissen erwerben,* Stuttgart: Klett, 85–96.

Hupka-Brunner, Sandra & Stalder, Barbara E. (2011):. Jeunes migrantes et migrants à la charnière du secondaire I et du secondaire II. In Bergmann, Manfred Max; Hupka-Brunner, Sandra; Keller, Anita; Meyer, Thomas & Stalder, Barbara E. (Hrsg.): *Youth transitions in Switzerland: Results from the TREE panel study.* Zürich: Seismo, 183–200

Keller, Anita, Hupka-Brunner, Sandra, & Meyer, Thomas (2010): P*arcours de formation postobligatoires en Suisse: les sept premières années. Survol des résultats de l'étude longitudinale TREE, mise à jour 2010.* Basel: UniBas

Kirsch, Irwin; de Jong, John; Lafontaine, Dominique; McQueen, Joy; Mendelovits, Juliette & Monseur, Christian (2002): *Lesen kann die Welt verändern. Leistung und Engagement im Ländervergleich. Ergebnisse von PISA 2000.* http://www.oecd.org/dataoecd/43/55/33690936.pdf

Koch, Peter & Oesterreicher, Wulf (1985): Sprache der Nähe - Sprache der Distanz. Mündlichkeit und Schriftlichkeit im Spannungsfeld von Sprachtheorie und Sprachgeschichte. *Romanistisches Jahrbuch* 36: 15–43.

Kronig, Winfried; Haeberlin, Urs & Eckhard, Michael (2000): *Immigrantenkinder und schulische Selektion. Pädagogische Visionen, theoretische Erklärungen und empirische Untersuchungen zur Wirkung integrierender und separierender Schulformen in den Grundschul-jahren.* Bern, Stuttgart, Wien: Haupt.

Lenhard, Wolfgang & Schneider, Wolfgang (2006): *ELFE 1-6. Ein Leseverständnistest für Erst-bis Sechstklässler.* Göttingen, Bern, Wien: Hogrefe.

Lischer, Rolf (1997): *Integration – (k)eine Erfolgsgeschichte. Ausländische Kinder und Jugendliche im schweizerischen Bildungssystem.* Bern: Bundesamt für Statistik (BfS).

May, Peter (2002): *Hamburger Schreib-Probe HSP* (6 ed.). Göttingen: Hogrefe.

Mayringer, Heinz & Wimmer, Heinz (2003): *SLS 1–4. Salzburger Lese-Screening für die Klassenstufen 1-4.* Göttingen, Bern, Wien: Hogrefe.

Moser, Urs; Bayer, Nicole & Tunger, Verena (2008): *Entwicklung der Sprachkompetenzen in der Erst- und Zweitsprache von Migrantenkindern. Schlussbericht.* Zürich: Institut für Bildungsevaluation. Assoziiertes Institut der Universität Zürich.

Müller, Romano (1997): *Sozialpsychologische Grundlagen des schulischen Zweitspracherwerbs bei MigrantenschülerInnen. Theoretische Grundlagen und empirische Studien bei zweisprachigen und einsprachigen SchülerInnen aus der 6. – 10. Klasse in der Schweiz. 21.* Aarau, Frankfurt a. M,. Salzburg: Sauerländer.

Müller, Romano. (2000). Über den Monolingualismus der Schweizer Schulen und seine Folgen für die mehrsprachigen SchülerInnen. Babylonia. *A Journal of Language Teaching and Learning*, 1(8), 74–80.

Müller, Romano (2006): *Die Entwicklung schulisch-standardsprachlicher Kompetenzen bei zweisprachigen und einsprachigen Primar- und Sekundarstufe-I-SchülerInnen.* Projektantrag, Bern: PHBern.

Müller, Romano, & Domenichini-Dittmann, Nora (2007): Die Entwicklung schulisch-standardsprachlicher Kompetenzen in der Volksschule. Eine Quasi-Längsschnittstudie. *Linguistik online*, 32(3), 71–93.

OECD. (2012). *Integration von Zuwanderern: OECD Indikatoren 2012.* http://dx.doi.org/10.1787/9789264187481-9-de

PISA.ch Konsortium (2013): *Bericht PISA 2012: Schülerinnen und Schüler der Schweiz im internationalen Vergleich-Erste Ergebnisse.* http://pisa.educa.ch/sites/default/files/20131210/pisa_2012_erste-ergebnisse_d.pdf.

Riphan, Regina (2007): La mobilité intergénérationnelle de la formation et du revenu en Suisse: comparaison entre Suisses et immigrés. *La vie économique*, 18–21.

Röber, Christa (2004): *Spezifische Probleme von Migrantenkindern in der Grundschule. – Aktuelle Befunde aus der IGLU-Studie. Beitrag zur Tagung "Aktuelle Forschung für die Praxis. Sprachliche Frühförderung von Migrantenkindern"*, Universität Bern.

Rüesch, Peter (1997): Leistung und Chancengleichheit in Primarschulklassen der Deutschen Schweiz. Eine Sekundäranalyse von Schweizer Daten aus der IEA Reading Literacy Study. *Bildungs-forschung und Bildungspraxis*, 19(2), 269–291.

Rüesch, Peter (1998): *Spielt die Schule eine Rolle? Schulische Bedingungen ungleicher Bildungschancen von Immigrantenkindern – eine Mehrebenenanalyse.* Bern: Peter Lang.

Schmellentin, Claudia; Schneider, Hansjakob & Hefti, Claudia (2011): *Deutsch (als Zweitsprache) im Fachunterricht – am Beispiel Lesen.* www.leseforum.ch/fokusartikel1_2011_3.cfm

Jugendliche DaZ-Lerner[1] schreiben schulische Textformen – Reanalysen der Leistungsdaten und Schülerbefragungen aus DESI und IMOSS

Astrid Neumann

DaZ-Lerner gelten aufgrund eines einzigen gemeinsamen stabilen Klassifizierungsmerkmals, der Differenz zwischen Mutter- und schulischer Zielsprache, als besondere „Gruppe" im Klassenzimmer. In der Schulforschung zeigt sich immer wieder, dass diese Schülergruppe häufig in verschiedenen Lernfeldern ähnliche Defizite aufweist. Oft kommt es zu Gefährdungen des weiteren Lernprozesses und damit auch der erfolgreichen Teilhabe am gesellschaftlichen Leben. Damit gelten diese Lernenden als Risiko- und spezifisch zu fördernde Gruppe. Um das jeweilige Risiko genau zu beschreiben und entsprechende Förderangebote unterbreiten zu können, sind tragfähige diagnostische Informationen notwendig. Im Fokus dieses Beitrages steht die Fähigkeit DaZ-Lernender schulische Schreibaufträge situationsangemessen zu erfüllen. Leistungsdaten und Antworten aus den Schülerbefragungen der DESI[2]-Studie (vgl. Neumann & Lehmann, 2008) und der IMOSS[3]-Pilotierung (vgl. Neumann & Matthiesen, 2011) werden dazu unter einem ressourcenorientierten Blick reanalysiert. Es werden Differenzen im schulischen Schreiben in verschiedenen Sprachgruppen beschrieben und deren Zusammenhänge mit schulischen und häuslichen Faktoren, auch im Kontrast mit den allochthonen Schreibenden, aufgezeigt. Als Potenzial können dabei Aussagen der Schreibenden über ihren erlebten Schreibkontext in Elternhaus und Schule angesehen werden.

1. Ausgangslage

„Sich bilden" ist seit der Einführung der Bildungsstandards 2003/04 im Schulsystem als Kompetenzerwerb zu verstehen. Dieser umfasst allgemeine Fähigkeiten wie das *Lernen lernen* als Lernkompetenz, soziale Kompetenzen und Wertorientierungen, aber auch dömänenspezifische Aspekte in der „Verknüpfung von ‚intelligentem' inhaltlichem Wissen mit der Fähigkeit zu dessen Anwendung und methodisch-instrumentelle (Schlüssel)Kompetenzen, insbesondere im Bereich Sprachen, Medien und Naturwissenschaften" (BMBF, 2004: 23). Damit rücken in einer hochtechnisierten und verstärkt in allen Bereichen auf Schriftlichkeit setzenden

---

[1] Die durchgängig verwendete männliche Sprachform inkludiert auch alle weiblichen Personen.
[2] Akronym für Deutsch Englisch Schülerleistungen International
[3] Akronym für Indikatorenmodell Schulischen Schreibens

Gesellschaft Texte aller Art und der Erwerb der Fähigkeit zum kompetenten Umgang mit diesen in den Fokus. Dass die Kompetenzen Jugendlicher in diesem Bereich sehr unterschiedlich ausgeprägt sind und Schüler in Deutschland große Defizite im rezeptiven und produktiven Umgang mit Texten aufweisen, ist seit den internationalen Vergleichsstudien (PISA, PIRLS) und nationalen Großuntersuchungen (LAU[4], DESI, Ländervergleiche zu den Bildungsstandards) bekannt. Der Anteil so genannter „Risiko"-Schüler schwankt je nach getesteter Domäne, ist aber jeweils verhältnismäßig groß. Diese Schüler tragen im Vergleich zu den anderen für ihre weitere Entwicklung und in Bezug auf das lebenslange Lernen für einen flexibleren Arbeitsmarkt damit mehr unbekannte, unvorhersehbare und schwer kompensierbare Fähigkeitsdefizite, die sie erwartbar von optimaler gesellschaftlicher Teilnahme ausschließen.

1.1 Risikoschreibende

1.1.1. Risikogruppendefinition

(Risiko-)Gruppen werden soziologisch aufgrund einheitlicher Kriterien der in ihnen zusammengestellten Individuen definiert. Unabhängig von realen Ausprägungen wird dabei für einzelne Merkmale geprüft, inwiefern deren Träger durchschnittlich mehr oder weniger das Zielkriterium erfüllen. Bestimmte Konstellationen gelten dann mit ihren kumulativen Effekten als besonders gefährdend, ohne dass dies jeweils für das einzelne Individuum angenommen werden könnte. So galten in den 1980er Jahren die katholischen Mädchen vom Lande als Bildungsverlierer, aktuell sind es in Deutschland die männlichen Migranten an Hauptschulen und/oder aus prekären sozialen Verhältnissen, die durch geringere Kompetenzen weniger Chancen auf eine maximale gesellschaftliche Teilhabe haben. Dass solche Gruppierungen weiter ausdifferenziert werden müssen, ist der Tatsache geschuldet, dass Fördermaßnahmen immer nur in einer passgenauen „mittleren Korngröße" der Aufgabenanforderungen (Grabowski, Blabusch & Lorenz 2007: 43) für das spezifische Förderproblem greifen können, da so auf der „zone of proximal development" (vgl. Vygotsky 1987) bei Anstrengung Erfolge möglich sind.

---

[4] Akronym für die *Hamburger Längsschnittstudie Aspekte der Lernausgangslage und Lernentwicklung*

So lassen sich aus empirischen Untersuchungen Ausdifferenzierungen für die sprachlichen Fächer finden, die Anlass für ein differenzielles Vorgehen geben (vgl. Limbird & Stanat 2006; Neumann, Trautwein, Schnyder, Niggli et al. 2007).

1.1.2. Ergebnisse in sprachlichen Domänen

Die PISA-Ergebnisse gelten für die 15-jährigen Lernenden als Referenzgröße hinsichtlich der jeweils getesteten Domänen. Man kann hier über die Jahre (2000–2012) sehen, dass im Leseverstehen deutschlandweit, bei abnehmenden sozialen Disparitäten, die erreichten Mittelwerte jeweils über den in den vorherigen Testungen festgestellten liegen. Die Veränderung gegenüber der ersten Testung wird durch durchschnittlich deutlich homogenere Leistungen, die vor allem auf eine Abnahme sehr schwacher und schwacher Leser zurückzuführen ist, erreicht. Die umgesetzte sprachliche Förderung der Jugendlichen mit Migrationshintergrund führte hier zu statistisch signifikanten, substanziellen Kompetenzgewinnen, obwohl zwischen den verschiedenen Zuwanderungsgruppen weiterhin große Unterschiede bestehen (vgl. Klieme, Artelt, Hartig & Jude 2010).

Ein ähnliches Bild spiegelt sich querschnittlich im Ländervergleich der sprachlichen Kompetenzen anhand der Bildungsstandards aus dem Jahre 2009 wider. Hier wurden Neuntklässler in den Domänen Lesen, Zuhören und Orthographie überprüft. Dabei schnitten Jugendliche aus Gymnasien systematisch besser ab als die anderen Lernenden, wobei die Nichtgymnasiasten in einigen Bundesländern sogar unterhalb der Regelstandards[5] verblieben. In allen drei Kompetenzbereichen unterscheiden sich die Leistungen der Jugendlichen hinsichtlich ihrer Herkunft systematisch: „Jugendliche ohne Migrationshintergrund schneiden besser ab als Jugendliche mit einem im Ausland geborenen Elternteil, diese wiederum erzielen höhere

---

[5] *Regelstandards* sind definiert als diejenigen Kompetenzen, die von den Lernenden durchschnittlich bis zu einem bestimmten Bildungsabschnitt erreicht werden sollten. Als Angebote schulischer Förderung oberhalb dessen werden *Regelstandards plus* definiert, die bei optimalen schulischen und häuslichen Lernbedingungen zum Erreichen von *Maximal- oder Optimalstandards* führen können. Unterhalb der Regelstandards liegen die *Mindeststandards*. Alle Grenzsetzungen sind in einem bildungspolitischen Aushandlungsprozess auf Grundlage empirischer Daten festgelegt (vgl. Köller, Knigge & Tesch 2009).

Leistungen als Jugendliche der zweiten Generation[6]. Die geringsten Leistungen finden sich jeweils in der Gruppe der Jugendlichen der ersten Generation" (Köller, Knigge & Tesch 2010: 208).

Für das Schreiben liegen wegen des hohen testökonomischen Aufwandes für die Erfassung produktiver Sprachfertigkeiten in offenen Testformaten weniger belastbare Daten vor. International gelten dabei die National Assessment of Educational Progress (NAEP)-Studien in den USA als Referenz. In diesen werden seit den 1990er Jahren regelmäßig große Stichproben im Bereich Schreiben standardisiert erhoben (s. Abbildung 1).

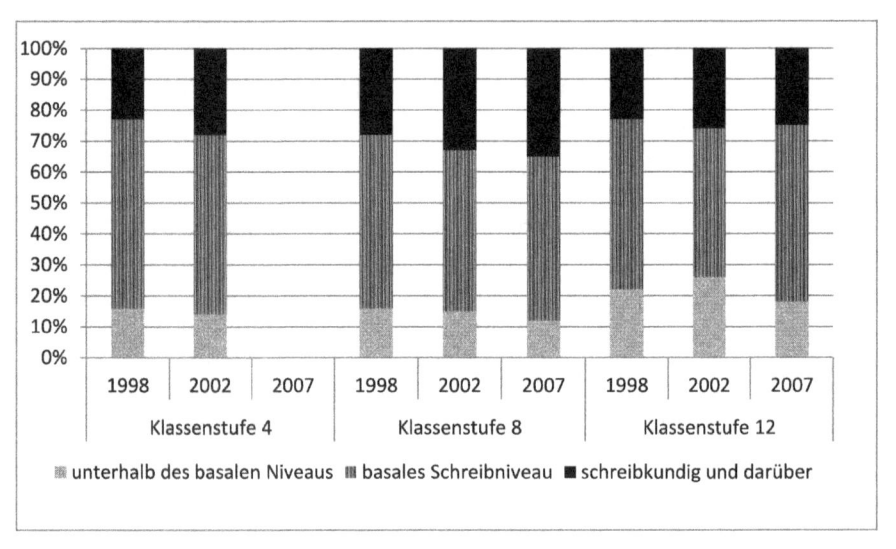

Abbildung 1. Verteilungen der Schreibenden auf die verschiedenen Schreibniveaus in NAEP 1998, 2002 und 2007

Dabei lässt sich anhand Abbildung 1 auf der Systemebene im quer-schnittlichen Vergleich in jeder Kohorte mit Ausnahme der Zwölftklässler im Jahr 2002 eine Tendenz zur Reduzierung der Risikoschreibenden (unterhalb des basalen Niveaus) erkennen. Allerdings steigt deren Anteil mit wachsendem Alter über die Kohorten hinweg. In Klasse 12 gibt es insgesamt deutlich mehr unter dem basalen Niveau Schreibende als in den anderen Kohorten.

---

[6] Die Berichterstatter nutzen hier die Selbstberichte der Schüler und lehnen sich bei der Kategorisierung an die Klassifikation von Walter & Taskinen (2008) an. Bei der zweiten Generation sind beide Elternteile noch im Ausland geboren, die Schüler selbst bereits in Deutschland. Zur ersten Generation zählen die Jugendlichen, die selbst noch im Ausland geboren und dann zugewandert sind.

Hier liegt der Prozentsatz mit 22 bis 18% und damit etwa 1/5 der Schreibenden über jedem in den anderen erreichten.

National können ähnliche Effekte in der DESI-Untersuchung nachgewiesen werden. Durchschnittlich sind etwa 1/3 aller Schüler nicht in der Lage einen kommunikativ erfolgreichen Brief zu verfassen. Dieser Prozentsatz ist an den Hauptschulen (54%) und Integrierten Gesamtschulen (44%) besonders hoch, die wenigen nachweisbaren Verbesserungen gehen auf Leistungssteigerungen im unteren Leistungssegment zurück. Auch hier schreiben rein deutschsprachig aufwachsende Jugendliche besser als gemischtsprachige und nichtdeutsche Lernende[7]. Die Ergebnisse variieren erheblich für die Schulformen, sodass sich kumulative Effekte aufzeigen lassen. Für deren Erklärung können die genannten Leistungsstudien nicht herangezogen werden, da sie wenig über die Schreibsozialisation und die Bedingungen für den Kompetenzzuwachs aussagen können.

Diese Ergebnisse sollen daher im Folgenden hinsichtlich sprachlicher *Differenzierungen* genauer betrachtet werden. Es stehen dabei schreibspezifische Ergebnisse im Vordergrund, für die der Einfluss verschiedener Sozialisationsinstanzen geprüft wird.

1.2 Sozialisationseffekte auf den Schreiberwerb in Familie und Schule

Schreiben wird als gesellschaftliches Handlungsmuster vorrangig in der Schule erworben. Erläuternd kann das Modell von Russel (2010) herangezogen werden (s. Abbildung 2). In der von ihm vertretenen „Theory of Genre as Social Action" kombiniert er Engeströms (1987) Acitivity Theory mit einem Genrebegriff, der dem Handlungsmusterverständnis sensu Ehlich (2009) nahekommt. Dabei zeigt sich, dass das individuelle Schreiben als *outcome* eines konkreten Textes auf der Mikroebene immer auf einer Mesoebene in institutionalisierten Mustern und Vorstellungen realisiert werden

---

[7] Die Kategorisierung deutschsprachig (zu Hause wird überwiegend deutsch gesprochen), gemischt- oder mehrsprachig (zu Hause wird regelmäßig deutsch und eine weitere Sprache gesprochen) und nicht-deutschsprachig (im Elternhaus wird überwiegend in einer anderen Sprache als Deutsch kommuniziert) wurde in DESI zur Unterscheidung von Subgruppen genutzt, um spezifischer auf die sprachliche Heterogenität in Abgrenzung zu Migrationsfaktoren zu reagieren und so den „aktiven und passiven Gebrauch der Verkehrssprache Deutsch" (Klieme 2008: 2) im Elternhaus stärker als Ressource zu berücksichtigen. Die Unterscheidung wird wegen konsistenter Darstellungen der Projektdaten auch hier beibehalten, wohl wissend, dass damit Fragen der Staatsangehörigkeit und Einwanderungsgenerationen unberücksichtigt bleiben.

muss, die in gesamtgesellschaftlichen kommunikativen Praxen auf der Makroebene verankert sind (s. Abbildung 2).

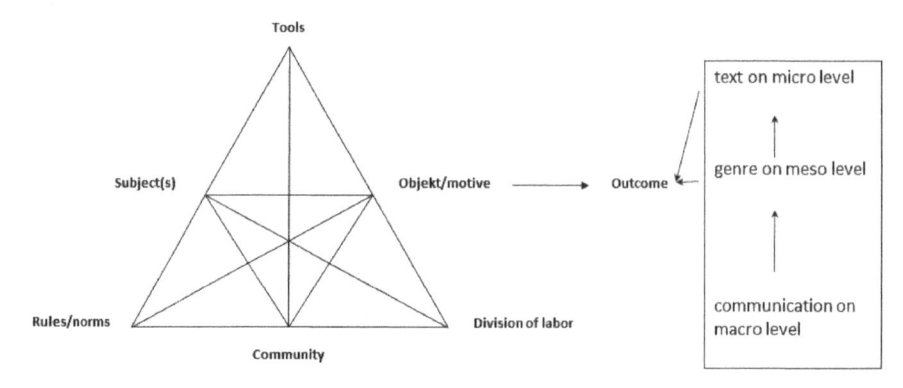

Abbildung 2. Textebenen (ergänzte rechte Seite) in Russels „Theory of genre as social action" (2010: 355) (linke Seite)

Der Schrifterwerb als Aufgabe wird, anders als der Umgang mit Schrift allgemein, traditionell vor allem der Sozialisationsinstanz Schule zugeschrieben. Hier können und sollen die Lernenden in die Funktionalität von Schriftlichkeit der Zielgesellschaft eintrainiert werden. Damit obliegt der Schule eine immense Verantwortung, da hierin bei einer sprachlich und kulturell heterogenen Schülerschaft eben auch über die Schrift das Einüben in relevante gesellschaftliche Handlungsmuster, also die Enkulturation, verbunden ist. Diese kann und darf nicht gegen die jeweilige familiale Herkunft erfolgen, sondern muss diese in ihrer Diversität berücksichtigen. In hier auftretenden Widersprüchen könnte eine Ursache für viele schriftsprachliche Probleme von DaZ-Lernenden liegen. Dieser Frage soll im Folgenden genauer nachgegangen werden.

2. Hypothesen

Zusammenfassend sollen die folgenden Hypothesen auf Grundlage der Projektdaten von DESI und IMOSS überprüft werden:
1. Die Kompetenzerwartungen an die Schreibenden werden durch schulische, also gesellschaftliche Erwartungen an die zu nutzenden Schreibmuster bestimmt. Die Schreibenden orientieren sich in ihrer freien Aufgabenwahl daran.

2. DaZ-Schreibende (in beiden Studien L2-Lernende) schreiben dabei schlechter und können trotz Lernzuwächsen die Leistungsrückstände nicht aufheben.
3. Besondere Schwierigkeiten haben sie bei der Nutzung angemessener Wörter in konzeptionell schriftlichen Texten und in der richtigen sprachsystematischen[8] Ausführung. Diese sind auf die Anforderungen der getesteten komplexen deutschsprachigen Textnormen zurückzuführen.

3. Die Projekte DESI – IMOSS im Vergleich

3.1 Systematische Verortung der Projekte

In den Projekten DESI und IMOSS ging es um jeweils andere Fragestellungen in Bezug auf das Schreiben. Während in DESI die Leistungsmessung und Kompetenzmodellierung im Rahmen eines Systemmonitorings im Vordergrund stand, wurden in IMOSS fachdidaktische Prozesse, deren Begründungen und Wirkungen untersucht. Während in der KMK-Studie DESI die Kompetenzen im Wortschatz, dem Argumentieren, der Rechtschreibung am Ende der 9. Klasse und für die Bereiche Leseverstehen, Sprachbewusstheit und Textproduktion längsschnittlich vom Beginn zum Ende der 9. Klasse getestet und mithilfe von Fragebogen Aussagen zum Deutschunterricht erfasst wurden, standen in IMOSS die Schreibleistung in der Sekundarstufe I bei freier Aufgabenwahl und deren Erklärungen durch die Sozialisationsinstanzen Elternhaus und Schreibunterricht im Fokus. Dafür wurden mit weitgehend parallelisierten Schüler-, Eltern und Lehrerfragebogen sowie Lehrerinterviews Informationen zu den Bedingungen des Schreiberwerbs gewonnen.

---

[8] Diese Teilfähigkeit bezeichnet den funktionalen Einsatz orthographischer, morphologischer und morphosyntaktischer Mittel sowie die adäquate Interpunktion.

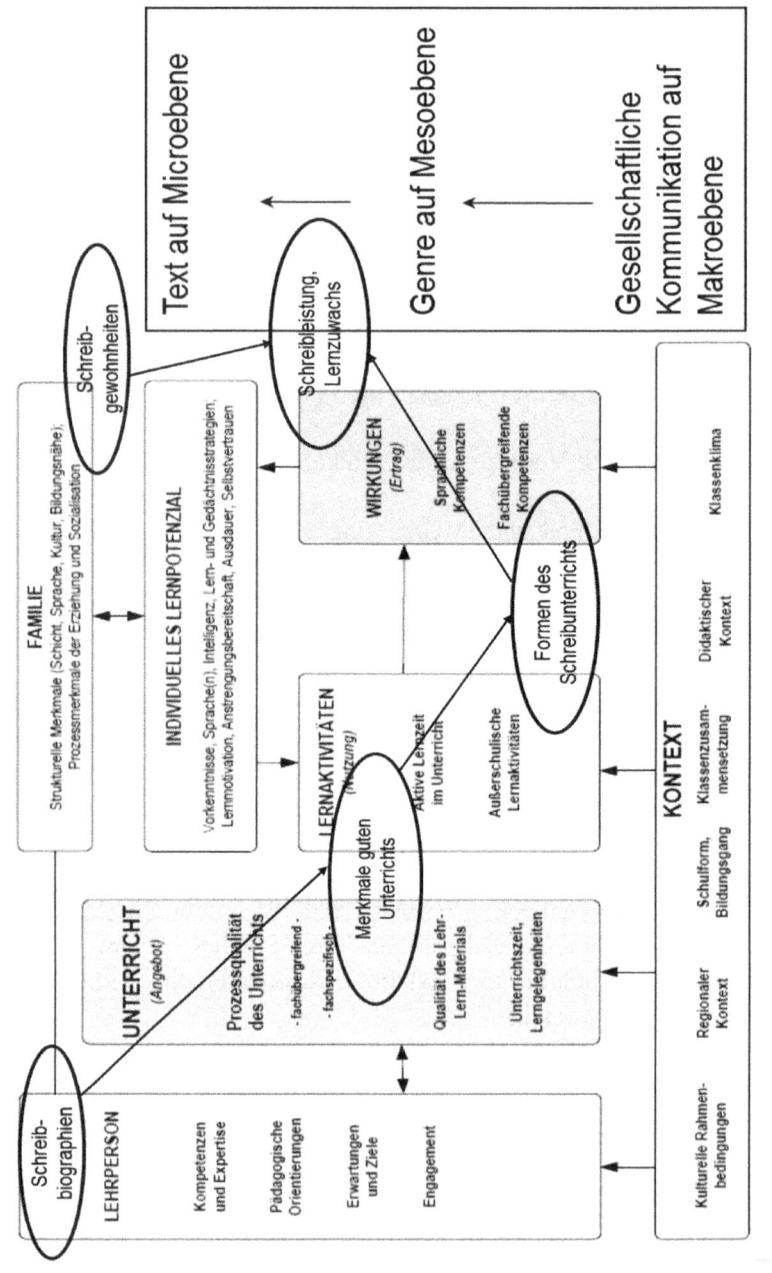

Abbildung 3. Adaption auf Rahmenmodell der Unterrichtswirksamkeit (Helmke & Klieme 2008, 302) für das Schreiben in IMOSS unter Berücksichtigung der Textebenen (rechtsseitige Ergänzung)

Das grundlegende Wirkmodell wurde dafür an das Rahmenmodell der Unterrichtswirksamkeit (Helmke & Klieme, 2008) angelehnt und für das Schreiben konkretisiert (s. Abbildung 3). Hierfür wurden in den ovalen Feldern die geprüften Konstrukte ergänzt und die Beziehungen zu den textlinguistischen Ansätzen der Genreforschung (rechte Seite) verdeutlicht. Die auf der Textebene bekannten individuellen Ergebnisse der Schreibenden können in ihren Rahmenbedingungen kontextualisiert und als outcomes hinsichtlich ihrer Entstehungsbedingungen analysiert werden. Auf diese Art und Weise konnte in Erweiterung der DESI-Erkenntnisse das Erwerbsprofil sowohl hinsichtlich des Gegenstandes als auch sozialisatorsicher Effekte geschärft werden, um die oben gestellten Hypothesen differenzierter prüfen zu können.

3.2 Beschreibungen der zugrunde liegenden Stichproben

In DESI wurden im Schuljahr 2003/04 ca. 10.500 Schüler getestet. Diese Stichprobe ist für Deutschland repräsentativ und Messung, Auswertungsverfahren und die abgeleiteten Kompetenzmodelle gelten immer noch als Referenzgröße im Schreibassessment. An diese sind die Ergebnisse der IMOSS-Stichprobe geankert. Für dessen Pilotierung wurden im Frühjahr 2009 567 Texte und Schülerkurzfragebogen in 5.-10. Klassen in Mecklenburg-Vorpommern getestet, das oben skizzierte Gesamtmodell wurde dann im Frühjahr 2010 an 62 Lernenden der Klassen 7-9 in Niedersachsen und Schleswig-Holstein geprüft. Zum tieferen Verständnis der Unterrichtsperspektive werden außerdem 20 Lehrerbefragungen aus einem Längsschnittprojekt zum Schreibunterricht und als Vertiefungsstichprobe drei Lehrerinterviews der IMOSS-Lehrer als Sprachaufnahmen und die dazugehörigen Lehrerfragebogen mit offenen Antwortformaten hinzugezogen.

3.3 Ergebnisse zur Textproduktion

Grundlegend sei hier vorangestellt, dass in beiden hier berichteten Studien die Texte hinsichtlich einer semantisch-pragmatischen und einer sprachsystematischen Teilkompetenz skaliert und auf die DESI-Mittelwerte von 500 mit einer Standardabweichung von 100 transformiert worden sind (Neumann 2007; Neumann & Matthiesen 2011). Somit sind die Ergebnisse direkt aufeinander abbildbar und auch gemeinsamen Fragestellungen zuführbar.

3.3.1 Aufgabenwahl

In DESI wurden vier verschiedene Aufgaben, in denen Briefe geschrieben werden mussten, getestet. Das Design folgte dabei einem Rotationsprinzip im Bildungsmonitoring, das keine Wahlfreiheit zuließ. Die Schreibenden der IMOSS-Stichprobe dagegen konnten aus acht angebotenen Schreibaufgaben eine zur Bearbeitung wählen. Diese Wahl sollten sie in einem freien Antwortformat begründen.

Die Aufgabenwahl fiel dabei sehr unterschiedlich aus: Die Schülerinnen und Schüler wählten durchschnittlich eine Aufgabe vor allem dann, wenn sie selbst erwarteten, sie meistern zu können.

Schulisch oft genutzte Textformen und verbreitete Themen wie z. B. Einladungsbriefe (N=260), Antwortschreiben mit einer Argumentation zum Sitzenbleiben (N=94) und Interpretationsansätze zu einem Gedicht (N=78) erwiesen sich dabei erwartbar als die am häufigsten gewählten. Unbekannte Textformen wie z. B. eine authentische Bildbeschreibung für einen Ausstellungskatalog (N=32), ein offizielles Reklamationsschreiben (N=29) und eine Argumentation zum Computer mit unbekanntem Empfänger (N=24) werden wegen der Unsicherheit mit dem Handlungsmuster deutlich seltener gewählt. Hier zeigen sich in der Vertrautheit vordergründig die schulischen Schreiberfahrungen.

Die Schreibenden wählen die Aufgabe nach eigenen Aussagen aus unterschiedlichen Motiven. Differenziell zeigt sich, dass schwächere Schreibende eher zu Aufgaben schreiben, die verständlich, kurz und einfach sind. Stärkere arbeiten eher zu solchen, bei denen sie Spaß, Interesse und Abwechslung empfinden oder ihre Fähigkeiten kreativ einsetzen können.

Tabelle 1. Anzahl der Aufgabenwahlen mit den jeweiligen Schwierigkeitsparametern für semantisch-pragmatische und sprachsystematische Teilkompetenzen [9]

Aufgabe	N	Leistungsanforderung Semantik-Pragmatik (M)	SD	Leistungsanforderung Sprachsystematik (M)	SD
DESI Reklamationsschreiben Computer	29	500	101	496	118
Gedicht Zidatis	78	495	110	497	98
Einladung	260	501	90	501	96
Argumentation Sitzenbleiben	94	515	105	501	6
Argumentation Computer	24	455	102	488	112
Bildbeschreibung	32	512	125	501	94
Ende Kurzgeschichte	30	502	99	492	164
Vermisstenmeldung	19	468	105	527	57

Die erste Hypothese lässt sich also als Orientierung an maximalen antizipierten Gelingensbedingungen in der Schule vor allem für die schwächeren Schreibenden bejahen. Stärkere Schreibende neigen eher dazu, ihre Fähigkeiten durch „Spiel" mit sprachlichen Formen und die Überwindung vorgegebener Muster zu erweitern. Ohne dass dies hinsichtlich der Erstsprache differenzierter analysierbar wäre (der Prozentsatz der nichtdeutschsprachigen Schreibenden in der Stichprobe aus Mecklenburg-Vorpommern lässt keine verlässlichen Aussagen zu), zeigt sich diese signifikante Leistungsdifferenzierung für die Gesamtstichprobe, die plausibel übertragbar ist: Für schwächere Schreibende sollten klar formulierte Schreibaufgaben zu bekannten Textformen von mittlerer Länge führen. Diese können dann hinsichtlich ihrer Qualität und der damit verbundenen Kompetenzen vergleichend betrachtet werden.

---

[9] In DESI werden alle Ergebnisse in der Textproduktion für zwei Teilskalen berichtet: Die Semantik/Pragmatik umfasst inhaltliche Kriterien und die Formen ihrer sprachlichen Ausführung, die Sprachsystemtatik beinhaltet die sprachliche Richtigkeit, jeweils unter einem kommunikativ-funktionalen Blick.

3.3.2 Mittelwertunterschiede für Teilfähigkeiten

Bei einer Fixierung auf die oben benannten Mittelwerte (500/100) zeigt sich in DESI, dass die Gruppe der nicht deutschsprachigen Jugendlichen mit etwa 2/3 einer Standardabweichung unter den Leistungen der ausschließlich deutsch sprechenden Kinder liegen. Für die IMOSS-Stichprobe ist der Unterschied numerisch nicht ganz so groß: Er liegt bei insgesamt etwas höheren Leistungen bei 1/3 einer Standardabweichung für den semantisch-pragmatischen bzw. 1/6 derselben für den sprachsystematischen Bereich. Immer liegen die Leistungen der DaZ-Lernenden unterhalb der Gesamtgruppe, wobei sie im Verlauf der DESI-Untersuchung im sprachpragmatischen Bereich weniger, im sprachsystematischen dagegen mehr (etwa 1/12 einer Standardabweichung) dazu gewinnen, ohne die Differenzen überwinden zu können. Damit gibt es zwar Veränderungen, vor allem im sprachsystematischen Bereich, die Unterschiede sind aber ziemlich stabil.

Damit ist auch die 2. Hypothese mit andauernden Leistungsrückständen grundsätzlich erst einmal bestätigt worden.

3.3.3 Differenzierte Ergebnisse: Teilleistungen – DESI

Ein vertiefter Blick auf die erfassten Einzelmerkmale zeigt, dass es offensichtlich Schwerpunktbereiche gibt, in denen die immer signifikanten Unterschiede zwischen deutschsprachig allochthonen und nicht deutschsprachigen Schreibenden größer und damit bedeutsamer sind als in anderen. Dies betrifft im Bereich der pragmatischen Teilkompetenzen vor allem die Wortwahl und den Textaufbau, weniger die inhaltlichen Aspekte und die stilistischen Ausführungen. Bei sprachsystematischen Aspekten sind die Unterschiede in der Wortgrammatik am größten, gefolgt von der Satzkonstruktion und der Orthographie (s. Tabelle 2).

Tabelle 2. Signifikante Unterschiede zwischen deutschsprachigen und nicht deutschsprachigen Schreibenden in einzelnen Textmerkmalen in DESI[10]

	Semantik & Pragmatik			
	Textaufbau	Wortwahl	Inhalt	Stil
deutsch	509	510	507	507
nicht deutsch	451	447	457	462
	Sprachsystematik			
	Wortgrammatik	Satzkonstruktion	Orthographie	
deutsch	510	508	504	
nicht deutsch	455	463	481	

Betrachtet man die Ergebnisse nach Herkunftssprachen differenziert, die in DESI mit ausreichender Größe erhoben werden konnten, dann lässt sich bei der schwierigsten Kategorie der Semantik/Pragmatik, der Wortwahl, festhalten, dass die polnischsprachigen leicht vor den russischsprachigen Jugendlichen liegen. Beide Gruppen schreiben aber besser als die südslawischen und vor allem die türkischen Neuntklässler, die hier gerade einmal 407 Punkte erreichen. Herauszustellende deutlichere Unterschiede im sprachsystematischen Bereich bestehen darin, dass bei in allen Gruppen vergleichbarer Orthographie die russisch- und türkischsprachigen Schreibenden vor allem in der Wortgrammatik unterstützt, während die Gruppe mit polnischer und südslawischer Familiensprache eher im Schwerpunkt der Satzkonstruktion gefördert werden sollten (Neumann 2010: 20).

Zusammenfassend lässt sich also festhalten, dass die Unterschiede zwischen deutschsprachigen und nicht deutschsprachigen Schreibenden einerseits für strukturelle (Muster-)Kategorien wie Textaufbau und die registeradäquate Wortwahl, andererseits für die sprachstrukturelle Grammatikskala gravierend sind. Diese unterliegen gesellschaftlich klar formulierten Erwartungen und Normen, die so in den Fokus der Schreibförderung rücken. Die 3. Hypothese kann damit auch als bestätigt gelten.

---

[10] Bei einem fixierten Mittelwert von 500 über die Gesamtkohorte unterscheiden sich die gemischt-sprachig Aufwachsenden bei etwas schwächeren Leistungen *nicht signifikant* von den allochthon deutschsprachigen und werden deshalb an dieser Stelle nicht berichtet.

4. Erklärungsversuche über Ergebnisse zur Sozialisation

4.1 Annahmen zu sozialisatorischen Effekten

Grundsätzlich wird den verschiedenen Sozialisationsinstanzen ein besonders hoher, aber unterschiedlicher prädiktiver Wert zugeschrieben. Für das Schreiben(lernen) zeigt sich ein sehr hoher anzunehmender Einfluss der Schule, da der produktive Umgang mit der Schriftsprache als Enkulturalisationsaufgabe in gesellschaftliche Anforderungen verstanden werden kann. Schreiben wird, wie oben dargestellt, als Einüben gesellschaftlicher Handlungsmuster in der Schule erworben. Dabei stellt sich immer wieder die Frage, ob Risikoschreibende aufgrund anderer sprachlicher Muster aus den Herkunftsgebieten die Bedeutung der Schriftlichkeit im deutschen Schulsystem unterschätzen, ob sie kumulativ negativ in ihren Familien und der Schule nicht für das Schreiben sozialisiert werden oder ob sie lediglich nicht über die adäquaten Schreibmodelle in ihrer Umgebung verfügen. Zur Prüfung dieser Annahmen werden im Folgenden die Daten der IMOSS-Stichprobe und IMOSS-Lehrerbefragung herangezogen.

4.2 Deskriptive Ergebnisse zur häuslichen Schreibsozialisation

Insgesamt sind keine systematischen Unterschiede bei sprachlich unterschiedlich sozialisierten Gruppen vorzufinden. Die nicht deutschsprachig aufwachsenden Jugendlichen können ihre Eltern nach eigenen Angaben prozentual etwas häufiger beim Schreiben beobachten, im Gegensatz zu 85% der allochthon deutschsprachigen gaben das aus dieser Guppe immerhin 95% der Lernenden an.

Darüber hinaus ist der einzige auffindbare signifikante Unterschied in der wahrgenommenen elterlichen Unterstützung aufzufinden. Jugendliche aus nichtdeutschen Elternhäusern erleben ihre Eltern häufiger als schreibunterstützend als die deutschsprachigen (MEAN 2,2 vs. 1,8). Konkret bedeutet dies, dass die Eltern ihre Kinder häufiger „belehren", „ermutigen", „unterstützen", „in einem ruhigen Gespräch" und „auf Anfrage unterstützen" und „mündlich korrigieren". Aus den offenen Antworten der Eltern wird deutlich, dass deren Orientierung dabei im Bewusstsein der Wichtigkeit des Schreibens für die weitere Entwicklung ihrer Kinder in der Erfüllung schulischer Normen liegt, also vorrangig auf der Textoberflächenebene, und der Kontrolle, ob überhaupt und leserlich geschrieben wurde. Allein nach den Aussagen der Jugendlichen, die durch den parallelisierten Elternfragebogen mit etwas geringerem Ausmaß auch gestützt sind, erhalten nicht deutschsprachige Schüler zu Hause häufiger diese Schreibunterstützung als deutschsprachige Lernende. Es bleibt aber die Frage nach der realen Qualität und Intention offen. Die Eltern orientieren sich an den schulischen Mustern und Erwartungen, wie sie sie von gesellschaftlicher Seite wahrnehmen, um Defiziten ihrer Kinder vorzubeugen oder diese zu kompensieren.

4.3 Schreiben in der Schule

4.3.1 Deskriptive Ergebnisse zum schulischen Schreiben – Unterricht

Die befragten Jugendlichen erleben durchschnittlich einen abwechslungsreichen Schreibunterricht, in dem verschiedene Schreibanlässe[11] und schreibdidaktische Verfahren[12] häufig eingesetzt werden. Diese führen zu einer allgemeinen Zustimmung der Lernenden zu dem von ihnen erlebten Schreibunterricht[13].
Einzige vorfindliche Unterschiede lassen sich an den Hauptschulen zeigen, an denen insgesamt weniger abwechslungsreiche Schreibanlässe erlebt werden. Eine Differenzierung nach Sprachgruppen ergab für keine der untersuchten Skalen verschiedene Wahrnehmungen. Geht man davon aus, dass sich die Risikogruppen, inklusive sprachlich schwacher Lernender, eher an den Hauptschulen befinden, könnte die berechtigte Frage nach fehlenden differenzierten Lernchancen durch eine Reduktion der geforderten Textformen gestellt werden. Solche musterbildenden Modelle adäquater zielsprachlicher Texte sind als Ziele der schriftsprachlichen Sozialisation, wie oben angemerkt, sowohl für die Schreibenden eine wichtige Orientierung als auch für die Eltern in ihrem Unterstützungsverhalten handlungsleitend.

---

[11] Aufsätze; eigene Geschichten; Diktate; Grammatikübungen; Lesetagebuch; kreative Texte im Literaturunterricht; Gedichte: α=.65, MEAN=0,53, STDDEV 0,1 bei dichotomen Variablen
[12] Textveränderungen; freies Schreiben, Schreiben nach Medienimpuls, Anknüpfen an Medienimpuls; Gedichte Schreiben, perspektivisches Schreiben, Schreibspiele, Textüberarbeitung (Partner), Textlupe, Schreibkonferenz: α=.84, MEAN=2,9, STDDEV 1,00 bei vierstufigen Variablen
[13] MEAN=2,8, STDDEV 0,55 bei vierstufigen Antworten

4.3.2 Erklärungsansätze durch Orientierungen der Lehrkräfte

Generell wurde in der Untersuchung der Lehrenden zum Schreibunterricht anhand offener Antworten ermittelt, dass diese unterschiedliche Orientierungen in Abhängigkeit von ihrer Ausbildung/ihrem Einsatzort an Grundschulen, Haupt-/Förder-/Berufsschulen oder Gymnasien haben. Dabei zeigen sich vor allem an den Grundschulen eher förder- und schreibstrategieorientierte Ansätze (7,2% und 11,4% aller Antworten bei ansonsten etwa 6%), während an den Haupt- und Berufsschulen schreibprozessorientiert (13,6%) gearbeitet wird.

Die Lehrer der Vertiefungsstichprobe betonen das Lernen am Modell, auch unter der Perspektive ihrer eigenen Entwicklung (s. Transkript 1).

Transkript 1: Beispiele für Lehreraussagen zum Lernen am Modell

Interview_ NO50WI27	Also, ich mache es manchmal so, dass ich, wenn ich den Schülern eine Aufgabe stelle, dass ich es nicht zuhause schon mache, sondern, quasi mit den Schülern zusammen, Schreiben entdecke.
Interview_ WI49GE03	Sie sagen immer, mir fällt nichts ein. Und ich versuch trotzdem immer mit Beispielen oder indem ich mal ein Vorbild bin oder wenn jemand mal was Gutes sagt, ihm das auch mitzugeben.

Die Wahrnehmung der Schüler eines abwechslungsreichen modernen Schreibunterrichts lässt sich, wenn auch weniger klar kategorisierbar, an den Aussagen der Lehrer der Vertiefungsstichprobe zeigen. Auf die Frage, was für sie einen guten Schreibunterricht ausmacht, antworteten die Lehrenden folgendermaßen divers (exemplarisch s. Transkript 2):

Transkript 2: Beispielantworten auf die Frage „Was macht für Sie einen guten Schreibunterricht aus?"

Interview_ WI49GE03	Indem man viel auch aktuelle Bezüge herstellt. Wir arbeiten viel über die Presse. Gucken wie es da aussieht, Artikel lesen und verstehen dann auch sowas wie gerade in der 9.Klasse Bewerbungen schreiben, eigene Meinungen, Argumentation zu schreiben.
Fragebögen\ WI49GE03	Sprachebenen, Adressat, alle Sinne einbeziehen, Kreativität fördern, Interessen einbeziehen, Texte würdigen, Text überarbeiten (Schreibkonferenz), RS/GR/Syntax, verschiedene Textsorten
Fragebögen\ NO46MA19	analytisch schreiben, Meinungen bilden, Perspektiven verändern, verschiedene Textformen behandeln,

Es zeigen sich hinsichtlich der Kategorisierung des professionellen Wissens nach Bromme (1997) alle Formen, also Fachwissen, Fachdidaktisches und Pädagogisches Wissen, vor allem aber auf die Sozialisation Einfluss nehmende Haltungen (s. Transkript 3:).

Transkript 3: Beispielantworten für fachwissenschafltich gestützte Haltungen

Interview_ NO50WI27	Ich glaube, man bringt seine Steckenpferde immer in den Unterricht mit ein und da kann man dann auch nicht aus seiner Haut fahren.
Interview_ WI49GE03	Aber ich habe den Eindruck, man kommt da nicht weiter. Ich glaube diese Sprachebene oder Entwicklung ist ja irgendwie so ein Fenster, das irgendwann zugeht und man kriegt da leider nicht mehr so ganz viel rein.
Interview_ WI49GE03	Weil ich immer erstaunt bin, wie viele Möglichkeiten man damit hat, was Sprache alles so kann. Das kann ich nur leider meinen Schülern nicht immer vermitteln (i. S. der Überforderung der HS, AN).

Es findet sich in allen Unterlagen aus den Lehrerbefragungen keine einzige Aussage zu einem sprachsensiblen, Mehrsprachigkeit berücksichtigenden Unterricht. Die befragten Lehrenden zeigen häufig eine allgemeinpädagogische Förderhaltung schreibspezifischer Anforderungen auf einer individuellen Ebene, greifen aber von sich aus das Thema sprachliche Heterogenität im Klassenzimmer gar nicht auf. Hier wird eine monolinguale Zielorientierung beim Schreiben für die gesellschaftlichen Anforderungen in Deutschland besonders deutlich.

Zusammenfassend kann festgehalten werden, dass die Lehrervorstellungen von einem guten Schreibunterricht und die entsprechenden Begründungen erheblich variieren, dabei aber maßgeblich durch die eigene primäre Sozialisation und grundsätzliche Haltung der Lehrenden bestimmt zu sein scheinen. Keiner der schriftlich befragten und interviewten Lehrenden nennt Differenzierungen hinsichtlich vorhandener Heterogenität und bewusste Entscheidungen im Umgang mit Risikogruppen explizit. Der zielsprachig deutsch monolinguale Habitus scheint die Schreibausbildung in der Sekundarstufe immer noch nachhaltig zu prägen.

4.4 Erklärungsmodell – Vergleich Elternhaus – Schule

Um das Verhältnis des Einflusses der aufgezeigten Sozialisationsinstanzen aufzuzeigen, wurden verschiedene Erklärungsmodelle geprüft. In multiplen Regressionsanalysen erwiesen sich für die untersuchte Stichprobe lediglich schulische Faktoren als erklärungskräftig (Neumann 2012: 79f.). Bei einer Varianzaufklärung von 79% für die semantisch-pragmatische und 72% der sprachsystematischen Teilkompetenz haben mit $\beta=.67/.59$ die Textlänge, mit $\beta=.60/.72$ die jeweils andere Teilkompetenz und mit $\beta=-.24/-.43$ die Deutschnote die größten Einflüsse auf die gezeigten aktuellen Schreibleistungen. Insgesamt sind also die leistungsstärkeren Deutschschüler die besseren Schreibenden längerer Texte. Der signifikante Einfluss des Geschlechtes ist mit $\beta=-.39$ nur noch auf die Sprachsystematik nachweisbar. Mädchen schreiben besser als Jungen. Ein Modell unter Berücksichtigung der Herkunftssprache kann keine weiteren Unterschiede in den Leistungen der Schreibenden erklären.

Zusammenfassend kann festgehalten werden, dass Schreibleistungen der Schüler, auch bei eigener Aufgabenwahl, stärker durch schulische Faktoren erklärbar sind als durch die häusliche Unterstützung. Im Vergleich zur Lesesozialisation zeigt sich damit, dass hier sozialisationstheoretisch konform eine „Überformung" durch die Institution Schule vorliegt und damit die schulische Schreibausbildung auch den häuslichen Zugriff auf Schrift deutlich beeinflusst. Unter Berücksichtigung der Tatsache, dass die befragten Lehrkräfte in den Sekundarschulen von sich aus keine sprachsensible Herangehensweise vertreten, sollte diese Erkenntnis zu neuen Ansätzen in Aus- und Fortbildung führen.

5. Zusammenfassung und Ausblick

In dem vorliegenden Artikel wurden Ergebnisse mehrerer Projekte der Schreibforschung hinsichtlich der Zielgruppe DaZ-Lernende reanalysiert und eingeordnet. Dabei wurde der Versuch einer differenzierten Darstellung der Erkenntnisse aus Leistungs- und Sozialisationsperspektive für Schüler, Eltern und Lehrer unternommen, die in ein gemeinsames Erklärungsmodell mündeten:

Es konnte anhand der DESI-Daten gezeigt werden, dass für allochthon deutschsprachige und nicht deutschsprachige Jugendliche unterschiedliche Leistungen und Leistungsentwicklungen nachweisbar sind. Besonderer

Förderbedarf besteht für letztere in den Bereichen, die für adäquate Funktionalität der Texte im deutschsprachigen Gesellschaftssystem nötig sind. Dafür muss ein spezifisches Genrewissen aufgebaut werden, dass sich in schulischen Textformen zeigen kann. Hier sollten die Wortwahl und der Textaufbau genauso wie wortgrammatische oder satzgrammatische Konstruktionen im Fokus stehen. Die nachgewiesenen Effekte sind als gruppenspezifisch durchschnittliche zu verstehen und müssen für den jeweils konkreten Schreibenden aktuell geprüft werden. Diese Sensibilität ist vor allem geboten, wenn man bedenkt, dass die Entwicklungsverläufe nachweislich in einzelnen Klassen verschieden sind[14] und individuell diskontinuierlich verlaufen (Neumann 2011: 177).

Die in der beschriebenen Stichprobe aus IMOSS untersuchten sozialisatorischen Effekte beruhen auf verhältnismäßig kleinen Fallzahlen, sodass kumulative Effekte schwer nachweisbar sind. Interpretationen der Daten können als vorfindliche IST-Zustände in dieser spezifischen Untersuchung genutzt werden, um allgemeine Schreibmodelle zu bestätigen und weitere Forschungsdesiderate zu generieren. Auf deskiptiver Ebene lassen sich dabei interessante Tendenzen erkennen. Es zeigt sich, dass Schreiben als Kulturtechnik deutlich durch die Institution Schule und deren Schreibunterricht überformt ist (vgl. Neumann 2012), aber in Abhängigkeit von Vorlieben und allgemeiner Schülerorientierung der Lehrer verschieden gelehrt wird. Diesen Fakt berücksichtigend brauchen wir mehr Forschung im Spannungsfeld von differenzieller Kompetenzstrukturmessung und schulischer Sozialisation, um eine passgenaue Förderung für heterogene Schreibergruppen jeweils in der „zone of proximal development" (vgl. Vygotsky 1987) anbieten zu können.

Die eingesetzten Instrumente evozierten eventuell sozial erwünschte Antworten. Dies allerdings ist durch die hohen Übereinstimmungen in den Antworten zwischen Eltern und Kindern, Kindern und Lehrern klar kontrolliert. Diese hohen Übereinstimmungen könnten allerdings auch als das gemeinsam geteilte, schulisch geprägte Wissen über Schreiben in der Gesellschaft verstanden werden. Da die gesellschaftliche Bedeutung des Schreibens allen bewusst ist, sind differenzierte Effekte für die Erklärungen der Leistungs- und Entwicklungsunterschiede hier schwer nachweisbar.

Diese Unterschiede sind den Lehrenden hinsichtlich einer individualisierten Perspektive auf die Lernenden bewusst, allerdings nicht auf spezifische Risikogruppen ausgerichtet. Die exemplarischen Lehrerantworten

---

[14] In DESI gibt es in 42% der Klassen einen Leistungsrückgang, in 5% eine Stagnation und in 53% ein Leistungswachstum.

in den Fragebogen und Interviews zeigen eine weitgehende Unsystematik hinsichtlich der eigenen Positionierungen im Schreib-unterricht, die über Textarten und Verfahren hinausgehen. Die Funktionalität einer schreibdidaktischen Förderung muss hier vor allem auch in der Lehreraus- und -fortbildung vehement gestärkt werden. Für eine besondere Förderung der Schüler mit Deutsch als Zweitsprache ist eine durchgängige Sprachbildung (vgl. Gogolin, Lange, Hawighorst, Bainski et al. 2011) auch im schriftlichen Modus/im schulsprachlichen Register in allen Fächern nötig. Dazu brauchen wir eine neu aufgestellte Fach-Schreib-Beratung mit dem Fokus auf Schreib-Lern-Prozesse, die eben nicht nur, aber auch die Deutschlehrkräfte betrifft.

6. Literatur

Autorengruppe Bildungsberichterstattung (Hrsg.) (2012): *Bildung in Deutschland 2012*. http://www.bildungsbericht.de/daten2012/bb_2012.pdf (27.08.2012).

Becker-Mrotzek, Michael (2005): Das Universum der Textsorten in Schülersperspektive, In *Der Deutschunterricht:* 68-77.

BMBF (Hrsg.) (2004): *Konzeptionelle Grundlagen für einen Nationalen Bildungsbericht Non-formale und informelle Bildung im Kindes- und Jugendalter*. Berlin: BMBF.

Bromme, Rainer (1997): Kompetenzen, Funktionen und unterrichtliches Handeln des Lehrers. In Weinert, Franz E. (Hrsg.): *Psychologie des Unterrichts und der Schule*, Göttingen: 177–212.

DESI-Konsortium (Hrsg.) (2008): *Unterricht und Kompetenzerwerb in Deutsch und Englisch. DESI-Ergebnisse Band 2*. Weinheim: Beltz.

Ehlich, Konrad (2009): Unterrichtskommunikation. In Becker-Mrotzek, Michael (Hrsg.). *Mündliche Kommunikation und Gesprächsdidaktik*. Baltmannsweiler: Schneider: 327-348.

Engeström, Yrjö (1987): *Learning by Expanding: An activity-theoretical approach to developmentel research*. Helsinki: Orienta-Konsultit.

Gogolin, Ingrid; Lange, Imke; Hawighorst, Britta; Bainski, Christiane; Rutten, Sabine & Saalmann, Wiebke (2011): *Durchgängige Sprachbildung. Qualitätsmerkmale für den Unterricht*. Münster: Waxmann.

Grabowski, Joachim; Balbusch, Cora & Lorenz, Thorsten (2007): Welche Schreibkompetenz? Handschrift und Tastatur in der Hauptschule. In Becker-Mrotzek, Michael & Schindler, Kirsten (Hrsg.): *Texte schreiben*. Duisburg: Gilles & Francke: 41-61.

Helmke, Andreas & Klieme, Eckhard. (2008): Unterricht und Entwicklung sprachlicher Kompetenzen. In DESI-Konsortium (Hrsg.): *Unterricht und Kompetenz-*

erwerb in Deutsch und Englisch. Ergebnisse der DESI-Studie. Weinheim/Basel: Beltz: 301-312.

Klieme, Eckhard (2008): Systemmonitoring für den Sprachunterricht. In DESI-Konsortium (Hrsg.): *Unterricht und Kompetenzerwerb in Deutsch und Englisch. Ergebnisse der DESI-Studie.* Weinheim/Basel: Beltz: 1-10.

Klieme, Eckhard; Artelt, Cordula; Hartig, Johannes & Jude, Nina (Hrsg.) (2010): *PISA 2009: Bilanz nach einem Jahrzehnt.* Münster: Waxmann.

Prenzel, Manfred; Sälzer, Christine; Klieme, Eckhard & Köller, Olaf (Hrsg.) (2013): *PISA 2012. Fortschitte und Herausforderungen in Deutschland.* Münster: Waxmann.

Köller, Olaf; Knigge, Michael & Tesch, Bernd (Hrsg.) (2010): *Sprachliche Kompetenzen im Ländervergleich.* Münster: Waxmann.

Lehmann, Rainer H. & Peek, Rainer (1997): *Aspekte der Lernausgangslage von Schülerinnen und Schülern der fünften Klassen an Hamburger Schulen. Ergebnisse über die Untersuchung im September 1996.* Hamburg: Behörde für Bildung und Sport.

Lehmann, Rainer H.; Gänsfuß, Rüdiger & Peek, Rainer (1999): *Aspekte der Lernausgangslage und der Lernentwicklung von Schülerinnen und Schülern an Hamburger Schulen – Klassenstufe 7. Bericht über die Untersuchung im September 1998.* Hamburg (unveröffentlichter Forschungsbericht).

Lehmann, Rainer H.; Peek, Rainer; Gänsfuß, Rüdiger & Husfeldt, Vera (2002): *Aspekte der Lernausgangslage und der Lernentwicklung – Klassenstufe 9. Ergebnisse einer Längsschnittstudie in Hamburg.* Hamburg: Behörde für Bildung und Sport.

Lehmann, Rainer H.; Hunger, Susanne; Ivanov, Stanislav & Gänsfuß, Rüdiger (2004): *Aspekte der Lernausgangslage und der Lernentwicklung – Klassenstufe 11. Ergebnisse einer Längsschnittuntersuchung in Hamburg.* Hamburg: Behörde für Bildung und Sport.

Limbird, Christina & Stanat, Petra (2006): Sprachförderung bei Schülerinnen und Schülern mit Migrationshintergrund: Ansätze und ihre Wirksamkeit. In Baumert, Jürgen; Stanat, Petra & Watermann; Rainer (Hrsg.): *Herkunftsbedingte Disparitäten im Bildungswesen: Differenzielle Bildungsprozesse und Probleme der Verteilungsgerechtigkeit.* Wiesbaden: VS Verlag für Sozialwissenschaften: 257-307.

Neumann, Astrid (2012): Blick(e) auf das schulische Schreiben. Erste Ergebnisse aus IMOSS. *Didaktik Deutsch (32):* 63-85.

Neumann, Astrid (2010): Subgruppenanalysen der Schreibfähigkeiten anhand der Ergebnisse der DESI-Studie. In Neumann, Astrid & Domenech, Madeleine (Hrsg.): *Paradoxien des Schreibens in der Bildungssprache Deutsch.* Hamburg: Kovač: 9-37.

Neumann, Astrid (2007): *Briefe schreiben in Klasse 9 und 11: Beurteilungskriterien, Messungen, Textstrukturen und Schülerleistungen.* Münster: Waxmann.

Neumann, Astrid (2011): Lernfortschritte in komplexen Arrangements - Schreibkompetenzen messen. In Glässing, Gabriela; Schwarz, Hans-Hermann & Volkwein, Karin (Hrsg.): *Basiskompetenz Deutsch in der Oberstufe*. Weinheim/Basel: Beltz: 166-180.

Neumann, Astrid & Lehmann, Rainer H. (2008): Schreiben in Deutsch. In DESI-Konsortium (Hrsg.): *Unterricht und Kompetenzerwerb in Deutsch und Englisch. Ergebnisse der DESI-Studie*. Weinheim/Basel: Beltz: 89-103.

Neumann, Astrid & Matthiesen, Freya (2011): *Indikatorenmodell des schulischen Schreibens (IMOSS). Testdokumentation 2009, 2010*. Lüneburg: didaktikdiskurse.

Neumann, Marko; Trautwein, Ulrich; Schnyder, Inge; Niggli, Alois; Lüdke, Oliver & Cathomas, Rico (2007): Schulformen als differenzielle Lernmilieus. In *Zeitschrift für Erziehungswissenschaft* (3): 399-420.

Russel, David R. (2010): Writing in multiple contexts. In Bazerman, Charles; Krut, Robert; Lunsford, Karen; McLeod, Susan; Null, Suzie; Rogers, Paul; Stansel, Amanda (Eds.): *Traditions of Writing Research*. New York/London: Routledge: 353-364.

Stanat, Petra; Pant, Hans A.; Böhme, Kathrin & Richter, Dirk (Hrsg.) (2012): *Kompetenzen von Schülerinnen und Schülern am Ende der vierten Jahrgangsstufe in den Fächern Deutsch und Mathematik. Ergebnisse des IQB-Ländervergleichs 2011*. Münster: Waxmann.

Vygotsky Lev S. (1987): Thinking and speech. In Rieber, Robert W. and Carton, Aaron S. (Eds.): *The collected works of L. S. Vygotsky: Problems of generell psychology*; Vol. 1. New York: Plenum: 39-285.

Walter, Oliver & Taskinen, Päivi (2008): Der Bildungserfolg von Jugendlichen mit Migrationshintergrund in den deutschen Ländern. In Prenzel, Man-fred; Artelt, Cordula; Baumert, Jürgen; Blum, Werner; Hammann, Marcus & Klieme, Eckhard (Hrsg.): *PISA 2006 in Deutschland. Die Kompetenzen der Jugendlichen im dritten Ländervergleich*. Münster: Waxmann: 343-374.

Sprachfähigkeit in der Domäne der Gesellschaftswissenschaften am Beispiel funktionaler Beschreibungen

Sven Oleschko

Der Beitrag diskutiert ausgehend von den Leitbegriffen Durchgängige Sprachbildung und Bildungssprache die Bedeutung der Sprachfähigkeit der Lernenden für die im Diskurs wenig beachtete Domäne der Gesellschaftswissenschaften. Dazu wird die kognitive und sprachliche Dimension des Operators beschreibe sprachwissenschaftlich und kognitionspsychologisch genauer ausgearbeitet und anschließend exemplarisch eine funktionale Beschreibung eines Schülers untersucht. Im Ausblick wird die Bedeutung der Sprachfähigkeit für die gesellschaftswissenschaftlichen Unterrichtsfächer diskutiert und es werden offene Fragen aufgezeigt.

1. Durchgängige Sprachbildung und Bildungssprache

Durchgängige Sprachbildung und *Bildungssprache* sind in der Diskussion um *Bildungsgerechtigkeit* verhandelte Leitbegriffe in verschiedenen Wissenschaftsdisziplinen. Diese Begrifflichkeiten stehen im Kontext der internationalen Schulvergleichsstudien, welche Bildungsdisparitäten nach Migrationshintergrund (auch verstanden als Konstrukt für Mehrsprachigkeit) und sozialer Herkunft für Deutschland (wieder) aufgezeigt haben.

Leitbegriffe verschwinden nach Reich (2013: 53) auch wieder, wenn die durch sie beschriebenen Probleme durch andere überholt werden oder sich deren Wahrnehmung verändert. Die Diskussion um Bildungsungleichheit in Deutschland ist dabei keineswegs erst durch die vergleichenden Bildungsstudien entfacht worden, sondern hat durch diese vielmehr eine Fortschreibung erfahren.

Berendes et al. (2013: 18ff.) zeichnen u.a. das Konzept der Bildungssprache nach und verweisen dabei schon auf eine Arbeit aus dem 18. Jahrhundert. Eine stärkere Aufmerksamkeit gegenüber diesen und ähnlichen Begriffen lässt sich für die 1960er bis 1970er Jahre anhand von Forschungsarbeiten aufzeigen (bspw. Bernstein 1971). Hier wurde für den Zusammenhang zwischen Bildungsungleichheit und Schulleistung der Prädiktor Sprache in Linguistik, Erziehungswissenschaft und Soziologie verhandelt. Aus dieser Zeit werden auch im aktuellen Diskurs die meisten Anleihen gewonnen. Dabei besitze der Begriff der Bildungssprache bisher eine heuristische Funktion (vgl. Riebling 2013: 107). Die Herausforderung zur Entwicklung eines gemeinsamen Modells Bildungssprache wird u.a. in der Interdisziplinarität des Forschungsfeldes und Integration der unterschiedlichen Bezüge gesehen (vgl. Riebling 2013: 108).

Unterdessen ist innerhalb der linguistischen und erziehungswissenschaftlichen Forschung weitgehend unbekannt, „[w]elche Formen der Vermittlung welcher sprachlicher Mittel und Handlungsmöglichkeiten in Bildungsinstitutionen bei welchen Gruppen von Schülerinnen zu besonders guten Erfolgen beim Erwerb schulbezogener bildungssprachlicher Fähigkeiten und fachlicher Kenntnisse führen" (Redder & Weinert 2013: 10).

2. Funktionale Beschreibungen im gesellschaftswissenschaftlichen Fachunterricht

Die gesellschaftswissenschaftlichen Unterrichtsfächer sind im Kontext der erziehungswissenschaftlichen und linguistischen Forschung zur *Durchgängigen Sprachbildung* und *Bildungssprache* unterrepräsentiert, aber auch im Kontext der unterrichtssoziologischen Forschung wird vornehmlich der Mathematikunterricht mit der Reformulierung des Bernstein'schen Ansatzes in den Blick genommen (vgl. Gellert & Sertl 2012).

Nachfolgend soll der gesellschaftswissenschaftliche Fachunterricht (Geographie, Geschichte und Politik/Sozialwissenschaften) explizit zum Gegenstand der Darstellung werden. Dafür wird das noch als Desiderat formulierte fachspezifische sprachliche Handeln (vgl. beispielsweise Uesseler et al. 2013: 48) konkretisiert und für die Domäne der Gesellschaftswissenschaften aufgegriffen. Ansätze aus der Linguistik und Kognitionspsychologie werden dazu herangezogen, das sprachliche Handeln am Beispiel der funktionalen Beschreibung genauer darzustellen und zu analysieren.

Für die Wirklichkeitsaneignung in der Schule – mit zunehmender Ausdifferenzierung der Wissensbestände und Fächer in der Sekundarstufe I – gilt, dass diese „nun zunehmend praxisenthoben und rein sprachlich vermittelt [erfolgt], so dass die gnoseologische, d.h. die erkenntnisstiftende und wissenstransferierende Funktion von Sprache prägend wird" (Redder 2013: 109). Dadurch ergibt sich gerade für das sprachliche Handeln im Medium von Texten die Herausforderung, dass „Sprecher und Hörer nicht, wie beim Diskurs, kopräsent sind, so dass produktives und rezeptives Handeln von Sprecher und Hörer in verschiedenen Situationen geschieht und die gesamte Sprechsituation systematisch ‚zerdehnt' wird" (Redder 2013: 110). Diese Besonderheit des schriftsprachlichen Handelns gilt wiederum als bedeutsam bei schriftlichen Aufgabenlösungen im Sachfachunterricht, wenn dieser, wie der gesellschaftswissenschaftliche, vornehmlich mündlich orientiert ist und nur wenige Situationen zum Erlernen des fachspezifisch-schriftsprachlichen Handelns bereitstellt.

Die Beschreibung und ihre unterschiedlichen Ausprägungen (Prozess-, Gegenstands-, Personenbeschreibung ...) können als eine besondere Textsorte aufgefasst werden. Denn sie ist unter linguistischen Gesichtspunkten schwer zu fassen und kaum vergleichbar mit anderen. Dies wird unter anderem damit erklärt, dass zu diskutieren ist, ob Beschreibungen eigenständige Textsorten sein können, da ihnen die Selbstsuffizienz fehle, um eine kommunikative Funktion allein erfüllen zu können (vgl. Becker-Mrotzek & Böttcher 2008: 115). Für Becker-Mrotzek & Böttcher (2008: 115ff.) ist für Beschreibungen prototypisch, dass sie sich auf „wahrnehmbare Aspekte räumlicher Objekte, also die Oberflächen statischer Sachverhalte wie Personen, Tiere, Pflanzen, Landschaften, Städte, Gebrauchsgegenstände, Bilder und Ähnliches; mithin alles Sichtbare oder potenziell Sichtbare" beziehen. Physikalische oder chemische Prozesse seien natürliche Ereignisse, die beschrieben werden könnten; psycho-soziale Ereignisse hingegen seien Gegenstand von Erzählungen oder Berichten, da diese mit subjektivem Erleben verbunden seien. Weiter geben sie die kommunikative Funktion von Beschreibungen an, indem sie darauf verweisen, dass der Sprecher/Schreiber „dem Adressaten eine Vorstellung vom Aussehen eines Sachverhalts" vermittele (Becker-Mrotzek & Böttcher 2008: 116). Dazu gehöre, dass sich Beschreibungen auf das Sichtbare beschränken und auf Erklärungen, Interpretationen oder Deutungen verzichten (vgl. Becker-Mrotzek & Böttcher 2008: 116). Genauere Charakteristika exemplifizieren sie dann für eine Pflanzenbeschreibung, eine literarische Beschreibung und eine Wegbeschreibung.

Für den Deutschunterricht mögen diese Arten der Beschreibungen konstitutiv sein, für den Gesellschaftslehreunterricht sind sie es nicht. Hier stehen vielmehr Beschreibungen von Prozessen und Zusammenhängen innerhalb von Gesellschaftsstrukturen und der Aufbau von Gesellschaften im Vordergrund. Es wird also viel mehr auf die Inhalts- als auf die Gestaltebene rekurriert.

Feilke (2005: 51) führt aus, dass das Beschreiben „[w]eder literarisch noch enzyklopädisch, noch wissenschaftstheoretisch (...) im Sinne einer naiven Idee des Wahrnehmens und Beobachtens als bloße Deskription bestimmt werden kann". Das Beschreiben als sprachliches Handeln sei nach ihm immer in epistemologische Zusammenhänge eingebunden und sei epistemologisch produktiv (Feilke 2005: 52). Im Gegensatz zu Becker-Mrotzek & Böttcher definiert Feilke (2013: 54) das Beschreiben als „ein Erklären vor dem Hintergrund des sprachlich Bekannten". Er grenzt damit nicht das Beschreiben vom Erklären ab, sondern schafft eine hybride Form, indem er das Beschreiben als voraussetzungsreich ansieht. Dies ergebe sich für ihn dadurch, dass Beschreiben „vergleichend und unterscheidend Bezug nimmt auf sprachlich bereits etabliertes Wissen und auf diese Weise Relevanz markiert (…) Beschreiben heißt also immer auch: Hinausgehen über das Gegebene und Einordnen des Gegebenen in einen Sinnzusammenhang, in ein System von Typisierungen und Relevanzen" (Feilke 2005: 55/57). Dieses Charakteristikum ist für Feilke auch dafür verantwortlich, dass sich Erklärungen und Argumentationen in der Beschreibung wiederfinden. Denn um das als bekannt Wahrgenommene beschreiben zu können, bedarf es einer Veränderung, einer sprachlichen Markierung.

Ossner (2005: 68) argumentiert mit dem Begriff des Ordnungsmusters. Nach ihm sind deskriptive Texte „die Wiedergabe der Wahrnehmung durch den Schreiber und die Steuerung der inneren Wahrnehmung beim Leser" (Ossner 2005: 68). Er sieht die Beschreibung eng an Begriffe geknüpft und benennt die Funktion des Beschreibens in der Explikation „von begrifflich Verdichtetem mittels Begriffen" (Ossner 2005: 72). Daher müsse die Textsorte Beschreiben „aus ihrem Textsortengefängnis, das sie auf sachliche Sprache, Präsens etc. festlegt, befreit werden. Daher kann man mittels Erzählungen beschreiben und mittels Beschreibungen erzählen" (Ossner 2005: 73).

Redder (2013: 120ff.) versteht unter einer Beschreibung ebenfalls eine Sprachhandlung, welche oft supportiv Erläuterungen und Begründungen miteinschließe. Sie unterscheidet zwischen Beschreibung und funktionaler Beschreibung. Die funktionale Beschreibung sei nach „der Funktion der beschriebenen Einzelelemente organisiert und übersteigt insofern die reine Wahrnehmungsorientierung der sprachlichen Wiedergabe" (Redder 2013: 120).

Es zeigt sich, dass die Merkmale einer Beschreibung innerhalb der Textlingusitik und Deutschdidaktik bereits umstritten sind, mit der Erweiterung und Einschreibung einer Domänenspezifität – wie die der gesellschaftswissenschaftlichen Unterrichtsfächer – ergeben sich nun weitere Herausforderungen. Denn die scheinbar so klaren Merkmale und

Abgrenzungen wie sie Becker-Mrotzek & Böttcher aufzeigen, scheinen nach Feilke, Ossner und Redder zu verwerfen zu sein.

Im gesellschaftswissenschaftlichen Fachunterricht werden eine Vielzahl von visuellen Darstellungen (Fotos, Gemälde, Skulpturen, Karten, Informationsgrafiken ...) eingesetzt. In der Regel werden Beschreibungen zu diesen unterschiedlichen Typen über Aufgabenstellungen von den Lernenden verlangt. Dabei unterscheiden sich die einzelnen Bildtypen hinsichtlich ihrer geforderten Beschreibeleistung. Denn einige von ihnen (Fotos, Gemälde, Skulpturen) können und sollen auf das Sichtbare hin wiedergegeben werden und andere (Karten, Schaubilder) sollen eher in stärkere epistemologische Zusammenhänge beschrieben werden. Damit bewegt sich dieser Fachunterricht zwischen den verschiedenen Verständnissen der oben skizzierten Autoren. Die Beschreibung im gesellschaftswissenschaftlichen Fachunterricht ist damit u.a. auch vom eingesetzten Bildtyp abhängig.

Schaubilder werden für unterschiedliche abstrakte und komplexe Prozesse (Wahlablauf, Gesellschaftsaufbau, Wasserkreislauf, gesellschaftliche Abhängigkeiten ...) eingesetzt und verlangen von den Lernenden, dass diese sich auf die Inhaltsdimension konzentrieren. Die Beschreibung eines solchen speziellen Bildtyps durch Lernende ist meinem Wissen nach in keiner Arbeit berücksichtigt. Dabei sind die möglichen sprachlichen Herausforderungen, die sich hieraus für Lernende ergeben können, für den Fachunterricht von Interesse. Denn bisher kann nicht beantwortet werden wie die Versprachlichung des Wahrnehmungseindrucks und der externen Repräsentation eines mentalen Modells zu solchen Bildern sich bei Lernenden vollzieht und wie dies sprachlich markiert bzw. rekonstruiert werden kann. Dabei sind Schaubilder bereits im Grundschulunterricht (Wasserkreislauf) zu finden und werden dann in den Schulbüchern der einzelnen Bezugsdisziplinen für die Sekundarstufe I von Anfang an (ab der 5. Klasse) eingesetzt.

3. Bildwahrnehmung, -verarbeitung und -beschreibung – ein prozessorientiertes Modell

Damit die Domänenspezifität und das sprachliche Handeln im Kontext gesellschaftswissenschaftlicher Unterrichtsfächer genauer gefasst werden können, werden nun die kognitive Dimension und die sprachliche Aktivität (vgl. Thürmann 2012: 8) einer funktionalen Beschreibung mit Hilfe des bereits vorgelegten Modells von Oleschko (2013: 120) genauer analysiert.

Dieses Modell versteht sich bisher als heuristische Herangehensweise an den Zusammenhang zwischen Bildwahrnehmung, Bildverarbeitung und Bildversprachlichung. Es greift Ansätze aus der Kognitionspsychologie und Linguistik auf und modelliert einzelne getrennt voneinander beschriebene Prozessebenen.

Die fachdidaktische Beschäftigung innerhalb gesellschaftswissenschaftlicher Bezugsdisziplinen zur sprachlichen Besonderheit und dem engen Zusammenhang von Inhalt und Sprache ist hingegen bisher als indifferent zu bezeichnen (vgl. Hartung 2013: 349).

3.1 Bildwahrnehmung und Bildverarbeitung als interne (mentale) Aktivität

Bildwahrnehmung ist die Voraussetzung zur intensiveren Auseinandersetzung mit den vom Rezipienten wahrgenommenen Bedeutungseinheiten. Dabei kann sie in zwei Prozesse unterschieden werden: präattentiv und attentiv. Der präattentive Prozess bezeichnet visuelle Routinen, die automatisiert und entlang von Wahrnehmungsgesetzen ablaufen. Diese unterliegen keiner bewussten Steuerung und sind auch kaum vom Vorwissen des Rezipienten beeinflusst. Die tiefere Verarbeitung von wahrgenommenen Bildelementen wird als attentiver Prozess bezeichnet. Hier werden die vom Rezipienten als bedeutsam erachteten Bildelemente einer bewussten und zielgerichteten Analyse unterzogen. Durch die Verarbeitungstiefe werden somit auch unterschiedliche Anforderungen an das Vorwissen des Rezipienten gestellt (vgl. Horz 2009: 111).

Klotz (2005: 79) versteht das Beschreiben als „eine rationale Form der Wahrnehmung" und weist darauf hin, dass sie zwischen Bekanntem (‚Gewußtem') und Unbekanntem (‚Neuentdeckung') liege. Allerdings argumentiert er auch, dass es Wahrnehmung an sich nicht gebe, sondern sie bereits das Ergebnis eines Lernprozesses darstelle (vgl. Klotz 2005: 80).

> „(...) Wahrnehmung [steht] nicht am Anfang, sondern [ist] bereits eine Folge, und zwar als Komplementäreffekt zu einer Sinnesfähigkeit, die bei aller phylogenetischen Disposition bereits ihre individuellen und kulturellen Konturen durch ontogenetische Erfahrungen hat und die auf ein solches Funktionsgefüge hin angelegt ist" (Klotz 2005: 81).

Aus dieser Einsicht heraus fordert Klotz, die Aufmerksamkeit vor der Wahrnehmung zu betrachten. Unter Aufmerksamkeit wird in der Psychologie ein selektiver Prozess verstanden; bestimmte Aspekte erhalten eine

Beachtung und andere wiederum werden ignoriert. Dies hat Auswirkungen auf die Wahrnehmung. Denn die Aufmerksamkeit bestimmt, was der Rezipient beachtet und dies steht in engem Zusammenhang zu dem Wissen, welches vorausgesetzt werden kann und welches noch erworben werden muss (vgl. Woolfolk 2008: 312). Junge Lernende sind vor die Herausforderung gestellt, ihre eigene Aufmerksamkeit auf bestimmte Bedeutungseinheiten zu fokussieren und gleichzeitig zu erkennen, zu welchen Einheiten sie Vorwissen haben und welches Wissen ihnen noch fehlt.

Hierdurch wird deutlich, dass Aufmerksamkeit und Wahrnehmung keine Prozesse sind, die jeder unbewusst beherrscht, sondern für die Bildverarbeitung können sie als voraussetzungsreich bezeichnet werden. Damit stellen sie Lernprozesse dar, die den Erwerb eines hinreichenden Wissens um diese Prozesse und den strategischen Einsatz erforderlich machen.

Dass die Welt nur mit Begriffen aus bekannten Kategorien erlebbar sei, darauf weist auch Anderson (2013: 104) hin. Es ist somit also kaum möglich, das zu benennen, was nicht gewusst wird. Neue Wissensbestände in der Schule zu erwerben, setzt das Benennen des Bekannten voraus. Dabei wird die Repräsentationsform Schema für das schlussfolgernde Denken über Konzepte in der Kognitionspsychologie diskutiert. Demnach sei in Schemata „kategoriales Wissen in Form einer Struktur von Slots (Leerstellen) repräsentiert; in diesen Slots sind die Ausprägungen verschiedener Attribute für die einzelnen Mitglieder einer Kategorie enthalten (…) Schemata sind Abstraktionen spezifischer Exemplare, die zu Schlussfolgerungen über Exemplare der in den Schemata repräsentierten Konzepte genutzt werden können" (Anderson 2013: 106-107). Schemata können also als abstrakte Wissensstrukturen aufgefasst werden, welche eine mögliche unüberschaubare Menge von Informationen strukturieren hilft und ein Muster oder eine Anleitung zur Repräsentation einer Gegebenheit / eines Begriffs darstellt (vgl. Woolfolk 2008: 322).

3.2 Bildbeschreibung als externe (verbale) Aktivität

Bildwahrnehmung und -versprachlichung sind als interne (mentale) Aktivitäten ausgeführt und diese sind nicht von selbst erfassbar, sondern nur dann, wenn sie wiederum in eine wahrnehmbare Form überführt werden. Die aus der Rezeption eines Bildes als bedeutsam markierte Einheit wird nur dann für andere erkennbar, wenn der Rezipient diese extern markieren kann. Dies findet in der Regel mit Hilfe von verbalen Aussagen (mündlich oder schriftlich) oder über andere Symbole (gemaltes Bild) statt. Es wird also notwendig, dass das Wissen und die Fähigkeit darüber vorhanden sind, wie Wahrnehmungseindrücke für andere erfassbar gemacht werden können. Dazu zählt, dass die gesellschaftlichen Konventionen erworben werden müssen, die für eine solche Sichtbarmachung gelten. Für einen zielgerichteten Austausch mit Mitgliedern der Gesellschaft wird also ein verfügbares Wissen über diesen Common Sense benötigt. Denn wenn bestimmte Begriffe für wahrgenommene Bedeutungseinheiten nicht bekannt sind oder benannt werden können, ist die Wiedergabe von diesen für andere schwerer oder kaum nachvollziehbar. Hierdurch kann dann der Austausch über Bedeutungseinheiten und somit Wissensbeständen misslingen.

Im Kontext der Schule wird dieser Common Sense häufig vorausgesetzt, da er auch im Alltag von Bedeutung ist. Doch erfährt der Austausch über wahrgenommene Bedeutungseinheiten in einem Bild in der Schule eine andere Art der Auseinandersetzung. Hier gehört es zu den Aufgaben der Lernenden (in der Rolle des Rezipienten), dass sie zielgerichtet, in der Regel sprachlich vermittelt und domänenspezifisch adäquat, ihren Wahrnehmungseindruck bzw. ihr konstruiertes mentales Modell wiedergeben können. Klotz (2005: 87) führt aus, dass „Wahrnehmung nicht einfach durch Versprachlichung dem Bewußtsein zugänglich wird, sondern daß dem vorgelagert ein Wissen um die Wahrnehmungsweisen notwendig wird". Ähnlich argumentiert auch Bernhardt (2007: 432), der von heterogenen Bildlesegruppen im Kontext des schulischen Geschichtsunterrichts spricht. Er weist auch darauf hin, dass viele Lernende subjektiv bestimmen, wann sie ein Bild verstanden haben (vgl. Bernhardt 2011: 43). Dies deckt sich mit der Schlussfolgerung in der Arbeit von Klotz (2005: 92), welcher ebenfalls deutlich macht, dass die Beschreibung nicht objektiv ist, sondern „graduell subjektbezogen und in die kulturelle Determiniertheit des Subjekts eingebunden".

Horn & Schweizer (2010: 190) weisen im Rahmen ihrer geographiedidaktischen Studie zum „Einfluss von personalen Faktoren von Lehramtsstudierenden der Geographie auf den Prozess der Konzeptveränderungen" darauf hin, dass gerade die Alltagsvorstellungen der Lernenden für den Unterricht die Interpretationsschemata darstellen, mit denen diese „alles deuten, was im Unterricht behandelt wird". Hier zeigt sich dann eine Abweichung zwischen der fachwissenschaftlichen Ansicht und der durch die Lernenden mitgebrachten. Diese Abweichung hat somit auch Einfluss auf den Sprachgebrauch. Denn das präzise Benennen, das Verwenden von Fachbegriffen, die domänenspezifischen Sprachstrukturen in der Schriftlichkeit, sind ebenfalls Bereiche, in denen die Alltagskonzepte der Lernenden in Fachkonzepte zu überführen sind (conceptual change). Die Versprachlichung einer Bildwahrnehmung in der Schriftlichkeit muss bestimmte Charakteristika erfüllen. Diese müssen die Lernenden ebenso wie die Bildwahrnehmung kennen und in hinreichend vielen Lernsituationen anwenden lernen.

Und hier stellt sich die Frage, welchen Orientierungsrahmen für schriftliche Beschreibungen die Lehrkraft vorgibt. Gibt es ein enges Verständnis, so wie es beispielsweise bei Becker-Mrotzek & Böttcher (2008) zu finden ist oder wird die Beschreibung eher mit Feilke (2005), Klotz (2005), Ossner (2005) und Redder (2013) durch ein weites Verständnis konstituiert?

Im gesellschaftswissenschaftlichen Unterricht ist das Wissen um zu produzierende Textsorten für Lehrende und Lernende notwendig. Denn Textsorten lassen sich „als Text-Schemata (Muster, Operationspläne) auffassen, welche in der Sozialisation anhand guter Exemplare (Prototypen) angeeignet werden" (Wolski 1999: 459). Wie weiter oben dargestellt, sind Schemata notwendig, um kategoriales Wissen zu strukturieren und abrufen zu können. Die Lernenden können die Charakteristika von schriftlichen Beschreibungen nicht über implizite Kriterien antizipieren, sondern müssen die Muster offengelegt bekommen, um so in die geforderte Schreibhandlung hineinwachsen zu können. Denn das Beschreiben im Alltag kann sich von dem Beschreiben im Fachunterricht, gerade dem schriftlichen Beschreiben von Schaubildern, sehr stark unterscheiden. Hier soll in der Regel nicht die Gegenständlichkeit, sondern die Inhaltsdimension des im Schaubild dargestellten Gegenstands für den Hörer/Leser wiedergegeben werden. Die Alltagsvorstellungen, die die Lernenden hierzu mitbringen, müssen nicht nur bezüglich des Fachwissens einen Conceptual Change erfahren, sondern auch bezüglich der sprachlichen Besonderheiten (die häufig mit der Darstellung und Verhandlung von Fachwissen einhergehen).

Da Arbeiten zum Beschreiben von Schaubildern in der Domäne Gesellschaftswissenschaften – wie weiter oben ausgeführt – fehlen, ist zu fragen, wie Lernende mit diesem für den gesellschaftswissenschaftlichen Fachunterricht typischen Bildtyp sprachlich umgehen können. Die konkrete Fragestellung der durchgeführten Untersuchung bezieht sich auf die Fähigkeit der Lernenden, eine schriftliche Beschreibung zu einem Schaubild aus der Domäne Gesellschaftswissenschaften zu produzieren. Dabei soll untersucht werden wie die Lernenden zentrale Bedeutungseinheiten einführen, diese für den Leser sprachlich markieren und welche Beschreibeleistung unter

Rückgriff auf die oben ausgeführte Literatur von den Lernenden realisiert wird.

4. Schriftliche Beschreibungen von Lernenden zu einem Schaubild

Im Juli 2013 wurden an einer Realschule in Nordrhein-Westfalen Textproduktionen von Lernenden aus den Jahrgängen 5, 8 und 10 erhoben. An der Untersuchung haben insgesamt 233 Lernende teilgenommen. Der Tabelle 1 ist die Zusammensetzung der Stichprobe nach Alter, Geschlecht und Erstsprache zu entnehmen.

Die eingesetzten Instrumente bestanden aus einer (1) offenen Aufgabe zur Schaubildbeschreibung und (2) einem Fragebogen zur Unterrichtsqualität (Teil 1) und Angaben zur sprachlichen und sozialen Herkunft (Teil 2). Im Rahmen dieses Beitrags wird lediglich eine Textproduktion zur offenen Aufgabe näher betrachtet.[1]

Tabelle 1: Stichprobenbeschreibung

Jahrgang	N	Alter M	Geschlecht männlich	weiblich	Erstsprache deutsch	nicht-deutsch
5	82	11,6	42 (51,9%)	39 (48,1%)	33 (41,2%)	47 (58,8%)
8	93	14,9	48 (52,2%)	44 (47,8%)	46 (50,5%)	45 (49,5%)
10	58	16,6	29 (50,0%)	29 (50,0%)	28 (48,3%)	30 (51,7%)

Aufgrund von bereits durchgeführten Studien (vgl. Oleschko 2014b) war bekannt, dass die Lernenden mit der typischen Aufgabenstellung zu visuellen Darstellung im berücksichtigten Fachunterricht (Beschreibe das Bild/Schaubild etc.) häufig überfordert waren. Daher ist die eigentliche Aufgabe zu dem eingesetzten Schaubild[2] durch eine Situierung verändert worden. Die Aufgabenstellung zu dem eingesetzten Schaubild lautete: „Ein Schulbuch kann das dargestellte Bild nicht abdrucken, sondern nur eine

---

[1] Weitere Ergebnisse zu den erreichten Textniveaustufen und weitere Analysen sind in Oleschko (2014a) dargestellt.
[2] Das Schaubild entstammt einem Politikschulbuch für die Jahrgänge 5/6 in NRW (vgl. Brockhausen 2011: 159.) und kann online unter http://flashbook.schroedel.de/demo kratie-heute-2011-nrw-978-3-507-11035-9#/160 eingesehen werden (letzter Aufruf: 01.03.2014).

Beschreibung von diesem Bild. **Beschreibe bitte das Bild so, dass es in einem Schulbuch abgedruckt werden kann.** Denke daran, dass die Leser nur deine Beschreibung vor sich liegen haben und nicht wissen, wie das Bild aussieht. Die Leser möchten aber wissen, was du darauf erkennst und was dargestellt ist." Es kann diskutiert werden, ob diese Situierung und Veränderung der Aufgabenstellung zielführend ist. Es sollte den Lernenden ermöglicht werden, dass ihre geforderte Aufmerksamkeit auf die eigentliche Sprachhandlung und die Darstellung der als bedeutsam erachteten Bedeutungseinheiten fokussiert wird.

5. Analyse einer Textproduktion

Nachfolgend wird der Text eines Schülers genauer analysiert. Dieser ging zum Zeitpunkt der Erhebung in eine achte Klasse (16 Jahre alt) und ist mehrsprachig vor Schuleintritt sozialisiert. Seine Familiensprache ist Niederländisch und der Beginn des Deutscherwerbs begann laut eigenen Angaben bevor er 6 Jahre alt war. Damit ist der Spracherwerb des Schülers als sukzessiv bilingual zu bezeichnen. Nachfolgend wird sein Textaufbau untersucht und seine Leserführung herausgearbeitet. Dazu wird der produzierte Text zunächst im Original dargestellt (siehe Abbildung 1) und dann die genannten Aspekte expliziert.

Der Text beschreibt in zwei Teilen den auf dem Schaubild dargestellten Wasserkreislauf. Der Verfasser gibt dabei keinen Wahrnehmungseindruck wie „Links ist eine blaue Fläche ..." wieder, sondern beschreibt den durch ihn wahrgenommenen Kreislauf des Wassers. Damit ist dieser Text der Kategorie funktionale Beschreibung zuzuordnen. Innerhalb dieser formuliert der Verfasser zunächst einen Einleitungssatz, indem er den Leser darauf hinweist, was auf dem ‚*Bild*' dargestellt ist (‚*Wasserkreislauf*'). Im nächsten Satz führt der Verfasser die zentrale Bedeutungseinheit des Textes mit Nullartikel ein (‚*Wasser*'). Dabei markiert er sprachlich den Entstehungsort des Wassers (‚*einem Gebirge*') und leitet davon Teilprozesse des Wasserkreislaufes ab (‚*Bäche finden eine Zufuhr an einem Fluss*'). Im nächsten Satz führt er den Ausdruck ‚*Wasser*' durch den Gebrauch des definiten Artikels (‚*das*') als bekannt ein und konzentriert sich auf die Darstellung von Bedingungen und Folgen einzelner Teilprozesse im Wasserkreislauf. Das Vorwissen wird mit dem Ausdruck ‚*Hitze*', welcher nicht im Schaubild vorkommt, markiert und um eine Folge (‚*sammelt sich in den Wolken*') ergänzt. Durch die koordinierende Konjunktion ‚*und*' markiert er eine weitere Folge (‚*der Wind lässt die Wolken irgendwo hinfliegen*'). Mit ‚*die Wolken*' werden diese ebenfalls als bekannt eingeführt und als weiterer Teilprozess neben der Wassersammlung verknüpft. Nach dieser semantischen Einheit wird über die konditionale Konjunktion (‚*wenn*') eine weitere Bedingung formuliert, die zugleich auch als Ende des Kreislaufes verstanden werden kann. Denn der Verfasser rekurriert nun auf den Entstehungsort des von ihm beschriebenen Wasserkreislaufes (‚*wenn es im Gebirge regnet findet der Kreislauf von vorne*'). Der dritte Satz wird hier nicht mit einer Interpunktion abgeschlossen. Auch ist auffällig, dass das Präfix des trennbaren Verbes nicht eingeführt ist.

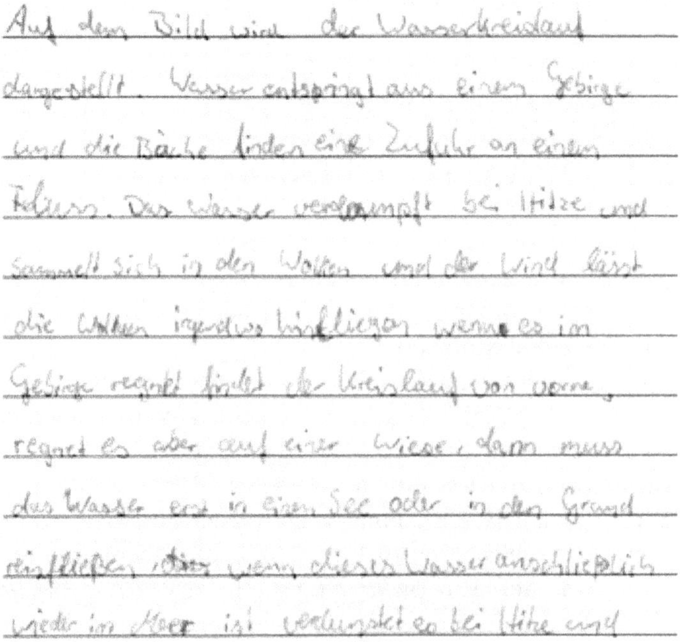

> Auf dem Bild wird der Wasserkreislauf dargestellt. Wasser entspringt aus einem Gebirge und die Bäche finden eine Zufuhr an einen Fluss. Das Wasser verdampft bei Hitze und sammelt sich in den Wolken und der Wind lässt die Wolken irgendwo hinfliegen wenn es im Gebirge regnet findet der Kreislauf von vorne, regnet es aber auf einer Wiese, dann muss das Wasser erst in einen See oder in den Grund einfließen, oder wenn dieses Wasser anschließlich wieder im Meer ist verdunstet es bei Hitze und der Kreislauf beginnt erneut.

Abbildung 1.   Ausgewählter Schülertext

Der im Gesamttext dritte Satz wird vom Verfasser nun weitergeführt, indem er mit einer adversativen Konjunktion (‚*aber*') einen Gegensatz einführt. Dieser Gegensatz ist auf inhaltlicher Ebene als neu zu beschreibender Kreislauf zu verstehen. Begann der erste Kreislauf im Gebirge, wird nun im Gegensatz dazu der Beginn an einem anderen Ort beschrieben (‚*auf einer Wiese'*). Hier wird ‚*Wiese*' mit unbestimmtem Artikel und somit für den Leser als unbekannt markiert. Im weiteren Verlauf gibt es eine rhematische Pronominalisierung (‚es' für ‚*das Wasser'*), welche die zentrale Bedeutungseinheit des Textes nach der Bedingungs-Folge-Ausführung wieder betont. Nun werden für den Wasserkreislauf mit abweichendem Entstehungsort erneut Bedingungen (‚*in einem See*' und ‚*in den Grund reinfließen*') genannt, welche die Folge (‚*verdunstet*') spezifizieren. Dieser immer noch dritte Satz des Textes ist dabei sprachlich weiter stark markiert. Der Verfasser nutzt erneut eine konditionale Konjunktion (‚*wenn*') und weist nun stärker mit Hilfe des Demonstrativpronomens ‚*dieses*' und der Rekurrenz ‚*Wasser*' auf die zentrale Bezugsgröße seines Textes hin. Auch im weiteren Verlauf des Satzes wird über die thematische Pronominalisierung (‚*es*') auf ‚*Wasser*' verwiesen. Diesmal allerdings sprachlich unauffälliger als bei der rhematischen Pronominalisierung. Dabei erhält der Teil (‚*verdunstet es bei Hitze*') eine zentrale Bedeutung. Denn der Verfasser gibt nun eine rechtsverzweigte Bedingung (‚*bei Hitze*') an, welche der Folge (‚*verdunstet*') über das Pronomen beigeordnet ist. Mit der koordinierende Konjunktion (‚*und*') leitet der Verfasser das Ende seines Textes ein. Hier verweist er – wie schon beim ersten beschriebenen Wasserkreislauf (der im Gebirge beginnt) – auf die Zirkularität des Prozesses (‚*beginnt erneut*') hin.

Insgesamt löst der Verfasser die Aufgabe der Schaubildbeschreibung, indem er das Schaubild bzw. den darin wahrgenommenen Prozess in zwei unterschiedliche Teilprozesse gliedert und dazu die Entstehungsorte (‚*Gebirge*' und ‚*Wiese*') als Legitimation nutzt. Über diese Strukturierungsleistung hinaus führt der Verfasser weitere Begriffe ein, die nicht durch das Schaubild bereitgestellt werden (im nominalen Bereich ‚*Gebirge*', ‚*Bäche*', ‚*Zufuhr*', ‚*Hitze*'; im verbalen Bereich stellt das Schaubild keinerlei Ausdrücke zur Verfügung). Mit Hilfe unterschiedlicher Konjunktionen (‚*und*', ‚*wenn*', ‚*aber*' und ‚*oder*') werden Zusammenhänge und Abhängigkeiten ausgedrückt. Für die Markierung von Bedingungen und Folgen führt der Verfasser zentrale Bedeutungseinheiten ein und kann diese aufeinander beziehen. Auch kann der erste Satz und der letzte Bestandteil des dritten Satzes als Rahmung verstanden werden. In beiden wird ‚*Wasserkreislauf*' bzw. ‚*Kreislauf*' eingeführt und so eine Verknüpfung auf Textebene geschaffen. Diese Verknüpfung ist neben der textlichen Rahmung auch der Fokus der Beschreibung.

6. Diskussion

Die Analyse des Schülertextes zeigt, dass dieser die Wiedergabe seiner wahrgenommenen Bedeutungseinheiten leserorientiert darstellen kann. Dazu hat der Schüler den komplexen Wasserkreislauf in zwei Teilkreisläufe unterteilt und greift dabei auf sprachliche Mittel zurück, welche für den Leser erkennbar machen, welche Informationen als neu und welche als bekannt zu verstehen sind. Das Schaubild stellt im nominalen Bereich Fachausdrücke bereit, die der Schüler bedingt in seinem Text nutzt. Im verbalen Bereich lassen sich durch das Schaubild keinerlei Angebote finden, die der Schüler nutzen kann. Hier greift er auf seine eigenen als adäquat zu verstehenden Ausdrücke zurück. Dabei zeigt sich, dass er einen als fachsprachlich zu bezeichnenden Sprachausdruck nutzt: z.B. *etw. entspringt* aus; *etw. findet* eine Zufuhr; *sammelt* sich in; in etw. *reinfließen*; *etw. beginnt* erneut.

Mit dieser exemplarisch ausgewählten Schülerlösung zeigt sich, dass die situierte Aufgabe, trotz eines expliziten Bezugs zur Markierung von Gegenständlichkeit, bei dem Lernenden zur Wiedergabe seines mentalen Modells in epistemologischen Zusammenhängen geführt hat. Er hat sich rein auf die Inhaltsebene und deren Darstellung konzentriert und dem Leser keinen expliziten Vorstellungsraum durch Angabe von aus der Bildoberfläche gewonnenen Bezugspunkten geboten, sondern ist direkt auf die Darstellung des Prozesses eingegangen. Die Steuerung des Lesers hat er durch die Wiedergabe seines Wahrnehmungseindrucks geleistet und damit vor dem Hintergrund des sprachlich Bekannten (vgl. Feilke 2005) diesen Sachverhalt mit Verzicht auf reine Deskription wiedergegeben.

Mit Bezug zu dem theoretisch benannten Dissens innerhalb der Sprachdidaktik, welcher mit einem Kontinuum zwischen der fehlenden Selbstsuffizienz (vgl. Becker-Mrotzek & Böttcher 2008: 115) der untersuchten Sprachhandlung und einer hybriden Form – supportiver Einschluss von Erläuterungen und Begründen (vgl. Redder 2013: 120) – benannt werden kann, wird weiter herauszuarbeiten sein, welches Verständnis von Beschreiben für den Sachfachunterricht in der Domäne der Gesellschaftswissenschaften gelten kann. Auf Grundlage der untersuchten Texte gilt für die funktionale Beschreibung von Schaubildern ein supportiver Einschluss von Erläuterungen und Begründungen als konstitutiv.

Die Entwicklung eines valide Diagnoseinstruments zur Bestimmung der Textqualität von schriftlichen Schaubildbeschreibungen stellt dabei eine weitere Herausforderung dar. Oleschko (2014a) verweist darauf, dass eine valide Messung der Textqualität zu schriftlichen Schaubildbeschreibungen weiterer Forschung bedarf. Denn aktuell liegt kein Instrument vor, welches testtheoretischen Ansprüchen genügen kann. Hier sind auch weitere Analysen zu der oben beschriebenen Stichprobe zu finden. Diese quantitativen Auswertungen zeigen, dass die schriftliche Beschreibung zu Schaubildern für alle Lernenden eine Herausforderung darstellt. Die durchgeführten Paarvergleiche der Mittelwerte mit Hilfe von t-Tests lassen erkennen, dass es keine statistisch signifikanten Unterschiede zwischen Jungen und Mädchen ($t(228) = 1.113$, $p = .267$) und auch nicht zwischen ein- und mehrsprachigen Lernenden ($t(226) = .912$, $p = .363$) gibt. Allerdings deutet die Interrater-Reliabilität von $\kappa = .52$ auf Unklarheiten des eingesetzten Diagnose-Instruments hin. Hier sind weitere Forschungsaktivitäten in Zusammenarbeit verschiedener Disziplinen (Sprachwissenschaft, Erziehungswissenschaft und Fachdidaktik) wünschenswert. Diese könnten sich im Forschungsverbund interdisziplinär den typischen Sprachhandlungen im Fachunterricht nähern und diese weiter kognitiv und performativ bestimmen. Mit dieser Grundlagenforschung wäre dann die Entwicklung eines validen Diagnose-Instruments für die untersuchte Sprachhandlung möglich und könnte erneut auf die oben beschriebene Stichprobe angewendet werden.

Eine weitere Konsequenz aus der oben beschriebenen Analyse besteht in der Formulierung von Aufgabenstellungen und der Zuordnung dieser über den eingesetzten Operator zu einem Anforderungsbereich. Der in der Untersuchung eingesetzte Operator *beschreibe* wird in allen Einheitlichen Prüfungsordnungen für das Abitur der berücksichtigen Bezugsdisziplinen (Geographie, Geschichte und Politik / Sozialwissenschaften) dem Anforderungsbereich I zugeordnet. Dieser Anforderungsbereich ist dadurch charakterisiert, dass die ihm zugeordneten Operatoren lediglich eine Reproduktionsleistung der Lernenden erfordern. Es ist aber erkennbar, dass der Operator *beschreibe* im Kontext des Aufgabeneinsatzes zu Schaubildern keine reine Reproduktion verlangt, sondern darüber hinausgeht. Der analysierte Schülertext zeigt deutlich, dass er die beschriebene Prototypik der reinen Deskription nicht beinhaltet, sondern vielmehr die Charakteristika der erläuterten weiten Beschreibungsverständnisse aufweist. Hier wird deutlich, dass eine Erforschung von Anspruchserwartungen zu dieser und weiteren Sprachhandlungen, die durch die einzelnen Anforderungsbereiche gefordert werden, notwendig sind. Denn der enge Zusammenhang zwischen Kognition und Sprache ist so bedeutsam, dass das fachliche und sprachliche Lernen nicht voneinander getrennt betrachtet werden kann.

Eine schriftliche oder mündliche Aufgabenlösung im Fachunterricht erfordert von allen Lernenden eine Sprachfähigkeit, welche ihnen ermöglicht, die zunehmende Ausdifferenzierung der Lerngegenstände angemessen zu erfassen und zu bearbeiten. Damit die fachspezifischen Sprachhandlungen des gesellschaftswissenschaftlichen Fachunterrichts näher bestimmt werden können, wäre eine stärkere Forschungsaktivität für diese Domäne wünschenswert.

7. Literatur

Anderson, John R. (2013): *Kognitive Psychologie*. Berlin: Springer.
Becker-Mrotzek, Michael & Böttcher, Ingrid (2008): *Schreibkompetenz entwickeln und beurteilen*. Berlin: Cornelsen.
Berendes, Karin; Dragon, Nina; Weinert, Sabine; Heppt, Birgit & Stanat, Petra (2013): Hürde Bildungssprache? Eine Annäherung an das Konzept "Bildungssprache" unter Einbezug aktueller empirischer Forschungsergebnisse. In Redder, Angelika & Weinert, Sabine (Hrsg.): *Sprach-förderung und Sprachdiagnostik. Interdisziplinäre Perspektiven*. Münster: Waxmann, 17–41.
Bernhardt, Markus (2007): Vom ersten auf den zweiten Blick. Eine empirische Untersuchung zur Bildwahrnehmung von Lernenden. *Geschichte in Wissenschaft und Unterricht* 58 (Heft 7/8): 417–432.
Bernhardt, Markus (2011): »Ich sehe was, was Du nicht siehst!« Überlegungen zur Kompetenzentwicklung im Geschichtsunterricht am Beispiel der Bildwahrnehmung. In Handro, Saskia & Schönemann, Bernd (Hrsg.): *Visualität und Geschichte*. Berlin: LIT, 37–54.
Bernstein, Basil (1971): Der Unfug mit der „kompensatorischen" Erziehung. In b:e-Redaktion (Hrsg.): *Familienerziehung, Sozialschicht und Schulerfolg*. Weinheim: Beltz Verlag, 21–36.
Brockhausen, Alfons (2011): *Demokratie heute – Politik*. Braunschweig: Bildungshaus Schulbuchverlage.
Feilke, Helmuth (2005): Beschreiben, erklären, argumentieren – Überlegungen zu einem pragmatischen Kontinuum. In Klotz, Peter & Lubkoll, Christine (Hrsg.): *Beschreibend wahrnehmen – wahrnehmend beschreiben. Sprachliche und ästhetische Aspekte kognitiver Prozesse*. Freiburg i.Br.: Rombach, 45–60.
Gellert, Uwe/Sertl, Michael (Hrsg.) (2012): *Zur Soziologie des Unterrichts. Arbeiten mit Basil Bernsteins Theorie des pädagogischen Diskurses*. Weinheim: Beltz Juventa.
Hartung, Olaf (2012): Sprache und konzeptionelles Schreibhandeln im Fach Geschichte. Ergebnisse der empirischen Fallstudie „Geschichte – Schreiben – Lernen". In Becker-Mrotzek, Michael; Schramm, Karen; Thürmann, Eike;

Vollmer, Helmut Johannes (Hrsg.): *Sprache im Fach. Sprachlichkeit und fachliches Lernen.* Münster: Waxmann, 335–352.

Horn, Michael & Schweizer, Karin (2010): Der Umgang mit Alltagsvorstellungen zu geographischen Begriffen – welchen Einfluss haben personale Faktoren von Lehramtsstudierenden der Geographie auf den Prozess der Konzeptveränderungen? In Reinfried, Sibylle (Hrsg.): *Schülervorstellungen und geographisches Lernen. Aktuelle Conceptual-Change-Forschung und Stand der theoretischen Diskussion.* Berlin: Logos, 189–211.

Horz, Holger (2009): Medien. In Wild, Elke & Möller, Jens (Hrsg.): *Pädagogische Psychologie.* Heidelberg: Springer, 103–134.

Klotz, Peter (2005): Die Wahrnehmung, die Sinne und das Beschreiben. In Klotz, Peter & Lubkoll, Christine (Hrsg*.): Beschreibend wahrnehmen – wahrnehmend beschreiben. Sprachliche und ästhetische Aspekte kognitiver Prozesse.* Freiburg i.Br.: Rombach, 79–98.

Oleschko, Sven (2013): »Ich verstehe nix mehr.« Zur Interdependenz von Bild und Sprache im Geschichtsunterricht. *Zeitschrift für Geschichtsdidaktik* 12: 108–123.

Oleschko, Sven (2014a): Lernaufgaben und Sprachfähigkeit bei heterarchischer Wissensstrukturierung. Zur Bedeutung der sprachlichen Merkmale von Lernaufgaben im gesellschaftswissenschaftlichen Lernprozess. In Ralle, Bernd; Prediger, Susanne; Hammann, Marcus; Rothgangel, Martin (Hrsg.): *Lernaufgaben entwickeln, bearbeiten und überprüfen – Ergebnisse und Perspektiven der fachdidaktischen Forschung.* Münster. Waxmann. Im Druck.

Oleschko, Sven (2014b): Fachliches und sprachliches Lernen im Politikunterricht – ein wechselseitiges Bedingungsgefüge. In Ziegler, Béatrice (Hrsg.): *Vorstellungen, Konzepte und Kompetenzen von Lehrpersonen der politischen Bildung. Beiträge zur Tagung „Politische Bildung empirisch 2012".* Zürich: Rüegger. Im Druck.

Ossner, Jakob (2005): Das deskriptive Feld. In Klotz, Peter & Lubkoll, Christine (Hrsg.): *Beschreibend wahrnehmen – wahrnehmend beschreiben. Sprachliche und ästhetische Aspekte kognitiver Prozesse.* Freiburg i.Br.: Rombach, 61–78.

Redder, Angelika (2013): Sprachliches Kompetenzgitter. Linguistisches Konzept und evidenzbasierte Ausführung. In Redder, Angelika & Weinert, Sabine (Hrsg.): *Sprachförderung und Sprachdiagnostik. Interdisziplinäre Perspektiven.* Münster: Waxmann, 108–134.

Redder, Angelika & Weinert, Sabine (2013): Sprachliche Handlungsfähigkeiten im Fokus von FiSS. Zur Einleitung in den Sammelband. In Redder, Angelika & Weinert, Sabine (Hrsg.): *Sprachförderung und Sprachdiagnostik. Interdisziplinäre Perspektiven.* Münster: Waxmann, 7–16.

Reich, Hans H. (2013): Durchgängige Sprachbildung. In Gogolin, Ingrid; Lange, Imke; Michel, Ute & Reich, Hans H. (Hrsg.): *Herausforderung Bildungssprache – und wie man sie meistert.* Münster: Waxmann, 55–70.

Riebling, Linda (2013): Heuristik der Bildungssprache. In Gogolin, Ingrid; Lange, Imke; Michel, Ute & Reich, Hans H. (Hrsg.): *Herausforderung Bildungssprache – und wie man sie meistert.* Münster: Waxmann, 106–153.

Thürmann, Eike (2012): Lernen durch Schreiben. *dieS-online*, 1: 1-28. Online Dokument unter http://geb.uni-giessen.de/geb/volltexte/2012/8668/pdf/DieS_online-2012-1.pdf (30.01.2014).

Uesseler, Stella; Runge, Anna; Redder, Angelika (2013): „Bildungssprache" diagnostizieren. Entwicklung eines Instruments zur Erfassung von bildungssprachlichen Fähigkeiten bei Viert- und Fünftklässlern. In Redder, Angelika & Weinert, Sabine (Hrsg.): *Sprachförderung und Sprachdiagnostik. Interdisziplinäre Perspektiven.* Münster: Waxmann, 42–67.

Wolski, Werner 1999: Fachtextsorten und andere Textklassen. In Hoffmann, Lothar u.a. (Hrsg.): *Fachsprachen.* Berlin/New York: de Gruyter, 457–468.

Woolfolk, Anita (2008): *Pädagogische Psychologie.* München: Pearson.

Puschkin und Podolski? – Schreiben in der Zweitsprache

Anja Ballis

In jüngerer Zeit werden Studien publiziert, die die mediale Sozialisation Jugendlicher mit Migrationshintergrund in den Blick nehmen. Dabei werden immer wieder Überlegungen angestellt, die in der Migrationsforschung übliche binäre Konstruktion des ‚Fremden' und ‚Ansässigen' aufzulösen und im Hinblick auf die mediale Sozialisation von Jugendlichen eine dreiseitige Relation zu berücksichtigen: Neben einer lokalen und ‚originären' Kultur rückt der Einfluss einer globalisierten Welt (Moser 2007; Bonfadelli 2008). Ausgehend davon ist es erklärtes Ziel dieses Beitrags, zu reflektieren, inwiefern eine dreiseitige Relation – das Globale, das Lokale und das Originäre im Sinne einer Herkunftskultur – einen Ansatzpunkt für eine Sprachförderung bietet. Dazu werden narrative Texte von Schüler(inne)n der Sekundarstufe I untersucht. Ausgangspunkt der Analyse bilden Phänomene an der Textoberfläche, die inhaltlich als Spuren des Globalen, Lokalen und Originären identifiziert und auf ihre Funktion für die Textstruktur befragt werden. Des Weiteren wird der Frage nachgegangen, welche Funktion diesen Elementen für die Struktur der Texte zukommt und welches Potenzial sich daraus für das Schreiben in der Zweitsprache in der Sekundarstufe I ableiten lässt.

1. Problemstellung: Medien – Migranten – Globalisierung

Medien sind aus dem Alltag von Kindern und Jugendlichen nicht mehr wegzudenken. Die *KIM-Studie 2012*, die sich mit dem Medienverhalten von Kindern zwischen sechs und 13 Jahren befasst, führt diese Tatsache eindrücklich vor Augen. Ihre wichtigsten Ergebnisse dokumentieren, dass ein 62% der befragten Kinder nutzen das Internet, unter Zwölf- bis 13-Jährigen sind 93 % Internetnutzer. Trotz der wachsenden Bedeutung der Online-Dienste halten die befragten Kinder zwischen sechs und zwölf Jahren das Fernsehen für das wichtigste Medium: 57% geben an, dass sie auf das Fernsehen am wenigsten verzichten können; ein Viertel der Kinder nennt Computer und Internet (KIM-Studie 2012).

Bedauerlicherweise wird in der skizzierten Studie nicht zwischen Kindern und Jugendlichen mit und ohne Migrationshintergrund unterschieden, was in gewisser Weise symptomatisch ist.[1] Bislang liegen nur wenige, empirische Studien zu diesem Themenfeld vor. Theunert, Wagner &

---

[1] In der 16. Shell Jugendstudie. Jugend 2010 (^{2}2011) wird der Migrationsstatus erhoben, jedoch für die Altersgruppe der 12- bis 25-Jährigen.

Demmler (2007: 12) fassen den bisherigen Kenntnisstand wie folgt zusammen: Bezüglich der Ausstattung zeigt sich einerseits, dass Migrantenfamilien im Vergleich zur Gesamtpopulation tendenziell unterproportional mit PC und Internet ausgestattet sind; andererseits haben 75% der Jugendlichen aus diesem Milieu einen Computer und 58% von ihnen verfügen über einen Internetzugang. In einer groß angelegten Schweizer Studie wird dokumentiert, dass Kinder von Migrantenfamilien besser mit neuen Medien ausgestattet sind als Schweizer Jugendliche. Als Erklärung für dieses Ergebnis wird die Einstellung der Eltern angeführt, die sich von den Medien verbesserte Bildungschancen für ihre Kinder erhoffen; allerdings können die Kinder im Hinblick auf den Aufbau einer Medienkompetenz nicht auf die Unterstützung der Eltern bauen, sondern geraten in der Familie oft in die Rolle von Experten. Eine wichtige Funktion schreiben die Autorinnen den Medien mit der Metapher der ‚Brückenfunktion' zu: „Über die Medien werden hierbei verschiedene Kulturkreise in den eigenen Lebensvollzügen verbunden, indem emotionale ebenso wie reale Kontakte zur Herkunftskultur aufrechterhalten bzw. – wie im Fall von türkischen Jugendlichen der dritten Generation – erst wieder hergestellt werden." (Theunert, Wagner & Demmler 2007: 11) Neben diesen auf die Herkunft bezogenen Funktionen wird in neueren Studien darauf hingewiesen, dass die Medien nicht nur Verbindungen zu der jeweiligen Herkunftskultur eröffnen, sondern darüber hinaus auch Zugänge zu einer globalen Kinder- und Jugendkultur schaffen, die in Zeiten des Web2.0 sehr virulent ist (Moser 2007: 350). Deshalb plädiert Moser für eine Migrationsforschung, die sich von der binären Konstruktion des ‚Fremden' und ‚Ansässigen' löst und im Hinblick auf die mediale Sozialisation von Jugendlichen eine dreiseitige Relation berücksichtigt: Neben eine lokale und ‚originäre' Kultur rückt der Einfluss einer globalisierten Welt (Moser 2007: 350; Bonfadelli 2008: 89f.). Globalisierung wird als Aufbau, Verdichtung und zunehmende Bedeutung weltweiter Vernetzung aufgefasst, deren zentrales Merkmal die Interaktion darstellt. Neben diesen weltumspannenden Möglichkeiten der Kommunikation, die Homogenisierung und Heterogenisierung nach sich ziehen kann, wird in der Diskussion immer wieder auf die lokale Dimension dieses Phänomens verwiesen: Globale Tendenzen werden immer auch lokal wirksam und bedürfen einer spezifischen Aneignung: „Die Ergebnisse kulturellen Wandels durch Globalisierung werden häufig auch als ‚Hybridisierung' interpretiert, also als Vermischung kreativ angeeigneter neuer Kulturelemente mit schon vorhandenen." (Osterhammel & Petersson ^{4}2007: 12)

Dieses Verständnis von Globalisierung sowie die Erkenntnisse zum Mediengebrauch von Migranten werden zum Ausgangspunkt folgender Überlegungen: Zielsetzung ist es, zu reflektieren, inwiefern eine dreiseitige Relation – das Globale, das Lokale und das Originäre im Sinne einer Herkunftskultur – einen Ansatzpunkt für eine Sprachförderung in einer globalisierten Welt bietet. Dafür wird ein Textkorpus von Schüler(inne)n der Sekundarstufe I im Hinblick auf inhaltlich auf der Textoberfläche untersucht. Des Weiteren wird zu klären sein, welche Funktion diesen Elementen für die Struktur der Texte zukommt und welches Potenzial sich daraus für das Schreiben in der Zweitsprache in der Sekundarstufe I ableiten lässt (Grießhaber 2008: 228).

2. Analysekorpus – Schulische Textproduktion

Grundlage der folgenden Analyse bildet ein Korpus von im schulischen Kontext entstandenen Texten von Schüler(inne)n der Sekundarstufe I, v.a. der Jahrgangsstufen fünf mit sieben; diese sind im Rahmen eines Forschungsprojektes zur *Schriftsprachlichen Förderung von Jugendlichen mit Migrationshintergrund* in den Jahren 2005/06 erhoben worden (vgl. dazu ausführlich Ballis 2010) und werden nun auf ihr Potenzial hinsichtlich globaler, lokaler und originärer Elemente untersucht.

Die Schüler(innen) erhielten die schriftliche Aufgabe[2], einen Text zu einem Bild zu verfassen (Arbeitszeit: 30 bis 45 Minuten). Als Schreibimpuls diente das Bild *Nubische Giraffe* von Jacques-Laurent Agasse aus dem Jahr 1827 (entnommen aus The Tate Gallery 1988: 155). Das Bild wurde ohne weitere Angaben zu Maler, Titel und Entstehungszeitraum ausgehändigt.

---

[2] Die Schreibaufgabe (Ballis 2010, CD) lautete:
- Betrachte das Bild genau.
- Du hast nun zwischen 30 und 45 Minuten Zeit, einen Text zu diesem Bild zu verfassen.
- Überlege dir genau, welchen Text du schreiben willst: ein Märchen, eine Erzählung, eine Bildbeschreibung, einen Bericht …
- Schreibe deinen Text und finde eine Überschrift.
- Kreuze abschließend an, welche Textsorte du geschrieben hast:
    - ☐ Märchen
    - ☐ Erzählung
    - ☐ Beschreibung
    - ☐ Bericht
    - ☐ Sonstiges _____

Die Bildvorlage diente dazu, einen Orientierungsrahmen für die Texte der Schüler(innen) zu schaffen. Selbstredend bestand eine weitere Funktion in der Anregung der Vorstellungskraft, um eine Vielfalt von Gefühlen, Assoziationen, Erinnerungen und Sichtweisen zu eröffnen (Böttcher 1999: 82). Dabei kann die Abbildung der Tiere – eine Giraffe und zwei Kühe – sowie der Personen – ein englischer Gentleman und zwei Ägypter – durchaus interkulturelles Potenzial entfalten: Der hier dargestellte Kontrast einerseits zwischen den Personen, andererseits zwischen der Giraffe und ihrer Tätigkeit des Trinkens von Milch aus einer Schale bietet Anknüpfungspunkte für Überlegungen bezüglich des Aufeinandertreffens von unterschiedlichen Kulturen und Lebensweisen.[3] Sowohl die exotischen Tiere als auch die fremdländisch anmutende Kleidung der Personen können durchaus märchenhafte Assoziationen auslösen und zum erzählenden Schreiben motivieren. Zusätzlich unterstützt die Bildkomposition – die Giraffe bildet mit ihrem Hals eine Art ‚Torbogen' – das ‚Hineingleiten' in die Bildwelt (Ballis 2010: 85f.).

Im oben genannten Projekt wurde das Textkorpus auf prototypische Formulierungsbesonderheiten bestimmter Textsorten ausgewertet: Es wurde überprüft, ob bzw. inwiefern Schüler(innen) in der Lage sind, ihre Texte entsprechend einer von ihnen selbst gewählten Textsorte zu gestalten und anschließend adäquat zu beurteilen, welche Form sie ihrem Text gegeben haben (Textsortenkompetenz). Die Schüler(innen) wurden mit dieser Aufgabe ohne vorherige Thematisierung der Textsorten konfrontiert. Sie sollten die Texte gemäß ihren Vorstellungen von Text(sort)en abfassen, die selbstredend vom Deutschunterricht beeinflusst sein konnten. Sie konnten aus Märchen, Erzählung, Beschreibung und Bericht wählen, da diese in der Unterstufe üblich und in den Lehrplänen festgeschrieben sind.[4] Darüber hinaus wurde den Schüler(inne)n ein gewisser Gestaltungsraum zugestanden und die Rubrik ‚Sonstige' eingefügt: Sie konnten somit Texte schreiben, die von den in der Jahrgangsstufe geübten Textsorten abweichen bzw. diese variieren und spezifizieren. So wurde einerseits an die schulische Textsortenlehre angeknüpft, andererseits Raum für Variationen gegeben (Ballis 2010: 131ff.).

Insgesamt liegen 333 Texte von Schüler(inne)n vor, die sie wie folgt zugeordnet haben:

---

[3] Die Verfasserin hat zum Zeitpunkt der Konzeption der Studie selbst noch an einer binären Konstellation von ‚fremd' und ‚ansässig' festgehalten, stellt dies jedoch zunehmend in Frage.
[4] Die Daten wurden im Augsburger Raum im Bundesland Bayern erhoben.

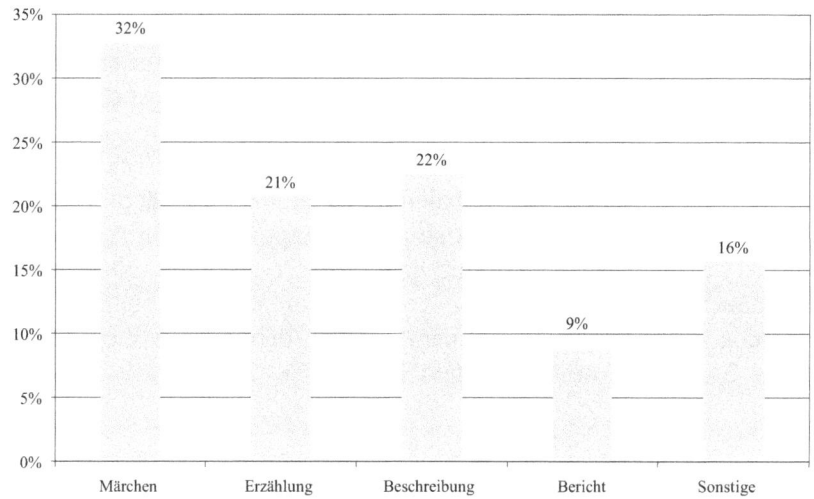

Abbildung 1. Textsortenzuordnung der Schüler(innen)

Wie Abbildung 1 veranschaulicht bevorzugen die Schüler(innen) narrative Texte; Märchen und Erzählung machen über 50% der Zuordnungen aus. Nimmt man die Texte der Rubrik ‚Sonstige' noch hinzu, die überwiegend narrative Vertextungsmuster aufweisen, so erhöht sich der Wert auf knapp 70%. Demgegenüber meinen die Schüler(innen) beschreibende Texte in 22% der Fälle verfasst zu haben; Berichte werden weniger oft gewählt (9%); unter ‚Sonstige' werden 16% der Texte subsumiert.[5] Ein Zehntel der Schüler(innen) nutzt den ihnen dargebotenen Freiraum und wählt Textsorten, die sowohl an das schulische Textsortenspektrum anknüpfen als auch darüber hinausweisen (Ballis 2010: 136).

3. Auswertung narrativer Texte – Global, Lokal, Originär

Da das vorliegende Textkorpus eng mit der schulischen Praxis der Schreibens verbunden ist, werden für die Analyse Kategorien berücksichtigt, die in der Schule als bedeutsam erachtet werden (Fix ^{2}2008: 106–108) und die Forschungen zum Schreiben in der Zweitsprache prägen (Schründer-Lenzen & Henn 2010: 182f.). Solchermaßen wird den Anforderungen der

---

[5] Folgende Bezeichnungen finden die Schüler(innen) in dieser Rubrik: Bildergeschichte, Brief, Erfindung, Erlebnis, Fabel, Fantasy(geschichte), Gedicht, Geschichte, Horrorgeschichte, Lügengeschichte, Mischung aus Erzählung und Beschreibung, Mischung aus Erzählung und Märchen, Nacherzählung, Sage, Sachtext, Tagebuch, keine Angaben.

in der Schule üblichen Bildungssprache Rechnung getragen (vgl. Cantone & Haberzettl 2008; Cantone 2011). Im Zentrum der folgenden Überlegungen stehen narrative Texte, die im schulischen Kanon als Märchen, Erzählung, Fantasiegeschichten, Nacherzählungen, Reizwortgeschichten oder Bildergeschichten firmieren.

Ausgangspunkt der Analyse bilden Phänomene an der Textoberfläche, die inhaltlich als Spuren des Globalen, Lokalen und Originären identifiziert und auf ihre Funktion für die Textstruktur befragt werden. In Anlehnung an Fix wird darunter subsumiert eine Phase der Orientierung mit Einführung der Aktanten, Episoden mit einer Komplikation, ein Höhepunkt sowie die Auflösung des Geschehens in einem Schluss, dem sich evtl. eine Evaluation des Geschehens anschließt (Fix ^{2}2008: 107).

3.1 Spuren des Globalen und ihre Funktion

Insgesamt finden sich in acht Texten Anklänge an die globale Kultur der ersten Dekade des 21. Jahrhunderts.[6] Die Schüler(innen) erwähnen Filme, die ihnen bekannt sind: Es wird der Disneyfilm *Dumbo* und die japanische Filmserie um das Monster Godzilla adaptiert, die in der deutschen Übertragung in Verbindung zu Frankenstein und seinen Monstern gerückt wird; Jules Vernes Erfolgsgeschichte *In 80 Tagen um die Welt*, die 2004 in die Kino gekommen ist, findet gleichfalls Erwähnung. Medial präsent ist die Figur Harry Potter, die in einem narrativen Text aufgegriffen wird.[7] Die Schüler(innen) nehmen Anleihen bei literarischen Texten, die auch im Kino oder im Fernsehen präsent sind und im Medienverbund vermarktet werden. Neben diesen medial fiktiven Helden werden in den Texten reale Helden erwähnt, die aus dem Sport oder dem Showgeschäft stammen und bei Jugendlichen oft eine Vorbildfunktion einnehmen (KIM-Studie 2012: 17). Die Schüler(innen) verweisen auf die Fußballer Lukas Podolski (Deutschland) und Vasili Khomutovski (Weißrussland) sowie die Filmstars Tom Cruise und Sylvester Stallone.

---

[6] Die Texte befinden sich auf der bei Ballis (2010) beigegebenen CD und werden in den dortigen Nummerierungen verwendet. Folgende Texte konnten im Hinblick auf Globales identifiziert werden: 28, 123, 124, 131, 150, 156, 232, 251.

[7] Vgl. Dumbo, der fliegende Elefant. Regie: Ben Sharpsteen, USA, 1941. In 80 Tagen um die Welt, Regie: Frank Coraci, USA 2004. Seit 1954 werden in Japan Godzilla-Filme gedreht: Das Monster Godzilla entstand aus Atomtests und hat in bisher 28 Filmen Angst und Schrecken verbreitet (vgl. http://www.film-lexikon.de/Godzilla_%281954%29 (22.03.2012)).

Welche Funktion kommt diesen globalen Spuren nun im Hinblick auf die narrative Textstruktur zu? Greifen die Schüler(innen) bei der Benennung der Aktanten auf reale Helden zurück, so nutzen sie spezifische Eigenschaften zur Charakterisierung derselben: Beispielhaft kann dies am Text eines Hauptschülers mit russischem Migrationshintergrund (Jahrgangsstufe 6) exemplifiziert werden, der Tom Cruise wie folgt einführt: „Es war mal ein man namens Tom Kruz er war eines Tages war er der reichster man in England er war reicher als der König." (Ballis 2010: CD, 190) Dieser sagenhafte Reichtum ruft Neider auf den Plan und damit eröffnet der Schüler eine Episode, die eine Komplikation nach sich zieht: Tom erwartet eine Lieferung von Giraffen, für die er einen Großteil seines Vermögens ausgegeben hat; seine rechte Hand – Silwester Soloni [sic] – hintertreibt dieses Vorhaben, wobei allerdings diese Komplikation nicht näher ausgeführt wird und dem Text ein Höhepunkt fehlt. Vielmehr vertraut der Schüler darauf, dass der von ihm eingeführte Aktant Sylvester Stallone als starker und siegreicher Kämpfer die Geschichte auflöst: „Ein Monat nach-her hate Tom überhaupt kein Geld und er wurde aus dem Palast raus geworfen von Silwester. Und jetzt sind wir wider am anfang!" (Ballis 2010: CD, 190)

In ähnlicher Weise nutzt ein Schüler der fünften Jahrgangsstufe mit türkischem Migrationshintergrund die beiden international erfolgreichen Fußballer Lukas Podolski und Vasili Khomutovski, die er als Aktanten einführt. Entscheidend ist hierbei, dass der Verfasser nicht nur die Eigenschaften des Fußballspielers Podolski auf eine Giraffe gleichen Namens überträgt – „Die Giraffe war fleißig und blitzschnell." (Ballis 2010: CD, 124) –, sondern mit Hilfe der Namen einzelne Episoden des Textes verbindet, allerdings ohne einen Höhepunkt mit Komplikation und Auflösung zu gestalten. Vielmehr werden die einzelnen Episoden additiv aneinander gereiht.

Nutzen die Schüler medial-fiktionale Adaptionen in ihren Texten, spiegelt sich dies in ihrer Struktur wider: In dem Märchen *Jumbe der winzige Giraffe* erzählt ein Schüler mit türkischem Migrationshintergrund der 5. Jahrgangsstufe, wie die Giraffe aufgrund ihrer geringen Größe zum Gespött wird. Unverkennbar wird an die Ausgangssituation des Filmes *Dumbo* angeknüpft: Dort wird ein Elefantenkind mit Namen Jumbo, der den Spottnamen Dumbo erhält (engl. ‚dumb' für ‚dumm'), aufgrund seiner großen Ohren verlacht und gehänselt. Rettung und schließlich Anerkennung bringt ihm die Fähigkeit, seine großen Ohren zum Fliegen zu gebrauchen. Im Text des Schülers wird in der Einleitung die Giraffe Jumbo als Aktant eingeführt und die Ausgrenzungssituation aufgegriffen. Daran schließt sich eine

Episode an, die Dumbos Problem zum Ausdruck bringt: „Alle Giraffen lachten in aus, weil er kleinwahr. Er fragte jeden ob er bei einem Spiel mitmachen dürfte. Doch Alle erwiderten ‚Natürlich nicht, du bist zu klein dafür'" (Ballis 2010: CD, 150). Für diese Komplikation findet sich durch eine Begegnung mit einer magischen Person eine Lösung: „Auf einmal kam eine Fliegende Frau, sie gab ihn den Rat das er zu den Menschen gehen soll und sagen soll dass er größer werden will." (Ballis 2010: CD, 150) Die Lösung des Problems erfolgt bei den Menschen, die ihm mit einem Zaubertrank zu Wachstum verhelfen. Die Geschichte endet für Jumbo glücklich, der mit seiner neu gewonnenen Größe Freunde finden kann. Damit erhält der Text einen Schluss mit Evaluation. Wie die Textstruktur deutlich macht, findet sich in dem Text des Realschülers kein Höhepunkt, auf den die Handlung zustrebt. Vielmehr werden Episoden aneinandergereiht, die in vorliegendem Fall eng an der filmischen Vorlage orientiert sind.

Interessanterweise greifen zwei Schüler mit russischem Migrationshintergrund (Jahrgangsstufen 5 an Realschule und Jahrgansstufe 6 am Gymnasium) Jules Vernes *In 80 Tagen um die Welt* auf. Zentraler Ausgangspunkt ist die Wette, die Phileas Fogg abschließt und ihn in 80 Tagen um die Welt führen soll. Im Text *Der Giraffe und die Wette* des Gymnasiasten ist die Wette zentral für die Textstruktur: Einleitend erhalten die Leser eine Orientierung mit Einführung der Aktanten – König Brok und Alberich – sowie einer knappen Erwähnung der Wette: „Es war Dienstag, der 1. April. 1902., ein wunderschöner Sonntag. An diesem Tag wettete König Brok, dass er mit Alberichs Giraffen in 100 Tagen um die Welt reisen könnte" (Ballis 2010: CD, 28). Mit der Wendung „So kam es dazu" leitet der Schüler zur Episode über, die zur Wette führt. Brok bewundert Alberichs Giraffen und bietet ihm Folgendes an: „‚Wenn ich mit deinen Giraffen in 100 Tagen die Welt umrunde, krieg ich dein ganzes königreich, und natürlich die Giraffen.' Alberich hielt eine Schüssel in der Hand, und stand verwundert neben dem Giraffen. Dann sprach er: ‚Einverstanden. Aber unter einer Bedingung: Wenn du verlierst, hacke ich dir deinen Kopf ab'" (Ballis 2010: CD, 18). Daraufhin setzt die Episode mit der Reise ein, die summarisch zusammengefasst wird und schließlich im Schluss mit der erfolgreichen, 100tägigen [sic] Reise des Brok endet. Der Schüler fügt eine Bewertung der Ereignisse insofern bei, als er ausführt, dass Brok glücklich bis ans Ende seiner Tage lebt, wohingegen Alberich seine letzten fünf Jahre auf der Straße verbringen muss. Für seine Aktanten wählt der Sechstklässler Namen von Zwergen, die in der nordischen Götter- und Sagenwelt verbürgt sind: Brokkr ist ein Bruder und Gehilfe des Sindri, der Götterkleinodien fertigt; Alberich, der König eines Elfengeschlechts, bewacht im Nibelungenlied den Nibelungenhort (Simek ³2006). Auf ihre spezifischen Eigenschaften wird im Text nicht rekurriert.

Ein Realschüler mit russischem Migrationshintergrund (6. Jahrgangsstufe) überschreibt seinen Text mit *Franken Stein's Monster* und thematisiert darin die Experimente Frankensteins an einer Giraffe, die letztlich zu einer Verwandlung derselben führen: „Jetzt war es keine Giraffe mehr es war mehr ein ein Drache, das Gesicht war groß mit spitzen Ohren und spitzen Zähnen die Schnauze war lang und doch abgerunden es spukte Feuer hatte einen Maschinen gewähr an der seite die Flügel waren mit Feder und doch mit Haut." (Ballis 2010: CD, 232) Die Mutation der Giraffe in einen Drachen ist wenig motiviert und kommt für den Leser sehr plötzlich. Kennt man jedoch die japanische Filmserie *Godzilla*, dann erklärt sich diese Wendung des Textes, ist diese doch von kampfeslustigen Echsen und Sauriern bevölkert.

In ähnlicher Weise ist der Text eines Realschülers mit russischem Migrationshintergrund (Jahrgangsstufe 6) gestaltet, in dem sich ein Magier auf die Suche nach einer mit übernatürlichen Kräften ausgestatteten Giraffe macht. Der Text des Schülers lebt von einer Bahnfahrt, die der Magier auf seiner Suche zurücklegen muss und die die Ausgangssituation mit der erfolgreichen Bewältigung der Aufgabe verbindet: „Der Zug war kein gewöhnlicher Zug, er fuhr nicht wie andere Züge auf Gleisen es flog wie ein Vogel. Der Magier ging zum Trimagischen Bahnhof. Er musste zum Gleis $9^{5/3}$ dieses konnten nur Magier und Hexen betreten." (Ballis 2010: CD, 251)[8]

Rekapituliert man die Befunde, die ausgehend von Oberflächenphänomenen sichtbar gemacht wurden, dann zeigt sich zweierlei: Zum einen nutzen die Schüler, die Jungen, prominente Vorbilder aus dem Sport und Showgeschäft, um ihre Aktanten zu charakterisieren und damit eine gewisse Struktur des Textes zu gewährleisten. Die Idole dienen als Bindeglied zwischen den einzelnen Episoden der Schülertexte. Zum anderen zeigt die medial-fiktionale Adaption von bekannten Filmen und Bestsellern, dass einzelne Texte ‚Versatzstücke' der Originale enthalten. Sie schaffen zu Beginn des Textes in der Einleitung Orientierung für den Leser, sie werden für die Phase der Komplikation, der Auflösung und des Schlusses furchtbar gemacht. Jedoch kann dieser Gebrauch medialer Vorbilder nicht darüber

---

[8] Allen Harry-Potter-Fans steht das Vorbild vor Augen: Es ist der Bahnhof King's Cross und das Gleis, auf dem Harry Potter abfährt, ist $9^{3/5}$.

hinwegtäuschen, dass hier eine additive Reihung der Episoden nicht ausbleibt und selten Komplikationen eingeführt bzw. einer Lösung zugeführt werden, obwohl dies für das Schreiben erzählender Texte zentral ist.

3.2 Spuren des Lokalen und ihre Funktion

Im Folgenden werden lokale Spuren in den Blick genommen, worunter eindeutige, auf den lokalen kulturellen Kontext bezogene Texte und Helden sowie Gegenstände und Lokalitäten zu verstehen sind. Eine Durchsicht des Textkorpus ergibt, dass in sieben Texten Orte genannt werden, die in Bayern liegen und die sich mit Hilfe des visuellen Schreibimpuls erklären lassen: Die Schüler(innen) greifen zur Situierung des Geschehens auf den Augsburger, den Nürnberger und den Münchner Zoo zurück; darüber hinaus wird in einem Märchen der Schwarzwald erwähnt. Neben diesen Örtlichkeiten findet sich in vier Texten ein Anklang an die Figur der Baron von Münchhausen; seine Lügengeschichten haben in der Nacherzählung Erich Kästners eine gewisse Popularität erlangt; in einem weiteren Text bezieht sich eine Schülerin auf die Schildbürger, zu denen gleichfalls Nacherzählungen von Erich Kästner vorliegen. Literarhistorisch bedeutsam sind diese Nacherzählungen insofern, als Erich Kästner nach 1945 bewusst auf die Tradition der Volksbücher und Schwankliteratur des 16. Jahrhunderts rekurriert, um ein dezidiertes Bildungsprogramm zu etablieren: Die durch die Nationalsozialisten ideologisierte Kinder- und Jugendliteratur sollte nach 1945 mit Nacherzählungen bedeutender Stoffe der deutschen Literatur wie auch der Weltliteratur erneuert werden (Schönfeldt 1998: 178).[9] An weiteren intertextuellen Verweisen werden Schneewittchen genannt sowie die bereits erwähnten Zwerge Brokk und Alberich aus der nordischen Sagenwelt und das Komikerduo Erkan & Stefan.

Bezieht man die ermittelten Oberflächenphänomene auf die Struktur des Textes, dann ergeben sich folgende Befunde: Die im Text genannten Zoologischen Gärten in Augsburg, München und Nürnberg dienen der räumlichen Situierung der Geschehens und werden zu Beginn der Erzählungen in

---

[9] Die Anfänge der Lügengeschichten reichen bis in die Antike zurück und wurden im Laufe des 18. Jahrhunderts in der Fassung von Gottlieb August Bürger populär; bei den Schildbürgern handelt es sich um einen Stoff, der im Laufe des 16. Jahrhunderts in Volksbüchern und Schwankgeschichten aufgezeichnet wurde (Schönfeldt 1989: 184–188).

der Phase der Orientierung genannt.[10] Die Bildvorlage, die eine Giraffe in einem eingezäunten Areal zeigt, erklärt diese Vorliebe der Schüler(innen). Die Wahl der Örtlichkeit spielt für die weitere Struktur der Geschichte in der Regel keine Rolle.[11] Vielmehr scheint der Bezug auf bekannte bayerische Gärten – oft kombiniert mit einer exakten Datumsangabe – für die Schreibenden als ‚Sprungbrett' in den Text zu dienen, wie folgender Beginn einer als ‚Nacherzählung' klassifizierten Geschichten eines Realschülers mit russischem Migrationshintergrund belegt: „Am 6.10.2005. Eine Giraffe wurde in Augsburg gefunden in Hochzoll. Etwa 460 cm groß mit einer Narbe über dem linken Auge und weiblich wir wissen nicht wo sie herkommt, sie wird im Augsburger Zoo in Hochzoll bewart." (Ballis 2010: CD, 250)

Den Schwarzwald erwähnt eine Schülerin mit russischem Migrationshintergrund, die zum Zeitpunkt der Datenerhebung an einer Realschule eine sechste Klasse besucht. Im Anschluss an die Phase der Orientierung, die vom Krieg zwischen der Schweiz und Deutschland handelt, erzählt sie in den weiteren Episoden von den Überlebenden: „Nur drei Engländer und die Geraffe haben sich gerättet. Sei läuften zusammen in den tieferen Wald. Der Schwarzwald. Er ist eigentlich nicht ein dunklerer Wald aber da könnte man sich sehr gut verstecken." (Ballis 2010: CD, 324) Die Flucht in den Wald leitet die Episode der Komplikation ein: Die Überlebenden suchen Schutz, sehen sich jedoch vor neue Herausforderungen gestellt, da sich die Giraffe verletzt hat. Rettung naht am nächsten Morgen, als sie auf das Haus von Schneewittchen und den Sieben Zwergen stoßen: „Als sie da rein gingen war es alles klein auch die Betten. Sie haben dort auch vieles gesehen. Die magischen Uhren, eine verfluchte Tasse und eine goldenen Schalle." Zu einem weiteren Spannungsaufbau mit Höcpunkt sowie einer inhaltlichen Berücksichtigung der Grimmschen Helden kommt es im Weiteren nicht; mit Hilfe der goldenen Schale sehen die Überlebenden ihre Rettung voraus und landen schließlich wohlbehalten mit einem alten Flugzeug in Österreich.

Ein deutlicher intertextueller Bezug zeigt sich in den Lügengeschichten. Diese gelten im vorliegenden Korpus als beispielhaft für das Aufgreifen schulischer Aufsatzformen; vier Schülerinnen einer Realschulklasse erzählen die Erlebnisse des Barons von Münchhausen und greifen auf das

---

[10] Vgl. die Texte bei Ballis (2010: CD) mit den Nummern 31, 136, 224, 237, 250, 312, 319.

[11] Lediglich in einem Schülertext bildet der Verkauf einer Giraffe zwischen dem Nürnberger und Augsburger Zoo eine zentrale Episode des Textes (Ballis 2010: CD, 237).

Vorbild einer Münchhausen-Geschichte zurück.[12] In drei der vier Schülerinnentexte wird eine Ballonfahrt geschildert, die von einem Raben gestört wird, der sich am Ballon zu schaffen macht. Münchhausen springt mit einem Regenschirm ab und landet – hier kommt das Bild als Schreibimpuls ins Spiel – in einem Gehege bzw. einer ihm unbekannten Landschaft. Nach der Begegnung mit fremden Menschen und fernen Welten kehrt er wieder nach Hause zurück.[13] In einem Text wird das Münchhausen'sche Muster insofern variiert, als der Baron in dieser Geschichte kein Abenteuer erlebt und unverrichteter Dinge wieder heimkehrt: „Nach einpaar Stunden packte ich meine Koffer und ging ohne eine Abenteuer zu erleben nach Hause." (Ballis 2010: CD, 269) Zentral für die Textstruktur ist die Vorlage, die die Schülerinnen nutzen, um einen Text der deutschen Literaturgeschichte weiterzuschreiben. Dieses Muster verleiht ihnen Sicherheit und macht es ihnen möglich, den Anforderungen an das schulische Schreiben zu entsprechen.

An den Erzählungen der Schildbürger orientiert sich eine Schülerin mit russischem Migrationshintergrund der fünften Jahrgangsstufe an einer Realschule. Diese Textsorte wird, wenn auch vereinzelt, im Unterricht gelehrt, um eine Verbindung zwischen literarischer Vorlage und schulischem Schreiben herzustellen. Das Aufgreifen von Mustern spiegelt sich in der Textstruktur wider: Die Aktanten sind die Schildbürger, allen voran der Bürgermeister; in der Phase der Orientierung wird dargestellt, wie sie sich auf den Weg machen, um eine Giraffe zu kaufen. Nach erfolgreich abgeschlossenem Geschäft treten Komplikationen auf, die in den folgenden Episoden gelöst werden: Die Schildbürger haben nämlich keine Ahnung, welches Futter der Giraffe zuträglich ist. Schließlich wird das Problem gelöst und der Text endet mit dem Schluss: „Im wenn essenszeit für den Giraffen kam halteten zwei Bürgen den Tablet und Bürgermeister schaute zu." (Ballis 2010: CD, 224)

Bleibt noch der Text eines Hauptschülers mit türkischem Migrationshintergrund (Jahrgangsstufe 6) zu würdigen. Er überschreibt ihn mit *Erkan und Stefan* und schafft somit Verbindungen zum Komikerduo, die sich in einer Kunstsprache mit englischen, türkischen und bayerischen Anleihen verständigten. Die beiden Kunstfiguren stehen für typische Biografien einer Einwanderungsgesellschaft. Der Schüler knüpft an ihren Kommunikations-

---

[12] Diese Vorlage konnte weder in Immermanns Münchhausen noch in Kästners Nacherzählungen ermittelt werden. Vermutlich handelt es sich um eine Adaption zu unterrichtlichen Zwecken.
[13] Vgl. die Texte bei Ballis (2010: CD) mit den Nummern 271, 272, 273.

stil an und verfasst einen Text, der aber von einer Dialogstruktur geprägt ist: „ok wir hohlen unser Freund und gehen wir und da komm Stehfan ich bins Ekan. Stehfan sagt passwort Erkan und Stehfan ja ich komme gehn wir [...]" (Ballis 2010: CD, 162)

Lokale Örtlichkeiten, die die Schüler(innen) in ihrer unmittelbaren Umgebung vorfinden, helfen ihnen einen Anfang und einen Einstieg in den Text zu finden. Die Imitation literarischer Muster, wie beispielhaft der Münchhausen- und Schilderbürgergeschichten, belegt eindrücklich, dass Schülerinnen ihre Texte gemäß der narrativen Anforderungen an schulisches Schreiben strukturieren können. Auch vermitteln die Texte eine Freude am Fabulieren, wie dies Erich Kästner im *Vorwort* zu seinen Münchhausen-Adaptionen formuliert hat: „Durch Lügen kann man also berühmt werden? Freilich! Aber nur, wenn man so lustig, so phantastisch, so treuherzig und so verschmitzt zu lügen versteht wie Münchhausen, nicht etwa, um die Leser zu beschwindeln, sonder um sie, wie ein zwinkernder Märchenerzähler, mit ihrem vollen Einverständnis lächelnd zu unterhalten." (Kästner 1998: 52) Schöner kann die Auseinandersetzung mit literarischen Formen und Traditionen für das schulische Schreiben nicht zusammengefasst werden.

3.3 Spuren des Originären und ihre Funktion

In einem letzten Analyseschritt wird das Textkorpus auf Spuren des Originären befragt; darunter werden Texte und Helden sowie Gegenstände und Lokalitäten subsumiert, die sich eindeutig auf die Kultur des Herkunftslandes beziehen. Die Auswertung liefert diesbezüglich ein disparates und rudimentäres Bild: Die Aktanten werden mit türkischen Vornamen versehen, die Handlung wird im Zoo von Istanbul bzw. im Osmanischen Reich situiert; des Weiteren wird auf den Dichter Alexander Puschkin angespielt, der als ein bedeutender und vielfach geschätzter Dichter der (russischen) Literatur gilt; intertextuell wird in drei Texten auf Ali Baba aus *Tausendundeiner Nacht* verwiesen.

Betrachtet man die Verwendung der türkischen Namen, dann ist zeichnet sich folgender Befund ab: Die Namen Osman, Kemal, Ali, Ahmet, Muhammed und Cengiz sind maßgeblich durch den Bildimpuls bedingt und spiegeln die Verortung im orientalischen Raum wider. In einigen Texten beschleicht einen zudem das Gefühl, dass Klassenkameraden als Vorbilder der Namensgebung gedient haben. Die Verwendung des Namens Ali Baba, der durch die Erzählungen aus *Tausendundeiner Nacht* bekannt geworden ist, wird für die Bezeichnung der Aktanten herangezogen; Auswirkungen auf die Textstruktur sind nicht feststellbar.[14]

Darüber hinaus wird im Text eines Realschülers mit türkischem Migrationshintergrund (Jahrgangsstufe 7) das Geschehen im Zoo von Istanbul situiert: „1200 n.Chr. hatte das Osmanischereich das größte Zoo der Welt. Sultan Osman ließ es so Kunstvoll und liebevoll bauen, dass es das berühmteste war. Eines Tages kam der König von England zu Besuch in den Zoo Osmanli Hay van Bahcesi." (Ballis 2010: CD, 311) Diese Verortung der Handlung kommt in der Phase der Orientierung zum Tragen und ist für die weitere Struktur des Textes wenig bedeutsam.[15]

Im thematischen Umfeld Zoo spielt der Dichter Alexander Puschkin in Erzählungen einer Hauptschülerin und einer Gymnasiastin mit jeweils russischem Migrationshintergrund (Jahrgangsstufe 6) eine wichtige Rolle. In beiden Fällen besucht er einen Zoo und wird als äußerst tierlieb beschrieben, da er sich an der Giraffe interessiert zeigt: „Und nach vielen Jahren war russische Poet Puschkin in Zoo und hat dieser Giraffe gesehen. Er (Giraffe) hat ihm tief beeindruckt. Puschikin mag Tiere." (Ballis 2010: CD, 341) Interessant ist der Text der Hauptschülerin (Ballis 2010: CD, 106), die den Schreibprozess des Dichters zum Ausgangspunkt ihres Textes macht. Die Erzählung lässt sich in zwei Teile gliedern: Der Dichter Puschkin will bei einem Zoobesuch ein Gedicht über eine Giraffe schreiben; diese beginnt zu ihm zu sprechen und fragt ihn, ob er sie füttern will. Da tauchen aus dem Nichts Männer auf und geben ihm eine Schale mit dem Getränk für die Giraffe. Mit dieser Wendung „aus dem Nichts kommen" wird der zweite Teil der Erzählung eingeleitet: Puschkin vergegenwärtigt sich die Situation – „Vielleicht ich treume."– und wacht wieder auf.

Wie deutlich geworden sein dürfte, findet sich kulturelles, auf das Herkunftsland bezogenes Substrat nur in wenigen Texten. Diese Tendenz schreibt Ergebnisse früherer Studien fort (Hermann & Hanetseder 2007: 251) und zeigt, dass die Fixierung auf die binäre Konstruktion von ‚Fremdem' und ‚Ansässigem' für die Analyse von Schülertexten nicht notwendigerweise zu vertieften Erkenntnissen führen muss.

---

[14] Vgl. Ballis 2010: CD, 105, 108, 136. Bezeichnenderweise ist die Geschichte Ali Baba und die vierzig Räuber eine französische Neuschöpfung, die aufgrund der Editionsgeschichte in die arabisch Welt re-importiert wurde (Ott 2004: 647).

[15] In einigen Texten wird die Handlung in einem Zoo im Osmanischen Reich angesiedelt, vgl. Ballis 2010: CD, 160 und 309.

4. Würdigung der Ergebnisse – Schreiben in der Zweitsprache

Das vorliegende Textkorpus ist eng mit der schulischen Praxis des Schreibens verknüpft und wurde unter diesen Gesichtspunkten analysiert. Vorliegender Studie wurde die Fragestellung zugrunde gelegt, ob eine Auflösung der binären Zuordnung von ‚fremd' und ‚ansässig' nicht zugunsten der dreiseitigen Relation des Globalen, des Lokalen und des Originären aufgegeben werden sollte. Die diesbezügliche Analyse hat nun einige Ergebnisse gezeigt, die nicht nur für die schulische Sprachförderung im Bereich des Schreibens in der Sekundarstufe I relevant ist, sondern durchaus für den Aufbau von Schreibkompetenz aller Schüler(innen) Impulse liefert. Vorab ist einschränkend zu erwähnen, dass die Ergebnisse auf der qualitativen Analyse von 24 Texten beruhen; darüber hinaus ist sicherlich Kritik am Verfahren zu üben, die Phänomene der Oberflächenstruktur als Ausgangspunkt einer Suche nach globalen, lokalen und originären Strukturen in Texten zu machen. Jedoch wird ein solches Verfahren als erster Schritt gesehen, um die Tragfähigkeit des Konzeptes zu überprüfen.

Eingedenk dieser Einschränkungen werden die Ergebnisse in zwei Thesen gebündelt, die die von den Schüler(inne)n genannten Themen aufgreifen und auf den Prozess des Schreibens fokussieren. Verbunden ist damit die Hoffnung, dass weitere Studien darauf aufbauen und die der Sprachförderung zugrunde gelegten Prämissen immer wieder kritisch hinterfragen werden (vgl. Hepp, Bozdag & Suna 2011: 77).

– Für die Initiierung von Schreibprozessen (in der Zweitsprache) wird ein gendersensibler Umgang empfohlen.

Die Ergebnisse der Analysen zeigen, dass bei einer freien Themenwahl die Jungen auf ihre Medienerfahrungen zurückgreifen, um ihre Texte inhaltlich auszugestalten und formal zu strukturieren. Die Texte spiegeln die Rezeption ihrer Filme und Bücher wider und geben Aufschluss über ihre Idole und Vorbilder. Die dort genannten Medien sind einer Populärkultur zuzurechnen, die in einem Spannungsfeld zwischen Kommerzialisierung und Ausprägung von nicht-konformer Identitätsbildung changiert (Reichardt 2010: 108). Die Schüler nutzen die massenmedial verbreiteten Geschichten, Symbole und Kontexte und realisieren sie performativ in ihren Texten; ob ihnen dabei eine Funktion im Sinne einer Herausbildung von Gruppenidentität und Solidarisierung zugestanden werden kann, lässt sich aus dem vorliegenden Material nicht beantworten. Vielmehr ebnet der Rekurs auf die Populärkultur einen Weg in das schulische Schreiben, auch wenn die Jungen den Ansprüchen gerade aufgrund ihrer medialen Vorlagen nicht immer gerecht werden. Es wird damit eine Erklärung für die additive Aneinanderreihung von Episoden in Schülertexten gefunden: Der betrachtende Blick des Filmzuschauers wird im Erzählen einzelner Episoden lebendig, ohne dass ein Spannungsbogen – für den im Film mehr Zeit und mediale Unterstützung geboten ist – aufgebaut werden kann.

Demgegenüber greifen Mädchen eher auf literarische Vorbilder zurück. Sie imitieren das Muster der Lügengeschichten und Schildbürgerschwänke und nutzen den Dichter Alexander Puschkin als Ideenspender für ihre Texte. Der Rückgriff auf literarische Traditionen und Personen verhilft ihnen zum Schreiben von narrativen Texten, die den Anforderungen an schulisches Schreiben entsprechen.

Wie in Studien zur Nutzung von Medien immer wieder hervorgehoben wird, unterscheiden sich Mädchen und Jungen in ihrem diesbezüglichen Verhalten;[16] für das Schreiben in der Zweitsprache sollte bei der Initiierung von Schreibprozessen ein gendersensibler Umgang angebahnt werden: Jungen leben in anderen medialen Welten als Mädchen, was sich u.a. in ihren Schreibprodukten zeigt und auch für die Sprachförderung genutzt werden sollte.

– Die Schüler(innen) werden systematisch mit dem formelhaftem Sprachgebrauch vertraut gemacht.

Bei Durchsicht der Schülertexte auf originäre und lokale Spuren wurde offenkundig, dass die Schüler(innen) am Beginn eines Textes gerne ihnen bekannte Lokalitäten und Personen nennen. Diese dienen als ‚Sprungbretter' für die Bewältigung des Anfangs eines Textes (Weinhold 2005: 72). Wie eng der Erwerb formelhafter Wendung und der Erwerb der Erzählfähigkeiten korrespondieren, weist Ohlhus in einer Studie am Beispiel von Fantasieerzählungen nach, allerdings ohne Schüler(innen) mit Migrationshintergrund explizit zu berücksichtigen (Ohlhus 2005: 78). Dieses wenig bestellt Feld der Thematisierung von formelhafter Sprache für die Bewältigung von textuellen Aufgaben sollte in stärkerem Maße für das schulische Schreiben in der Zweitsprache aufgearbeitet werden. Die Schüler(innen) werden einerseits befähigt, Texte entsprechend den schulischen Textsorten zu verfassen, andererseits werden sie ermuntert, ihr Textmusterwissen als flexibles Instrument der Ausgestaltung von Textsorten zu gebrauchen. Dass

---

[16] In der KIM-Studie (2012: 13) zeigen sich geschlechtsspezfische Unterschiede im Hinblick auf das Freizeitverhalten, die die oben skizzierten Befunde noch einmal bekräftigen: Jungen beschäftigen sich nach der Schule mit Spielkonsolen, Computern, Onlinespielen und Sport, wohingegen die Mädchen Unternehmungen mit der Familie, Bücher lesen, Beschäftigung mit Tieren sowie kreatives Gestalten präferieren.

dabei neue Fehlerquellen erwachsen, soll nicht ausgespart werden. Anzustreben ist ein veränderter Schüler- und Lehrerblick auf Textsorten und auf die „dahinter liegenden" Textmuster, um den Schreibprozess für Jugendliche mit Migrationshintergrund überschaubar zu gestalten und systematisch aufzubauen: „Die Schüler sollen lernen, wer in welchen Texten und Textsorten gegenüber wem welche Phraseme gebraucht." (Kühn 2007: 890) Was in den Fremdsprachendidaktiken längst als Selbstverständlichkeit akzeptiert und praktiziert wird, gilt es für den muttersprachlichen Unterricht im Fach Deutsch in heterogenen Lernkontexten fruchtbar zu machen: In der Fremdsprachendidaktik ist unbestritten, dass das Fehlen von Routineformeln, Textbausteinen und Textsortenwissen L2-Schreibprozesse in der Regel zäher und langsamer verlaufen lässt als in der Muttersprache (Esser ^{4}2003: 292). Konsequenterweise wird hier ein Schreibunterricht favorisiert, der auch imitative Erwerbsstrategien in der Sprachproduktion berücksichtigt. Die hier vorliegenden Ergebnisse ermutigen die Lehrkräfte dazu, globale, lokale und originäre Muster zu nutzen, damit ihre Schüler(innen) das Schreiben als lösbare Aufgabe erfahren.

5. Literatur

Ballis, Anja (2010): *Schriftsprachliche Förderung von Jugendlichen mit Migrationshintergrund. Eine Studie über Schüler(innen) der Sekundarstufe I unter besonderer Berücksichtigung der Jahrgangsstufen 5 bis 7*, Baltmannsweiler: Schneider Verlag Hohengehren (mit CD-Beilage).

Bonfadelli, Heinz (2008): Mit Medien unterwegs. Globale Medien und kulturspezifische Nutzung. In Theunert, Helga (Hrsg.): *Interkulturell mit Medien. Die Rolle der Medien für Integration und interkulturelle Verständigung*. München: kopaed, 77–95.

Böttcher, Ingrid (1999): Kunst – Schreiben zu Bildern und im Museum. In Böttcher, Ingrid (Hrsg.): *Kreatives Schreiben. Grundlagen und Methoden. Beispiele für Fächer und Projekte. Schreibecke und Dokumentation*. Berlin: Cornelsen, 82–104.

Cantone, Katja Francesa & Stefanie Haberzettl (2008): Zielsprache ‚Schuldeutsch': Entwicklung eines Sprachdiagnose-Instruments für mehrsprachige Schüler der Sekundarstufe I – ein Werkstattbericht. In Ahrenholz, Bernt (Hrsg.): *Zweitspracherwerb. Diagnosen, Verläufe, Voraussetzungen*. Freiburg i.Br.: Fillibach, 93–113.

Cantone, Katja Francesca (2011): Förderung der Zweisprachigkeit in Erwerb und (Schul-)Alltag. Eine neue Sicht auf sukzessive Bilinguale. In Baur, Rupprecht S. & Hufeisen, Britta (Hrsg.): *„Vieles ist sehr ähnlich." Individuelle und

gesellschaftliche Mehrsprachigkeit als bildungspolitische Aufgabe. Baltmannsweiler: Schneider Verlag Hohengehren, 225–247.
Esser, Ruth (⁴2003): Übungen zum Schreiben. In Bausch, Karl-Richard; Christ, Herbert; Hüllen, Werner & Krumm, Hans-Jürgen (Hrsg.): *Handbuch Fremdsprachenunterricht.* Tübingen: Francke, 292–295.
Fix, Martin (²2008): *Texte schreiben. Schreibprozesse im Deutschunterricht.* Paderborn: Schöningh.
Grießhaber, Wilhelm (2008): Schreiben in der Zweitsprache Deutsch. In Ahrenholz, Bernt & Oomen-Welke, Ingelore (Hrsg.): *Deutsch als Zweitsprache.* Baltmannsweiler: Schneider, 228–238.
Hepp, Andreas; Bozdag, Cigdem & Suna, Laua (2011): *Mediale Migranten. Mediatisierung und kommunikative Vernetzung der Diaspora.* Wiesbaden: VS Verlag.
Hermann, Thomas & Hanetseder, Christa (2007): Jugendliche mit Migrationshintergrund: heimatliche, lokale und globale Verortungen. In Bonfadelli, Heinz & Moser, Heinz (Hrsg.): *Medien und Migration. Europa als multikultureller Raum?* Wiesbaden: VS Verlag, 237–271.
Kästner, Erich (1998): *Maskenspiele. Nacherzählungen. Hrsg. von Sybil Gräfin Schönfeldt.* München: Hanser (Erich Kästner: Werke IX).
Kühn, Peter (2007): Phraseme im Muttersprachenunterricht. In Burger, Harald; Dobrovol'skij, Dmitrij; Peter Kühn & Norrick, Neal R. (Hrsg.): *Phraseologie. Phraseology. Ein internationales Handbuch der zeitgenössischen Forschung. An International Handbook of Contemporary Research. 2. Halbband/Volume 2.* Berlin: de Gruyter (Handbücher zur Sprach- und Kommunikationswissenschaft 28.2), 881–896.
Medienpädagogischer Forschungsverbund Südwest (Hrsg.) (2013): KIM-Studie 2012. Kinder + Medien. Computer + Internet. Basisuntersuchung zum Medienumgang 6- bis 13-Jähriger in Deutschland. Stuttgart: Eigenverlag. http://www.mpfs.de/fileadmin/KIM-pdf12/KIM_2012.pdf (18.12.2013).
Moser, Heinz (2007): Medien und Migration. Konsequenzen und Schlussfolgerungen. In Bonfadelli, Heinz & Moser, Heinz (Hrsg.): *Medien und Migration. Europa als multikultureller Raum?* Wiesbaden: VS Verlag, 347–366.
Ohlhus, Sören (2005): Der Erwerb von Phraseologismen als Teil des Erwerbs von Erzählfähigkeiten. *Der Deutschunterricht* 5: 72–79.
Ott, Claudia (2004): Nachwort der Übersetzerin. In Ott, Claudia: *Tausendundeine Nacht. Nach der ältesten arabischen Handschrift in der Ausgabe von Muhsin Mahdi erstmals ins Deutsche übertragen.* München: Beck, 641–670.
Osterhammel, Jürgen & Petersson, Niels P. (⁴2007): *Geschichte der Globalisierung. Dimensionen, Prozesse, Epochen.* München: Beck.
Reichardt, Ulrich (2010): *Globalisierung. Literaturen und Kulturen des Globalen.* Berlin: Akademie.

Schönfeldt, Sybil Gräfin (1998): Nachwort. In Kästner, Erich: *Maskenspiele. Nacherzählungen. Hrsg. von Sybil Gräfin Schönfeldt.* München: Hanser (Erich Kästner: Werke IX), 175–194.

Schründer-Lenzen, Agi & Henn, Dominik (2010): Konzeptualisierung und aktueller Entwicklungsstand eines Computerprogramms zur Erfassung schriftsprachlicher Kompetenzen in der Sekundarstufe I. In Stephany, Sabine (Hrsg.): *Der Mercator-Förderunterricht. Sprachförderung für Schüler mit Migrationshintergrund.* Münster: Waxmann, 179–194.

Shell Deutschland Holding (Hrsg.) (^{2}2011): *16. Shell Jugendstudie. Jugend 2010. Eine pragmatische Generation behauptet sich.* Frankfurt a.M.: Fischer.

Simek, Rudolf (^{3}2006): Lexikon der germanischen Mythologie. Stuttgart: Kröner.

Theunert, Helga; Wagner, Ulrike & Demmler, Kathrin (2007): Expertise. Integrationspotenziale neuer Medien für Jugendliche mit Migrationshintergrund. München: JFF. http://www.jff.de/dateien/integrationspotenziale_neue_medien_migration.pdf (15.03.2012).

The Tate Gallery (1988): *Jacques-Laurent Agasse 1767-1849.* London: The Tate Gallery Publications.

Weinhold, Swantje (2005): Narrative Strukturen als ‚Sprungbrett' in die Schriftlichkeit? In Wieler, Petra (Hrsg.): *Narratives Lernen in medialen und anderen Kontexten.* Freiburg i.Br.: Fillibach, 69–84.

http://www.film-lexikon.de/Godzilla_%281954%29 (22.03.2012).

Erzählstruktur und Zeitausdruck in Texten mehrsprachiger Jugendlicher

Patrick Grommes

Dieser Beitrag geht der Frage nach, wie Jugendliche mit verschiedenen sprachlichen Hintergründen Funktionen des Erzählens sprachlich umsetzen. Außerdem ist von Interesse, ob sich dabei altersbedingte Veränderungen feststellen lassen. Es wird zunächst auf für diesen Beitrag wichtige Aspekte der Sprachentwicklung bei Jugendlichen eingegangen. Dann wird auf den Zweck des Erzählens und daraus folgende Konsequenzen für die Erzählstruktur eingegangen. Anschließend wird die Erzählentwicklung betrachtet. Im Zentrum des Beitrags stehen exemplarische Analysen eines Erzähltextes eines deutsch-türkischen Schülers. Diese zeigen sowohl mögliche Wege der sprachlichen Entwicklung als auch Ansatzpunkte für sprachliche und insbesondere schriftsprachliche Förderung.

1. Hintergrund: schriftsprachliche Entwicklung Jugendlicher

Erzählstruktur und Zeitausdruck sind für diesen Beitrag von zentraler Bedeutung, weil ihm die Annahme zugrunde liegt, dass sich in diesen beiden Bereichen Anzeichen einer fortgeschrittenen Sprachentwicklung[1] finden lassen. Wie weite Teile der bisherigen Forschung zur fortgeschrittenen Sprachentwicklung ist auch dieser Beitrag in einen schulischen Kontext eingebunden. Während sich in der Forschung sowohl Untersuchungen auf der Basis schriftlicher wie auch mündlicher Daten finden, wird in dieser Studie auf schriftliche Daten zurückgegriffen, weil die schulischen sprachlichen Anforderungen in jedem Fall stark auf konzeptionelle Schriftlichkeit (Koch & Oesterreicher 1985) orientiert sind. Und diese wird nun gerade auch im Medium der Schrift entwickelt und gefestigt.

In literal geprägten Gesellschaften ist es ein ganz wesentliches Bildungs- und Entwicklungsziel, sich die gesellschaftlich erforderten literalen Kompetenzen auf der Basis und unter gleichzeitiger Beeinflussung der primären, gesprochen-sprachlichen Kompetenzen anzueignen. Mit Ravid & Tolchinsky (2002) kann davon gesprochen werden, dass es darum geht, sprachliche Literalität (,linguistic literacy') zu entwickeln. Damit sind Fähigkeiten gemeint, die sich auf sprachliche Mittel sowie auf metalinguistisches Wissen über diese Mittel, über unterschiedliche Verwendungskontexte sowie Wissen darüber, welche Mittel welchem Kontext

---

[1] Zu diesem Begriff s. Ahrenholz & Grommes (in diesem Band).

angemessen sind, bzw. wann sie relevant sind (Olson 1994, Ravid & Tolchinsky 2002).

Das in Berman & Verhoeven (2002) dokumentierte Projekt „Developing literacy in different contexts and in different languages" untersuchte die Entwicklung der sprachlichen Literalität bei älteren Kindern und Jugendlichen. Für insgesamt sieben Sprachen wurde versucht, die Entwicklung zwischen 9 und 14 Jahren nachzuvollziehen und diese wieder mit Sprachproduktionen Erwachsener zu vergleichen. Die Studien des „Developing-Literacy"-Projekts sowie daran angelehnte Arbeiten nähern sich der sprachlichen Literalität aus recht verschiedenen Richtungen. Berman & Nir-Sagiv (2004) untersuchen die Entwicklung sprachlicher Mittel des Hebräischen wie bestimmte Kopula-Konstruktionen oder aber Tempus und Modus, die eine Unterscheidung argumentativer und narrativer Texte ermöglichen. Dabei stellen sie fest, dass diese Mittel schon früh entsprechend ihrer Diskursfunktion eingesetzt werden und dass sich erst die fortgeschrittene Sprachentwicklung dadurch auszeichnet, dass Mittel der einen Textsorte zweckorientiert in der jeweils anderen eingesetzt werden (Berman & Nir-Sagiv 2004: 375).

Beispielhaft für eine weitere thematische Orientierung der Studien aus dem Umfeld des „Developing-Literacy"-Projekts ist Ravid (2006), die die Entwicklung des nominalen Lexikons untersucht. Auch hier zeigen sich altersabhängige und textsortenbezogene Unterschiede. Dabei beeinflusst die Textsorte die Verwendung nominaler Elemente aus verschiedenen Kategorien, wie Konkreta, Abstrakta, aber auch temporale Nomina, stärker als das Alter (Ravid 2006: 810). Mit anderen Worten, je textsortentypischer die Verwendung bestimmter nominaler Ausdrücke ist, umso sicherer beherrscht ein Kind oder Jugendlicher die entsprechende Textsorte. So können auch Hinweise für diagnostische Zwecke gewonnen werden (Ravid 2006: 819).

Während diese Arbeiten zunächst einsprachige Sprachentwicklung im Blick hatten, zeigt u.a. Pfaff (2009) wie sich mit dem gleichen Studiendesign mehrsprachige Sprachentwicklung im Dreieck aus Erst-, Zweit- und Schulfremdsprache erfassen lässt. Für frühe Arbeiten in dieser Richtung seien zudem Akıncı & Jisa (2000) genannt, die den Einfluss der L1 Türkisch auf Satzverknüpfungen in narrativen Texten in der L2 Französisch untersuchen sowie Akıncı, Jisa & Kern (2001), die sich der Erzählstruktur und damit verbundenen sprachlichen Mittel in beiden Sprachen widmen. Sie kommen u.a. zu dem Schluss, dass beobachtbare Entwicklungsverzögerungen im Ausdruck makrostruktureller Elemente in der L2 weniger auf verzögerte L2-Entwicklung hindeuten, sondern vielmehr den geringeren Grad des Zugangs zur Schriftlichkeit in der L2 spiegeln.

2. Erzählen: Funktion und Entwicklung

Es hat sich gezeigt, dass sprachliche Mittel und schriftsprachliche Formate in der Sprachentwicklung interagieren. Dieser Interaktion wird in diesem Beitrag am Beispiel des schriftlichen Erzählens nachgegangen. Daher soll im Folgenden ein genauerer Blick auf das Erzählen sowie die Erzählstruktur geworfen werden.

Erzählen gilt als eine grundlegende sprachliche Handlungsform, über die Kinder schon relativ früh verfügen. Schon im vorschulischen Alter beginnen sie zu erzählen, bzw. machen sie erste Erfahrungen mit dieser Handlungsform. In der Grundschule wird Erzählen dann zum Unterrichtsgegenstand.[2] Damit wird eine zunächst lebensweltlich entwickelte sprachliche Handlung auf einer Metaebene behandelt und die Kinder lernen, sprachliches Handeln zu reflektieren. So wird der Grundstein für die weitere Auseinandersetzung mit anderen Textformen gelegt. Insofern verwundert es nicht, dass dem Erzählen und der Erzählentwicklung speziell in der Grundschulzeit, aber auch darüber hinaus, viel Aufmerksamkeit gewidmet wurde, und dass dazu eine reiche Forschungsliteratur vorliegt. Diese soll hier nicht in vollem Umfang wiedergegeben werden. Vielmehr sei etwa auf die Diskussionen in Petersen (2013), Dannerer (2012) sowie Augst, Disselhoff, Henrich, Pohl et al. (2007) verwiesen.

2.1 Funktionen des Erzählens

Die hier zu diskutierenden Ansätze eint, dass sie Erzählen im Sinne von Ehlichs „erzählen 2" (Ehlich 2007: 372) untersuchen. Ehlich unterscheidet zwischen „erzählen 1", das als Architerm für eine Vielzahl kommunikativer Praktiken steht, zu denen etwa „berichten", „mitteilen" oder „schildern" gehören, und „erzählen 2", mit dem alltägliches Erzählen bezeichnet wird (Ehlich 2007: 373). „Erzählen 1" und „erzählen 2" unterscheiden sich in

---

[2] Dass gerade das (vor-)schulische Erzählen, etwa im Morgenkreis, aber auch in anderen Zusammenhängen einige Dysfunktionalitäten und institutionelle Überformungen aufweist, zeigen nicht zuletzt schon Flader & Hurrelmann (1984) und Fienemann & von Kügelgen (2006).

ihrer inneren Funktion und ihrer Tiefenfunktion. Die innere Funktion von „erzählen 2" realisiert sich im „homileïschen Diskurs" (Ehlich & Rehbein 1980), also in geselligen Situationen. Die Tiefenfunktion hat zum Zweck, „partikuläres Erlebniswissen" (Ehlich & Rehbein 1977) des Erzählers einem Hörer zu vermitteln und zwar in der Weise, dass dieses Wissen nach Abschluss der Erzählung mit dem Hörer geteilt wird und vor allem die Bewertung des erzählten Ereignisses vom Hörer übernommen wird. (Ehlich 2007: 382f.). Diese Präzisierung des Erzählbegriffs ist für die hier zu diskutierenden Daten bedeutsam, da die Schülerinnen und Schüler genau vor der Aufgabe stehen, eigenes Erlebniswissen aus Konfliktsituationen mental und sprachlich zu verarbeiten und es einem Leser zugänglich zu machen, mit dem Ziel ihn zur Bewertungsübernahme zu bewegen.

Die Bewertungsfunktion von Erzählungen wird schon in der „high point analysis" nach Labov & Waletzky (1973) thematisiert. Dieser Ansatz betont aber zunächst, dass die sprachliche Darstellung der temporalen Abfolge eines referierten Ereignisses eine zentrale Aufgabe des Erzählers sei. Daher wird eine Minimalerzählung als Struktur aus zwei Teilsätzen in temporaler Abfolge beschrieben. Zum zweiten aber wird mit dem Höhepunkt, der Pointe, verdeutlicht, dass mit einer Erzählung immer etwas Erzählwürdiges transportiert werden muss und dass die Erzählwürdigkeit unter anderem darin bergründet ist, dass spezifische Ereignisse durch den Erzähler in eine bestimmte Perspektive gerückt werden. Dieses Modell stellt nach wie vor die wesentliche Bezugsgröße der linguistischen Erzählforschung dar. Interessanterweise wird dabei immer wieder übersehen, dass die Struktureinheiten keineswegs sequentiell abzuarbeitende Phasen einer Erzählung sind. Auch ist die Bewertung keine diskrete Phase wie schon Quasthoff (1980) feststellt, sondern ein mentaler wie sprachlicher Verarbeitungsprozess, der sich im sprachlichen Produkt immer wieder manifestiert und der den Erzählprozess maßgeblich steuert.

Insofern ist mit Rehbein (1980) der Bewertung eine zentrale Bedeutung zuzuweisen. Das zeigt sich etwa beim Erzählen von Leidensgeschichten, bei dem der Erzähler noch in das Ereignis involviert ist (Rehbein 1980: 84). Diese sind dadurch gekennzeichnet, dass der Erzähler aus einer Verstrickungskonstellation in einen Konflikt gerät, in dem er zumindest vorübergehend „Opfer" einer Offensivhandlung eines weiteren Aktanten ist. Dieses Skandalon macht den Sachverhalt erzählwürdig (Rehbein 1980: 83) und der Erzähler möchte erreichen, dass der Rezipient mit ihm eine Umwertung des Sachverhalts vornimmt, so dass die Opferrolle als ungerechtfertigt anerkannt wird, bzw. im Falle einer Zurückweisung der Offensivhandlung der

„Sieg" als verdient gesehen wird. Erzählen hat mithin den Zweck einen erlebten Sachverhalt interaktiv in Form einer sprachlich-mentalen Re-Inszenierung zu verarbeiten.

Die bisherigen Aussagen beziehen sich auf das mündliche Erzählen. Sie gelten auch für das schriftliche Erzählen, allerdings unter der Bedingung eines distanten Rezipienten. Dieser kann nun nicht mehr durch seine Reaktionen in den Erzählprozess eingreifen und der Erzähler kann nicht mehr unmittelbar den Erfolg seiner Versprachlichung des Ereignisses kontrollieren. Ich gehe in diesem Beitrag davon aus, dass Sprachentwicklung bei Jugendlichen heißt, zu lernen mit diesen Anforderungen umzugehen.

2.2 Entwicklung der Erzählfähigkeit

Auch wenn sich möglicherweise nach der frühen Vorlage von Knapp (1997) nun u.a. mit Dannerer (2012) eine Trendumkehr andeutet, widmen sich viele Untersuchungen zur Erzählentwicklung dem mündlichen Erzählen[3]. Zu diesen gehören Boueke & Schülein (1991), bzw. Boueke, Schülein, Büscher, Terhorst et al. (1995)[4]. Sie legen der Erzählanalyse schema-theoretische Annahmen zugrunde. Demnach zeichnen sich Erzählungen durch drei Merkmale aus. Zum einen gibt es die Ebene der Ereignisstrukturmarkierung. Hierher gehören die Aktanteneinführung, die Darstellung der Handlungsbedingungen sowie sprachliche Mittel zur Darstellung von Kontrastivität, insbesondere kontrastive Konnektoren. Zum zweiten gibt es die Ebene der Affektmarkierung. Diese dient dazu, psychologische Nähe herzustellen und Valenz im Sinne einer Haltung, Bewertung oder Einschätzung auszudrücken. Damit kommt diese Ebene der Involviertheit und Bewertung bei Rehbein am nächsten. Zentral ist aber das Moment der Diskontinuität, das als Planbruch im Sinne Quasthoffs (1980) verstanden werden kann und das der Verstrickung und dem Konflikt bei Rehbein vergleichbar ist. Außerdem ist hier die Plötzlichkeit des unerwarteten Ereignisses zu versprachlichen.

Boueke, Schülein, Büscher, Terhorst et al. (1995) leiten aus der Realisierung dieser Merkmale Kriterien für die Identifizierung entwicklungs-

---

[3] Untersuchungen zum vorschulischen und frühen schulischen Erzählen haben allerdings kaum eine andere Wahl.
[4] Unter anderem mit Hoffmann (1984a und 1984b) liegen natürlich auch schon frühere Arbeiten vor. Die oben genannten werden hier zunächst deswegen in den Blickpunkt gerückt, weil sie für die Auseinandersetzung mit der Labov & Waletzky-Tradition stehen und so auch neuere Untersuchungen maßgeblich beeinflusst haben.

relevanter Strukturtypen ab. In ihrer Studie zum Erzählerwerb im Elementar- und Primarbereich zeigt Becker (^{4}2013), dass der vierte dieser Strukturtypen, der „narrativ strukturierte", erst in der dritten Klasse und dort auch nur von ca. einem Drittel der Kinder produziert (Becker ^{4}2013: 119). Bei diesem Typ kommt zur episodischen Markierung die affektive Markierung hinzu. Das deutet an, dass erst auf dieser Stufe kompetent auf den Zweck der Bewertungsübernahme hingearbeitet werden kann.

Damit scheint zunächst die folgende Einschätzung von Boueke, Schülein, Büscher, Terhorst et al. (1995: 187) bestätigt:

> „Die vielfach formulierte Auffassung, nach der die Erzählentwicklung beim Eintritt der Kinder in die Grundschule im wesentlichen bereits durchlaufen ist, muß als widerlegt gelten. Vielmehr ist davon auszugehen, daß erst am Ende der Grundschulzeit die Herausbildung eines spezifisch narrativen Schemas erfolgt ist – abgesehen von stilistischen und individuellen Verzögerungen."

Allerdings erscheint es als Kurzschluss, die Entwicklung bis zum Ende der Grundschulzeit für abschließend zu halten. Insbesondere nach den hier vorzustellenden Daten ist nicht davon auszugehen, dass es am Ende nur um „stilistische Weiterentwicklungen und individuelle Verzögerungen" geht.

Mit Knapp (1997) muss man dieses Diktum wohl dahingehend erweitern, dass die Schülerinnen und Schüler zunächst mit grundlegenden Herausforderungen der Versprachlichung selbsterlebter, erdachter oder vorgegebener Sachverhalte ringen. Knapp (1997: 220f.) stellt zu Phantasieerzählungen von Hauptschülerinnen und Hauptschülern der fünften und sechsten Klasse zusammenfassend fest, dass diese auf mehreren Ebenen Schwierigkeiten mit der Komplexität der Verschriftlichungsaufgabe haben. Die Erzählungen brechen ab und es werden nicht alle Merkmale einer Erzählung und von komplexen Sequenzen nur Teile realisiert. Nach Knapp (1997: 223f.) sind Fünft- und Sechstklässler immer noch damit beschäftigt, eine reihende Strukturierung von Texten zugunsten einer komplexen Textgestaltung zu überwinden. Knapp weist u.a. dabei einen Einfluss der Sprachfähigkeit und insbesondere der Fähigkeiten in der Zweitsprache Deutsch nach.

Fortgeschrittene Sprachentwicklung dürfte damit heißen, dass Jugendliche noch von der siebten Klasse aufwärts auf dem Weg zu einem Stadium sind, in dem sie stärker routinisiert vorgehen können. Dies dürfte dann auch zu einheitlicheren, sprachlich unauffälligen Texten führen. Dabei ist der Zeitausdruck und die ihm zugrundeliegende zeitliche Ordnung der Ereigniswiedergabe wichtig für die Erzählstruktur, aber kein Selbstzweck. Ziel

der hier vorgestellten Erzählungen ist die Wissensverarbeitung und die hörerseitige Bewertungsübernahme. Daraus ergeben sich die folgenden Forschungsfragen:
– Welche Strategien setzen Schülerinnen und Schüler der Mittelstufe ein, um in schriftlichen Texten eine Bewertungsübernahme durch einen distanten Rezipienten zu erreichen?
– Verändert sich der Einsatz entsprechender sprachlicher Mittel mit zunehmendem Alter?

3. Erhebungsdesign

Das Ziel dieser Untersuchung ist die Aufdeckung von Versprachlichungsstrategien in Texten mehrsprachiger Jugendlicher. Außerdem soll geprüft werden, wie weit diese Veränderungen im Sinne einer fortgeschrittenen Sprachentwicklung unterliegen. Allerdings kritisiert schon Knapp (1997: 27) die weitgehende Beschränkung der Forschung zum schriftlichen Erzählen in einer zweiten Sprache auf gebundene Formen wie Bildergeschichten oder Filmnacherzählungen. Dadurch, so Knapp (1997: 27), sind „gerade Strategien der eigenständigen Strukturierung einer Erzählung [...] prinzipiell nicht aufdeckbar". Daher wurde für diese Arbeit eine Aufgabe gewählt, die schon im Rahmen des „Developing-Literacy"-Projekts eingesetzt und getestet wurde und die zudem freies Erzählen ermöglichen sollte.

Die Datenerhebung bestand aus zwei Phasen. In der ersten Phase von Juli bis Oktober 2011 wurden mittels eines C-Tests und eines kognitiven Tests der allgemeine, auch außersprachliche Wissensstand der Schülerinnen und Schüler ermittelt. Damit wird sichergestellt, dass Befunde in den Sprachdaten tatsächlich auf sprachbezogene Faktoren zurückgeführt werden können. Die eigentliche Datenerhebung erfolgt mittels einer Schreibaufgabe, der als Impuls ein Video vorausgeschickt wird, in dem konflikträchtige Szenen aus dem Schulalltag nachgestellt werden (Berman & Verhoeven 2002). Außerdem wurde mittels eines Hintergrundfragebogens die bisherige Spracherwerbs- und Bildungsbiographie sowie die aktuelle Sprachverwendung erfasst. Bei der zweiten Datenerhebung von September bis Oktober 2012 wurden wiederum ein C-Test sowie die Schreibaufgabe durchgeführt. Die Schreibaufgabe lautete: „Erzähle von einem Streit oder einer schwierigen Situation, die du selbst erlebt hast. Dein Text sollte am Ende mindestens eine und höchstens zwei Seiten lang sein."

Die Erhebungen fanden zum Ende der Klasse 7, bzw. dem Beginn der Klasse 8 sowie am Beginn der Klasse 9 mit folgenden Stichproben[5], bzw. Teilnehmerzahlen statt. Die Zahlen in Klammern geben die Teilnehmerzahl der zweiten Erhebung wieder.
- Schule 01 / Gymnasium: Herkunftssprache Türkisch: 15 (12); deutsch: 13 (12)
- Schule 02 / Gymnasium: Herkunftssprache Russisch: 13 (10); deutsch: 8 (7)
- Schule 03 / Stadtteilschule: Herkunftssprache Türkisch 20 (20); deutsch: 7 (7)
- Schule 04 / Stadtteilschule: Herkunftssprache Russisch 14 (8); deutsch 8 (6)

Insgesamt liegen 180 Texte vor, von denen 156 in die Auswertung einbezogen werden konnten. Nicht einbezogen wurden etwa Texte, die Szenen aus dem Video-Impuls nacherzählten.

4. Fallstudien

Im Folgenden werden exemplarisch die Texte eines Gymnasialschülers mit Türkisch als Erstsprache vorgestellt und in ihren Besonderheiten diskutiert. Dabei liegt der Schwerpunkt auf dem Ausdruck von Zeitverhältnissen. Weitere linguistische Bereiche werden angesprochen soweit sie angesichts der Forschungslage und mit Blick auf die fortgeschrittene Sprachentwicklung von Bedeutung sind. Die beiden Texte des Schülers 01EMAN7c[6] werden vollständig abgedruckt, da nur so Funktion und Wirkung der sprachlichen Mittel umfassend wahrgenommen werden können. Die Texte werden in minimale satzwertige Einheiten (MSE) zerlegt, um handhabbare Analyseelemente zu gewinnen[7].

---

[5] An der Studie nahmen 50 Mädchen und 48 Jungen teil. Der Einfluss des Geschlechts wurde bisher nicht untersucht. Es zeigen sich aber thematische Vorlieben. Texte mit Merkmalen des Erzähltyps „Rechtfertigungsgeschichte" produzierten 28 Jungen und 16 Mädchen.

[6] Die Pseudonyme wurden nach unterschiedlichen Verfahren durch die Schulen vergeben. Vom Autor dieses Textes wurden jeweils nur die Ziffernfolgen 01-04 vorangestellt, um die Schülerinnen und Schüler ihren Schulen zuzuordnen.

[7] Der ursprüngliche Zeilenumbruch wird durch Schrägstriche („/") markiert. Ein doppelter Schrägstrich verweist auf eine Leerzeile. Eine Ziffer nach dem Schrägstrich verweist auf einen Seitenumbruch. Umgekehrte spitze Klammern (><) weisen auf Einschübe aus dem Zeilenzwischenraum hin. In Orthographie und Zeichensetzung wurde nicht eingegriffen.

Beispiel (1): 01EMAN7c – Text 1 (7. Klasse / Juli 2011)

1 <Im Englischunterricht hab ich mit xy gelacht./
2 Dann hat er\sie >auf den Jungen< mit einem Stift geworfen./
3 Ich musste in dieser Situation etw. kichern./
4 Der Junge dreht sich um
5 und weil ich gelacht/ hab,
6 dachte er
7 ich war das.
8 Er hebt den Stift/ auf
9 und wirft ihn mir ins Gesicht.
10 Da wa war/ ich schon auf 180.
11 Da hab ich mein Lineal/ genommen
12 und zu ihm geworfen,
13 aber ihn verfehlt./
14 Er nimmt mein Lineal vom Boden
15 und zerbricht/ es in 2 Teile.
16 Da kamen meine Kollegen/
17 und sagten zu mir mit diesen Worten:
18 „Oha/ Alpi, wenn ich du wär
19 hätte ich ihm richtig/ auf die Fresse gehauen."
20 Da hab ich erst/ eine Weile überlegt.
21 Da hab ich mich doch/ entschieden ihn zu schlagen.
22 Ich schlich mich/ leise von hinten an
23 und hab ihm einen so/ dermaßen Nackenklatscher gegeben,
24 sodass er/ geweint hat.
25 Kurz nach diesem Geschehen/ ging ich in die Pause.
26 Da kam ein Mädchen auf/ mich zu
27 und sagte:
28 „Alpi, xy >Mike< hat deine/ Sachen runter geschmissen,
29 aber ich und/ ein paar andere Mädchen haben deine Sachen/ wieder aufgehoben.//
30 Ende

Bei der ersten Datenerhebungsrunde verschriftlicht 01EMAN7c eine Erzählung vom Typ der „Rechtfertigungsgeschichte"; vgl. dazu Lehmann (1980) und Fienemann (1987; 2006), die in spezifischer Form Elemente der Siegesgeschichte (Rehbein 1984) in sich birgt. Der Ich-Erzähler als

Protagonist wird zu Unrecht in einen Streit hineingezogen, bzw. wird Opfer einer Offensivhandlung eines mit *der Junge* bezeichneten Offenders[8].

In der Normalitätsdarstellung in MSE 1 wird mittels *im Englischunterricht* eine in der Vergangenheit liegende Betrachtzeit für das Perfekt, das hier als Erzähltempus etabliert wird, eingeführt. Mit dem deiktisch fortführenden „dann" wird in MSE 2 auf ein Folgeintervall referiert, in dem durch den Stiftwurf die Verstrickungskonstellation eröffnet wird. Mit der Präpositionalphrase *in dieser Situation* in MSE 3 rahmt der Erzähler sein Verhalten als erwartbar und er eröffnet damit sein Rechtfertigungshandeln. Allerdings wird das Kichern des Protagonisten mit dem Stiftwurf in Beziehung gesetzt, so dass die Verstrickung tiefer wird und die Reaktion des Offenders nicht völlig grundlos erscheint.

Hier wird zusätzlich die Tempusverwendung relevant. In MSE 4 wird Präsens verwendet, was den Eindruck unmittelbarer Nachzeitigkeit zum Ereignis in MSE 3 erweckt. MSE 5 referiert dann nochmal auf das Lachen, jetzt im Perfekt. Damit wird das Lachen als vorzeitig zum Umdrehen dargestellt. Es behält aber wegen des Tempus Relevanz für die Gegenwart. In MSE 6 und 7 greift er mit dem Präteritum auf eine eindeutige Vergangenheitsform zurück. Damit wird größerer Abstand zur aktuellen Situation hergestellt, was damit korrespondiert, dass der Erzähler hier über Kognitionen des Offenders mutmaßt.

Der Konflikt wird mit der Offensivhandlung in MSE 8 real und in MSE 11 wird ausgeführt, wie der Protagonist zunächst ohne Erfolg Gegenmittel ergreift. In dieser Phase nimmt das Temporaladverb ‚da' ein zentrale Rolle ein. Es stellt durch die Wiederholung in MSE 10 und 11 einerseits eine Gleichzeitigkeitsbeziehung zwischen Äußerungen her. In MSE 10 wird dadurch die affektive Involviertheit des Protagonisten unterstrichen, die einerseits im Phraseologismus ‚auf 180 sein' ausgedrückt wird und auch durch den unmittelbaren Bezug dieses Zustands auf den im Präsens versprachlichten Angriff in MSE 9. Ebenso unmittelbar wird die Reaktion des Protagonisten in MSE 11 angebunden. Bezogen auf den Zweck der Erzählung kommt ‚da' aber noch eine wichtigere Funktion zu. Der Erzähler will erreichen, dass der Leser sein Verhalten als zwangsläufige Reaktion versteht und in diesem Sinne eine Bewertung desselben als gerechtfertigt übernimmt. Dank der anadeiktischen Funktion von ‚da' kann er jeweils die das seinem Handeln vorausgehende Ereignis aufgreifen und als Bedingung

---

8   Interessanterweise wird der Offender in MSE 2 mittels einer definiten NP eingeführt. Der Erzähler antizipiert hier entweder das Leserwissen in unangemessener Weise oder er versucht hier schon den Ko-Aktanten möglichst präsent zu machen.

seiner Reaktion refokussieren. So wird der Stiftwurf zur Voraussetzung seiner Erregung in MSE 10 und der Wurf mit dem Lineal eine gerechtfertigte Folge des *auf 180 sein*.

Nachdem der Konflikt eskaliert – MSE 14/15 –, treten weitere Personen in Erscheinung, die dem Protagonisten Gegenmittel nahelegen. Auch hier refokussiert das ‚da' in MSE 16 die Handlung des Offenders und liefert damit den Kontext für den drastischen Vorschlag der Mitschüler in MSE 18/19. Dieser wird durch ‚da' in MSE 20 und 21 als Entscheidungsraum des Protagonisten refokussiert. So entwickelt der Erzähler eine Kette von Handlungselementen, die den Handlungsspielraum des Protagonisten bedingen und seine Aktionen gerechtfertigt erscheinen lassen sollen.

Als ein aus Siegesgeschichten vertrautes Element wird die Wende durch einen im Anschleichen angedeuteten Trick und mit dem Erfolg, dass der Offender weint, in die Erzählung eingefügt. Eine mögliche Rachehandlung des Offenders wird in MSE 25 durch das Temporaladverbial kurz *nach diesem Geschehen* angeschlossen. Bezeichnenderweise ist dies ein rein temporaler Anschluss, der nicht mehr an die vorher geschilderte rechtfertigende Argumentationskette anknüpft. Die Rachehandlung des Offender bleibt nämlich ohne Erfolg, weil Unterstützerinnen des Protagonisten den Normalzustand wiederherstellen. An dieser Stelle wird nochmal deutlich, dass es sich im Kern um eine Rechtfertigungsgeschichte handelt. Das wiederherstellende Handeln der Mädchen lässt erkennen, dass sie die Rachehandlung des Offenders ablehnen. So legitimieren sie das Handeln des Protagonisten. Außerdem wird damit ein formaler Erzählschluss angedeutet.

Über die Realisierung des Erzählzwecks hinaus finden sich weitere Merkmale des Erzählens im Text. Durch eine ungerechtfertigte Offensivhandlung, der nach der Reaktion des Protagonisten eine weitere – das Zerbrechen des Lineals in MSE 14/15 – hinzugefügt wird, wird der Protagonist Opfer. So wird ein Skandalon etabliert. Dabei fällt auf, dass die Handlungen des Offenders im Präsens versprachlicht werden. Dieses szenische Präsens gibt den Aktionen Gegenwartsrelevanz und macht sie gewissermaßen für den Rezipienten miterlebbar. Da diese Passagen – MSE 4, 8 und 9, 14 und 15 – so auch gegen die übrigen Aktionen abgesetzt werden, wird eine affektive Markierung durch Kontrastivität im Sinne von Boueke, Schülein, Büscher, Terhorst et al. (1995) erreicht. Weitere affektive Markierungen finden sich etwa in MSE 10 – *Da war ich schon auf 180.* – und durch *dermaßen* in MSE 23.

Zusammenfassend ist festzuhalten, dass der Erzähler die Ereignisstruktur angemessen versprachlichen kann. Er macht sich dabei die temporale Funktion von ‚da' ebenso zunutze wie die Möglichkeit mit Hilfe dieses anadeiktischen Ausdrucks Handlungselemente, die für den Rechtfertigungszweck seiner Erzählung von Bedeutung sind, in den Fokus zu nehmen. Ein rein temporaler Anschluss wie in MSE 25 dient dagegen dazu Erzählstrukturelemente abzugrenzen. Der Erzähler weiß also um die funktionalen Möglichkeiten sprachlicher Mittel. Entwicklungsspielraum scheint in erster Linie im Hinblick auf größere Variabilität der Mittel gegeben.

Der zweite Text von 01EMAN7c unterscheidet sich in einigen Punkten vom ersten. Das ist unter Entwicklungsgesichtspunkten erwartbar und auf diese Aspekte soll gleich eingegangen werden. Ein Unterschied liegt aber auch darin, dass der Erzähler nun keine Erlebnisgeschichte erzählt. So fällt schon an der Textoberfläche fällt auf, dass Wechselrede, die sonst in Erlebniserzählungen – auch medial schriftlichen und auch im hier vorliegenden Korpus – oft zu finden ist, fehlt, bzw. weitgehend durch indirekte Rede ersetzt wird.

Es handelt sich bei der zweiten Erzählung eher um eine Beobachter-Planbruch-Geschichte im Sinne von Quasthoff (1980). Der Erzähler ist hier nicht unmittelbar in das Geschehen verstrickt. Diese fehlende Involviertheit stellt eine erzählerische Herausforderung dar und ist zugleich Gegenstand der Erzählung. Denn zu wesentlichen Teilen geht es im Text darum, dass der Protagonist nicht erkennen kann, worum es bei dem Konflikt geht. Das verunsichert ihn. Er beobachtet den entstehenden Konflikt vom Fenster aus und wird selbst zu keinem Zeitpunkt in diesen unmittelbar hineingezogen.

Beispiel (2): 01EMAN7c – Text 2 (9. Klasse / September 2012)

1 Vor 3 Jahren, wo ich in der Türkei mit meinen/ Eltern war,
2 hatte meine Cousine ihre Verlobungsfeier.
3 Die/ Feier war schön,
4 es wurde viel getanzt
5 und viel geredet./
6 Bis es dunkel wurde.
7 Etwa um 22:30 Uhr wurde/ von einem Fenster zum gegenüberliegendem Fenster/ geschrien.
8 Leider war mir der Grund, aber nicht bekannt./
9 Plötzlich schrie ein etwa 50-jähriger Mann meine/ Großmutter an.
10 In der Situation, war mir der Grund auch/ nicht klar.
11 Ich bekam Angst.
12 Kurz darauf sagte mir meine/ G̶r̶o̶ Großmutter,
13 das alles gut wird.

14 Ich habe überhaupt/ nichts mehr verstanden.
15 Ich lief rasch zum Balkon,/
16 weil ich Schreie hörte.
17 Mein Onkel sagte,
18 ~~das~~ er müsse/ schnell nach unten
19 und etwas klären.
20 Vom Balkon sah/ ich plötzlich ≠ 5-6 Männer,
21 die in die Richtung der/ Wohnung kamen.
22 Mein Vater und 3->4< Onkeln von mir gingen/ auf sie zu
23 und Fragten was los sei.
24 Darauf/ antworteten die Männer,
25 warum mein Cousin,[9]
26 der/ 17 Jahre alt ist
27 etwas mit der Nachbarin habe./
28 Mein Vater und Meine Onkeln sagten,
29 dass sie davon nichts wüssten.
30 Dann sagte einer der anderen/ „Halts Maul"
31 und versuchte meinem Onkel eine/ Schelle zu verpassen. Erfolglos.
32 Mein Onkel zog/ ihm eine Klatsche und ~~sagte~~>fragte<,
33 warum er sich/ so aufspiele.
34 Ein paar Fäuste sind schon geflogen./
35 In der Zwischenzeit rief meine Mutter die Polizei./2
36 Etwa zwei Minuten später trafen sie ein.
37 Die/ Polizisten schrien
38 und fragten ebenfalls,
39 was hier los/ sei.
40 Dann wurde erklärt dies, das.
41 Dann versuchte/ einer meinen Onkel wieder zu schlagen,
42 doch/ mein Vater und die Polizei griff ein.
43 ~~Nach einer / Stunde war Sch~~
44 Die Polizisten schlichteten
45 und/ der Streit war zu Ende.
46 Kurz darauf war es/ dann so weit. Schlafenszeit.
47 Die Wohnung meiner/ Tante war voll
48 also schlief ich bei meiner Cousine,/
49 die inzwischen schon verlobt war.
50 Das war meine/ Erzählung.

Wie in der ersten Erzählung wird eine Normalitätsdarstellung – in MSE 1 bis 5 – versprachlicht und es findet sich ein Erzählschluss, der übrigens

---

[9] Hier macht der eingeschobene Relativsatz einen Umbruch notwendig.

ähnlich wie im ersten Text mit *kurz darauf* ... (MSE 47) von der übrigen Erzählung abgesetzt wird. Auch die Verstrickungskonstellation und eine Konflikt(zuspitzung) sind vorhanden. Hier zeigen sich aber Unsicherheiten. So finden sich zwei eindeutige Plötzlichkeitsmarkierungen in MSE 9 und MSE 20. In beiden Fällen ist aber der Konflikt noch nicht eingetreten, bzw. zumindest dem Erzähler unklar. In MSE 10 verbalisiert er genau dies. Die Plötzlichkeitsmomente deuten eher eine sich vertiefende Verstrickungskonstellation an. Der eigentliche Konflikt entlädt sich ab MSE 29, wo auch das einzige Vorkommen direkter Rede zu finden ist. Dieser Konflikt wird dann aber nicht ausgetragen, sondern durch eine glückliche Wendung in Form von Hilfe von außen geschlichtet. Generell scheint der Erzähler zwar emotional vom wiedergegebenen Ereignis berührt zu sein, aber ihm fehlt, was Rehbein (1984: 76) die „*Identifizierung* seiner Wahrnehmung" nennt. Diese an sich für das Beschreiben notwendige Voraussetzung der Bezugnahme auf Vorwissen, mit Hilfe dessen der Sachverhalt erschlossen wird, dürfte auch für Erzählungen zumindest dieses Typs gelten. Sie kann im vorliegenden Text vom Erzähler aber nicht geleistet werden. So kommt es, dass er den Konflikt zunächst nicht erkennen und in die Chronologie einordnen kann (MSE 10). Seine in MSE 11 verbalisierte Angst kann auch seine Großmutter nicht zerstreuen, denn in MSE 14 macht er deutlich, dass er die Situation nach wie vor nicht überschaut. Diese Bewertung der Situation wird damit auch dem Leser zur Übernahme angeboten. Daneben steht die temporale Orientierung, die erkennbar nicht ausreicht, um allein den Zweck des Erzählens zu erfüllen.

Im Vergleich zum ersten Text desselben Erzählers zeigen sich markante Veränderungen beim Zeitausdruck. Als Erzähltempus wird das Präteritum eingesetzt und es wird fast vollständig durchgehalten. Lediglich in MSE 14 und MSE 34 wird das Perfekt verwendet. Im letzteren Fall mag das dem etwas unkonventionell verschriftlichten Phraseologismus ,es flogen die Fäuste' geschuldet sein; im ersteren Fall deutet es wegen des Präsensanteils eventuell auf die nachhaltige Irritation des Erzählers hin. Wie im ersten Text setzt der Erzähler auch hier wieder eine große Zahl von Temporaladverbien ein. Es zeigt sich aber eine deutlich höhere Varianz und der Text scheint nicht so kleinteilig strukturiert zu sein wie der erste, da nicht einzelne Elemente des Entscheidungsraums des Protagonisten fokussiert werden.

Die Temporaladverbien verbinden größere Handlungseinheiten miteinander und werden nur in Einzelfällen zur Versprachlichung einer Schlagauf-Schlag-Handlungsfolge wie etwa in den MSE 40 und 41 eingesetzt. Mit der größeren Varianz geht auch eine gesteigerte Präzision des Ausdrucks einher. So werden Zeitabstände genauer erfasst, wie etwa die eher knappe Zeitspanne von *etwa zwei Minuten* in MSE 36, die der Polizei zum Kommen zugebilligt wird, wodurch vor allem die schnelle Ereignisfolge sprachlich repräsentiert wird. Ferner wird durch Ausdrücke wie *in der Zwischenzeit* eine Handlung als parallel zu einem komplexeren Handlungsabschnitt markiert.

Zusammenfassend lassen sich an den beiden Texten Entwicklungsschritte illustrieren. Schon am Ende der siebten Klasse ist der Schüler ein kompetenter Erzähler. Er verschriftlicht eine Rechtfertigungsgeschichte, die wichtige formale Merkmale einer Erzählung erfüllt, wie die Bedingung der Ungewöhnlichkeit in Form eines Planbruchs oder die der affektiven Markierung. In der zweiten Erzählung zeigt sich meines Erachtens eine Entwicklung darin, dass er ausgelöst durch die Aufgabenstellung einen selbst erlebten Konflikt wiedergeben möchte, aber aufgrund der Struktur des zur Versprachlichung gewählten Ereignisses zur Textsorte der Beobachterplanbruchgeschichte auch den chronologischen Bericht hinzu nehmen muss. Er setzt sich also mit zwei Großformen sprachlichen Handelns auseinander und versucht dabei im Ereignis angelegte Informations- und Identifizierungsdefizite zu versprachlichen und auch zu überwinden.

Auf der Ebene der sprachlichen Mittel zum Zeitausdruck zeigt sich eine Tendenz zu stärkerer Normorientierung, da der Erzähler im zweiten Text fast ausschließlich im Präteritum schreibt. Dies geht allerdings auf Kosten dramaturgischer Effekte. Ausgeglichen wird dies am ehesten durch die größere Varianz der Temporaladverbien im zweiten Text. Das erzählte Ereignis wird dadurch klarer strukturiert und gleichzeitig wird so die Entwicklung des Ereignisses abgebildet. Schlicßlich lässt sich aus der Präsensverwendung im ersten Text noch eine Tendenz zu verschriftlichter Mündlichkeit ableiten, die es im zweiten Text so nicht mehr gibt. Statt-dessen wird dort sogar die direkte Rede weitgehend zugunsten indirekter Rede aufgegeben. So wird die distanzierte Beobachterperspektive gewahrt und es gibt dennoch ein Moment der Unmittelbarkeit.

Es lassen sich also auf allen Ebenen Entwicklungstendenzen ausmachen, von denen allerdings noch keine auf einen spezifischen Einfluss des Deutsch-als-Zweitsprache-Hintergrundes des Schülers hinweist.

5. Fazit – Ausblick und didaktische Implikationen

Eingangs wurde gesagt, dass die Befundlage zur sprachlichen und insbesondere grammatischen Entwicklung Jugendlicher – im Übrigen mit und ohne DaZ-Hintergrund – noch wenig ergiebig ist. Hinzu kommt, dass die Studien, die sich tatsächlich mit DaZ-Jugendlichen und jungen Erwachsenen befassen, zu dem bei näherem Hinsehen nicht besonders überraschenden Ergebnis kommen, dass das Entwicklungspotential in vielen grammatischen Strukturbereichen ausgeschöpft scheint und es keine unmittelbaren Anknüpfungspunkte für Förderprogramme im herkömmlichen Sinne gibt. Dies bestätigt aktuell auch Petersen (2014) mit ihrer Dissertation zu komplexen Nominalphrasen bei Oberstufenschülerinnen und -schülern. Ähnliches finden auch Cantone & Haberzettl (2008). Bei 40 Jugendlichen mit DaZ-Hintergrund aus verschiedenen Schulstufen finden sie in deren argumentativen Briefen unerwartet wenig grammatische Probleme. Dieser Erwerbsbereich scheint selbst für Schülerinnen und Schüler, die nicht in Deutschland geboren wurden, eine eher zügig zu bewältigende Aufgabe zu sein (Cantone & Haberzettl 2008: 106). Cantone & Haberzettl (2008: 107) sehen Entwicklungsmöglichkeiten und Förderbedarf eher auf stilistischer Ebene. Die hier exemplarisch besprochenen Daten deuten an, wo diese Entwicklungen zu suchen sind und auf welchen Ebenen gefördert werden kann. Was sie weniger klar zeigen ist, wie weit es dabei um DaZ-spezifische Aspekte oder aber um Aspekte der Sprachentwicklung geht, die DaZ- und Nicht-DaZ-Schülerinnen und -Schüler gemeinsam sind.

Den Annahmen dieser Arbeit entsprechend finden wichtige Entwicklungen auf der Ebene der Umsetzung komplexer sprachlicher Aufgaben wie der Versprachlichung von Erfahrungswissen statt. Die beiden hier diskutierten Texte weisen dabei auf Entwicklungspotential und noch bestehende Herausforderungen hin. Im ersten Text zeigt sich eine in die Erzählung übertragene emotionale Involviertheit des Erzählers in das Ereignis. Das Ereignis wird als noch sehr gegenwärtig versprachlicht und der Erzähler sieht einen Rechtfertigungsdruck bezüglich seines Handelns. Das spiegelt sich in der nicht ausschließlich temporalen Verwendung des Adverbs ‚da'.

Es stellt sich nun die Frage nach der Rolle der Temporalität in Erzählungen. Die Einschätzung von Boueke, Schülein, Büscher, Terhorst et al. (1995: 197), dass die Erzählentwicklung „von einer reinen Benennungsleistung hin zum Erwerb eines auf Temporalität gegründeten Ordnungskonzepts" führe, kann in dieser allgemeinen Form wohl nicht aufrechterhalten werden. Vielmehr ist wesentlich genauer nach Erzählformen zu differenzieren und genau darin ist die Aufgabe der fortgeschrittenen Sprachentwicklung zu sehen. Die Erzählungen von 01EMAN7c liefern dafür erste Hinweise. Denn auch im zweiten Text zeigt sich, dass nicht unbedingt einzelne sprachliche Mittel Probleme bereiten. Der Erzähler sieht sich vielmehr vor eine komplexe Versprachlichungsaufgabe gestellt. Insbesondere muss er neben der berichtsähnlichen zeitlichen Struktur Unsicherheiten über die Einschätzung des beobachteten Ereignisses ausdrücken.

Ausdrucksbedürfnisse dieser Art und die Suche nach angemessenen sprachlichen Strukturen scheinen im Zentrum der Entwicklung zu stehen. Im Sinne einer Förderung der schriftsprachlichen Fähigkeiten Jugendlicher dürfte die Vermittlung von textsortenbezogenen Versprachlichungsstrategien und angemessenen sprachlichen Mitteln der eigentliche Zugriffspunkt für didaktische Bemühungen sein. Daher wird anhand des vorliegenden Korpus zu zeigen sein, wie die Schülerinnen und Schüler mit weiteren Erzähltypen umgehen. Dabei wird es darum gehen, herauszufinden wie sie Handlungsroutinen für spezifische Versprachlichungsaufgaben entwickeln können, die über die bloße Reproduktion formaler, normbezogener Vorgaben hinausgehen. Ferner ist es denkbar, dass aufgrund unterschiedlicher Erwerbsverläufe und Literalisierungsprozesse auf den Bedarf von Schülerinnen und Schülern mit DaZ abgestimmte didaktische Herangehensweisen zu entwickeln sein werden.

6. Literatur

Akıncı, Mehmet-Ali & Jisa, Harriet (2000): Development of Turkish clause linkage in the narrative texts of Turkish French bilingual children in France. In Göksel, Asli & Kerslake, Celia (Hrsg.): *Studies on Turkish and Turkic Languages*. Wiesbaden: Harrassowitz, 317–324.

Akıncı, Mehmet-Ali; Jisa, Harriet & Kern, Sophie (2001): Influence of L1 Turkish on L2 French narratives. In Verhoeven, Ludo & Strömqvist, Sven (Hrsg.): *Narrative Development in a Multilingual Context*. Amsterdam: John Benjamins, 189–208.

Augst, Gerhard; Disselhoff, Katrin; Henrich, Alexandra; Pohl, Thorsten & Völzing, Paul-Ludwig (2007): *Text – Sorten – Kompetenz: Eine echte Longitudinalstudie zur Entwicklung der Textkompetenz im Grundschulalter*. Frankfurt/M.: Peter Lang.

Becker, Tabea (^{4}2013): *Kinder lernen erzählen*. Baltmannsweiler: Schneider Verlag Hohengehren.

Berman, Ruth A. & Nir-Sagiv, Bracha (2004): Linguistic indicators of inter-genre differentiation in later language development. *Journal of Child Language* 31, 339–380

Berman, Ruth & Verhoeven, Ludo (Hrsg.) (2002): Cross-Linguistic Perspectives on the Development of Text-Production Abilities in Speech and Writing. Part 1. Part 2. *Special Issue of Written Language & Literacy* 5 (1), 5 (2). Amsterdam: John Benjamins.

Boueke, Dietrich & Schülein, Frieder (1991): Kindliches Erzählen als Realisierung eines narrativen Schemas. In Ewers, Hans-Heino (Hg.): *Kindliches Erzählen – Erzählen für Kinder. Erzählerwerb, Erzählwirklichkeit und erzählende Kinderliteratur.* Weinheim: Beltz, 13–41.

Boueke, Dietrich; Schülein, Frieder; Büscher, Hartmut; Terhorst, Evamaria & Wolf, Dagmar (1995): *Wie Kinder erzählen. Untersuchungen zur Erzähltheorie und zur Entwicklung narrativer Fähigkeiten.* München: Fink.

Cantone, Katja Francesca & Haberzettl, Stephanie (2008): Zielsprache „Schuldeutsch": Entwicklung eines Sprachdiagnose-Instruments für mehrsprachige Schüler der Sekundarstufe I – ein Werkstattbericht. In Ahrenholz, Bernt (Hrsg.): *Zweitspracherwerb. Diagnosen, Verläufe, Voraussetzungen.* Freiburg: Fillibach, 93–113.

Dannerer, Monika (2012): *Narrative Fähigkeiten und Individualität.* Tübingen: Stauffenburg.

Ehlich, Konrad (2007): J 2 Alltägliches Erzählen. In Ehlich, Konrad (Hrsg.): *Sprache und sprachliches Handeln, Band 3: Diskurs – Narration – Text – Schrift.* Berlin: de Gruyter, 371–394.

Ehlich, Konrad & Rehbein, Jochen (1977): Wissen, kommunikatives Handeln und die Schule. In Goeppert, Herma (Hrsg.): *Sprachverhalten im Unterricht.* München: Fink, 36–114.

Ehlich, Konrad & Rehbein, Jochen (1980): Sprache in Institutionen. In Althaus, Hans Peter; Henne, Helmut & Wiegand, Herbert Ernst (Hrsg.): *Lexikon der germanistischen Linguistik.* 2. Aufl. Tübingen: Niemeyer, 338–345.

Fienemann, Jutta (1987): Ein und dieselbe Geschichte? Erzählen auf deutsch und französisch. *Osnabrücker Beiträge zur Sprachtheorie* 38, 151–172.

Fienemann, Jutta (2006*): Erzählen in zwei Sprachen. Diskursanalytische Untersuchungen von Erzählungen auf Deutsch und Französisch.* Münster u.a.: Waxmann.

Fienemann, Jutta; Kügelgen, Rainer (2006): Formen mündlicher Kommunikation in Lehr- und Lernprozessen. In Bredel, Ursula; Günther, Hartmut; Klotz, Peter; Ossner, Jakob & Siebert-Ott, Gesa (Hrsg.): *Didaktik der deutschen Sprache. Ein Handbuch.* 1. Teilband. 2. durchges. Aufl., Paderborn: Schöningh, 133–147.

Flader, Dieter & Hurrelmann, Bettina (1984): Erzählen im Klassenzimmer. In Ehlich, Konrad (Hrsg.): *Erzählen in der Schule.* Tübingen: Gunter Narr, 223–249.

Halm, Ute (2010): *Die Entwicklung narrativer Kompetenz bei Kindern zwischen 7 und 14 Jahren.* Marburg: Tectum.
Hoffmann, Ludger (1984a): Berichten und Erzählen. In Ehlich, Konrad (Hrsg.): *Erzählen in der Schule.* Tübingen: Gunter Narr, 55–66.
Hoffmann, Ludger (1984b): Zur Ausbildung von Erzählkompetenz: eine methodische Perspektive. In Ehlich, Konrad (Hrsg.): *Erzählen in der Schule.* Tübingen: Gunter Narr, 223–249.
Knapp, Werner (1997): *Schriftliches Erzählen in der Zweitsprache.* Tübingen: Niemeyer.
Koch, Peter & Oesterreicher, Wulf (1985): Sprache der Nähe – Sprache der Distanz. Mündlichkeit und Schriftlichkeit im Spannungsfeld von Sprachtheorie und Sprachgebrauch. *Romanistisches Jahrbuch* 36, 15–43.
Labov, William & Waletzky, Joshua (1997): Narrative Analysis: Oral Version of Personal Experience. *Journal of Narrative and Life History,* 7 (1-4), 3–38.
Lehmann, Albrecht (1980): Rechtfertigungsgeschichten. Über eine Funktion des Erzählens eigener Erlebnisse im Alltag. *Fabula* 21, 56–69.
Olson, David R. (1994): *The world on paper: The conceptual and cognitive implications of reading and writing.* Cambridge: Cambridge University Press.
Petersen, Inger (2014): *Schreibfähigkeit und Mehrsprachigkeit.* Berlin: de Gruyter.
Pfaff, Carol W. (2009): Parallel assessment of oral and written text production of multilinguals: Methodological and analytical issues. In Ahrenholz, Bernt (Hrsg.): *Empirische Befunde zu DaZ-Erwerb und Sprachförderung.* Freiburg: Fillibach, 213–233.
Quasthoff, Uta (1980): *Erzählen in Gesprächen. Linguistische Untersuchungen zu Strukturen und Funktionen am Beispiel einer Kommunikationsform des Alltags.* Tübingen: Narr.
Ravid, Dorit (2006): Semantic development in textual contexts during the school years: Noun scale implications. *Journal of Child Language* 33, 791–821.
Ravid, Dorit & Tolchinsky, Liliana (2002): Developing linguistic literacy: a comprehensive model. *Journal of Child Language,* 29 (2), 417–447
Rehbein, Jochen (1980): Sequentielles Erzählen. Erzählstrukturen von Immigranten bei Sozialberatungen in England. In Ehlich, Konrad (Hrsg.): *Erzählen im Alltag.* Frankfurt/M.: Suhrkamp, 64–108.
Rehbein, Jochen (1984): Beschreiben, Berichten und Erzählen. In Ehlich, Konrad (Hrsg.): *Erzählen in der Schule.* Tübingen: Gunter Narr, 67–124.

Fotoprojekt

Klasse 7.
Vier Portraits von Schülerinnen und Schülern einer 7. Klasse der Stadtteilschule Wilhelmsburg, Hamburg, 2013

Rudolf Giesselmann

> *Immer und überall gibt es bemerkenswerte Menschen, direkt vor unseren Augen. Doch scheinbar sehen wir oft nur die Wolken vor der Sonne. Unser Leben bleibt blasser und ärmer, da wir nicht sehen, wer sie sind. Wenn sie niemand bemerkt, wie können sie dann jemals bemerkenswert sein? (Angelehnt an Jon McGregor)*

Das Projekt „Klasse 7" umfasst 18 Interviews mit Schülerinnen und Schülern aus Hamburg-Harburg, von denen für den vorliegenden Band vier ausgesucht wurden.[1] Sie geben uns Einblick in einen kleinen Ausschnitt ihres Alltages und sollen an Beispielen veranschaulichen, um wen es in der wissenschaftlichen Arbeit zu Jugendlichen mit Deutsch als Zweitsprache u.a. geht.

Der Beitrag stellt in Interviews Ausschnitte der Lebenswelten von 12 bis 13 Jahre alten Schülerinnen und Schülern im Hamburger Stadtteil Wilhelmsburg dar[2]. Neben Gesprächsausschnitten stehen jeweils in diesem Kontext entstandene Porträtfotos. Die Porträtierten werden einer Gruppe zugeordnet, die im öffentlichen Diskurs immer wieder charakterisiert wird durch:
- Schüler mit Migrationshintergrund
- Parallelgesellschaft
- Bildungsfernes Milieu
- Segregation

Sämtliche Schüler der porträtierten Klasse 7 kommen aus Familien mit Migrationsbiographien. Hatice, Hasude, Denis und Leutrim, die hier vorge-

---

[1] Das Projekt wurde veröffentlicht unter ‚*Klasse 7'* 18 *Schülerinnen und Schüler im Portrait - Stadtteilschule Wilhelmsburg,* Hamburg 2013. Es ist unabhängig von dem vorliegenden Band entstanden und war zum Zeitpunkt der Herstellung des vorliegenden Buches bereits abgeschlossen, wurde aber für die Zweckes des vorliegenden Bandes noch nachbearbeitet.

[2] Die Interviewausschnitte sind der besseren Lesbarkeit wegen nicht nach linguistischen Prinzipien transkribiert, sondern in angepasster orthographischer Schreibweise wiedergegeben.

stellt werden, sind in Deutschland geboren; ihre Eltern kommen aus der Türkei, Afghanistan und dem Kosovo.

Alle Schüler dieser Klasse sind weder mit Deutsch als erster Sprache aufgewachsen noch besitzen sie in ihrem Alltag nennenswerte soziale Kontakte zu deutschen Muttersprachlern. Sie bewegen sich fast ausschließlich in einem homogenen Milieu, in welchem zwar untereinander auch Deutsch gesprochen wird, jedoch mit begrenztem Wortschatz und grammatischen Eigenheiten. Lehrer und Schulbücher bilden in erster Linie den Kontakt zu einer ‚ausgebildeten deutschen Sprache'. Neben der Sprache des Milieus selbst werden durch die Gespräche vor allem auch Potentiale und Stärken der Schüler sichtbar. Besonders betonen möchte ich, dass ich während der mehrwöchigen Anwesenheit in der Klasse in keiner Weise das in der öffentlichen Wahrnehmung oft beschriebene ‚Chaos' im Unterricht feststellen konnte. Überwiegend fand Unterricht mit engagierter Beteiligung und Konzentration statt. Viele der am Diskurs um die Schulbildung von Schülern Beteiligten kennen vermutlich keine Schüler aus der Nähe. Dieser Artikel und das zugrunde liegende Buch sollen deshalb Kennenlernen unterstützen und könnten ein kleiner praktischer Schritt sein, ‚Segregation' und ‚Parallelgesellschaft' entgegenzuwirken.

Hatice, 12 Jahre alt

I: Du bist Klassensprecherin?[3]
H: Ja
I: Bist du schon auch in anderen Klassen früher schon einmal Klassensprecherin gewesen?
H: Ja ich war in der dritten, vierten und fünften und jetzt, so vier Jahre war ich.
I: Und eh/ wie ist das, gibt es richtig eine Wahl mit Zetteln oder wie wirst du Klassensprecherin?
H: Eh, also, ehm zum Beispiel jemand meldet sich zum Beispiel, sagt „ich will, dass Hatice Klassensprecherin wird". Dann werde ich auf die Tafel geschrieben, dann wird zum Beispiel fünf Leute aufgeschrieben oder vier. Danach, eh, fragt <Name der Lehrerin>„ ja will diese Person Klassensprecherin sein?" Wenn die „ja" sagt bleibt die auf der Tafel, wenn die „nein" sagt, also wischt die Frau, wischt <Name der Lehrerin>das

---

[3] I=Interviewer, H=Hatice, / = Unterbrechung und Selbstunterbrechung, + = auffallende Pausen.

Klasse 7

weg und danach kriegt jeder ein kleines/ ein Zettel, danach muss man zwei, ein Junge und ein Mädchen schreiben und danach wer die meisten, also, Punktzahl hat, also Striche hat, der ist dann Klassensprecher.
I: Hm
H: Und ja zwei Leute, ein Junge und ein Mädchen sind Klassensprecher und ein Mädchen und ein Junge sind Vertreter.
I: Und wer ist, eh, der Junge der Klassensprecher ist?
H: <Name des Schülers>
I: <Name des Schülers>, und, eh, kannst du mal irgendetwas beschreiben, was, worum kümmert sich ein Klassensprecher jetzt in der Klasse zum Beispiel?
H: Also Klassensprecher eher für, also wenn sich jemand in der Klasse streitet, also den Problem, eh, also zu klären, also die zu helfen, dass kein Streit gibt, sogar, also dass es alles gut läuft in der Klasse, und ja, und wir, manchmal gibt es auch, also Konferenze, Klassenkonferenz, da müssen auch die Klassensprecher dabei sein.
I: Hast du ne Klassenkonferenz, wer ist da sonst noch dabei?
H: Ehm, also bei Klassenkonferenz?
I: Ja
H: Ehm, ein Kind, der zum Beispiel Quatsch gemacht hat, seine Eltern, <Name der Lehrerin> und die Klassensprecher sind meist dabei.
I: Ah ja, das ist aber ein sehr vertrauensvoller + Aufgabe dann, in solch einem Fall, ne
H: Ja, und wenn zum Beispiel jemand sich mit anderen streitet, dürfen wir das auch nicht weitererzählen, dass muss bei uns bleiben, also wir dürfen das nicht weitererzählen.
I: Wenn sich jemand mit jemandem streitet, klärst du das dann alleine mit denen oder zusammen mit <Name der Lehrerin> oder wie, oder mit <Name anderer Schüler>?
H: Manchmal mit <Name der Lehrerin> oder auch mit <Name anderer S.>.
I: Ja mit <Name des Schülers> alleine, ne? Nehmt ihr euch dann, wenn, eh, so, sag/ sag mal wir brauchen in der Pause den Raum", da geht ihr dann rein oder macht ihr das auf dem Schulhof oder wo?
H: Manchmal ist, sagt <Name der Lehrerin> „ja ihr könnt zum Nebenraum im Unterricht", dann machen wir das im Unterricht drin, also dann kommen wir hier hin, dann besprechen wir das Thema, danach gehen wir wieder rein.

I: Hm, und ich hab gesehen, es gab so eine Art Ausbildung für Klassensprecher oder was war das? Neulich bist du ja einen ganzen Tag + weg gewesen
H: Achso, ja, das so, da sind zwei, also, ehm, Schüler gekommen, die von einer anderen Schule sind und die haben uns halt erklärt, welche Rechte die Schüler haben, welche Rechte, also die Lehrer haben, was für Strafen die geben dürfen, also allgemein über, ehm, Strafen und also Regeln + haben wir sowas gemacht. Da haben wir Partnerarbeit gemacht, müssen wir, eh, also Plakate machen mit einer Gruppe, vierer Gruppe + ja.
I: Und was war auf eurem Plakat drauf?
H: Also wir müssen, zum Beispiel, wenn wir jetzt eine Abschlussfeier machen, wie wir das organisieren müssen, da hatten wir so ein großes Plakat, da müssten wir vier Felder machen, zum Beispiel, ehm, „was wollen wir mit dieser Party erreichen?" oder „Was brauchen wir?", also sowas, müssten wir darauf schreiben.
I: Also, das, eh, dann kriegt ihr so ein paar Tipps, wenn ihr sowas vorhabt, wie man das als Klassensprecher organisieren kann, so in der Art?
H: Ja
I: Ja, und eh, wie fühlt sich das an, wenn man Klassensprecher ist und schon nochmal gewählt wird, und bist jetzt schon zum dritten Mal gewählt worden, nech?
H: Ja, das ist schön, aber manchmal hat man auch gar keine Lust zu diese, also, zum Beispiel Schulsprecher oder zu gehen, da muss man immer so, später von der Schule raus und so, das ist manchmal auch langweilig und manchmal ist es auch schön.
[…]
I: Ja, und wie ist das, was mich ja interessiert, wie ist das für dich ganz persönlich, wenn du in die Türkei kommst? Eh, ist das wie nach Hause kommen oder ist das auch ein bisschen wie in Urlaub oder ist, was ist das?
H: Das ist, also auch so wie, bisschen so wie Urlaub, aber das, da fühl ich mich da irgendwie so ganz wohl, weil ich da die Leute auch besser kenn, weil da auch meine, meine Mutters Familie auch da ist, in der Türkei, ja.
I: Achso, da sind, ihr fahrt zu euer Familie/
H: Ja
I: Ihr fahrt nicht ans Meer und, oder in Urlaub?

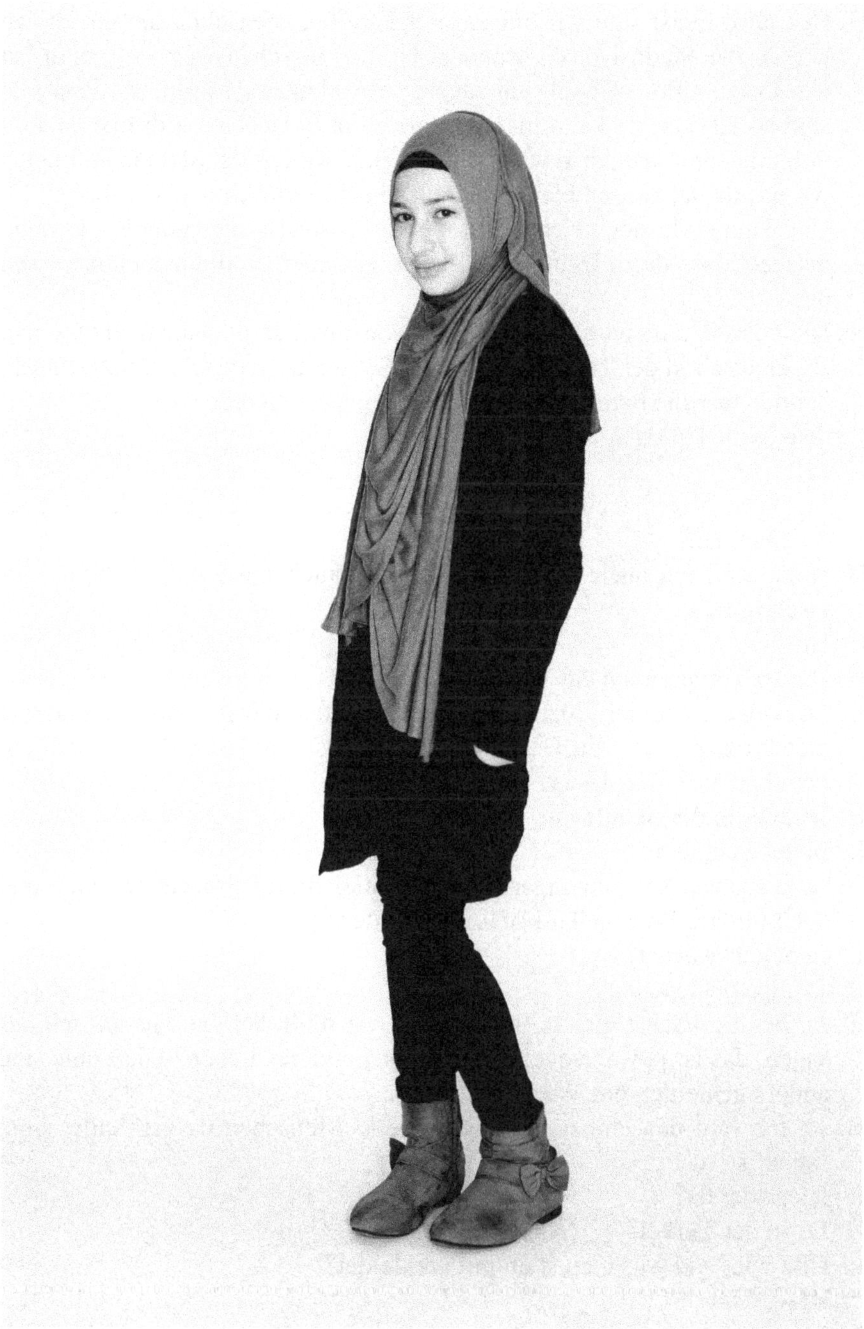

H: Nee, also meist sind wir mit unserer Familie, aber, ehm, bei uns da wo wir, in der Stadt, wo wir wohnen, ist also bisschen weit weg, ehm, ist das so ne, ehm, wie soll ich sagen, so n kleiner Zentrum, da kann/ da sind so Häuser, da kann man die mieten und danach, da drinne ist so n Pool, da kann man, also wie n Urlaub Haus ist das da. Manchmal mieten wir das da, ja, danach bleiben wir da so eine Woche oder so.
I: Und kannst du noch richtig gut Türkisch, sodass die anderen gar nicht merken, dass du in Deutschland lebst oder merken die manchmal wenn das/
H: Die wissen, dass ich in Deutschland lebe, aber, ehm, manchmal rede ich, eh, Deutsch in der Türkei, mit meiner Schwester rede ich, ehm, Deutsch, ja und, aber die bemerken das nicht, also, also ich rede da.
I: dein, dein Türkisch ist noch richtig gut?
H: Ja
I: Ja, super. Nee manchmal verlernt man ja auch ein bisschen davon, aber du nicht, ne?
H: Nein, weil ich auch, ehm, also Zuhause auch mit meinen Eltern Türkisch rede.
I: Hm
H: Darum vergesse ich das nicht.
I: Ja, wie, eh, wieviel Prozent redest du so in der Woche Türkisch und wie viel Prozent redest du Deutsch? Und Englisch redest du auch noch ein bisschen, ne? Nee das ist..
H: Ja, aber in der Schule nur.
I: In der Schule nur.
H: Ja, also, wie soll ich sagen, zum Beispiel fünfig Prozent Deutsch und auch fünfzig Prozent Türkisch, also beides..
I: Ja beides wächst?
H: Ja, also beides gleich
I: Ja, beides wächst gleich. Super. Und wie fühlt sich, ja wie soll ich das sagen, das ist ja wahrscheinlich ein ganz anderes Leben? Die Leute sind anders gekleidet, das Wetter ist anders.
H: Ja, ich find das immer lustig wie die k/ Menschen da verkleidet sind, immer so lustig, so
I: Hier oder da?
H: Da in der Türkei.
I: Und wie, und was meinst du mit verkleidet?

H: Also manche ziehen sich ganz so so Gott so geschmack, geschmacklos an, so alles bunt, kunterbunt, und ich zieh mich ja fast immer passend an und so, ja da find ich das immer so komisch.
I: Ja, du achtest sehr, du hast halt so n richtigen Stil, was du anhast, da ist das so, ist nicht so ein durcheinander, das passt alles und farblich zum Beispiel deine Schuhe jetzt zu deinem Schal. Hast du da heute Morgen daran gedacht, dass das zusammenpasst, ja ne?
H: Ja, mach ich immer.
I: Von wem hast du das, das muss man ja auch lernen, dieses anziehen, hat deine Mutter dir das beigebracht? Oder..
H: Nö, eher von meiner Schwester, weil meine Schwester ist ganz shoppingsüchtig, sie, sie geht fast jeden Tag einkaufen und, ja, sie zeigt mir auch „du musst so und so anziehen", also eher von meiner Schwester.
I: Und kannst du mir so ein Rat von deiner Schwester mal sagen, was, eh, was sagt sie denn, was passt zusammen oder was sollte man anziehen?
H: Also zum Beispiel wenn ich mich so anders anziehe, dann sagt sie so „nee das passt nicht", dann holt sie von mein Kleiderschrank so Sachen raus, dann sagt sie „ja das und das passt dann", sagt sie, „ja zieh das an, das passt mehr als dies Outfit" oder so.
I: Und, eh, kannst du mir mal erklären, wie erklärt, sagt sie nur „nimm das und das" oder erklärt sie auch warum, dass sie sagt „das passt besser, weil", erklärt sie dir das auch, weil das würd mich mal interessieren, wie..
H: Sie sagt „ja zieh/"
I: Was passt denn zusammen zum Beispiel?
H: Sie sagt zum Beispiel „ja zieh zum Beispiel ein, eh, Jeans an mit solche ein weißes Oberteil".
I: Ja.
H: Ja, dann sagt sie immer „ja das passt, weil, ehm, das nicht so kunterbunt ist, weils auch so ganz gern so angezogen wird von anderen Leuten auch, weil es auch so passt und so".
I: Hm.
H: Sie sagt, also sie hat nich immer Begründung, manchmal nur.
I: Das hab ich jetzt nicht verstanden?
H: Also sie begründet nicht, nicht vieles. Manchmal begründet sie. Sie sagt so „ja weil..", also manchmal sagt sie, erklärt sie das mir. Manchmal sagt sie ja einfach „zieh das und das an", aber manchmal begründet sie auch „weil das und das passt, weil es auch ganz, weil es auch sehr gerne Leute anziehen". Also manchmal erklärt sie mir. [...]

Hasude, 12 Jahre alt

[...]
H: In der Klasse, wo wir Ausflug gegangen sind, war Dom[4].
I: Ja.
H: Da hat's sehr Spaß gemacht. Ehm.
I: Was, was war denn auf'm Dom, was, was dir so besonders Spaß gemacht hat?
H: Ehm, also ich, Elhan, ehm, Beysa, Abide, ehm, und Zechra wir alle haben ´ eh Schmalzkuchen gekauft.
I: Ja.
H: Danach sind wir, ehm, so Karussell gegangen, die sich so dreht. Da/
I: Wie, was für eins ist das? Was sich einfach dreht oder auch nochmal doppelt, oder..?
H: Nein, das dreht sich so.
I: Ja.
H: Ja da muss man so/ zerquetscht man sich. Ja und in meiner Hosentasche war Schmalzkuchen und meine Freundin hat so, so zerquetscht und dann war das Schmalzkuchen so zerquetscht geworden.
I: Und wie sah dann deine Hosentasche aus?
H: Furchtbar.
I: Furchtbar?
H: Ja + ja also das hat sehr Spaß gemacht. Wir waren Achterbahn. Ja. Ganz viele Sachen + sind wir rauf gegangen. Ja. Das hat sehr Spaß gemacht.
I: Und wie, wie, fahrt ihr alleine von hier zum Dom? Wie, wie klappt denn das?
H: Nein, ehm, wir sind so Ausflug gegangen und <Name der Lehrerin> hat gesagt/
I: Nochmal, was seid ihr?
H: Wir sind Ausflug gegangen nach Dom/ zu Dom.
I: Ihr habt einen Ausflug zum Dom gemacht mit/?
H: Ja. Die Klasse.
I: Achso, alles klar.
H: Achso, ja und <Name der Lehrerin> hat gesagt: „Wir treffen uns um sechs in S-Bahn." Haben wir uns dann aufgeteilt und dann sind wir gegangen.
I: Wo, an welcher S-Bahn Station?
H: Ehm, St. Pauli glaub ich.

---

[4] „Der Dom" ist ein dreimal jährlich stattfindendes Hamburger Volksfest.

I: Achso, ah, jetzt versteh ich. Wie seid ihr denn überhaupt dahin gekommen? Habt ihr euch hier auch an der S-Bahn getroffen oder wie klapp/ oder wie geht sowas?
H: Wir waren hier erstmal in der Schule, dann sind wir gegangen, glaube ich.
I: Nach, direkt nach der Schule seid ihr gegangen?
H: Ja.
I: Achso und wie seid ihr dahin gefahren?
H: U-Bahn, S-Bahn.
I: Achso.
H: Ja.
I: Welche S-Bahn ist das oder welche Station nehmt ihr dann? + Weißt du das?
H: Ehm, S-Bahn Wilhelmsburg.
I: S-Bahn Wilhelmsburg. Genau, und dann, muss man da umsteigen? Ich weiß es eigentlich gar nicht oder fährt die durch bis zum +?
H: Nein, ich glaub man muss umsteigen, ich kann mich erinnern, das war so/
I: Und dann seid ihr bis nach St. Pauli gefahren?
H: Ja, ich glaub das is St. Pauli.
I: Ja und dann hast du gesagt, als ihr da wart hat <Name der Lehrerin> was gesagt, das ihr euch am + ?
H: Ja: Ja, das wir, ehm: „Ihr könnt euch jetzt gehen, ihr könnt jetzt gehen wo ihr rauf geht wollt in Dom. Und dann treffen wir uns.". Also es war vier Uhr genau und um genau um sechs mussten wir zum S-Bahn gehen, also S-Bahn St. Pauli.
I: Ja.
H: Ja mussten wir uns dann treffen.
I: Und, wann/ hat´s geklappt?
H: Also wir waren erstmal/ wir sind/ ehm ich, Dilara und Elham + und Selin glaub ich, weiß ich nicht, wir sind so erst, ehm, es war, ehm, ehm, 17:05 Uhr, nein 17:55 Uhr und wir brauchten noch fünf Minuten und haben wir/t: „Egal, lass mal, eh, noch ein letztes Mal rauf gehen in ein, weiß ich nicht, ein Grusel-Gespensthaus. Wir gegangen, darin hat es so gedreht und wir waren fest an den Wand. Ja, dann haben wir gesehen, es ist schon sechs Uhr. Sind wir gelaufen. Ja, dann sind wir spät gekommen, haben wir Ärger bekommen. Ja.
I: Ja und waren alle anderen da?
H: Ja, alle war/ warteten auf uns.
I: Oh und ihr wart zu viert, ja?
H: Ja.

I: Aber du strahlst. Das heißt, richtig schlimm war der Ärger nicht, ne?
H: Nein + nicht so schlimm.
[...]
I: Nee. Ja. Prima. Und bist du ab und zu in der Stadt? Also in/ in Hamburg. Jetzt wart ihr ja da, habt ihr ein Ausflug gemacht, aber so, bist du mit deinen, mit deiner Familie manchmal in Hamburg?
H: Hamburg?
I: Also in, in der Innenstadt mein ich, da wo der Dom ist und..
H: Achso, ich war gestern bei Harburg, Phoenix-Center.
I: Hm.
H: Ja, ich musste ja ein Geschenk kaufen, Julklapp, für meine Freundin.
I: Und fährst du da alleine hin?
H: Nein, ich bin mit meine Mutter gegangen.
[...]
I: Nee, aber deine Mutter geht extra mit dir dahin, weil du Geschenk?
H: Na eigentlich, gestern, ehm, ehm, war auch meine Tante dabei. Eh, die, wir sind, die hatten einen Termin gestern in Harburg. Also Harburg ist Phoenix-Center.
I: Ja.
H: Ja, neben Phoenix-Center ist so eine Anmeldung von Einbürgerungstest. Wollt sie das, eh, machen. Also sie will das Test machen. Ja, da habe ich gesagt: „Dann komme ich auch mit, weil, ich muss ja ein Geschenk kaufen."
I: [...] Ach ja und mit deiner/ deine Mutter, eh, hilfst du ihr denn beim Deutsch wegen dem Einbürgerungstest? Bist du schon besser + in Deutsch + nen bisschen?
H: Ja, also, ehm, im Laptop, also im Internet kann man das auch machen. Die da, da kann man auch, da muss man schreiben: www.einbuergerungstest deutschland.de, ja da kommen dann die Fragen.
I: Und, ehm, was kann man da machen? Also die Fragen, dann kann man den Test da fertig machen oder, oder wofür sind die Fragen?
H: Um ein, da kann man ein deutschen Pass kriegen. Meine Mutter hat einen afghanischen Pass und sie will ihre Mutter besuchen. Die wohnt in London.
I: Ja.
H: Ja, deswegen. Sie, meine Mutter vermisst ihre Mutter.
I: Ja und deshalb braucht sie/ Augenblick, deshalb/ jetzt muss ich das zusammenkriegen. Die hat ihren Pass verloren? Deshalb braucht sie einen neuen Pass? Nee.
H: Nein, sie hat ihn nicht verloren. Sie hat einen afghanischen Pass, eh, ja und sie will einen deutschen Pass haben um zu London verreisen.

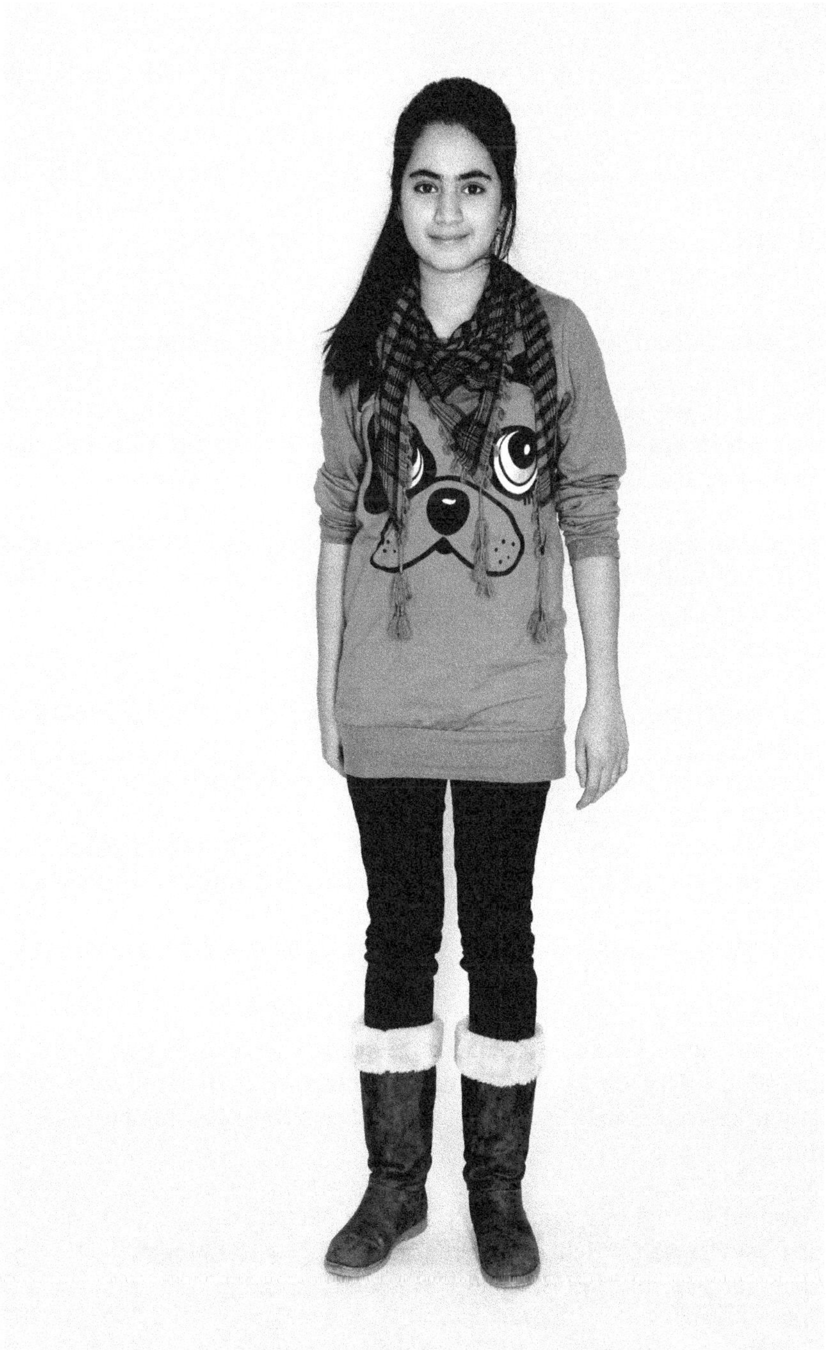

I: Ja. Ach ja.
H: Ja.
I: Genau und deshalb braucht sie, muss sie eingebürgert werden und dafür braucht man einen Einbürgerungstest.
H: Ja.
I: Und was ist jetzt auf der Internetseite? Kann man den ganzen Test da machen? Oder..
H: Ja+ also das ist nur zum Üben.
H: Ach, alles klar. Das ist zum trainieren?
H: Ja.
I: Ah, jetzt/ warst du mal dabei, beim trainieren? Hast du mal mit geguckt?
H: Ja.
I: Erzähl mal, wie das, ich kenn das gar nicht.
H: Also zumBeispiel da steht: „Dürfen in Deutschland, ehm, Ehepaare und Ehepaaren, also Mann und Frau sich trennen?"
I: Ja.
H: Dann steht da: „a + nein, das darf man nicht, be + das darf man, ce + das ist verboten und de + irgendwas. Ja, dann muss man irgendwas klicken, dann steht da „richtig" oder „falsch".
I: Hm, und was war richtig?
H: Ehm + hab vergessen.
I: Was denkst du denn? Dürfen in Deutschland Männer und Frauen sich trennen?
H: Da stand dann noch, ehm, bei de, ehm, man muss einen Anwalt suchen, um sich zu trennen oder sowas.
I: Hm, ja richtig, genau, perfekt. Aber man darf sich trennen, aber man muss einen Anwalt suchen. Nicht das man aus Laune, wenn man sich mal gerade ärgert. Dann wird das ne/ weil dann würden sich ja jede Woche hundert trennen und nächste Woche wollen sie wieder zusammen.
H: Ja.
I: Und weißt du noch eine zweite Frage die da war?
H: Ehm ja, ehm, „Kommt ein Jugend, also ein Vierzehnjähriger, ehm, im Knast?" „a + ja, eh, be + nein, ce + verboten oder so, weiß ich nicht." Ja, wir haben dann „ja" gedrückt, dann ist es richtig gekommen.
I: Hm.
H: Ja.
I: Also und wie ist das, wie hilfst du deiner Mutter? Ist das auch, eh, das man gut Deutsch spricht oder ist das, sind das nur die Fragen?
H: Auch gut Deutsch zum Beispiel.
I: Hm.
H: Ja und wenn man das schafft, kriegt man auch einen deutschen Pass.

Klasse 7

I: Hm, und eh, fragt deine Mutter dich manchmal was?
H: Ja, sie fragt manchmal: „Was bedeutet das?". Ja, dann sage ich ihr das.
I: Hm, und für dich ist das dann leicht oder gibt es für dich auch noch ganz viele Worte, die du noch nicht verstehst? Oder ist das alles leicht was deine Mutter dich fragt?
H: Manchmal ist das schwer, aber wir haben auch ein afghanischen Buch, das ist Deutsch übersetzt.
I: Hm.
H: Also ein Wörterbuch afghanisch und deutsch.
I: Hm
[...]
H: Also ich freue mich, wenn meine Mutter Deutsch kann.
I: Ja, klar. Warum freust du dich, wenn deine Mutter Deutsch kann?
H: Kann sie mich, dann kann sie mich helfen.
I: Ja, ja das stimmt [...] Und wenn du mal nicht weißt, wen, wen kannst du fragen? Oder musst du das alles selber nachgucken?
H: Dann gucke ich in Internet oder
I: Ja, und wie guckst du das im Internet nach? Gibt's da so eine Seite wo das übersetzt wird Afghanisch-Deutsch oder wie, was guckst du dann im Internet nach? Weißt du noch wo du was nachgeguckt hast?
H: Zum Beispiel Französisch, geh ich, geh ich Google-Übersetzer. Dann steht dann Französisch - Deutsch.
I: Ja.
H: Dann schreibe ich das Französische und dann kommt das Deutsche automatisch.
I: Wieso kannst du Französisch?
H: Ja, ich lerne Französisch.
I: Hier? Oder wo?
H: Ja
I: Du lernst kein Englisch, dafür Französisch?
H: Doch, ich lerne noch Englisch und Französisch.
I: Wieso lernst du auch Französisch? Dann kannst du nachher vier Sprachen? Du?
H: Ja.
[...]

Denis, 13 Jahre alt

D: [Worüber ich sprechen könnte -] vielleicht über Football. Also ich mache Football im Verein.
I: Ja, erzähl. Erzähl einfach. Bist, in welchem Verein bist du?
D: bei Hamburg Ravens.
[...]
I: Hm, und wie bist du dahin gekommen in so einen Verein?
D: durch meinen Onkel, er spielt auch.
I: Ja.
D: Und dann bin ich/ also wir waren bei einem Spiel von denen und dann haben wir mit denen geredet und dann + sind wir dahin gegangen.
I: Und wann war das? Ist das schon lange her?
D: Joa. vor einem halben Jahr ungefähr.
I: Ja, und was hast du, was habt ihr in dem Gespräch abgemacht?
D: Ja, also ich hab gefragt, ob es auch 'ne Jugend da gibt. Da meinten die: ‚ja' und da bin ich gleich zum nächsten Training hin gegangen, ja und dann hab ich da, bin ich seitdem da.
I: Und, eh, wie oft, wie oft musst du da jetzt dahin?
D: Ehm, zweimal in der Woche.
I: Zweimal in der Woche. Und wie lange trainiert ihr dann?
D: zwei Stunden.
I: Zwei, also vier Stunden in der Woche trainierst du?
D: Ja.
I: Und hats/ hast du schon gemerkt, dass das irgendwie was ändert?
D: Joa.
I: Was ändert, was hat sich dadurch geändert bei dir?
D: Also ich hab vorher habe ich Fußball gespielt, acht Jahre lang.
I: Ja.
D: Und dann hatte ich viel Kondi/ Kondition, dann habe ich aufgehört mit Sport.
I: Ja.
D: Und dann ist meine Kondition + gesunken.
I: Ja.
D: Und jetzt habe ich wieder mehr Kondition. Aber das merke ich schon.
I: Woran merkst du das dass mit der Kondit./?
D: Z.B. beim Training, wo ich die ersten paar Male da war, war ich schon schnell kaputt und jetzt bei diesen Aufgaben bin ich noch normal so.
I: Ja.

Klasse 7

D: Daran merk ich das.
I: Und macht ihr auch schon so kleine + Testspiele miteinander oder wie, wie geht das?
D: Ja, also gegeneinander/ aber unsere Mannschaft nur, wir sind noch nicht so viele, uns fehlen noch zwei + Kinder.
I: Ja.
D: Und dann, ehm, müssen wir nächstes Jahr fangen wir mit, ehm, damit an aber da haben wir noch so 'n anderes. Da, ehm, hat man hier an den Seiten so Fah/,eh, ehm, Fahnen und die muss man, die müssen herausgezogen werden. Und dann darauf das Jahr + dürfen wir erst das mit dem richtig Umknocken und so spielen.
I: Das hab ich jetzt nicht richtig.. und darauf..?
D: Mit dem Umknocken, also..
I: Mit dem Umknocken?
D: Ja.
I: Und erzähl mir, was, was ist das Schöne, wenn an, an, wenn du da jetzt hingehst und was, was, dass das hier jetzt zählt?
D: Da kann man seine Wut raus lassen. Wir haben auch so Stau/, Schaumstoffsachen, ja und da lässt man dann seine Wut raus.
I: Ja.
D: Zum Beispiel.
[…]
I: Und was is, eh, und dir gefällt das und weißt du sozusagen, was gefällt dir daran so noch an?
D: Ehm, dasist ein seltener Sport, den nicht viele machen.
I: Ja.
D: Und mir, mir macht der haltSpaß, weil man da auch viel lernen kann.
I: Ja, du möchtest viel lernen?
D: Ja.
I: Ja. Und was, eh, was denkst du das du da lernen kannst?
D: Ehm, zumBeispiel dass man Respekt vor anderen hat.
I: Ja.
D: Das lernen wir da.
I: Ach so, darüber, über sowas sprecht ihr auch?
D: Ja, also wir müssen ja Respekt vor dem Quarterback haben.
I: Ja
D: Weil der ist ja sozusagen unser Chef da. Der macht ja alles für uns.
I: Ja.

D: Ja und darüber. Also und wenn der Trainer redet, dann müssen auch alle ruhig sein.
I: Ja.
D: Und so.
I: Und das gefällt dir?
D: Ja.
I: Ja, dann könnt man in der Schule ja auch was ändern, bis/ bisschen ändern, dann würde es dir auch besser gefallen wahrscheinlich-
D: Ja, die wollen auch irgendwo an Schulen gehen.
I: Ja.
D: Und so Werbung machen, weil wir halt noch welche brauchen.
[...]
I: Und was halten deine Eltern davon? Was sagen die, wenn du nach Hause kommst? Sagen sie/
D: Mein Vater/ also meine Eltern sind getrennt.
I: Ja.
D: Und mein Vater, ehm, findet das nicht so gut, weil er ist, er war auch mein Fußballtrainer.
I: Ja.
[...]
I: Und was denkt deine Mutter darüber?
D: Meine Mutter findet das gut. Also sie unterstützt mich da auch.
I: Ja. Nee, das ist aber schon, du bist doch ganz schon selbstständig schon, dass du solche Entscheidungen dann triffst. Bist du schon 15, bist du schon 15?
D: Nein, dreizehn.
I: Dreizehn?
D: Also Dings, weil mein Vater hat nicht so viel, hat sehr selten Zeit für mich, weil entweder.. Er hat jetzt auch 'ne Freundin. Entweder er ist bei ihr, er ist Arbeiten oder eigentlich immer beim Fußball.
I: Ja.
D: Und meine Mutter hat früher lange gearbeitet. is morgens um sieben losgegangen, also noch früher als ich zur Schule gegangen bin, dann is sie arbeiten gegangen, is sie um 12 nach Hause gekommen und um 13 Uhr wieder weg gefahren zur Arbeit und war um 21 Uhr, acht Uhr da
I: Ui.
D: Ich war dann die ganze Zeit immer alleine.
I: Ja. Und das ist jetzt anders?

Klasse 7

D: Ja. Ja und dadurch habe ich dann mir auch halt immer selber Essen gemacht und alles, Mittag, dadurch war ich so selbständig.
I: Ach ja, das ist, dachte ich echt, wie du redest, das ist sehr selbstständig. Das hast du dadurch gelernt, ne?
D: Ja.
I: Das war auch nicht immer einfach, ne?
D: Nee.
I: Nee.
D: Weil, ehm, dann ist man immer alleine irgendwie.
I: Ja. Das ist, und das ist das schöne jetzt auch in deiner, in deinem Sportverein.
D: Ja.
I: Da ist man mit anderen zusammen, man macht das gleiche, ne?
D: Ja.
[...]

Leutrim, 12 Jahre alt

L: Ja also im Fußball bin ich sehr froh, weil wir jetz Landesliga gekommen sind. Das ja für uns, für unseren Alter ist das schon eine höh/ höhere Liga. Ja, ich sehr froh. Das war schon schwer, anstrengend. Ja.
I: Wie heißt deine Mannschaft?
L: Auch FC Türkiye. C, also nächstes Jahr sind wir, eh, C-Jugend. Das heißt, ich bin gerade 99, ich bin ja 99ger und <Name> ist gerade C-Jugend.
I: Ja.
L: Und wir sind gerad B-Jugend, aber nächstes Jahr sind wir C-Jugend.
I: Ja, und was gefällt dir da so richtig gut?
L: Ja, weil wir haben/ wie soll ich das sagen, das ist einfach toll, weil wir haben was richtig Gutes erreicht. Dass was eigentlich man schwer schaffen kann.
[...]
I: Und, eh, wie bist du überhaupt zu dem Fußball gekommen? Wie ist das überhaupt/
L: Das war schon, sagen wir mal, wo ich vier war, fünf + habe ich angefangen. Ich wollte unbedingt Fußballer werden. Jetzt will ich es auch noch.
I: Ja, wie kommt das, das man jetzt plötzlich unbedingt Fußballer werden will?

Klasse 7

L: Ja, das ist halt so Geschmackssache.
I: Ja.
L: Ja.
I: Ja, erzähl mal, eh, du hast gesagt du wolltest unbedingt Fußballer werden und jetzt willst du das auch noch. Hast du mit Fußball richtig was vor?
L: Ja, ich kann jetzt einfach nicht Fußball so lassen lassen. Das ist für mich eine schwierige Sache, weil ich von Kleinheit hab ich angefangen.
I: Ja.
L: Weiß nicht genau wann, warte mal. Ich bin jetzt 12 mit 5 habe ich angefangen. Joa, sechs, sieben Jahre
I: Und was heißt, ich kann jetzt Fußball nicht lassen? Eh, warum ist das, warum?
L: Das ist schwer für mich, also ohne Fußball + weiß ich, ich kann dann nicht so, das, dann ist mir langweilig. Was soll ich ohne Fußball machen?
I: Ja, und, eh, und das heißt, aber du kannst doch einfach weiter machen oder, oder gibt's da, oder ist das schwierig weiter zu machen?
L: Doch also ich will ja weiter machen, also wenn ich Fußball + lasse kann ich nichts weiteres machen. Also ich mag nur Fußball. Kein/ ja..
I: Achso, du, du meinst, wenn du Fußball lassen würdest..
L: könnte ich einfach nicht Basketball zum Beispiel nehmen.
I: Ja, würd dich, würd dich jetzt nicht so interessieren?
L: Ja, genau.
I: Ja, und hast du mit Fußball was vor? Hast du eine Idee, dass du da was mit machen willst? Willst du mal richtig/
L: Also..
I: Oder ist das, bleibt das einfach immer ein tolles Hobby?
L: Doch, ja.
I: Oder willst du mal Berufsspieler werden? Bei St. Pauli oder so?
L: Ja, mal gucken, ich weiß nich, aber irgendwann bestimmt.
I: Ah ja, das heißt, doch schon mal dran gedacht?
L: Ja.
I: Oder denken alle daran, dass sie/ will jeder irgendwann..
L: Nein, also ich habe immer schon mal darüber gedacht, dass ich auch mal, ehm, ich weiß nicht genau, aber irgendwann in eine richtige gute bekannte Mannschaft + gehe.
I: Ach so, das du den Verein wechselst?
L: Ja, mal gucken. Aber erst einmal bleibe ich in die, weil wir sehr gut gerade sind, Landesliga. Das ist..
I: Ja, da lernt man dann auch viel, wenn man in einer guten Mannschaft

spielt, ne? Dann spielt man auch weil man bessere Gegenspieler hat.
L: Ja.
[...]
I: Wie lange bist /du eigentlich schon in nem Verein?
L: Also ich wechsel manchmal Vereine. Also insgesamt meinten Sie, wie lange ich Fußball spiele?
I: Ja.
L: Wo ich vier Jahre ich bin jetzt zwölf/
I: Ja, und wann bist du in den Verein gekommen?
L: In den, in dem ich gerade bin?
I: Ja.
L: Vor drei, vier Jahren.
I: Ja.
L: Ja.
I: Ach so, und.. ja und..
I: Ja, ich war mal auch HSV. Ich war da immer zu spät, weil ich hatte noch, ich war hier noch in der Grundschule, und da hatten wir bis halb vier immer und da hatten wir schon um vier Training. Das ist ja in Norderstedt. Da konnt ich nicht so schnell. Ich habe mein Bestes gegeben, bin aber immer zu spät gekommen.
I: Also du bist mit dem HSV angefangen?
L: Nee, das war meine dritte Mannschaft glaube ich. Erste war, nein, das war meine zweite Mannschaft. Erste war Einigkeit' hier, neben Mc Donalds da und zweite war HSV. Und jetzt ist dritte FC Türkiye.
I: Ja.
L: Ja.
[...]
I: Erzähl von deinen Sommerferien.
L: Ja, wir fahren dann nach Kosovo. Ja, un da sind auch meine F/ also meine ganze Familie, Cousins und so weiter. Ja und danach haben wir auch geplant, dass wir Urlaub machen auf'm Meer.
I: Aufdem Meer?
L: Nein, also wir fahren ja, eh zu ein Meer. Ja und ja das war's eigentlich schon.
I: Das heißt +ihr fahrt erstmal dahin wo/ + bist du da geboren? Nee, du bist in Deutschland schon?
L: Nee, ich bin in Deutschland geboren.
I: Ja, aber deine Eltern sind da geboren. Das heißt, die fahren, erstmal besucht ihr sozusagen/ ist das eine Stadt oder ein Dorf oder?
L: Eh, also, ein Dorf, ja, genau.
I: Ja, das Dorf wo deine Eltern/

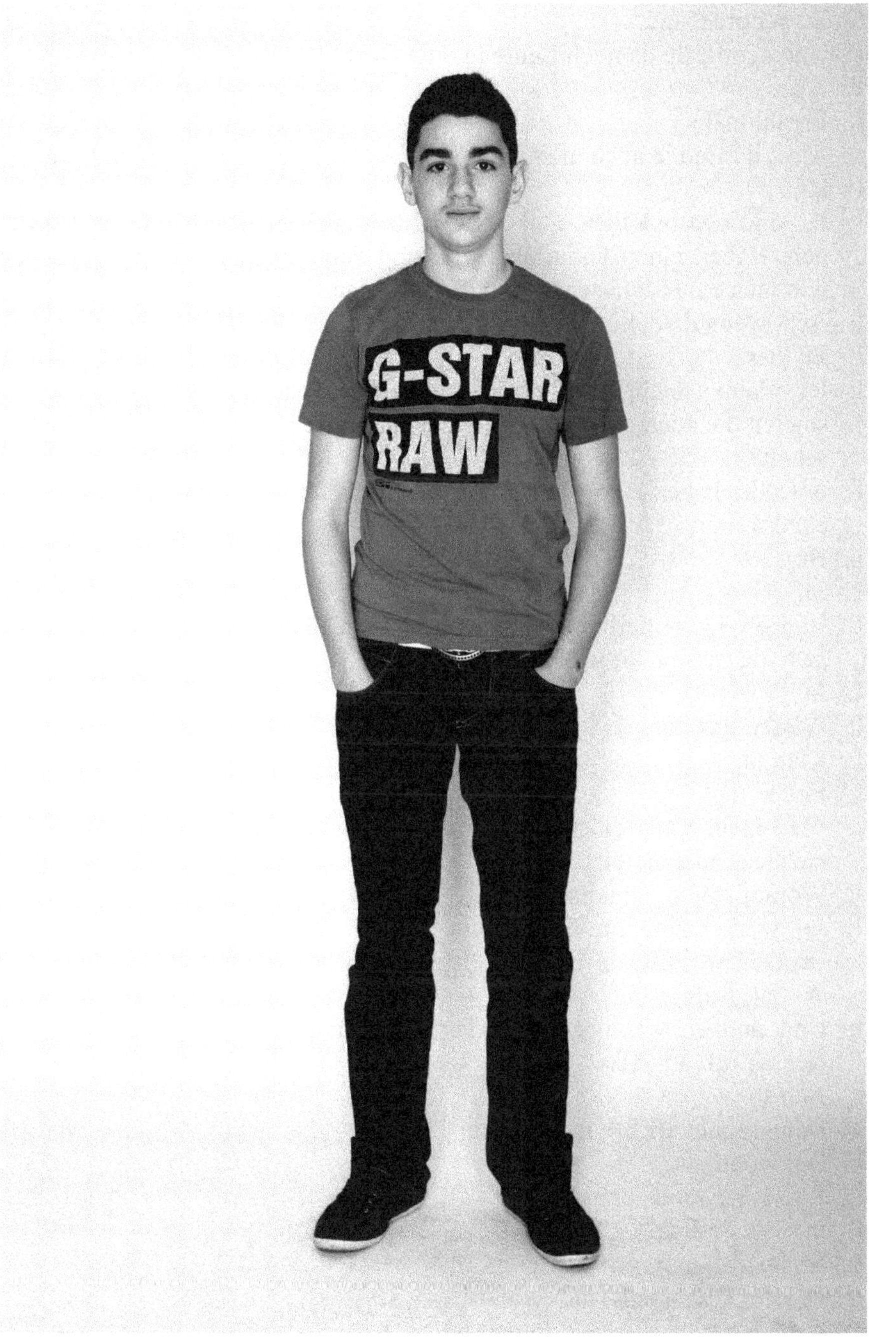
G-STAR
RAW

L: Ja, geboren sind.
I: Und kennst du da noch Leute in dem Dorf?
L: Klar.
I: Erzähl mal.
L: Also, da sind ja auch meine Cousins, auch/ ich habe paar Freunde da.
I: Hm.
I: Ja, sind nen bisschen älter. Wir spielen auch meistens Fußball mit denen. Haben einen Grandplatz. Ja, und dann spielen wir auch, machen wir auch eine Mannschaft und dann spielen wir.
I: Ach, wenn du dahin kommst spielst du auch Fußball?
L: Ja, klar.
I: Ich glaub´s nicht. Und eh + spielen die auch, die, deine Freunde da, spielen die auch da unten in ner Mannschaft? Haben die auch ne Mannschaft?
L: Also die haben eine Mannschaft, aber das ist weit weg von Dorf, bisschen weiter.
I: Hm.
L: Ja.
I: Und eh + das heißt, wenn du jetzt dahin fährst, dann weißt du schon „Oh, da treffen wir uns, wir spielen."
L: Ja.
I: Wissen die, dass du hier ein guter Fußballer bist?
L: Klar, ja.
I: Erzähl mal.
L: Also mein Vater er erzählt immer über mich da. Ja, und dann sind sie meistens auch neidisch.
I: Worauf sind die neidisch?
L: Ja, weil er sagt zum Beisp/ zum Beispiel: 'Ja, er ist jetzt richtig gut geworden im Fußball, ist größer geworden auf einmal. Dann sagen die: Whoa!. Naja.
I: Und, und, eh, wann erzählt er das? Fährt er ab und zu hin oder?
L: Nee, er ruft an. Also/
I: Ach so.
L: Dann sagt er auch + mein Onkel.
I: Der wohnt da?
L: Ja, der wohnt da und dann, ja..
I: Ja, was ist dann?
L: Nichts.
I: Ja, nee. Was meinst du? Was/
L: Ach so.
I: Was erzählt er dann? und was, was..

Klasse 7

L: Ja, also über mich und so. Ich rede auch manchmal mit meinen Onkel.
I: Ja.
L: Auch mit meine Tante.
I: Und eh/ + aber in welcher Sprache?
L: Auf Albanisch.
I: Auf Albanisch ja. Und eh fragen die dich dann auch zum Fußball?
L: Ja, er fragt mich: „Hast du Tore geschossen und so?" Ich sage: „Ja."
I: Und das heißt, wenn du jetzt dahin kommst, dann wollen die auch, dass du ein bisschen mit den spielst, ne, oder? Erzähl mal wie geht das, wenn du dahin kommst. Wie geht das dann?
L: Ja, also da ist ja ein Grandplatz. Wir machen zum Beispiel Sechs gegen Sechs. Und dann spielen wir halt so eine Stunde. Ja.
I: Und was, was ist ein Grandplatz?
L: Ein Grandplatz? Da, also, wissen Sie was Grand ist? Ein Grandplatz?
I: Ist das, eh, ich weiß, dass das so Kies, ne?
L: Ja, genau so. Das so, ehm + braun so ein bisschen.
I: Ja, so ein brauner Kies. Aber hat der die normale Größe wie so ein Fußballplatz?
L: Ja, hat die normale Größe einfach.
I: Ein großer Fu/ also ein normaler Fußballplatz?
L: Ja.
I: Und da spielt ihr sechs gegen sechs? Und wollen sie alle, dass du bei ihnen in der Mannschaft bist oder wie geht das dann?
L: Ja, also wir wollen ja fair spielen, und deswegen machen wir auch die Mannschaften fair.
I: Ach so, was heißt das, die Mannschaften fair? Das die ungefähr..
L: Ja, da sind ja auch gute.
I: Ja
Wir machen, also, eh, der eine geht in ne andere Mannschaft und ich bleibe in meine Mannschaft.
I: Ja.
L: Ja.
I: Ach so, dass das so ein bisschen ausgewogen ist?
L: Ja, genau.
I: Okay. Und da bleibt ihr ein paar Tage oder wie lange bleibt ihr?
L: Also, ch, wir bleiben nen paar Wochen.
I: In dem Dorf?
L: Ja.
I: Ja, was heißt ein paar Wochen? Zwei, drei? Oder/
L: Ja, genau. Zwei, drei Wochen.
I: Ja, und dann wollt ihr aber noch wo anders hinfahren?

L: Ja, also, ehm, Montenegro,
I: Ja.
L: Gibt's nen Meer und da wollen wir hin.
I: Und was wollt ihr in Montenegro am Meer machen?
L: Ja, also was soll man da machen? Sonnen, Schwimmen.
[…]

Spracherwerbserfahrungen

Multimodale sprachbiographische Zugänge zur lebensweltlichen Mehrsprachigkeit von Jugendlichen in der Sekundarstufe I

Andrea Daase

In der deutschsprachigen ZSE-Forschung wird der sozialen Umgebung als eigentlicher Quelle menschlicher Entwicklung noch zu wenig Aufmerksamkeit geschenkt. Soziokulturelle Ansätze, die sich auf Vygotskijs Begriff der Vermittlung beziehen, betrachten den Zweitspracherwerb in seiner Genese und Einbettung in sozio-historische und institutionelle Kontexte. Im Fokus des vorliegenden Beitrages stehen die (sprach-)biographischen Erfahrungen von Jugendlichen im Übergangsbereich. Zur Annäherung an den Gegenstand der Verwicklung von (Zweit-)Spracherwerb und Bildungserfahrungen dienen multimodale biographische Zugänge, welche von der Perspektive des sprechenden Subjekts ausgehen und dessen sprachliches Repertoire in seiner komplexen und von Interdependenzen geprägten Gesamtheit wahrnehmen. Der Beitrag beschreibt die methodischen Zugänge zum Spracherleben der Jugendlichen sowie die erweiterten Aspekte, die soziokulturelle Perspektiven auf Mehrsprachigkeit und Bildungsbenachteiligung ermöglichen.

1. Einleitung

Im Zentrum der großen Bildungsstudien sowie der öffentlichen Diskussion stehen in Deutschland geborene Jugendliche aus mehrsprachigen Familien und ihr – im Vergleich zu Jugendlichen mit Deutsch als Erstsprache – mangelnder Bildungserfolg. In Untersuchungen verschiedener wissenschaftlicher Disziplinen werden meist ausschließlich die Individuen und ihre Familien betrachtet – in der Zweitsprachenerwerbsforschung (ZSEF) z.B. stehen die bildungssprachlichen Kompetenzen der Jugendlichen im Mittelpunkt: „Die mediale Diskussion über ‚Migration und Bildung' wird verstärkt geführt als Auseinandersetzung mit dem Problem der (Sprach-)Defizite von Kindern und Jugendlichen mit Migrationshintergrund." (Machold & Mecheril 2010: 3) Studien und Arbeiten, die einen breiteren Kontext mit einbeziehen[1] und/oder welche Kinder und Jugendlichen aus Familien, in denen mindestens noch eine andere Sprache als Deutsch gesprochen wird, nicht lediglich als Objekte der Analyse betrachten, sondern sie als erlebende Subjekte ihre eigene Sichtweise in den Forschungsprozess

---

[1] Vgl. z.B. das interdisziplinäre Vorgehen bei Brizić 2007.

einbringen lassen², sind bislang nur selten zu finden. Der sozialen Umgebung als ursprünglicher Quelle menschlicher Entwicklung wird in der deutschsprachigen Forschung zudem noch wenig Aufmerksamkeit geschenkt.

Im Folgenden wird ein methodisches Vorgehen beschrieben und wissenschaftstheoretisch begründet, welches sich dem Gegenstand der biographischen Verwicklung von Zweitspracherwerb, individueller Mehrsprachigkeit und Bildungserfahrungen sowohl in Abgrenzung als auch im Sinne einer Ergänzung der üblichen Studien annähern möchte. Dabei wird die Sicht der erlebenden mehrsprachigen Subjekte als Ausgangspunkt genommen, um sich darüber den jeweiligen sozialen Umgebungen zu nähern. Ziel ist es, Einblicke in die mehrsprachigen Lebenswelten der Kinder und Jugendlichen sowie ihre lebensweltliche Mehrsprachigkeit zu erlangen. Die exemplarische Veranschaulichung des Vorgehens erfolgt anhand von Daten mehrsprachiger Jugendlicher, die das deutsche Bildungssystem ohne Abschluss verlassen haben und sich im sogenannten Übergangssystem³ befinden.

2. Mehrsprachige Lebenswelten – Lebensweltliche Mehrsprachigkeit

Kinder und Jugendliche wachsen in Deutschland heute in der Regel in einer mehrsprachigen Umgebung auf. Sofern sie nicht schon im Elternhaus mit mehr als einer Sprache oder Sprachvarietät konfrontiert wurden, kommen sie spätestens mit dem Eintritt in die Bildungsinstitutionen in Kontakt mit sprachlicher Vielfalt: durch den Sprachausbau (Maas 2008) lernen sie zunehmend diverse Register der deutschen Sprache kennen, wie z.B. jenes der Literalität, der konzeptuellen Schriftlichkeit (vgl. Koch & Oester-

---

[2] Hier sei v.a. auf die von der Bertelsmann-Stiftung in Auftrag gegebene Sonderauswertung einer repräsentativen Umfrage des Instituts für Demoskopie Allensbach mit dem Titel „Haben Migranten die gleichen Chancen an der Schule?" hingewiesen. Weitere Informationen unter http://www.bertelsmann-stiftung.de/cps/rde/xchg/SID-2C05A5D3-BC8DB2E1/bst/hs.xsl/nachrichten_96355.htm (15.02.13).

[3] Das Übergangssystem, die dritte Säule der Berufsbildung, wurde als Alternative zur dualen Ausbildung und dem Schulberufssystem ins Leben gerufen. Es umfasst berufliche Förderangebote für junge Menschen, welche die allgemeinbildende Schule – meistens ohne Schulabschluss oder bestenfalls mit Hauptschulabschluss – verlassen haben und aufgrund dessen keine Anschlussmöglichkeiten in der beruflichen Ausbildung bzw. auf dem Arbeitsmarkt gefunden haben. Wurde die Pflichtschulzeit noch nicht erfüllt, sind die Angebote für Schulabgänger verpflichtend.

reicher 1994; Maas 1992), sowie neben jenen Fremdsprachen, die in der jeweiligen Schule vermittelt werden, auch die Familiensprachen von befreundeten bzw. sie umgebenden Kindern. In der Linguistik gilt eine Gesellschaft als mehrsprachig, wenn auf ihrem Territorium verschiedene Sprachvarietäten gesprochen werden. Früher wie heute waren und sind viele Gesellschaften mehrsprachig, womit Mehrsprachigkeit der Normalfall und Einsprachigkeit die Ausnahme ist (Lüdi 1996: 234). Dies gilt nicht nur für Gesellschaften, sondern auch für Individuen: „70 Prozent der Weltbevölkerung sprechen täglich mehr als eine Sprache und über 50 Prozent der Kinder auf dieser Welt sprechen in der Schule eine andere Sprache als zu Hause." (Günther & Günther 2007: 86)

Nach einer in der Mehrsprachigkeitsforschung überholten engen Definition, welche aber in der Gesellschaft noch sehr vital ist, spricht man von individueller Mehrsprachigkeit erst bei „native-like control of two languages" (Bloomfield 1933: 56). Nach der heute in den angewandten Sprachwissenschaften allgemein geltenden Definition ist mehrsprachig,

> wer sich irgendwann in seinem Leben im Alltag regelmäßig zweier oder mehrerer Sprachvarietäten bedient und auch von der einen in die andere wechseln kann, wenn dies die Umstände erforderlich machen, aber unabhängig von der Symmetrie der Sprachkompetenz, von den Erwerbsmodalitäten und von der Distanz zwischen den beteiligten Sprachen (Lüdi 1996: 234).

Die Sprachkompetenz von Monolingualen[4] stellt somit nicht die zugrunde liegende Norm dar, so dass die Erwartung nicht in einer doppelten oder mehrfachen monolingualen Kompetenz bestehen kann. Es wird statt von einer idealen von einer lebensweltlichen Mehrsprachigkeit ausgegangen (Keim 2012: 26), deren sprachlichen Kompetenzen auf der Basis von Domänen oder spezifischen Tätigkeiten thematisch organisiert sind (Blommaert, Collins & Slembrouk 2005: 200). Zur kommunikativen Kompetenz eines Menschen tragen alle Sprachkenntnisse und Spracherfahrungen eines Menschen bei, die einzelnen Sprachen und Sprachvarietäten stehen dabei in Beziehung und interagieren miteinander (Europarat 2001: 17). Geht es im schulischen Kontext um sprachliche Kompetenzen von mehrsprachigen Kindern und Jugendlichen in Deutschland, stehen aber in

---

[4] Allerdings kann auch die Sprachkompetenz von Monolingualen nicht zwangsläufig als vollständig oder perfekt angesehen werden. Blommaert (2012) spricht grundsätzlich von *truncated repertoires*, da unsere sprachlichen Ressourcen aufgrund ihrer Verwicklung in die jeweilige Biographie sowie der historischen Kontexte der Orte, an denen sie entstanden sind, immer aus bestimmten Teilressourcen bestehen (Blommaert 2012: 23).

der Regel allein die Kompetenzen der deutschen Sprache im Fokus. Eine holistische Betrachtung und Bewertung (durchaus auch im positiven Sinne gemeint) ihrer sprachlichen Kompetenzen erleben sie höchst selten. Die oben umrissene, dem derzeitigen Stand der wissenschaftlichen Forschung entsprechende Definition von Mehrsprachigkeit hat bislang keinen Weg in die Schule und Gesellschaft gefunden, in der auch heute noch Jugendliche (in der Regel ohne Basis einer umfangreichen Sprachdiagnostik) von Lehrkräften als „doppelt halbsprachig"[5] bezeichnet werden.

In Deutschland aufwachsende Kinder und Jugendliche aus mehrsprachigen Familien erleben zum einen die selbstverständliche Normalität der sie umgebenden mehrsprachigen Lebenswelten, zum andern aber auch die kontextabhängig divergierende Bewertung ihrer lebensweltlichen Mehrsprachigkeit im Allgemeinen sowie ihrer Kompetenzen in den einzelnen Sprachen im Speziellen. Das eigene Spracherleben sowie die Beurteilungen von Sprachkompetenzen sind situations-, raum- und zeitabhängig (vgl. hierzu die Ausführungen von Blommaert, Collins & Slembrouk 2005 sowie Blommaert 2012 zu *sociolinguistic scales* und *scale processes*).

3. Soziokulturelle Perspektiven auf lebensweltliche Mehrsprachigkeit

Für Studien, die genau diese lebensweltliche Mehrsprachigkeit im Kontext der sie umgebenden mehrsprachigen Lebenswelten in den Blick nehmen und dabei vom erlebenden Subjekt ausgehend die kontextuelle Situiertheit der Sprachaneignung, des Zugangs zu kommunikativen sozialen Praktiken, des Spracherlebens und der Sprachkompetenz untersuchen wollen, eignet sich insbesondere eine wissenschaftstheoretische Verankerung in sozio-kulturellen Perspektiven der Zweisprachenerwerbsforschung. Der Oberbegriff *Sociocultural Theory*[6] (SCT) vereint eine Vielfalt von

---

[5] Aussagen von Lehrkräften und pädagogischen Mitarbeitenden in ethnographischen Interviews der Autorin im Rahmen eines Projektes zur sprachlichen und interkulturellen Bildung im Übergangsbereich Schule-Beruf.

[6] Die zunehmende Verwendung des Begriffes *Soziokultureller Ansatz* auch in der angewandten Sprachwissenschaft basiert nicht immer auf theoretisch einheitlichen Annahmen. Nicht selten werden soziokulturelle mit interaktionistischen Ansätzen gleich gesetzt, was aber auf einer verkürzten Sichtweise beruht. So berücksichtigen Letztere z.B. weniger den sozialen Kontext und die individuellen Belange der Lernenden sowie Fragen des mit Machtbeziehungen im Zusammenhang stehenden Zugangs zu Interaktionsmöglichkeiten in der L2. Zudem spielt in interaktionistischen Ansätzen die soziale Tätigkeit bzw. Partizipation in Gemeinschaften gemeinsamer sozialer Praxis

Multimodale sprachbiographische Zugänge 283

Ansätzen, welche die Bedeutung von sozialen Beziehungen und kulturellen Artefakten für die Entwicklung von menschlichen mentalen Funktionen hervorheben:

> Participation in culturally organized practices, life-long involvement in a variety of institutions, and humans' ubiquitous use of tools and artifacts (including language) strongly and qualitatively impact cognitive development and functioning. (Lantolf & Thorne 2006: 1)

(Zweit-)Spracherwerb wird als Sozialisationsprozess im Sinne einer fortschreitenden Partizipation an der zielsprachlichen Gemeinschaft durch Aneignung kultureller Erzeugnisse und Praktiken in sozialer Interaktion (Ohm 2007: 29) gesehen.

3.1 Die Vermittlung höherer Formen menschlicher kognitiver Tätigkeit und deren Beschreibung und Erklärung durch die genetische Methode

Soziokulturelle Perspektiven[7] gehen auf die kulturhistorische Schule der Psychologie von Vygostkij zurück. Bedeutend für Ansätze in dieser Tradition sind insbesondere das Konzept der Vermittlung sowie die genetische Methode. Das Hauptkonzept soziokultureller Perspektive besteht in der Aussage „the human mind is mediated" (Lantolf 2000: 1). Ebenso wie wir die physische Welt nicht nur direkt bearbeiten, sondern auch Werkzeuge zur Hilfe nehmen, mit denen wir die Welt wie auch unsere Lebensverhältnisse ändern, verwenden wir symbolische Werkzeuge oder Zeichen, mit denen wir unsere Beziehungen zu anderen und zu uns selbst vermitteln, sie regulieren und damit die Natur dieser Beziehungen verändern (Lantolf 2000: 1; Lantolf & Thorne 2006: 25). Durch diese sogenannten Mittler-Reize oder *auxiliary means*, die infolge von Partizipation an kulturellen Aktivitäten (Herstellung von Produkten, Erziehung von Kindern etc.) entstehen (Lantolf & Thorne 2006: 59), ist der Mensch in der Lage, seine

---

keine Rolle. Diese Ansätze beziehen sich vielmehr eher auf Interaktionen im Klassenzimmer (Pavlenko 2002: 286f.).

[7] In Anbetracht der Vielfalt der Ansätze, die häufig unter diesem Namen zusammengefasst werden und deren Zughörigkeit immer wieder diskutiert wird, schlagen Zuengler & Miller (2006) den Oberbegriff soziokulturelle Perspektiven vor. Neben Vygotskijs *Soziokultureller Theorie* zählen sie *Language Socialization*, Wengers Ansatz vom Lernen in *Communities of Practice*, Bakhtins *Dialogic Perspective* und die *Critical Theory* dazu.

Reaktionen, sein eigenes Verhalten zu steuern. Zu den Mittler-Reizen zählen nach Vygotskij alle künstlichen, also vom Menschen hervorgebrachten geistigen oder physischen Objekte (Artefakte), u.a. auch das künstliche Signalsystem Sprache.

Alle sogenannten höheren Formen menschlicher mentaler Tätigkeit, zu denen auch die spezifisch menschliche Fähigkeit des Sprechens gehört, werden „enabled and organized by historical and qualitative aspects of symbolic artifacts, material artifacts, and social relationships" (Lantolf & Thorne 2006: 19). Das heißt, sie sind soziokulturell und historisch in Ursprung und Art. Durch die als Internalisierung bezeichnete innere Rekonstruktion von äußeren Vorgängen (Vygotsky 1978: 56) gehen inter-mentale in intra-mentale Prozesse über. Soziokulturelle Faktoren spielen somit eine zentrale Position in der Ausbildung und Organisation des menschlichen Verstandes auf der Basis der vorhandenen biologischen Möglichkeiten (vgl. Lantolf & Pavlenko 2001: 143). Der einzige angemessene Weg des Verstehens und Erklärens der höheren Funktionen besteht nach Vertretern dieser Forschungsrichtung nicht darin, ihre Ergebnisse zu untersuchen, sondern ihre soziokulturelle und historisch-biographische Entstehung (vgl. Vygotskiy 1978: 64; Lantolf & Thorne 2006: 28). Die genetische Methode „focuses on process instead of product; it seeks to uncover the dynamic relations at work in the development of higher mental functions" (Lantolf & Thorne 2006: 29).

3.2 Soziokulturelle Perspektiven auf lebensweltliche Mehrprachigkeit

Lernen – und damit auch Zweitspracherwerb – aus soziokultureller Perspektive wird somit nicht als individueller Vorgang, sondern als ein in einen sozialen Kontext eingebetteter Prozess verstanden. Er findet in der sogenannten Zone der nächst höheren Entwicklung (*zone of proximal development – ZPD*) statt, die Vgotskij als

> distance between the actual developmental level as determined by independent problem solving and the level of potential development as determined through problem solving under adult guidance or in collaboration with more capable peers (Vygotsky 1978: 86)

bezeichnet. *Situated Learning* (Lave & Wenger 1991) als soziale Praxis findet im Rahmen von kulturell und historisch verankerter Beteiligung an Handlungen und Interaktionen mit anderen statt und reproduziert und verändert die sozialen Strukturen, in denen es sich ereignet (Wenger 2008: 13).

Die soziale Umgebung wird nicht lediglich als Einfluss auf das Lernen angesehen, sondern als eigentliche Quelle menschlicher Entwicklung, als Lernen selbst (vgl. Lantolf & Pavlenko 2001: 144; Van Lier 2000: 246).

Spracherwerb als soziale Praxis erfordert einen von kognitiven Ansätzen der ZSEF divergierenden Blick auf die Lernenden. Diese sind als Handelnde oder Tätige (*agents*) in den Prozess der Sprachaneignung verwickelt; Sprache, Sprecher/Sprecherinnen und soziale Beziehungen sind unauflösbar miteinander verbunden (Norton 1997: 410) und können damit auch in der ZSEF nicht getrennt voneinander untersucht werden. Die Bewertung sprachlicher Produkte kann nicht unabhängig vom dem der sich äußernden Person zugeschriebenen Wert betrachtet werden, Sprachkompetenzen sind nicht unabhängig von Machtverhältnissen (vgl. Bourdieu 1977: 648; Norton & Toohey 2002: 115). Sprache ist gleichzeitig ein Ort der Konstruktion und der Aushandlung von Identitäten, die durch und in Diskursen konstruiert werden, welche die Begriffe zur Verfügung stellen, durch die Identität ausgedrückt wird (Pavlenko 2002: 283).

Identity als die Art und Weise „how people understand their relationship to the world, how this relationship is constructed across time and space, and how people understand their possibilities for the future" (Norton 1997: 410) stellt ein dynamisches Konzept dar. Das Verständnis der eigenen Beziehung zur Welt sowie der eigenen zukünftigen Möglichkeiten ist durch Zugriffsmöglichkeiten auf materielle und soziale Ressourcen sowie durch Machtbeziehungen bedingt. Die Frage „Wer bin ich?" kann nicht getrennt betrachtet – und beantwortet – werden von der Frage „Was kann ich tun?" (Norton 1997: 410). Letztere ist natürlich für Jugendlichen am Übergang zwischen Schule und Beruf enorm bedeutsam und muss vor dem Hintergrund der bisherigen Erfahrungen in und mit dem Bildungssystem betrachtet werden, in dem sie in der Zweitsprache gelernt haben und das nach wie vor durch einen monolingualen Habitus (Gogolin 1994) geprägt ist.

4. Multimodale sprachbiographische Zugänge

4.1 Sprachbiographien in der Zweitsprachenerwerbsforschung

Für einen vom erlebenden Individuum ausgehenden Blick auf Zweitsprachenerwerbsprozesse und ihre ganz eigenen – auch durch den jeweiligen gesellschaftlichen Kontext bedingten – (bildungs-)biographischen Verwicklungen bietet sich ein Zugang über Sprachbiographien an:

> Biographic approaches can mediate between the macro level of sociolinguistics interested in the roles and functions of languages in a larger social context and the micro level of the individual angle, [...] The biographic account can offer insights into how an individual experiences the broader social context and the language regimes in which she develops her language practices, her ambitions and desires in terms of imagining herself as a speaker of a certain language or code. (Busch 2006: 9)

Bislang findet sich der Terminus Sprachbiographie nicht in einschlägigen Lexika oder Handbüchern. Er dient in einem vorwissenschaftlichen Sinn dazu,

> den Sachverhalt zu bezeichnen, dass Menschen sich in ihrem Verhältnis zur Sprache bzw. zu Sprachen und Sprachvarietäten in einem Entwicklungsprozess befinden, der von sprachrelevanten lebensgeschichtlichen Ereignissen beeinflusst ist (Tophinke 2002: 1).

Tophinke (2002: 1) unterscheidet drei verschiedene Konzepte von Sprachbiographie: die gelebte Geschichte, die erinnernde Rekonstruktion sprachbiographisch relevanter Erfahrungen und die sprachliche Rekonstruktion einer Sprachbiographie. Alle drei sind in jeder individuellen Sprachbiographie miteinander verbunden, als Gegenstand wissenschaftlicher Forschung steht uns aufgrund der Unzugänglichkeit der beiden ersten Konzepte lediglich die sprachliche Rekonstruktion zur Verfügung.

Die Arbeit mit Sprachbiographien hat in den letzten Jahren sowohl in der Fremd- und Zweitsprachendidaktik als auch in der ZSEF zugenommen, was Letzterer neue Einblicke in die soziale Natur multilingualer Repertoires gibt, die sich im Laufe des Lebens ändern und innerhalb der Gesellschaft variieren (Mossakowski & Busch 2008: 1). Insbesondere bei einem soziokulturell motivierten Blick auf Sprachaneignungsprozesse empfiehlt sich dieses forschungsmethodologische Vorgehen, da es die mit seiner Umwelt verzahnten Tätigkeiten, die das Individuum im Laufe seiner Lebensgeschichte vollzogen hat, rekonstruieren will. Dabei geht es nicht um das Darstellen einer objektiven Wahrheit, sondern um das Elizitieren eines vom Zeitpunkt des Erzählens geprägten und gefilterteten Erinnerns subjektiven Erlebens, das den dialogischen Charakter der spezifischen Erhebungssituation aufweist, in der sich die erzählenden Subjekte repäsentieren und positionieren (Busch 2010b: 66; Busch 2013: 33f.; Franceschini 2002: 26).

Als Instrument zur Rekonstruktion von biographischen bzw. prozesshaften Verläufen gilt das autobiographisch-narrative Interview nach Schütze (1978). Es basiert auf den sogenannten Zugzwängen des Erzählens: Aufgrund der Aufgabe, einen (ggf. eingegrenzten) Lebenszeitraum hinsichtlich eines bestimmten Aspektes (hier der Erwerb von Sprachen) aus dem Stegreif zu erzählen, sowie der zur Verfügung stehenden Zeit,

> sind die Interviewten „gezwungen", subjektiv Bedeutsames zum einen hervorzuheben und zu raffen (Relevanzsetzung und Kondensierung), diese aber zum andern so detailliert und ausführlich darzustellen, dass es für Zuhörende verständlich wird (Detaillierung) und sie sind "gezwungen", ihre (Lebens-)Geschichte von durch die Interviewenden gesetzten Beginn bis zum Ende zu erzählen, damit diese nachvollziehbar wird (Gestaltschließung) (Meyer & Mruck 2007: 251).

Während Schütze somit grundsätzlich von kompetenten Erzählenden ausgeht, die aufgrund dieser Zugzwänge eine geschlossene, nachvollziehbare Erzählung abliefern, muss gerade (aber nicht ausschließlich) bei Kindern und Jugendlichen damit gerechnet werden, dass die Erzählaufforderung eine Überforderung für sie darstellt (vgl. Wenzler-Cremer 2005; Rosenthal, Köttig, Witte & Blezinger 2006; Apeltauer & Senyildiz 2011; Daase 2012). Insbesondere beim „metalinguistischen Kommentieren eigener Sprachpraktiken, -ressourcen und -einstellungen" muss bedacht werden, dass dies „den expliziten Bezug auf einen Gegenstand [verlangt], der bei der habitualisierten, routinehaften Abwicklung nicht im Fokus der Aufmerksamkeit steht" (Busch 2013: 35). Eine probanden- und gegenstandsangemessene Abänderung des Erhebungsinstrumentes kann z.B. ein stärker dialogisch ausgerichtetes Interview sein, in welchem die Erzählpersonen „durch zusätzliche Fragen in ihrer Erinnerungsarbeit unterstützt und angeregt werden können" (Apeltauer & Senyildiz 2011: 20). Zusätzlich kann eine Ergänzung durch visuell-kreative Zugänge sinnvoll sein, wie im Folgenden beschrieben wird.

4.2 Multimodale sprachbiographische Zugänge

Sprachliches Handeln hat einen multifunktionalen Charakter und ist multimodal: Zur Bedeutungsbildung tragen zum einen der Inhalts-, Ausdrucks- und Beziehungsaspekt bei, zum andern das Zusammenspiel der einzelnen Modi (Busch 2012: 10f.), die in ihren Aufgaben und Funktionen nicht strikt voneinander zu trennen sind: „[…] common semiotic principles operate in and across different modes […]" (Kress & Van Leeuwen 2001: 2).

Sprachenporträts wurden usprünglich eingesetzt, um *language awareness* in mehrsprachigen Grundschulklassen zu fördern (vgl. Neumann 1991) oder um Mehrsprachigkeit abzubilden (vgl. Krumm & Jenkins 2001).

Sie wurden insbesondere von der Forschungsgruppe Spracherleben[8] (vgl. Busch 2006; Busch 2010a; Busch 2010b; Mossakowski & Busch 2008) als Datenerhebungsinstrument in der Mehrsprachigkeitsforschung weiterentwickelt. Sprachenporträts bestehen aus einem von den Erzählpersonen erstellten Bild und dem dazugehörigen Narrativ. Zunächst wird das eigene linguistische Porträt in eine vorgegebene, bei Bedarf auch in eine selbst gezeichnete, Silhouette eingezeichnet, wobei jeder Sprachvarietät, die im eigenen Alltag eine Rolle spielt, eine Farbe zugeordnet und in der Silhoutte positioniert wird. Dieses Vorgehen greift auf Arbeiten aus therapeutischen Kontexten und kulturwissenschaftlichen Zusammenhängen zurück. Ähnlich wie (Tag-)Träume können gezeichnete Bilder ein Verstehen auf einer tieferen Ebene ermöglichen, da sie Zugang zu versteckten Aspekten des eigenen Fühlens eröffnen (Busch 2010a: 237). Hier spielt sowohl das Nachdenken über Bilder als auch das Denken mit Hilfe von Bildern eine Rolle:

> Die Logik des Sprechens und somit auch des Schreibens ist bestimmt von Zeit und Sequenzierungen, die des Bildes von Raum und Gleichzeitigkeit. Bei in Sprache Gefasstem ist ein tatsächlicher physischer Leseweg (reading path) vorgegeben [...] und Bedeutung entfaltet sich in der sequentiellen Ordnung. Im Gegensatz dazu hat die bildliche Darstellung keinen so offensichtlichen Leseweg [...]. Sie erlaubt ein freieres Fokussieren auf das eine oder andere Element bzw. auf Beziehungen einzelner Elemente zueinander. (Busch 2010a: 237)

Die Ergänzung von Sprachdaten von Jugendlichen mit und ohne Migrationshintergrund mit multimodalen sprachbiographischen Zugängen ermöglicht einen vertiefenden Einblick in die mehrsprachigen Lebens- und Erfahrungswelten der Jugendlichen, ihre diversen *semiotic social spaces*[9] (Gee 2005) die zugleich ihre sprachlichen Lernumgebungen darstellen, sowie ihrer Positionierungen in ihnen. So wird z.B. zum einen der Stellenwert außerschulischer Lernorte und Peer-Groups aus der Perspektive der erlebenden Subjekte deutlich, zum andern kann auch der Lernort Schule aus eben jener Perspektive elizitiert werden (vgl. Purkarthofer 2012).

---

[8] Informationen zur Arbeit der Forschungsgruppe Spracherleben finden sich unter http://www.cis.or.at/spracherleben/ (25.02.13).

[9] Gee (2005) schlägt den Begriff des *semiotic social space* als Alternative zu *communities of practice* (Lave & Wenger 1991; Wenger 1998) vor. Ersterer fokussiert die Idee von Raum, in welchen Menschen miteinander interagieren und Bedeutungen aushandeln, während in der Fokussierung auf Gemeinschaft der Gedanke der Mitgliedschaft mitschwingt und Beantwortung der Frage, wer zu der jeweiligen *communitiy of practice* gehört und wer nicht, z.T. schwer zu beantworten ist (Gee 2005: 214ff.).

4.3 Multimodale sprachbiographische Zugänge zur lebensweltlichen Mehrsprachigkeit von Jugendlichen

Die besondere Produktivität von Visualisierungsmethoden bei der Rekonstruktion von (sprach)biographischen Erfahrungen soll exemplarisch anhand von Daten aus dem Korpus der Sprachenporträts aus einem Projekt mit Jugendlichen im Übergangsbereich dargestellt werden. In allen Sprachenporträts und Interviews wird die eigene, als selbstverständlich wahrgenommene Positionierung eines mehrsprachigen Individuums in einer mehrsprachigen Umgebung deutlich. Sie beinhaltet die ausnahmslos als wichtig wahrgenommene Rolle der deutschen Sprache, was auch von den jeweiligen Familien getragen und unterstützt wird. Die Erstsprache ist häufig mit einer positiven emotionalen Bedeutung belegt. In den Sprachenporträts wird dies durch die Situierung in der Herzgegend und eine häufig rote Farbgebung verdeutlicht. Nur selten stellt diese Sonderstellung der Erstsprache eine Konkurrenz zur deutschen Sprache dar, wie z.B. im folgenden Text:

> Ich habe den Körper in Rot und Weis (Polen Flagge) angemalt weil ich ein Pole bin, Pole im Blut, Pole im Herzen, Pole im Kopf, Pole im Magen, Pole in der Leber u.s.w. Ich habe die Polnische Flagge aber im Kopfbereich nicht fortgesetzt, weil ich die Polnische Sprache nicht so beherrsche, was ich allerdings will. Den Kopf habe ich in Schwarz-Rot-Gold (Deutsche Flagge) angemalt weil ich Deutsch denken und sprechen muss.

Im Gespräch zu seinem Sprachenporträt beschrieb sich der Jugendliche als „Pole, eingesperrt im Körper eines Deutschen".

Die Analyse der sprachbiographischen Erzählungen der Jugendlichen zeigt, dass die ursprünglich selbstverständliche Positionierung als mehrsprachiges Individuum in einer mehrsprachigen Gesellschaft häufig aufgrund von Reaktionen in den Bildungsinstitutionen eine Verunsicherung und einen Wechsel in der Betrachtung erfährt. Der durch die Erfahrungen im Laufe ihrer Sprach- und Bildungsbiographie geprägte Rückblick lässt die Zeit vor diesem Wechsel als eine ausschließlich positive erscheinen. Der Beginn der institutionellen Bildungsbiographie (Kindergarten oder Vorschule) wird sehr positiv, als „eine schöne Zeit" beschrieben. Entscheidende Brüche und Probleme treten mit dem Eintritt in die Sekundarstufe auf. Die Jugendlichen werden mit Wahrnehmungen und Zuschreibungen ihrer Persönlichkeiten und Sprachen konfrontiert, die sich nicht mit ihren eigenen Positionierungen deckt und ihrerseits zu Reaktionen führt, wie z.B. einer grundsätzlichen Verweigerung (v.a. gegen die Schule) führt.

Eine Jugendliche, die nach den Angaben im Eingangsgespräch, in dem auch nach den verwendeten Sprachen im Elternhaus und Freundeskreis gefragt wurde, keinen Migrationshintergrund hatte, malte in ihrem Sprachenporträt Türkisch schwarz in die Füße und erzählte beim späteren Austausch, dass ihr Vater „halber Türke" sei und sie zunächst zweisprachig Türkisch-Deutsch aufgewachsen war, aufgrund eines Verbotes des Türkischen vonseiten der Mutter nach der Trennung der Eltern diese Sprache mittlerweile überhaupt nicht mehr beherrschen würde, zumindest nicht mehr produktiv. Ohne das Malen der Sprachenporträts wäre der mehrsprachige biographische Hintergrund dieses Mädchens nicht zutage getreten. Kreative Visualisierungen begünstigen demnach

> tendenziell die Dekonstruktion voretablierter Kategorien, wie die Vorstellung von Sprachen als abzählbare, voneinander abgrenzbare und in sich geschlossene Einheiten, oder Dichotomien wie jene zwischen Herkunfts- und Zielsprache, zwischen Erst- und Integrationssprache (Busch 2010b: 66).

Visualisierungen erleichtern aber offensichtlich auch den Zugang zu und die Darstellung von zunächst wesentlich von emotionalem Erleben geprägten biographischen Erfahrungen, die aufgrund ihrer Komplexität und ihrer potentiellen Widersprüche von den Betroffenen sprachlich nicht oder nur unzureichend rekonstruiert werden könnten: Ein Mädchen ohne Migrationshintergrund gab dem Deutschen drei verschiedene Farben. Die „Muttersprache Deutsch" wurde rot in den Kopf gemalt. Der gesamte Rumpf sowie die Arme waren grün und stellten eine Sprachvariante dar, die sie mit „Allgemein" bezeichnete. Damit wollte sie verdeutlichen, dass sie in einem multilingualen Umfeld lebe, viele ihrer Freunde andere Muttersprachen als das Deutsche hätten, was der Kommunikation untereinander aber nicht im Wege stehe. Eine dritte Variante des Deutschen („Nordstadt-Deutsch") wurde orange in die Magengegend gemalt. In ihrer Darstellung handele es sich um eine andere Sprache als jene, die sie z.B. mit ihren Eltern spreche, eine Sprache, die ihr sehr wichtig sei, weil sie mit ihr aufgewachsen sei. Die Malsituation, begleitet vom Austausch der Jugendlichen zu ihren Sprachen, Sprachkontakten und Spracherleben hat diesem Mädchen offensichtlich einen Zugang zu ihrem Spracherleben in ihrer mehrsprachigen Lebenswelt ermöglicht und eine Unterstützung bei dessen detaillierter Darstellung geboten, was ein herkömmliches Interview allein nicht hätte leisten können. Durch die visuelle Darstellung bekam sie einen Zugang zu den divergierenden Regeln des Sprachgebrauchs in den sozialen Räumen (vgl. Busch 2012: 8).

5. Ausblick

> Das emotional besetzte Spracherleben ist ein Aspekt, dem in der Beschäftigung mit Mehrsprachigkeit lange Zeit zu wenig Beachtung geschenkt wurde, weil der Fokus zu exklusiv auf Sprachkompetenzen und messbaren Leistungen lag – und viel zu oft noch immer liegt. (Busch 2012: 18)

Dies soll keine Sichtweisen einer unvereinbaren Dichotomie von Sprachstandsdiagnostik und multimodalen sprachbiographischen Zugängen unterstützen. Die Forderung nach Berücksichtigung individueller sprachbiographischer Hintergründe von Kindern und Jugendlichen (mit und ohne Migrationshintergrund) in unserem Bildungssystem bedingt fachlich fundierte individualdiagnostische Instrumente als Grundlage für die Planung von Unterricht (Döll 2012: 24). Eine von der Schule wahrgenommene durchgängige Sprachbildung auf Basis einer – möglichst mehrsprachig ausgerichteten – Förderdiagnostik ermöglicht zum einen eine bedarfsgerechte und zielorientierte Förderung der für den Wissenserwerb notwendigen sprachlichen Register, zum andern verhindern sie evtl. haltlose Zuschreibungen einer gesamten Schülerpopulation wie die o.g. der *doppelten Halbsprachigkeit* – oder aber machen spezifischen Förderbedarf deutlich.

Gezeigt werden sollte mit diesem Beitrag, dass eine auschließliche Beschäftigung mit dem Produkt des Spracherwerbs (und zudem nur einer Sprache aus dem gesamten Repertoire) der lebensweltlicher Mehrsprachigkeit von Kindern und Jugendlichen nicht gerecht wird. Ein das Spracherleben der mehrsprachigen Jugendlichen in seinen sozialen Kontexten berücksichtigender Forschungsansatz muss u.a. soziale Praktiken in *semiotic social spaces* (Gee 2005), den Zugang zu Sprechern der Zielvarietät, die Beziehungen zu diesen Sprechern sowie die Auswirkungen dieser Praktiken auf das Selbstsein und Selbstwerden berücksichtigen (vgl. Norton & Toohey 2002: 120).

6. Literatur

Apeltauer, Ernst & Senyildiz, Anastasia (2011): *Lernen in mehrsprachigen Klassen – Sprachlernbiographien nutzen. Grundlagen, Perspektiven, Anregungen. Für alle Jahrgangsstufen.* Berlin: Cornelsen Scriptor.

Blommaert, Jan (2012): *The Sociolinguistics of Globalization.* 4th printing. Cambridge: University Press.

Blommaert, Jan; Collins, James & Slembrouck, Stef (2005): Spaces of multilingualism. *Language & Communication* 25, 197–216.

Bloomfield, Leonard (1933): *Language*. New York: Holt, Rinehart and Winston.
Brizić, Katharina (2007): *Das geheime Leben der Sprachen. Gesprochene und verschwiegene Sprachen und ihr Einfluss auf den Spracherwerb in der Migration.* Münster: Waxmann.
Brizić, Katharina (2009): Bildungsgewinn bei Sprachverlust? Ein sozio-linguistischer Versuch, Gegensätze zu überbrücken. In Gogolin, Ingrid & Neumann, Ursula (Hrsg.): *Streitfall Zweisprachigkeit – The Bilingualism Controversy.* Wiesbaden: VS Verlag für Sozialwissenschaften, 133–143.
Busch, Birgitta (2013): *Mehrsprachigkeit*. Wien: Facultas.
Busch, Birgitta (2012): *Das sprachliche Repertoire oder Niemand ist einsprachig. Vorlesung zum Antritt der Berta Karlik-Professur an der Universität Wien.* Klagenfurt u.a.: Drava.
Busch, Birgitta (2010a): „Wenn ich in der einen Sprache bin, habe ich immer die andere auch im Blick" – Zum Konnex von Politik und Spracherleben. In Cillia, Rudolf de; Gruber, Helmut; Krzyzanowski, Michel & Menz, Florian (Hrsg.): *Diskurs – Politik – Identität = Discourse, politics, identity: Festschrift für Ruth Wodak.* Tübingen: Stauffenburg, 235–244.
Busch, Birgitta (2010b): Die Macht präbabylonischer Phantasien. Ressourcenorientiertes sprachbiographisches Arbeiten. In *Zeitschrift für Literaturwissenschaft und Linguistik*, 40 (160), 58–82.
Busch, Birgitta (2006): Language biographies – approaches to multi-lingualism in education and linguistic research. In Busch, Birgitta; Jardine, Aziza & Tjoutuku, Angelika (Hrsg*.): Language biographies for multilingual learning. PRAESA (Project for the Study of Alternative Education in South Africa).* Cape Town: University of Cape Town, 5–18.
Daase, Andrea (2012): Jugendliche mit mehrsprachigem Hintergrund im Übergangssystem – Ein soziokulturell erweiterter Blick auf Bildungsbenachteiligung und Mehrsprachigkeit. In Ohm, Udo & Bongartz, Christiane (Hrsg.): *Soziokulturelle und psycholinguistische Untersuchungen zum Zweitspracherwerb. Ansätze zur Verbindung zweier Forschungsparadigmen. Inquiries in Language Learning*, Band 6. Frankfurt a. M. u.a.: Peter Lang, 113–146.
Döll, Marion (2012): *Beobachtung der Aneignung des Deutschen bei mehrsprachigen Kindern und Jugendlichen. Modellierung und empirische Prüfung eines sprachdiagnostischen Beobachtungsverfahrens.* Münster u.a.: Waxmann.
Europarat (2001): *Gemeinsamer Europäischer Referenzrahmen für Sprachen: lernen, lehren, beurteilen.* Berlin u.a.: Langenscheidt.
Franceschini, Rita (2002): Sprachbiographie: Erzählungen über Mehrsprachigkeit und deren Erkenntnisinteresse für die Spracherwerbsforschung und die Neurobiologie der Mehrsprachigkeit. In Adamzik, Kirsten & Roos, Eva (Hrsg.): *Biografie linguistiche – Biographies langagières – Biografias linguisticas – Sprachbiografien.* Bulletin suisse de linguistique apliquée, 76, 19–33.
Gogolin, Ingrid (1994): *Der monolinguale Habitus der multilingualen Schule.* Münster et al.: Waxmann.

Günther, Britta & Günther, Herbert (2007): *Erstpracke, Zweitsprache, Fremdsprache. Eine Einführung.* 2., erw. Aufl. Weinheim und Basel: Beltz.
Keim, Inken (2012): *Mehrsprachige Lebenswelten: Sprechen und Schreiben der türkischstämmigen Kinder und Jugendlichen.* Gunter Narr.
Kramsch, Claire (2006): The Multilingual Subject. In *International Journal of Applied Linguistics*, 16 (1), 97–110.
Kress, Gunther & Van Leeuwen, Theo (2001): *Multimodal Discourse. The modes and media of contemporary communication.* London: Hodder Education.
Krumm, Hans-Jürgen & Jenkins, Eva-Maria (2001): *Kinder und ihre Sprachen – lebendige Mehrsprachigkeit: Sprachenporträts gesammelt und kommentiert von Hans-Jürgen Krumm.* Wien: Eviva.
Lantolf, James P. (2000): Introducing sociocultural theory. In Lantolf, James P. (Ed.): *Sociocultural Theory and Second Language Learning.* Oxford: University Press, 1–26.
Lantolf, James P. & Pavlenko, Aneta (2001), (S)econd (L)anguage (A)ctivity theory: understanding second language learners als people. In Breen, Michael (Hrsg.) (2001): *Learner Contributions to Language Learning.* London: Longman, 141–158.
Lantolf, James P. & Thorne, Steven L. (2006): *Sociocultural theory and the Genesis of Second Language Development.* Oxford: University Press.
Lave, Jean & Wenger, Etienne (1991): *Situated Learning: Legitimate Peripheral Participation.* Cambridge: Cambridge University Press.
Lüdi, Georges (1996): Mehrsprachigkeit. In Goebl, Hans; Neldel, Peter; Stary, Zdenek & Wölck, Wolfgang (Hrsg*): Kontaktlinguistik. Contact Linguistics. Ein internationales Handbuch zeitgenössischer Forschung.* 1. Halbband. Berlin: DeGruyter, 233–245.
Maas, Utz (2008): *Sprache und Sprachen in der Migrationsgesellschaft: Die schriftkulturelle Dimension.* Göttingen: V&R Unipress.
Machold, Claudia & Mecheril, Paul (2010). Jugendliche in der Migrationsgesellschaft. Reflexionen zu einer Unterscheidungspraxis. In *berufsbildung. Zeitschrift für Praxis und Theorie in Betrieb und Schule*, 64 (123), 2–3.
Mossakowski, Jan & Busch, Brigitta (2008): On language biographical methods in research and education. Austria – Example of current practice #3. Teil einer digitalen Artikelsammlung für das Projekt des Europarates »Policies and practices for teaching sociocultural diversity«. http://www.cis.or.at/ spracherleben/download/ECP-AT-3-Language_biographical_methods_.pdf (25.02.13).
Neumann, Ursula (1991): Ideenkiste: Ich spreche viele Sprachen. In *Die Grundschulzeitschrift*, 43/1999, 59.
Norton, Bonny (1997): Language, Identity and the Ownership of English. In *TESOL Quarterly*, 29 (1), 9–31.
Norton, Bonny & Toohey, Kelley (2002): Identity and Language Learning. In Kaplan, Robert B. (Hrsg.): *The Oxford Handbook of Applied Linguistics.* Oxford et al.: Oxford University Press, 115–123.

Ohm, Udo (2007): Informationsverarbeitung vs. Partizipation: Zweitspracherwrb aus kognitiv-interaktionistischer und soziokultureller Perspektive. In Eßer, Ruth & Krumm, Hans-Jürgen (Hrsg.): *Bausteine für Babylon: Sprach, Kultur, Unterricht ... Festschrift zum 60. Geburtstag von Hans Barkowski*. München: Iudicium, 24–33.

Ohm, Udo (2012): Zweitspracherwerb als Erfahrung: Narrationsanalytische Rekonstruktionen biographischer Verstrickungen von Erwerbs-prozessen. In Ahrenholz, Bernt (Hrsg.): *Einblicke in die Zweitspracherwerbsforschung und ihre methodischen Verfahren*. Berlin u.a.: de Gruyter, 261–283.

Pavlenko, Aneta (2002): Poststructualist Approaches to the Study of Social Factors in Second Language Learning and Use. In Cook, Vivian (Ed.): *Portraits of the L2-User*. Clevedon: Multilingual Matters, 275–302.

Purkarthofer, Judith (2012): "Platz für Sprachen? Schulen als mehrsprachige Räume in der Wahrnehmung der beteiligten AkteurInnen". In Ohm, Udo & Bongartz, Christiane (Hrsg.): *Soziokulturelle und psycholinguistische Untersuchungen zum Zweitspracherwerb. Ansätze zur Verbindung zweier Forschungsparadigmen. Inquiries in Language Learning,* Band 6. Frankfurt a.M. u.a.: Peter Lang, 80–105.

Rosenthal, Gabriele; Köttig, Michaela; Witte, Nicole & Blezinger, Anne (2006): *Biographisch-narrative Gespräche mit Jugendlichen. Chancen für das Selbst- und Fremdverstehen*. Opladen: Budrich.

Schütze, Fritz (1978): *Die Technik des narrativen Interviews in Interaktionsfeldstudien – dargestellt an einem Projekt zur Erforschung von kommunalen Machtstrukturen.* Universität Bielefeld. Fakultät für Soziologie. Arbeitsbereiche und Forschungsmaterialien Nr. 1. Bielefeld.

Tophinke, Doris (2002): Lebensgeschichte und Sprache. Zum Konzept der Sprachbiografie aus linguistischer Sicht. In Adamzik, Kirsten & Roos, Eva (Hrsg.): *Biografie linguistiche – Biographies langagières – Biografías lingüisticas – Sprachbiografien.* Bulletin suisse de linguistique apliquée, 76, 1–14.

Van Lier, Leo (2000): From input to affordance: Social-interactive learning from an ecological perspective. In Lantolf, James P. (Hrsg.): *Sociocultural Theory and Second Language Learning.* Oxford: University Press, 245–259.

Vygotsky, Lev S. (1978): *Mind in Society: The development of higher psychological processes.* Cambridge: Harvard University Press.

Wenger, Etienne (1998): *Communities of Practice: Learning, Meaning, and Identity.* Cambridge: Cambridge University Press.

Wenzler-Cremer, Hildegard (2005): *Bikulturelle Sozialisation als Herausforderung und Chance. Eine qualitative Studie über Identitätskonstruktionen und Lebensentwürfe am Beispiel junger deutsch-indonesischer Frauen.* Dissertation. http://www.freidok.uni-freiburg.de/volltexte/2267/pdf/Bikulturelle _Sozialisation.pdf (23.02.13).

Zuengler, Jane & Miller, Elizabeth R. (2006): Cognitive and sociocultural Perspectives: Two Parallel SLA Worlds) In *TESOL Quartlery*, 40 (1), 35–28.

Sprachbiographische Äußerungen und Erzählerwerb im Längsschnitt als Zugangswege zur Beschreibung von Zweitspracherwerb

Monika Dannerer

Ziel des Beitrages ist es, exemplarisch Möglichkeiten der Triangulation von sprachbiographischen Ansätzen, qualitativen longitudinalen Einzelfallstudien und der quantitativen Auswertung eines größeren longitudinalen Datenkorpus aufzuzeigen. Dazu werden Interviews sowie mündliche und schriftliche Erzählungen von SchülerInnen mit Deutsch als Zweitsprache, aber auch von SchülerInnen mit Deutsch als Erstsprache aus der Sekundarstufe I herangezogen. Die Entwicklung morphosyntaktischer und orthographischer Kompetenzen einer ausgewählten zweisprachigen Probandin wird in den Kontext zunehmender sprachlicher Komplexität gestellt und mit der durchschnittlichen Entwicklung ein- und zweisprachiger SchülerInnen verglichen. Ein systematischer Vergleich von Aussagen in wiederholt geführten Interviews mit der in den Texten feststellbaren sprachlichen Entwicklung lässt Rückschlüsse auf Variabilität und Einflussfaktoren auf die Selbsteinschätzung zu.

1. Sprachbiographien und Zweitspracherwerbsforschung

Spracherwerb ist eng mit individuellen biographischen Bedingungen verknüpft, mit sozialen und gesamtgesellschaftlichen Gegebenheiten. Dies gilt für den Erstspracherwerb ebenso wie für den Erwerb und das Erlernen weiterer Sprachen. In der Zweitspracherwerbsforschung spielen daher neben klassischen Längs- und Querschnittstudien zum Erwerb von Grammatik und Wortschatz auch soziolinguistische Ansätze eine wichtige Rolle, die diese Bedingungen systematisch erforschen. Im Zusammenhang mit Fallanalysen aber auch mit ganzen Gruppen von SprecherInnen haben sich hier u.a. sprachbiographische Ansätze etabliert (vgl. z.B. Fix 2010, Ohm 2012).

1.1 Sprachbiographischer Forschungskontext

Die Sprachbiographieforschung hat sich in einem konstruktivistischen Forschungsparadigma entwickelt. Sie geht von der qualitativen Analyse von

Einzelfällen aus.[1] Franceschini & Miecznikowski (2004: IX) sprechen von einer engen und einer weiten Definition von Sprachbiographie: Sie selbst verwenden eine *enge Definition*, die nur für sprachliche Autobiographien gilt, die sie durch narrative (einmalig durchgeführte) Interviews im Sinne von Schütze (1987) erhoben haben, wobei den Interviewten sehr viel Raum zugestanden wird. Franceschini beschreibt Sprachbiographien als:

> [...] das interaktive Produkt einer autobiographischen Erzählung, das aus einer spezifischen Erhebungsart hervorgeht (dem narrativen Interview) und das als zentrales Thema den Erwerb der eigenen Sprachen hat. (Franceschini 2004: 124)

Die Analyse des Datenmaterials bezieht sich auf die thematische Fokussierung wie auch auf die „Formulierungsarbeit des/r SprecherIn" und versucht, die „innere Logik einer solchen Erzählung" herauszuarbeiten (Franceschini & Miecznikowski 2004: X).

Demgegenüber steht eine *weite Definition von Sprachbiographie*. Stellvertretend dafür lässt sich die Definition von Meng (2004) heranziehen:

> [...] eine systematische, in der Regel wissenschaftliche Darstellung der sprachlichen Entwicklung einer bestimmten Person unter den für sie charakteristischen Sprachentwicklungs- und Sprachverwendungsbedingungen. (Meng 2004: 98)

Sprachbiographische Äußerungen definiert sie demgegenüber als „Äußerungen, mit denen jemand spontan oder reaktiv über Aspekte der Sprachentwicklung und des Sprachgebrauchs eines Menschen spricht [...]" (Meng 2004: 98) Als Datenquelle akzeptiert Meng (2004: 98f.) dafür neben den Interviews auch Dokumente sprachlicher Handlungen und Beschreibungen der Lebens- und Kommunikationsbedingungen des Individuums bzw. seiner gesellschaftlichen Gruppe. Sie wiederholt Interviews nach 4-5 Jahren und lässt Personen auch über ihre eigene sprachliche Entwicklung urteilen.

Sprachbiographische Äußerungen und Sprachbiographien sind ein reichhaltiges Datenmaterial, das sowohl individuelle als auch soziale Aspekte aufgreift und spiegelt. Neben der „Oral Language History" kann es auch als Quelle für ein spracherwerbstheoretisches Interesse dienen (vgl.

---

[1] Eßbach (2001: 59f.) hat ausführlich die Querbezüge der soziologischen Biographieforschung zu anderen Forschungsparadigmen dargestellt und Traditionslinien u.a. aus der Oral History-Forschung aufgezeigt. Er weist auch auf die besonders diskutierten Problemfelder wie Verlässlichkeit, Repräsentativität und Relation zwischen Biographie und Autobiographie hin (Eßbach 2001: 63).

Fix 2010: 11). Folgende individuelle und gesellschaftlich (mit-)bedingte Informationen können in den Daten enthalten sein:[2]
– die *individuelle Sicht auf die Sprachen*, die eine Person spricht, das Verhältnis dieser Sprachen zueinander, wann welche Sprache gesprochen wurde oder wird, wo sie sich ergänzen, wo sie sich gegenseitig blockieren etc.;
– die *emotionale Haltung* gegenüber den Sprachen, die man spricht, bzw. der eigenen Mehrsprachigkeit;[3]
– die Sicht auf den *Verlauf des Spracherwerbs*;
– *Hypothesen über Einflussfaktoren* auf den eigenen Spracherwerb bzw. auf Spracherwerb generell;
– *Wünsche und Ziele* im Hinblick auf die eigenen sprachlichen Kompetenzen zu unterschiedlichen Zeitpunkten.

Die Aneignung von Sprache wie auch die Auswahl der Sprachen, die eine Person spricht, die konkrete, situative Sprachverwendung und die in einer bestimmten Situation sozial geforderten sprachlichen Fähigkeiten sind in einem soziokulturellen und auch historischen Kontext zu sehen (vgl. Franceschini 2010: 9). Die sprachlichen Anforderungen, die eine Gesellschaft stellt, sind selten explizit formuliert wie etwa die Festlegung der Bedingungen für Aufenthaltserlaubnis oder Staatsbürgerschaft anhand der Niveaustufen im Gemeinsamen europäischen Referenzrahmen. Weit häufiger handelt es sich um informell existierende Erwartungen, die an die SprecherInnen – überwiegend implizit – herangetragen werden und von diesen dann (un-)ausgesprochen als Maßstab für die Beurteilung der eigenen sprachlichen Kompetenzen herangezogen werden.

Berücksichtigt wird in der Sprachbiographieforschung darüber hinaus auch die Art, *wie* in den Interviews *erzählt wird* (vgl. Franceschini 2010: 8). Sie steht im Kontext von soziokulturell geprägten Erzähltraditionen und soziokulturell bedingten Vorstellungen von Erzählwürdigem und Forderungen nach Kausalität und Linearität.[4] In diesem

---

[2] Franceschini (2010: 8f.) weist darauf hin, dass die Interviews in ihren internen Kohärenzkonstitutionen lebensgeschichtliche Umstände den kulturgeschichtlichen/sozialen gegenüberstellen.

[3] Beide Aspekte sind auch Thema der Sprachenportraits, die Gogolin & Neumann (1991), Krumm & Jenkins (2001) oder Busch (2010) einsetzen. Diesen graphischen Darstellungen der Situierung der Sprachen in der eigenen Leiblichkeit fehlt allerdings die zeitliche Dimension, die Sicht auf den Verlauf des Spracherwerbs.

[4] Busch (2010: 66f.) sieht es als Herausforderung an, „Zugzwänge des Erzählens" zu unterlaufen, die diachron Kontinuität und synchron Kohärenz konstruieren und sich auf präetablierte Kategorisierungen stützen. Als Ergänzungen schlägt sie ethnographische Beobachtungen, diskursanalytische Verfahren der Korrelation zu öffentlichen

Zusammenhang ist das Interview auch in seiner *Dialogizität* ernst zu nehmen. Und schließlich kann die Interaktion in den Interviews auch als *Manifestation der sprachlichen Kompetenzen* analysiert werden – zumindest für die Sprache(n), in der/in denen das Interview geführt wird.

Immer wieder setzt sich die Sprachbiographieforschung mit der Frage nach der Generalisierbarkeit bzw. der Repräsentativität ihrer Ergebnisse auseinander (u.a. Eßbach 2001, Franceschini 2001), denn es kann nicht Ziel sein, Einzelbiographien *ad infinitum* aneinanderzureihen, so sehr der jeweilige Fall auch Interesse weckt und fasziniert. Es interessiert also nicht nur der Einzelfall, sondern die Reflexion des kollektiven Erlebens, der überindividuellen Erfahrungen, die Einsicht, dass es keine monokausalen Erklärungen für Spracherwerbsprozesse geben kann. Der Vergleich von Sprachbiographien lässt „biographische Sememe" erkennen, kleine Einheiten, kurze Sequenzen, Teilaspekte, die in den Biographien ähnlich sind. Sie sollen herausgearbeitet werden (Franceschini 2004: 142; vgl. auch Eßbach 2001: 60). Damit gewinnt die Auswahl aus dem Datenkorpus eine zentrale Rolle. Sie wird durch unser Bild vom Spracherwerb geprägt und umgekehrt prägt sie dieses Bild weiter. Das erfordert ein reichhaltiges Datenmaterial und eine offene, am Material orientierte Herangehensweise.

1.2 Modellierung von Zweitspracherwerb im Kontext von Sprachbiographien

Im Kontext der Sprachlehr- und -lernforschung ist lange Zeit primär der gesteuerte Erwerb untersucht worden. Die Sprachbiographieforschung hat demgegenüber die Aufmerksamkeit auf die Beobachtung von informellen, ungesteuerten Erwerbsprozessen gelenkt, auf das komplexe Miteinander und Ineinander von Sprachen in einem Individuum. Die damit in den Blick genommene Mehrsprachigkeit wirft neue Fragen nicht nur im Hinblick auf komplexe Prozesse des Erwerbs und des Sprachverlusts, sondern auch des *codeswitchings* und *mixings* im alltäglichen Sprachgebrauch auf.

Die Frage, ob Spracherwerb in Stufen erfolgt oder ob Kontinua anzunehmen sind, ist oftmals diskutiert worden (vgl. Dannerer 2012: 7ff.), ebenso die Frage, was das Fortschreiten im Kontinuum oder zur nächsten Stufe auslöst. Sprachbiographische Ansätze verdeutlichen, dass Kompeten-

---

Diskursen, erzählanalytische Verfahren, Interaktion in der Narration mit an- und abwesenden Beteiligten sowie kreative Visualisierungen vor.

zen häufig einen dynamischen Verlauf nehmen, der auch Prozesse des Sprachabbaus einschließt (Jessner 2007: 30f.).

Auch die Frage, ob es universal wirksame Einflussfaktoren auf den Spracherwerb gibt, ob Unterricht den Spracherwerb steuern kann oder ob sowohl im Unterricht als auch außerhalb des Unterrichts letztlich jeder individuell über sprachlichen *intake* entscheidet, hat Kontroversen ausgelöst. Riemer (1997: 5f., 77, 229) geht mit ihrer „Einzelgänger-Hypothese" davon aus, dass es zahlreiche sprachliche und außersprachliche (affektive, soziale und kognitive) Einflussfaktoren gibt, die in komplexer Wechselwirksamkeit den individuellen Verlauf des Zweitspracherwerbs bestimmen. In Sprachbiographien werden solche Faktoren – ohne Anspruch auf Vollständigkeit – von den Interviewten thematisiert, unterschiedlich akzentuiert und zueinander in Beziehung gesetzt.

Der konkrete *Verlauf* von Spracherwerbsprozessen lässt sich mit unterschiedlichen Mitteln und aus verschiedenen Perspektiven (re-)konstruieren: Wiederholte Sprachstandsdiagnosen oder auch Sprachenportfolios verhelfen zu Aussagen über Zuwachs oder Abbau sprachlicher Kompetenz, geben aber keine Hinweise auf deren Ursachen. In *diary studies* wird demgegenüber stärker die lernerzentrierte Sicht auf den Spracherwerb betont (Franceschini & Miecznikowski 2004: XI), wobei die Lerntagebücher auch selbst als Quelle für die Analyse sprachlicher Kompetenzentwicklung dienen können.

Narrative Interviews zeigen das sprachliche Verhalten zu einem bestimmten Zeitpunkt und in einer spezifischen Kommunikationssituation, über anderes wird nur von den ProbandInnen selbst Auskunft gegeben. Dabei gilt es allerdings zu bedenken, dass es zwischen dem, was die ProbandInnen angeben und dem, was sie tatsächlich tun, Divergenzen geben kann (Mondada 2007: 182).

Damit können Sprachbiographien als Quelle für die Zweitspracherwerbsforschung herangezogen werden, für die Rekonstruktion von tatsächlichen Erwerbsverläufen sind sie jedoch durch andere Daten zu ergänzen.

2. Datenkorpus

Das Datenkorpus besteht aus 160 kurzen, nichtnarrativen Leitfadeninterviews sowie aus 320 mündlichen und schriftlichen „schulnahen" Erzählungen von insgesamt 48 ProbandInnen, von denen 8 eine andere Erstsprache als Deutsch haben. Es handelt sich dabei um SchülerInnen von drei verschiedenen (Real-)Gymnasien in Salzburg und Oberösterreich, die von der 5. oder 6. bis zur 8. Schulstufe (SSt.) zu drei unterschiedlichen Zeitpunkten zu ihrer sprachlichen Entwicklung befragt und zum Erzählen anhand von Bildgeschichten auffordert wurden.[5]

Das Zentrum meines Datenmaterials bilden die auf das Interview folgenden mündlichen Erzählungen sowie die schriftlichen Erzählungen der jeweils gleichen Bildgeschichte, die einige Tage später verfasst wurden. Die Interviews dienten dazu, die Interaktionssituation zu etablieren und „Hintergrunddaten" zu erheben, die sich v.a. auf Lese- Schreib- und Erzählgewohnheiten bezogen, bei den mehrsprachigen ProbandInnen auch auf Spracherwerb und Sprachverwendung (vgl. Dannerer 2012: 56f., 91ff.). Insgesamt sind die Interviews daher stark strukturiert und zeitlich sehr begrenzt, so dass es kaum zu Narrationen kommt.

Während Franceschini & Miecznikowski (2004) von einmaligen Interviews ausgehen, in denen von Veränderungen erzählt wird, handelt es sich beim vorliegenden Datenkorpus um wiederholte Interviews. Dabei können Prozesse explizit angesprochen werden (z.B.: „Wie siehst du deine sprachliche Entwicklung?"), sie könnten aber auch aus sich verändernden Antworten auf wiederholt gestellte Fragen ersichtlich sein (z.B.: „Erzählst du im Freundeskreis gerne?"); damit werden biographische Entwicklungen aus dem Längsschnitt erkennbar.

Die sprachbiographischen Äußerungen ergeben keine zusammenhängende, „vollständige" Sprachbiographie, bei einzelnen SchülerInnen lassen sich jedoch gerade durch die wiederholte Interviewsituation äußerst interessante Einblicke in den Verlauf des Sprach(en)erwerbs und der sich verändernden Einstellungen gewinnen.

3. Interviews mit Marigona

3.1 Analyse der Interviews

Exemplarisch sei das Datenmaterial von Marigona vorgestellt, einer Schülerin mit L1 Albanisch, die im Alter von 1-2 Jahren nach Österreich gekommen ist. Die Interviews mit ihr dauern jeweils nur 3 bis 8 Minuten, sind jedoch reichhaltig.

---

[5] Acht der einsprachigen Probandinnen haben in der 12. SSt. noch einmal erzählt.

Sprachbiographische Äußerungen und Erzählerwerb

Die Frage nach der Sprachverwendung in der Familie wurde gewöhnlich relativ am Anfang des Interviews gestellt. In der 5. SSt. antwortet Marigona darauf Folgendes:[6]

```
MD: sprecht ihr zu hause albanisch↑ *
MB:                                ja schon↓ * aber manchmal halt
    hier in der schule und so zu hause gibt=s ja halt
MD:                                            mhm↑
MB: keine die albanisch sprechen↑ und so↑ *   von den kindern↑
MD: mhm↑
MB:      und darum manchm/ halt ich sprech schon albanisch↑ aber
    manchmal * äh setz ich auch ein paar dEUtsche wörter
MD:      mhm↑ mhm↑ mhm↑
MB: ein↓            <<acc> aber nicht immer↓>
```

Das mehrfache Ansetzen, die vorangestellte Rechtfertigung mit der geringen Zahl an Albanischsprechenden und die rasche einschränkende Ergänzung „aber nicht immer" verdeutlichen, dass Marigona dieses *Codeswitching* ins Deutsche offenbar negativ empfindet.[7] In der 8. SSt. geht sie mit der gleichen Situation deutlich selbstbewusster um:

```
MB: albanisch↑ aber * auch eigentlich zwischendurch auf * deutsch↓
    also ich m/ manchmal mische ich=s↓ [...] ja manchmal im satz↑
    zum beispiel ein wort auf deutsch↑ wenn i/ wenn=s manet gerade
    auf albanisch einfällt↑ * und sonst nur bei einem bestimmten
    thema↓
```

Interessant ist auch, was die Interviews mit Marigona über die *Entwicklung ihrer schriftlichen Kompetenz* in ihren beiden Sprachen erkennen lassen. In der 5. SSt. schwankt sie in ihrem Urteil im Hinblick auf das Albanische:

```
MB: es is eigentlich halt so * vom schreiben her↑ * kann ich schon
    gut albanisch↑ aber * halt mein vater war lehrer↑ und de:r
    halt der sagt mir ob ich fehler mache manchmal wenn ich etw/
    auf albanisch schreibe halt↓ aber ich mach weniger fehler als
    die anderen erwachsenen↓ d/ halt * von meiner familie halt↓ *
    weil * mein Onkel↑ der macht mehr fehler als ich→ [...] in
    deutsch da bin ich nIcht ganz so gut in rechtschreibfehler
    halt↓
```

Es zeigt sich deutlich, wie stark sich Marigona bei der Beurteilung ihrer Kompetenz auf Aussagen ihres Vaters und auf den Vergleich mit Verwandten stützt. Für das Deutsche hingegen wirkt sich offenbar die schulische Leistungsbeurteilung aus – sie mache zu viele Rechtschreibfehler.

---

[6] Transkriptionskonventionen für Interviews und Erzählungen finden sich im Anhang.
[7] Codemischungen – Lüdi (2001: 148) spricht von „transkodischen Markierungen" – werden zu vielen Zeiten und in vielen Sprachgemeinschaften als negativ gesehen und rangieren vom Prestige her hinter der niedrigsten „reinen" Sprachvarietät.

Aus dem Vergleich über die Jahre wird deutlich, dass ihre schriftlichen Fähigkeiten in der L1 möglicherweise stagnieren oder sogar abnehmen, das Schreiben fällt ihr in der 6. SSt. bereits *„schwerer"*, sie schreibt noch, *„aber nicht so oft"*. In der 8. SSt. sagt sie:

```
MB: hh↓ * nich so viel aber * n=bisschen↓ zu hause↓ am computer↓
    manchmal so * gedichte↓
```

Interessant ist, dass sie das Schreiben nicht gänzlich aufgibt, sondern *ihre* Sprache für sehr persönliche Ausdrucksformen – Lyrik – verwendet.

Auch ihr *Leseverhalten* ändert sich in den vier Schuljahren: In der 5. SSt. gibt sie an, sehr gerne Deutsch zu lesen, allerdings verfügt sie nur über ein einziges Buch, ansonsten liest sie Albanisch:

```
MB: ja schon↓ * sehr gerne↓ * nur ich hab nicht so viele bÜcher zu
    hause↓ [...] die bibel↑ was ich zuhause habe↑ * aber auf
    deutsch↑ * hab ich nämlich einmal in der volksschule gewonnen↑
    * und da les ich schon gern durch↑ weil das mein einziges
    deutsches buch ist↓
```

In der 6. SSt. beantwortet sie die Frage, ob sie überwiegend Albanisch lese mit *„eher schon↓"*. Allerdings gibt sie auch an, *„eigentlich auch mehr↓ n=bisschen mehr↓"* Deutsch zu lesen.

In der 8. SSt. ist sie im Deutschen zu einer Vielleserin geworden, wobei sie Krimis und Psychothriller bevorzugt. Auf die Frage nach dem zuletzt gelesenen Buch antwortet sie:

```
MB: des war von *2* also: * von ismail khadaré↑ * der
    schandkasten↓ von dem les ich eigentlich am meisten↓ weil
    Immer neue bücher gibt↓ [...] die sAgen↓ * weil=es geht immer um
    sagen und legenden↑ und die interessieren mich halt↓
```

Auf die Frage nach der Lektüre auf Albanisch sagt Marigona:

```
MB: ja↓ [...] mhm↑ [...] weniger↓ [...] deswegen les ich ja die is/ äh
    die bücher von ismail khadaré↑ weil die gehen * um mein land
    halt↑ wo(her)=ich komm↑ * aber auf deutsch↓ weil das fällt ma
    leichter↓ [...]
```

Deutsch ist also die dominante Sprache literaler Erfahrung geworden, über die sie Zugang zu „ihrem Land", wie sie es ausdrückt, zu „ihrer Kultur" gewinnt.

Gegenläufig dazu entwickelt sich die Antwort auf die Frage nach der präferierten, der besseren, der „eigenen" Sprache: In der 5. SSt. ist es das Deutsche – allerdings offenbar wegen der teilweise nicht unmittelbar zugänglichen Lexik im Albanischen:

```
MB: eigentlich deutsch↓ weil * albanisch da vergess ich dauernd
    manchmal wörter und so * aber mein vater bringt die mir dann
    immer wieder bei↓
```

In der 8. SSt. berichtet sie von einer aktuellen Verschiebung: Sie ist in der letzten Zeit in Albanisch besser, in Deutsch schlechter geworden; trotzdem ist Deutsch eher ihre stärkere Sprache, Albanisch aber die, die ihr näher steht, wie sie zögernd zugibt:

```
MD: welche sprache * kannst du besser↓ *3*
MB:                                        hm↓ *1* naja * in der
    letzten zeit scho ** bin ich halt besser gworden in albanisch↑
    abe:r * eher deutsch * würd ich sagen↓ * aber seit ich
    albanisch besser kann mach ich auch umso mehr fehler in
    deutsch↓ *
MD: mhm↓ ja↑ welche sprache steht dir näher↑ […] welche sprache
    ist dEIne sprache↓
MB:                                       albanisch↓ wenn ich
MD:         mhm↑ mhm↑
MB: ehrlich bin↓          es fällt mir viel leichter mit
    freundinnen so zu reden↓
```

Die höhere Fehlerhäufigkeit im Deutschen leitet Marigona möglicherweise wiederum von den Korrekturen ihres Deutschlehrers ab. Befragt zur Entwicklung ihre Deutschnote stellt sie nämlich fest, dass sie sich von der 5. zur 8. SSt. hin verschlechtert hat.[8] Interessant ist, dass Deutsch trotzdem kontinuierlich zu ihren Lieblingsfächern zählt.

In allen Schulstufen wurden die SchülerInnen gefragt, ob sie gerne im Freundeskreis erzählen. In der 5. SSt. antwortet Marigona mit einem eher vagen „*schon eigentlich*", in der 8. SSt. hingegen kommt ein sehr spontanes „*sEhr gern*" – ihre Lust am Erzählen hat sich also gesteigert, ein Befund, der durchaus alterstypisch ist.[9]

Nur in der 8. SSt. habe ich Marigona – wie auch die anderen SchülerInnen – um eine Einschätzung ihrer Sprachentwicklung im Deutschen gebeten: Ob sie mündlich oder schriftlich mehr dazu gelernt habe. Darauf antwortet sie etwas zögernd, dass das ein bisschen mehr im Mündlichen gewesen sei. Auch speziell beim Erzählen sieht sie den Erwerb im Mündlichen größer, mündliches Erzählen falle ihr leichter.

Anhand der Interviewausschnitte ist erkennbar, dass Marigona bereits in der 5. SSt. eine hohe sprachliche Korrektheit erreicht hat. Lediglich an wenigen Stellen sind Abweichungen festzustellen: das negierte Indefinitpronomen („*zu hause gibt=s […] keine die albanisch sprechen↑*"), Relativpronomen („*die bibel↑ was ich zuhause habe↑*") sowie Präpositionen, bzw.

---

[8] Nach sehr guten Noten in der 6. und 7. SSt. ist Marigona in der 8. SSt. offenbar schlechter geworden, sie führt dies auf geringere Ambitionen und größere Schwierigkeiten mit den geforderten Textsorten zurück.
[9] Dies zeigt sich im Datenkorpus allerdings nur für die monolingualen SchülerInnen; bei den zweisprachigen nimmt die Erzählfreudigkeit zur 8. SSt. hin ab.

Lokaladverben („*und da les ich schon gern durch*") bereiten ihr fallweise Probleme.

In der 8. SSt. sind anhand dieser Ausschnitte keine Fehler mehr festzustellen, sie spricht auch wesentlich flüssiger. „Abweichungen" (z.B. *weil* mit V2) entsprechen dem mündlichen Sprachgebrauch. Die Zunahme der mündlichen Kompetenz kann daher bestätigt werden.

Insgesamt zeigt sich damit ein auf den ersten Blick verwirrendes Bild: Im Deutschen wird Marigona mündlich deutlich besser, schriftlich verschlechtert sie sich nach eigenen Aussagen, obwohl sie zunehmend viel liest. Die Rolle, die die Deutschnote hier spielt, die durch viele unterschiedliche Faktoren beeinflusst ist und keineswegs nur die sprachliche Leistung im engeren Sinn betrifft, ist dabei noch zu hinterfragen (s.u.).

In ihrer Erstsprache erfährt Marigona eine intensive häusliche Förderung, sie verwendet sie konstant innerhalb der Familie – wobei das *Codeswitching* beibehalten wird. Sie hat – das sei an dieser Stelle ergänzt – den Eindruck, in ihrer L1 mündlich deutlich besser geworden zu sein. Schriftlich tritt das Albanische jedoch eher zurück. Allerdings scheint Marigona Sprache und Kultur für die Entwicklung ihrer Identität als besonders wichtig zu erachten.

Diese Befunde lassen sich mit anderen Forschungsergebnissen zu Migration und Zweitspracherwerb gut in Einklang bringen – sowohl was die Entwicklung der L1 betrifft als auch die darauf basierende gute Entwicklung der Zweisprachigkeit.

3.2. Methodische Reflexion

Neben Fragen, bei denen ProbandInnen ihre Entwicklung über einen längeren Zeitraum hinweg einschätzen müssen, wurden in den wiederholten Interviews einzelne Fragen jährlich gestellt, so dass die Veränderung der Antworten analysiert und daraus ein Längsschnitt konstruiert werden kann. Dabei ist allerdings zu berücksichtigen, dass sich der Maßstab, von dem ausgehend ProbandInnen ihre Sprachkompetenz beurteilen, verändern kann und stark durch die (dynamisch aufzufassenden) Reaktionen der Umwelt bestimmt ist.

Diese Kombination von Verfahren kann in einem nur einmal stattfindenden Interview nicht realisiert werden, da dort das befragte Ich auf sich selbst und bestimmte Erlebnisse vom (einzigen) Interviewzeitpunkt aus zurückblickt. Wiederholte Interviews bieten also die Möglichkeit, gleichsam mehrere Rückblicke aneinanderzureihen, wobei die Fragen immer wieder den letzten Zeitraum oder den aktuellen Zeitpunkt thematisieren, aber auch weiter zurückgreifen können. Die Sichtweisen müssen sich dabei nicht zu jedem Interviewzeitpunkt decken. Die Graphik von Lucius-Hoene & Deppermann (^{2}2004: 25) lässt sich in diesem Sinne „doppeln" und ergänzt darstellen (vgl. Abbildung 1).

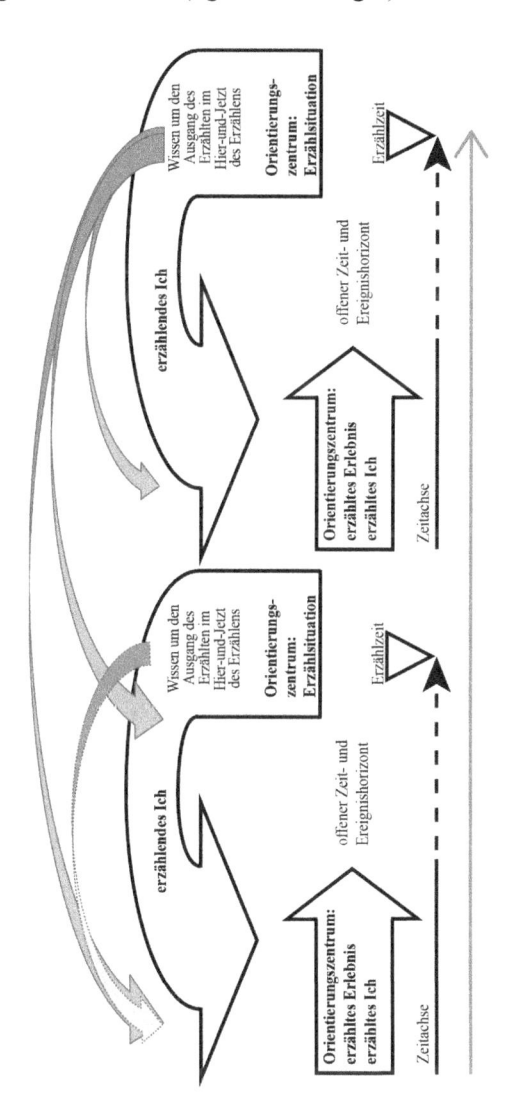

Abbildung 1. Rekonstruktion von Sprachbiographien durch wiederholte Interviews

Es wird also deutlich, dass sprachbiographische Äußerungen, die zu unterschiedlichen Zeitpunkten erhoben werden, die Analysemöglichkeiten erweitern. Allerdings muss auch festgehalten werden, dass das entstehende Bild nicht nur durch den Blick der Probandin auf sich geprägt ist, sondern auch durch Vorannahmen der Forschenden, die sich in entsprechenden Fragen äußern. Besonders in stark strukturierten kürzeren Interviews dürfte dies eine größere Rolle spielen.

4. Erzählungen von Marigona

Das Datenmaterial bietet die Möglichkeit, die Aussagen in den Interviews mit den elizitierten mündlichen und schriftlichen Erzählungen und der daran erkennbaren sprachlichen Entwicklung zu vergleichen. Da Marigona so stark ihre Fehler in den Mittelpunkt stellt, soll besonders die morphosyntaktische (und orthographische) Korrektheit thematisiert werden.

Die Bildvorlage in der 5. SSt. war eine Vater-und-Sohn-Geschichte von E.O. Plauen („Erziehung mit angebrannten Bohnen"; vgl. Plauen 1994: 39-43): Der Sohn verweigert ein vom Vater gekochtes Essen und schüttet es schließlich in den Hundenapf, was den Vater erzürnt. Erst nachdem auch der Hund das Essen verschmäht, lenkt der Vater ein und sie gehen in eine Konditorei, wo sie Kuchen bzw. einen Knochen genießen.

Marigonas mündliche und schriftliche Erzählungen der 5. SSt. zeigen eine sehr hohe sprachliche Kompetenz. Sie sind gut aufgebaut und weitgehend verständlich. Lediglich der Anfang ist in beiden Erzählungen zu implizit, da sie nicht erwähnt, dass der Großvater auch diesmal eine Suppe gekocht hat. Am Ende der Erzählungen wird überdies das Verzeihen nicht klar motiviert bzw. nicht mit der Ablehnung des Hundes in Verbindung gebracht. Im Schriftlichen ist überdies der nicht geglückte kataphorische Verweis auf die Suppe mit „*diese*" (S 10) schwer verständlich.

5. SSt. mündl. (120 Wörter)	5. SSt. schriftl. (144 Wörter)
	Das glückliche Ende!
1 es war einmal↑ * ä:hm * ein großvater und sein enkel↓ *	1 Es war einmal ein Großvater und sein Enkel. [ABSATZ]
2 der großvater kochte sehr gerne suppen↓ *	2 Der Großvater liebte es Suppen zu kochen. [ABSATZ]
3 doch der kleine maxi↑ * hAsste die suppen was er	3 Am liebsten aß er Gemüse- und Muschelsuppen, doch sein Enkel der Maxi hasste es Suppen zu

	kochte↓ und wollte nichts daraus essen↓ *		essen. [ABSATZ]
4	doch der großvater schimpfte ihn an↑ und sagte * du musst jetzt was daraus essen↓ *	4	Und so saßen sie am Tisch, der Großvater aß und aß, doch Maxi rührte sich nicht vom Platz. [ABSATZ]
5	und so begann er↑ * ein paar↑ * löffelchen zu es-sen↓ *	5	Doch dann schrie in sein Großvater an und sagte: „Jetzt iss endlich deine Suppe auf." [ABSATZ]
6	dann reichte es ihm endgül-tig↓ und schüttete die su*ppe↑ * i:n=äh * de:mfressnapf von dem hund↓ *	6	Maxi begann einpaarschlückchen zu essen. [ABSATZ]
7	und sein * / und * sein großvater schrie ihn * sO total an↑ * dass so/ * dass ihm sogar der schweiß runterlief↓ *	7	Doch dann reichte es ihm er stand auf und schüttete die Suppe in den Fressnapf des Hundes. [ABSATZ]
8	doch der hund wollte nicht * die suppe essen↑ und schüttet die * / sie um↓ *	8	Sein Großvater schrie ihn diesmal so laut an **das** ihm sogar der Schweiß herunter lief. [ABSATZ]
9	doch dann↑ * verzieh ihm der großvater und sie gin-gen * äh * in die kon*dita*rei↓ * und aßen dort ein EIs↑ * und tOrten↑ und etwas gutes↓ *	9	Der Hund aber wollte die Suppe nicht fressen und schüttete die Suppe aus. [ABSATZ]
		10	Doch diesmal **vertzie** ihm sein Großvater und sie gingen in eine KONDITOREI und aßen dort was **gutes**, und dann gab der Großvater zu **das** er diese gehasst hat!
10	und so waren sie zufrieden↓	11	Ende!!

Im Hinblick auf die Textstrukturierung ist die dominante Verwendung der adversativen Konjunktion *doch* in beiden Texten auffallend (ÄE 3, 4, 8, 9 bzw. S 3, 4, 5, 7, 10). V.a. für das mündliche Erzählen kontrastiert dies mit der Dominanz temporaler Strukturierungen („*und dann*") in vielen der Erzählungen der 5. SSt.

Die Syntax ist zwar einfach – es überwiegen Hauptsätze – aber im Hinblick auf Satzgliedfolge und Flexionsendungen korrekt.[10] Die Fehler, die

---

[10] Würde man hier eine Profilanalyse nach Grießhaber (2010: 19) durchführen, so wäre festzustellen, dass Stufe 4 sicher erreicht ist – Inversion und die Verbstellung im Nebensatz bereiten keine Probleme. Nebensätze werden hingegen nicht insertiert, auch keine erweiterten Partizipialattribute – dies wäre allerdings ein Textmerkmal, das für das Erzählen insgesamt und besonders für das mündliche Erzählen nicht typisch erscheint. Auch die Mehrheit der monolingualen Jugendlichen verwendet weder insertierte Relativsätze noch erweiterte Partizipialattribute.

Marigona unterlaufen, liegen v.a. im Bereich der Präpositionen sowie bei der Kongruenz und der Kasuswahl nach direktionalen Präpositionen. In der mündlichen Erzählung sind es die fehlende Numerus-Kongruenz bei der Formel „*es war einmal*" (ÄE 1), ein falsches Präpositionaladverb („*daraus*" (ÄE 3, 4)), ein unpassendes Verbpräfix („*schimpfte ihn an*" (ÄE 4)), eine Subjektelision (ÄE 6) und ein Dativ statt eines Akkusativs (ÄE 6). Die schriftliche Erzählung ist in diesen Bereichen weitgehend fehlerfrei – lediglich die fehlende Numerus-Kongruenz ist auch hier festzustellen (S 1).

Im mündlichen Erzählen finden sich zahlreiche gesprochensprachliche Formulierungen: Der relative Anschluss mit „*was*" (ÄE 3), die possessive Präpositionalphrase („*fressnapf von dem hund*" (ÄE 6) und die Intensivierung mit „*so total*" („*schrie ihn so total an*" (ÄE 7)). Im Schriftlichen sind als gesprochensprachlich nur die Verwendung des bestimmten Artikels vor dem Namen in Satz 3 („*sein Enkel der Maxi*") und das verkürzte Indefinitpronomen („*was*" statt „*etwas*") in Satz 10 zu werten. Damit zeigt Marigona deutlich, dass sie stilistisch zwischen gesprochener und geschriebener Sprache variiert. Umgekehrt finden sich literale Formulierungen in der mündlichen Erzählung nur vereinzelt („*und so*" (ÄE 5;10), in der schriftlichen jedoch häufiger: Die Possessivkonstruktion bildet sie genitivisch („*Fressnapf des Hundes*"), zur Intensivierung verwendet sie im Zusammenhang mit dem Anschreien nicht „*so total*", sondern „*so laut*" (S 8), die Nahrungsaufnahme des Hundes bezeichnet sie schriftlich korrekt mit „*fressen*" (S 9) anstelle des mündlich verwendeten „*essen*". Auch die Nachstellung der Konjunktion „aber" („*Der Hund aber ...*" (S 9)) ist literal markiert.

In Hinblick auf die Rechtschreibung, die von Marigona in den Interviews mehrfach als defizitär angeführt wird, sind es ganz klar die Groß- und Kleinschreibung und die Unterscheidung von *das* und *dass* (Relativpronomen und Konjunktion), die Probleme bereiten; daneben die Getrennt- und Zusammenschreibung, die Dehnung (*in* statt ‚ihn') und die Schreibung von Affrikaten (*ts-/tz-/z*-Schreibung), insgesamt also vorwiegend Bereiche, die auch bei einsprachigen SchülerInnen häufig zu Fehlern führen.

Insgesamt ist die sprachliche Korrektheit der schriftlichen Erzählung beachtlich. Neben der vereinzelt problematischen Textkohäsion und dem Kongruenzfehler (s.o.) sind es lediglich geringfügige Probleme in der Lexik (S 6), die zu beanstanden wären. Damit unterscheidet sich die schriftliche Erzählung weder in der sprachlichen Korrektheit noch in der lexikalischen Reichhaltigkeit erkennbar von Texten der einsprachigen SchülerInnen der 5. SSt.

Der Vergleich mit den Informationen aus den Interviews, wo Marigona angibt, sehr gerne zu lesen, im Deutschen aber nur über ein einziges Buch zu verfügen, legt nahe, dass sie möglicherweise ihre literale Kompetenz aus der L1, in der sie viel liest, auf die L2 überträgt. Ihre Einstellung zu Fehlern, ihre Ansprüche an sprachliche Korrektheit scheinen nicht nur durch schulische Korrekturen, sondern auch durch das Elternhaus geprägt zu sein, möglicherweise liegt auch hier eine Übertragung der generellen Einstellung von der L1 auf die L2 vor. Es wird zu beobachten sein, ob die kritische Reflexion der eigenen sprachlichen Fähigkeiten sich positiv auf deren Weiterentwicklung auswirkt.

Vergleichen wir mit diesem Befund die Erzählung der 8. SSt.:[11] Die mündliche Erzählung ist nun einwandfrei verständlich, wenn auch – wie in vielen Erzählungen der 8. SSt. – offen bleibt, ob die Untersuchung durch den Arzt nur eine Finte war, um den Strafzettel zu umgehen.[12] Sehr deutlich fällt bei Marigona die veränderte Textkohäsion auf: Die adversative Strukturierung wurde durch eine temporale ersetzt, im mündlichen wie im schriftlichen Erzählen, wobei sich mediale Differenzen zeigen. Mündlich sind es einige wenige temporale Adverbien (*gerade, dann, (und) dann*) bzw. Temporaladverbialsätze der Gleichzeitigkeit (ÄE 4, 5); schriftlich hingegen ist zum einen die Zahl der Adverbien größer (*zuerst, plötzlich, gleich, gerade, dann, wieder, inzwischen*), daneben treten Temporaladverbialsätze (S 5, 11, 15) aber auch Präpositionalphrasen als Temporaladverbiale (S 1, 13, 14) sowie eine Partizipialkonstruktion (S 7) auf.[13]

Bei der syntaktischen Realisierung der Erzählung zeigen sich große mediale Unterschiede: Mündlich gibt es abgesehen von zwei vorangestellten Temporalsätzen (ÄE 4f.) und einem Objektsatz (ÄE 2) ausschließlich Hauptsätze bzw. Koordinationsellipsen. Schriftlich hingegen sind es 4

---

[11] Ausgangspunkt war hier ein Cartoon von Quino (1988: o.S.), der darstellt, wie ein Arzt verhindert, dass er eine Strafe bezahlen muss, obwohl sein Auto im Halteverbot steht und der Polizist bereits den Strafzettel ausstellt. Als der Hinweis auf die Arzttätigkeit nichts hilft, beginnt er – statt das Strafmandat entgegenzunehmen – den Polizisten zu untersuchen und dann seinerseits ein Dokument auszustellen. Der Polizist, der dies bestürzt liest, übersieht dann den Arzt, der ohne Strafzettel wegfährt.

[12] Auch in der schriftlichen Erzählung wird dies nicht völlig geklärt, allerdings wird der Erzählanfang klarer gestaltet, indem Marigona einen Bezug zwischen Strafzettel und Wagen des Arztes herstellt.

[13] Dieser Anstieg der temporalen Referenzen spiegelt sich keineswegs in der durchschnittlichen Entwicklung, wo die Anzahl temporaler Referenzen von der 5. zur 8. SSt. hin eher gleich bleibt (s.u.).

Temporalsätze (S 5, 11, 13, 15), 3 Objektsätze (S 4, 5, 14) und 1 Relativsatz (S 4).[14]

Im mündlichen Erzählen unterläuft Marigona nur ein einziger morphosyntaktischer Fehler – sie verwendet eine schwache Präteritalform („*aufschreibte*"), wie dies auch bei monolingualen SchülerInnen ihres Alters durchaus noch vorkommt. Darüber hinaus ist nur ein unklarer pronominaler Verweis, d.h. ein Problem in der Textkohäsion festzustellen („*er*" ÄE 3). Gesprochensprachliche Phänomene haben nicht abgenommen: Eine identische Wiederholung („*und nahm den zettel an*" – „*als er den zettel annahm*"), die Abfolge Akkusativ vor Dativ im Mittelfeld („*gab den zettel dem polizisten*") und die Ausklammerung des Vergleichs („*er fuhr so schnell davon wie er nur konnte*").

8. SSt. mündl. (127 Wörter)	8. SSt. schriftl. (240 Wörter)
	Der Notarzt
1 ja↓ * ahm=a * also: * ein notarzt↑ * kam gerade von einem notfall zurück↑ und sah grad dass * ein: polizist einen strafzettel * aufschrei/ * aufschreibte↓ * ähm *	1 An einem sonnigen Nachmittag kam Dr. Maier, er war ein Notarzt, von einem Notfall zurück.
	2 Zuerst ging er langsam auf seinen Wagen zu.
2 er rannte so schnell er kOnnte und zeigte dem polizisten dass er notz/ * nOtarzt * war↓ * [MD: mhm↑ *] ähm *	3 Plötzlich sah er einen Polizisten vor seinem Wagen stehen und fing an zu rennen.
	4 Er be=fürchtete schon das es ein Straf=zettel war, das was der Polizist in der Hand hielt.
3 er drehte sich um↑ * aber interessierte sich nicht dafür↑ und zeigte ihm das * pArkverbotsschild↓ *	5. Als er dann vor seinem Auto stand, fing er gleich an dem Polizisten zu erklären das er ein Notarzt ist und gerade bei einem Notfall war und so hatte er dann womöglich falsch geparkt.
	6 Der Polizist aber wandte sich wieder dem Straf=zettel zu und schrieb weiter.
4 als da doktordAs sah→ * schaute er nur traurig drein↑ * un * nahm * den zEttel an↓ *	7 Dann sagte der Polizist mit dem Finger auf einem Schild zeigend: „Sehen sie dieses Schild?

---

14 Hier unterläuft ihr allerdings ein Fehler beim relativen Anschluss („*das was*"); hätte Marigona eine dialektale Basis, würde man eine Interferenz vermuten. Nach Grießhaber würde Marigona auch jetzt keine höhere Stufe erreichen, zumal nur Appositionen insertiert auftreten, der Relativsatz jedoch nachgestellt ist. Diese mangelnde Differenzierungsmöglichkeit ist im Hinblick auf die deutlich gestiegene syntaktische Komplexität nicht befriedigend.

5 als er den zettel Annahm↑ * prüfte er den puls des polizisten↓ *
6 e:r * (*räuspert sich*) ** äh:m * / dAnn prüfte er * die herzschläge↑ * und dann auch noch den rachen↓ * oiso: * den mund↓ * [MD: mhm↑ *] die zunge↓ *
7 dAnn * schrieb er alles Auf↑ * und gab den zettel dem polizisten↓ *
8 der polizist↑ * schaute * nur verwundert drein↑ und nahm den zettel an↓ *
9 der notarzt↑ * ließ den strafzettel liegen↑ * und * fuhr mit seinem * auto↑ * so schnell davon wie er nur konnte↓

8 Keiner darf hier Parken, das bedeutet auch sie nicht!"
9 Der Arzt schaute nur verzweifelt und ließ sich einpaar Ausreden ein=fallen.
10 Das schien den Polizisten garnicht zu beeindrucken.
11 Als der Polizist ihm den Strafzettel geben wollte, fing er an seinen Puls zu messen.
12 Dann prüfte er seine Herz=schläge und untersuchte seinen Mund.
13 Nach einigen Minuten später, nach=dem die Untersuchung endlich vorbei war schrieb der Notarzt alles auf ein großes Blatt Papier auf.
14 Einige Zeit später überreichte er dem Polizisten dieses Blatt und sagte ihm, das sein gesundheitlicher Zustand nicht gut wäre.
15 Als der Polizist anfing alles zu lesen sah er verzweifelt und müde in die Luft, inzwischen lag der Strafzettel auf dem Boden und Dr. Maier, der Notarzt, fuhr so schnell er konnte mit seinem Auto davon.

Im schriftlichen Erzählen tauchen jedoch nun mehr Fehler auf: ein relativer Anschluss misslingt (S 4), die Kasuswahl bei der Wechselpräposition „auf" („*auf einem Schild zeigend*"), eine phraseologische Kontamination („*nach einigen Minuten später*") und eine fälschlich ausgedrückte Gleichzeitigkeit (S 15) fallen auf. Die Anzahl gesprochensprachlicher Wendungen ist gestiegen.[15] Auch hat sich die Zahl der Rechtschreibfehler nicht verringert[16] – nach wie vor bereiten Groß- und Kleinschreibung, Getrennt- und Zusammenschreibung und die Differenzierung von *das* und *dass* Probleme.

Der Text weist aber auch deutliche Stärken auf: Die Zahl literaler Formulierungen hat zugenommen: Die zeitliche formelhafte Situierung („*An einem sonnigen Nachmittag*"), die Verwendung weniger frequenter Verben

---

[15] Als gesprochensprachlich könnte man die Parenthese sowie den unbestimmten Artikel vor der Berufsbezeichnung im ersten Satz werten – (Dr. Maier, er war *ein* Notarzt). Auch die Tatsache, dass sie die indirekte Rede in Satz 5 nicht länger durchhält, wirkt stark mündlich ([er erklärte dem Polizisten] das er ein Notarzt ist und gerade bei einem Notfall war und so hatte er dann womöglich falsch geparkt). Zuletzt ist auch in Satz 15 der asyndetische Anschluss des Hauptsatzes mit Komma und dem Temporaladverb „inzwischen" schriftsprachlich eher unüblich.
[16] Allerdings ist der Text um 100 Wörter länger als der der 5. SSt. Insgesamt scheint das im durchaus altersüblichen Rahmen zu sein.

(„*wandte sich wieder dem Strafzettel zu*"), Partizipialkonstruktionen („*mit dem Finger auf ein Schild zeigend*") und der Konjunktiv in der indirekten Rede („*das sein gesundheitlicher Zustand nicht gut wäre*"). Es gelingt Marigona, das Geschehen plastischer zu gestalten, ansatzweise Spannung aufzubauen und Emotionen der Protagonisten zu artikulieren.

Insgesamt scheinen wir Marigonas Selbsteinschätzung bestätigen zu können: Im mündlichen Erzählen hat sie größere Fortschritte gemacht, im schriftlichen macht sie jetzt mehr Fehler als in der 5. SSt. Deutet dies darauf hin, dass sie sich doch weniger auf das Albanische und mehr auf das Deutsche konzentrieren sollte? Waren die „fehlerärmeren" Texte in der 5. SSt. auch die besseren Erzählungen?

Hier ist ein Vergleich mit den Gleichaltrigen wichtig, denn er relativiert diesen Befund: Viele der Fehler sind im Bereich von Lexik bzw. Semantik anzusiedeln und dort sind ähnliche Befunde auch bei anderen SchülerInnen der 6. bis 8. SSt. festzustellen – nämlich dann, wenn sie zunehmend mehr literale Strukturen erproben und dabei eben fallweise scheitern. Die Fehler in der Morphosyntax lassen sich gut eingrenzen und wären damit möglicherweise erfolgreich zu thematisieren: es sind v.a. die Verwendung von Relativpronomen sowie Wechselpräpositionen. Der Gewinn an Qualität der Erzählungen ist trotz aller Fehler, die aktuell gemacht werden, beachtlich.

Die sprachbiographischen Äußerungen helfen also zu erklären, weshalb Marigona sich so deutlich im mündlichen wie im schriftlichen Erzählen verbessert, der Vergleich mit den MitschülerInnen hilft zu erkennen, dass entgegen ihrer Selbsteinschätzung Art und Häufigkeit der Fehler im Schriftlichen durchaus als altersentsprechendes Durchgangsstadium auf dem Weg zu literalen Strukturen und Ausdrucksmitteln gesehen werden kann.

5. Spracherwerb: individueller Verlauf versus Entwicklung von Mittelwerten

Abschließend sei an einem Beispiel gezeigt, dass nicht nur im Bereich der Fehler, sondern auch im Hinblick auf andere sprachliche Merkmale die Besonderheiten von Marigonas Erzählentwicklung nicht isoliert betrachtet und beurteilt werden können, dass aus der Triangulation mit quantitativen Vergleichsdaten Erkenntnisse gewonnen werden können.

Dafür soll der bereits erwähnte auffallende Anstieg der Verwendung temporaler Mittel herangezogen werden. Er verläuft bei Marigona von der

5. zur 8. SSt. stetig, überdies verwendet sie schriftlich konstant mehr temporale Mittel als mündlich. Diese Entwicklung soll nun mit der Entwicklung bei den einsprachigen (ES) als auch bei den zweisprachigen SchülerInnen (ZS) aus dem in Abschnitt 2 vorgestellten Datenkorpus verglichen werden, wobei für die einsprachigen SchülerInnen auch Werte aus der 7. und 12. SSt. vorliegen, so dass auch die weitere Tendenz abgeschätzt werden kann (vgl. Abb. 2):

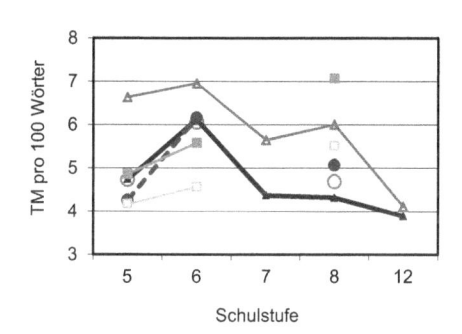

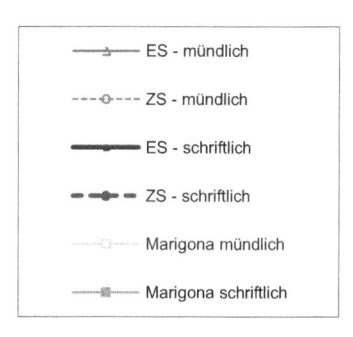

Abbildung 2. Temporale Mittel pro 100 Wörter – mündlich und schriftlich

Zu den monolingualen ProbandInnen zeigt sich eine auffallende gegenläufige Entwicklung: Die Verwendung temporaler Mittel nimmt bei ihnen von der 5. zur 8. SSt. und weiter zur 12. SSt. hin deutlich ab.[17] Überdies gestaltet sich die mediale Differenzierung genau umgekehrt, zumal sie mündlich durchgehend mehr temporale Mittel verwenden als schriftlich.[18] Insgesamt nähert sich Marigona in ihrem mündlichen Erzählen an die Werte der einsprachigen SchülerInnen an, schriftlich jedoch entfernt sie sich von ihnen.[19]

---

[17] Der Rückgang ist mündlich von der 5. bzw. 6. und 8. zur 12. SSt. signifikant (p<,030), auch die Standardabweichung nimmt zur 12. SSt. hin ab. Beim schriftlichen Erzählen liegen die Ausgangswerte in der 5. SSt. bereits deutlich niedriger als im mündlichen Erzählen, hier ist zunächst ein signifikantes Ansteigen zu beobachten (p=,038), der Rückgang von der 6. SSt. zu den weiteren SSt. ist ebenfalls signifikant (p<,002). Die schriftlichen Erzählungen der 5. und 12. SSt. unterscheiden sich jedoch nicht signifikant voneinander.

[18] Der Unterschied zwischen den Varietäten ist in der 5., 7. und 8. SSt. signifikant (p<,004).

[19] Marigona liegt mündlich in der 5. und 6. SSt. sehr deutlich unter den Werten der Einsprachigen, in der 8. SSt. erreicht sie diese fast. Schriftlich liegen ihre Werte umgekehrt in der 5. und 6. SSt. sehr nahe denen der Einsprachigen, der signifikante Anstieg zur 8. SSt. hin steht jedoch in starkem Gegensatz zu deren Entwicklung.

Im Vergleich mit den zweisprachigen SchülerInnen zeigt sich, dass Marigona mündlich in der 5. und v.a. in der 6. SSt. deutlich weniger temporale Mittel verwendet, in der 8. SSt. etwas mehr. Schriftlich ist v.a. die Entwicklung in der 8. SSt. auffallend, wo Marigonas Werte noch einmal stark ansteigen, die der anderen zweisprachigen SchülerInnen jedoch deutlich sinken. Eine stetig ansteigende Entwicklung kann bei den anderen Zweisprachigen also nicht konstatiert werden, auch keine durchgehende mediale Differenzierung.[20]

Die Entwicklung, die sich bei Marigona hier so linear zeigt, ist also alles andere als alterstypisch. Dies zeigt noch einmal und auch in diesem Bereich die Notwendigkeit, individuelle Erwerbsverläufe mit Daten aus größeren Probandengruppen zu konfrontieren, um sie angemessen einschätzen zu können.

6. Fazit

Narrative Interviews sind äußerst „reichhaltige Daten", aber auch kürzere, ggf. wiederholte sprachbiographische Äußerungen können wesentliche Einblicke in die Sichtweise des Individuums auf seinen Spracherwerb und die sich verändernde Sprachverwendung gewähren. Zu berücksichtigen sind dabei auf jeden Fall die Maßstäbe, die für die Selbsteinschätzung herangezogen werden – seien sie institutionell geprägt wie z.B. Schulnoten, seien sie im privaten Umfeld zu finden wie z.B. die Reaktionen von Familienmitgliedern und FreundInnen.

Die Aussagekraft dieser Daten kann durch eine Gegenüberstellung mit anderen Daten zum Erwerb sprachlicher Kompetenz erhöht werden. Dies können standardisierte Tests ebenso sein wie im vorliegenden Fall Erzählungen. Eine Entwicklung lässt sich hier allerdings nur dann feststellen, wenn die Sprachproben in vergleichbarer Weise zu unterschiedlichen Zeitpunkten erhoben werden.

Umgekehrt hat sich auch gezeigt, dass sich die linguistische Einzelfallanalyse von Erzählerwerb fruchtbar mit sprachbiographischen Äußerungen kombinieren lässt und so Phasen des Erwerbs – Entwicklungsschritte und vermeintliche Phasen der Stagnation oder des Rückschrittes – in den Kon-

---

[20] Die Entwicklung der zweisprachigen SchülerInnen weist große Parallelen zu der der einsprachigen ProbandInnen im schriftlichen Erzählen auf. Mündlich zeigen sich signifikante Veränderungen von der 5. zur 6. SSt. (p=,010) sowie von der 6. zur 8. SSt. (p=,017), schriftlich ergibt sich keine signifikante Veränderung.

text der mehrsprachigen Entwicklung gestellt und damit besser erklärbar werden.

Und schließlich zeigt sich, dass die Sprachproben nicht für sich stehen können, sondern in Relation zu Daten anderer – gleichaltriger – ProbandInnen gesehen werden müssen, um Aussagekraft zu erhalten. Besonders dann, wenn es sich um jugendliche ProbandInnen handelt, deren sprachliche Entwicklung noch stärker im Fluss ist als die von Erwachsenen.

In diesem Sinne können also sprachbiographische Äußerungen ganz wesentlich durch eine longitudinale Datenerhebung und durch eine Triangulation mit quantitativen Analysen ergänzt werden, was deutlich zu ihrer Validierung und zur Erhöhung ihrer Aussagekraft beiträgt.

7. Literatur

Busch, Brigitta (2010): Die Macht präbabilonischer Phantasien. Ressourcenorientiertes sprachbiographisches Arbeiten. In Franceschini, Rita (Hrsg.): *Sprache und Biographie*, Stuttgart: Metzler, 58–82.
Dannerer, Monika (2012): *Narrative Fähigkeiten und Individualität*. Tübingen: Stauffenburg.
Eßbach, Wolfgang (2001): Über soziale Konstruktionen von Biographien. In Franceschini, Rita (Hrsg.): *Biographie und Interkulturalität. Diskurs und Lebenspraxis*. Tübingen: Stauffenburg, 59–68.
Fix, Ulla (2010): Sprachbiographien als Zeugnisse von Sprachgebrauch und Sprachgebrauchsgeschichte. Rückblick und Versuch einer Standortbestimmung. In Franceschini, Rita (Hrsg.): *Sprache und Biographie*, Stuttgart: Metzler, 10–28.
Franceschini, Rita (2001): Biographie und Interkulturalität: Eine Einladung zur konstruktivistischen Reflexion. In Franceschini, Rita (Hrsg.): *Biographie und Interkulturalität. Diskurs und Lebenspraxis*. Tübingen: Stauffenburg, 7–12.
Franceschini, Rita (Hrsg.) (2001): *Biographie und Interkulturalität. Diskurs und Lebenspraxis*. Tübingen: Stauffenburg.
Franceschini, Rita (2004): Sprachbiographien: das Basel-Prag-Projekt (BPP) und einige mögliche Generalisierungen bezüglich Emotion und Spracherwerb. In Franceschini, Rita & Miecznikowski, Johanna (Hrsg.): *Leben mit mehreren Sprachen – Vivre avec plusieurs langues. Sprachbiographien – Biographies langagières*. Frankfurt a.M.: Peter Lang, 121–145.
Franceschini, Rita (Hrsg.) (2010): *Sprache und Biographie*, Stuttgart: Metzler.
Franceschini, Rita & Miecznikowski, Johanna (Hrsg.) (2004): *Leben mit mehreren Sprachen – Vivre avec plusieurs langues. Sprachbiographien – Biographies langagières*. Frankfurt a.M.: Peter Lang.

Gogolin, Ingrid & Neumann, Ursula (1991): Sprachliches Handeln in der Grundschule. *Die Grundschulzeitschrift* 43, 6–13.

Grießhaber, Wilhelm (2010): Linguistische Grundlagen und Lernermerkmale bei der Profilanalyse. In Rost-Roth, Martina (Hrsg.): *DaZ-Spracherwerb und Sprachförderung Deutsch als Zweitsprache.* Freiburg i. Br.: Fillibach, 17–31.

Jessner, Ulrike (2007): Das multilinguale Selbst: Perspektiven der Veränderung. In De Florio-Hansen, Inéz/Hu, Adelheid (Hrsg.): *Plurilingualität und Identität: zur Selbst- und Fremdwahrnehmung mehrsprachiger Menschen.* Tübingen: Stauffenburg, 25–38.

Krumm, Hans-Jürgen & Jenkins, Eva-Maria (2001): *Kinder und ihre Sprachen – lebendige Mehrsprachigkeit: Sprachenportraits gesammelt und kommentiert von Hans-Jürgen Krumm.* Wien: Eviva.

Lucius-Hoene, Gabriele & Deppermann, Arnulf (2004): *Rekonstruktion narrativer Identität. Ein Arbeitsbuch zur Analyse narrativer Interviews.* Wiesbaden: Verlag für Sozialwissenschaften.

Lüdi, Georges (2001): Peter Ochs. Eine mehrsprachige europäische Biographie. In Franceschini, Rita (Hrsg.): *Biographie und Interkulturalität. Diskurs und Lebenspraxis.* Tübingen: Stauffenburg, 126–153.

Mondada, Lorenza (2007): Le code-switching comme resource pour l'organisation de la parole-en-interaction. *Journal of Languages and Contact*, 1, 168–197.

Meng, Katharina (2004): Russlanddeutsche Sprachbiographien – Rückblick auf ein Projekt. In Franceschini, Rita & Miecznikowski, Johanna (Hrsg.): *Leben mit mehreren Sprachen – Vivre avec plusieurs langues. Sprachbiographien – Biographies langagières.* Frankfurt a.M.: Peter Lang, 97–117.

Ohm, Udo (2012): Zweitsprachenerwerb als Erfahrung: Narrationsanalytische Rekonstruktionen biographischer Verstrickungen von Erwerbsprozessen. In Ahrenholz, Bernt (Hrsg.): *Einblicke in die Zweitspracherwerbsforschung und ihre methodischen Verfahren.* Berlin, New York: de Gruyter, 263–284.

Plauen, E. O. (1994): *Vater und Sohn. Bildgeschichten.* Stuttgart: Reclam.

Quino (1988): *Therapeutikum.* Frankfurt/M.: Fischer.

Riemer, Claudia (1997): *Individuelle Unterschiede im Fremdsprachenerwerb. Eine Longitudinalstudie über die Wechselwirksamkeit ausgewählter Einflußfaktoren.* Baltmannsweiler: Schneider Verlag Hohengehren.

Schütze, Fritz (1987): *Das narrative Interview in Interaktionsfeldstudien I.* Hagen: Fernuniversität.

Anhang: Transkriptions- und Transliterationskonventionen (Auszug)

↑ ↓ →	steigender, fallender, progredienter Tonhöhenverlauf
* ** ***	Pause bis 1, 2 bzw. 3 Sekunden
/	Abbruch
polizIst	Betonung
då:nn	Dehnung
denkt=a	Enklise
((*bestimmt*) nein↓)	Stimmqualität – Klammern markieren den Geltungsbereich
(*räuspert sich*) (*lacht*)	Nonverbales
[MD: mhm]	Hörerrückmeldesignal
[ABSATZ]	Graphische Besonderheiten der schriftlichen Texte
fett	Hervorhebung bei der Datenanalyse

Jeder Satz (S) bzw. jede Äußerungseinheit (ÄE) beginnt in einer neuen Zeile (fortlaufende Nummerierung), die Überschriften sind aus der Zählung und der Analyse ausgenommen, da sie keine Entsprechung im Mündlichen haben.

„es WÄre SCHÖN, wenn es nich (.) OFT so diese RÜCKschläge gäbe"- Eingliederung von SeiteneinsteigerInnen mit Deutsch als Zweitsprache in Thüringen

Diana Maak

Die Frage, wie die Eingliederung von SeiteneinsteigerInnen aktuell erfolgen sollte, um ihnen eine möglichst schnelle aktive Beteiligung am Regelunterricht zu ermöglichen, ist nicht neu, aber noch immer hochaktuell. Im Beitrag wird dieser Frage mit Blick auf das Bundesland Thüringen nachgegangen. Fünf SchulleiterInnen, sechs DaZ-Förderkräfte und dreizehn SeiteneinsteigerInnen wurden im Rahmen qualitativer Interviews zu diesem Thema befragt. In Thüringen werden SeiteneinsteigerInnen direkt in den Regelunterricht – häufig um ein Jahr zurückgestuft – eingegliedert und erhalten zusätzlich in der Regel ein bis drei Stunden DaZ-Förderunterricht pro Woche. Die Analyse der Perspektive der beteiligten Akteure zeigt, dass dieses submersive Eingliederungsmodell für die SchülerInnen eine große Herausforderung darstellt, die großes Frustrationspotential birgt. Insbesondere die interviewten DaZ-Förderkräfte würden ein verändertes Modell mit intensiverer DaZ-Förderung favorisieren.

1. SeiteneinsteigerInnen – Vom Aufspringen auf einen fahrenden Zug

Das Wort ‚Seiteneinsteiger' ruft die Vorstellung eines Bahndammes hervor, an dessen Rand Menschen stehen und auf den vorbeikommenden Zug warten, um von der Seite her aufzuspringen. Das Aufspringen kann aber nur dann ohne Gefahr eines Sturzes geschehen, wenn diese Menschen, bevor sie den Sprung wagen, eine Strecke weit in der gleichen Richtung mitlaufen und zwar bis sie annähernd die Fahrtgeschwindigkeit der Bahn erreicht haben. Das Personal und die Fahrgäste können bestenfalls hilfreich ihre Hand ausstrecken, um den letzten Teil der Handlung, den Sprung nämlich, zu unterstützen. (Liebe-Harkort 1981: 4)

Als SeiteneinsteigerInnen werden im Fachgebiet Deutsch als Zweitsprache gemeinhin SchülerInnen bezeichnet, die ihre Schullaufbahn nicht im deutschen Schulsystem begonnen haben (vgl. z.B. Loeding 2007, Bühlhoff &Vogt 1991, Schmitt & Lörcher 1985, Liebe-Harkort 1981) bzw. im Alter von sechs Jahren und älter nach Deutschland einreisen (Ahrenholz & Maak 2013: 82). Typischerweise verfügen SeiteneinsteigerInnen über sehr geringe bzw. über keine Kenntnisse in der Zweitsprache Deutsch (Biermann-

Berlin 1981: 11). Einmal in Deutschland angekommen, müssen sie eine Reihe von Aufgaben bewältigen: Es gilt, sich in einem neuen – in der Regel unbekannten – Land einerseits und der Institution Schule andererseits einzugewöhnen. Um insbesondere den Bildungserfolg zu gewährleisten, müssen sie die Zweitsprache Deutsch möglichst schnell erwerben bzw. erlernen und sich zudem Fachwissen aneignen. Schließlich sollte der Erhalt bzw. der Ausbau der erstsprachlichen Kompetenzen unterstützt werden (Liebe-Harkort 1981: 7, Loeding 2007: 73ff., Thon 1998: 51). Dabei bringen SeiteneinsteigerInnen sehr unterschiedliche Voraussetzungen mit, um diese Aufgaben zu bewältigen. Sie unterscheiden sich in der Regel im Hinblick auf vorherige Lernerfahrungen und -gewohnheiten, Herkunftssprache(n) und Herkunftskultur, das Alter bei Ankunft, die Migrationsursache und den Aufenthaltsstatus sowie den familiären Hintergrund.

Es stellt sich die Frage, wie die Eingliederung dieser SchülerInnen gestaltet sein sollte, um – mit Liebe-Harkort gesprochen – das Aufspringen auf den Zug so schnell und erfolgreich wie möglich zu gestalten, ohne dass ein zu langes Nebenherlaufen am Zug oder gar Verpassen des Zuges in Kauf zu nehmen ist. Dafür ist es wichtig, die bisherige Praxis der Eingliederung zu untersuchen. Im Folgenden wird dieser Frage mit Blick auf das Bundesland Thüringen nachgegangen. Es werden zunächst die (rechtlichen) Möglichkeiten der Eingliederung in diesem Bundesland mit Bezug auf Eingliederungsmodelle für SeiteneinsteigerInnen im Allgemeinen dargestellt. Daran anschließend werden Ergebnisse einer qualitativen Befragung von SchulleiterInnen, DaZ-Förderkräften und SeiteneinsteigerInnen zu diesem Thema vorgestellt. Untersucht wird, wie die Eingliederung in der Praxis derzeit erfolgt und wie diese von den beteiligten Akteuren wahrgenommen wird.[1]

2. Eingliederung von SeiteneinsteigerInnen in Thüringen in der Theorie

Im Wesentlichen werden zwei Formen der Eingliederung unterschieden: der Eingliederung in den Regelunterricht wird meist eine sukzessive Ein-

---

[1] Dies wurde unter anderem im Rahmen des Projekts *Mehrsprachigkeit an Thüringer Schulen* (MaTS) untersucht (vgl. auch den Abschlussbericht von Ahrenholz & Maak (2013) für weitere Informationen). Der vorliegende Beitrag stellt eine vertiefte Analyse und Diskussion ausgewählter Aspekte auf einer bezogen auf die SeiteneinsteigerInnen größeren Datenbasis als im Abschlussbericht dar.

gliederung mit vorgeschalteter Förderung, etwa mittels Vorbereitungsklassen (Decker 2010), gegenübergestellt. Auf diese soll an dieser Stelle nicht vertiefend eingegangen werden. Ausführliche Darstellungen zu Eingliederungsmöglichkeiten von SeiteneinsteigerInnen finden sich z.B. bei Niedrig (2011), Kunz (2008), Thon (1998). Es zeigt sich zusammenfassend aber, dass die Eingliederung von SeiteneinsteigerInnen in der Literatur – vornehmlich aus Praktikerperspektive – insbesondere seit Beginn der 80er immer wieder diskutiert wurde (vgl. z.B. Schöllchen 1996, 1995, Bühlhoff 1991, Fedrowitz 1990, Kalb 1987, Esser & Steindl 1987, Gemählich 1982 u.a.). Empirisch fundierte Erkenntnisse zur Wirkung unterschiedlicher Eingliederungskonzepte stehen dabei noch aus.[2]

Grundlage für die Eingliederung von SeiteneinsteigerInnen in Thüringen bilden das Thüringer Schulgesetz (TMBWK 2011a) und die Thüringer Schulordnung (TMBWK 2011b) sowie die Fachliche Empfehlung zum Schulbesuch und zur Förderung von Schülerinnen und Schülern nichtdeutscher Herkunftssprache (TMBWK 2012), wobei diese sich einerseits nicht ausschließlich auf SeiteneinsteigerInnen bezieht und andererseits nicht rechtsverbindlich ist, sondern vielmehr einen an der schulischen Praxis orientierten „Leitfaden" darstellen soll (TMBWK 2012: 1), der als „verbindliche Arbeitsgrundlage für das pädagogische Personal an allen Thüringer Schulen" (TMBWK 2012: 3) dient.

---

[2] Für den Grundschulbereich evaluierte Peleki (2008) das Bayerische Modell der Sprachlerngruppen. Sie plädiert dafür, das „,aufgesplittete' Unterrichten in Sprachlernklassen und Regelklassen zu beenden und die Bedeutung eines gemeinsamen, binnendifferenzierten Unterrichts zu erkennen" (Peleki 2008: 317). Allerdings beziehen sich ihre Schlussfolgerungen auf eine verhältnismäßig kleine Stichprobe und die Sprachkompetenz wurde ausschließlich mittels der Benennung von Bildkarten (Nomen) erhoben. Loeding (2007) untersucht die individuelle Perspektive der SeiteneinsteigerInnen bezogen auf die Teilnahme am deutschsprachigen Regelunterricht. Dabei geht sie davon aus, dass für den Erfolg im Bildungssystem entscheidend ist, wie SeiteneinsteigerInnen die Aufgabe bewältigen, Deutsch zu lernen sowie in ihrer Zweitsprache zu lernen (Leoding 2007: 85). Erste Einblicke in ihre Daten lassen Loeding folgern, dass SeiteneinsteigerInnen nach Anfangsschwierigkeiten die Herausforderung des Zweitspracherwerbs besser bewältigen als zunächst nach Lehrergesprächen angenommen (Loeding 2007: 86f.) Die Integration im Regelunterricht fokussiert auch Caspar-Hehne (2008). Die Analyse videographierter Unterrichtseinheiten ergab, dass SeiteneinsteigerInnen kulturspezifische Denk- und Verhaltensweisen in die Schulkultur des Ziellandes übertragen. Es zeigt sich ferner, dass es Lehrkräften in Vorbereitungsklassen besser gelang als in Regelklassen, zweitsprachige Schüler zu integrieren und die Heterogenität ihrer Schülerschaft zu reflektieren (Caspar-Hehne 2008: 54f.).

Zunächst galten bis 2010 in Thüringen folgende Regelungen zur Eingliederung (vgl. auch Thüringer Kultusministerium 2005)[3]: Für SeiteneinsteigerInnen beginnt die Schulpflicht drei Monate nach dem Zuzug aus dem Ausland. Vor der Aufnahme ist ein Beratungs- und Aufnahmegespräch durch die Schulleitung zu führen. Es erfolgt eine sofortige Eingliederung in den Regelunterricht dem bisherigen Schulbesuch bzw. dem Alter entsprechend, wobei eine Zurückstufung wegen mangelnder Kenntnisse der deutschen Sprache nicht zulässig ist. Fördermaßnahmen können jahrgangs-, schul- und ggf. schulartübergreifend erfolgen. Es können Intensivkurse mit mindestens 10 Wochenstunden und Grundkurse mit maximal 10 Wochenstunden Förderung bis A2-Niveau des GER (Europarat 2001) sowie Aufbaukurse im Umfang von bis zu 4 Wochenstunden zur Förderung bis zum B1-Niveau durchgeführt werden. Dabei darf der Förderunterricht bis zu zwei Wochenstunden über den Stundenplan der Klasse hinaus erteilt werden. Für alle SeiteneinsteigerInnen ist ein individueller Förderplan zu erstellen und fortzuschreiben. Mit Einführung der fachlichen Empfehlung hat sich bezüglich der Eingliederung Folgendes geändert: Für die bei unzureichenden Deutschkenntnissen verpflichtende DaZ-Förderung von SeiteneinsteigerInnen im Vorkurs (A1-Niveau des GER), Grundkurs (B1-Niveau des GER) und Aufbaukurs (B2-Niveau des GER) wird keine Angabe zum Umfang gemacht. Zudem bildet die Einführung in die Fachsprache der Unterrichtsfächer einen Schwerpunkt in den fachlichen Empfehlungen. (TMBWK 2012) Folglich kann nun bis zu einem höheren Sprachniveau – B2 statt B1 – gefördert werden, allerdings ohne festgelegte bzw. empfohlene Gesamtstundenzahl, an denen sich SchulleiterInnen und LehrerInnen orientieren können.

In Thüringen ist demnach für SeiteneinsteigerInnen eine Verzahnung von Förder- und Regelunterricht bei sofortiger, altersentsprechender Eingliederung in den Regelunterricht, also ein submersives Eingliederungsmodell, vorgesehen. Im Folgenden wird der Frage nachgegangen, wie die Eingliederung in der Praxis erfolgt und wie diese von den einzelnen Akteuren wahrgenommen wird.

---

[3] Bis zum 31.07.2010 galt die Verwaltungsvorschrift *Schulbesuch von Schülerinnen und Schülern nichtdeutscher Herkunftssprache* vom 19.07.2005 (Thüringer Kultusministerium 2005).

3. Methodologie

3.1 Vorgehen bei Datenerhebung, -aufbereitung und -auswertung

Da im Rahmen des MaTS-Projekts untersucht werden sollte, wie die Eingliederung in der Praxis derzeit erfolgt und wie diese von den beteiligten Akteuren wahrgenommen wird, bot sich methodisch gesehen ein qualitativer Zugang an, da dies die Erfassung und Beschreibung der Lebenswelt aus Sicht der Akteure ermöglicht (Flick, von Kardoff & Steinke 2007: 14), indem subjektive Sichtweisen rekonstruiert werden (Helfferich 2011: 21). Für die drei Akteurgruppen – SchulleiterInnen, DaZ-FörderlehrerInnen und SchülerInnen – wurden jeweils spezifische Interviewleitfäden entwickelt und im Laufe der Erhebungen angepasst. Bezogen auf die hier untersuchten Forschungsfragen wurden die SchulleiterInnen wie auch die DaZ-FörderlehrerInnen zu der Aufnahme und Eingliederung von SeiteneinsteigerInnen an ihrer Schule befragt und sollten, wenn möglich, konkrete Einzelfälle schildern. Die SchülerInnen wurden gebeten, ihren „Weg" nach Deutschland sowie die Ankunft in Deutschland und die erste Zeit an der Schule zu beschreiben. Mit den SchülerInnen wurden in der Regel zwei Interviews im Abstand von zwei bis vier Monaten geführt. Die Interviews mit den Erwachsenen wurden in der Regel von zwei Interviewerinnen geführt, die Interviews mit SchülerInnen aufgrund begrenzter zeitlicher und personeller Ressourcen in der Regel mit einer Interviewerin. Die Transkription erfolgte durch geschulte Hilfskräfte und wurde im Anschluss von Mitarbeiterinnen kontrolliert[4]. Transkribiert wurde nach – leicht veränderten – GAT-Konventionen (Selting, Auer, Barden, Bergmann 1998), wobei für SchülerInnen eine etwas elaboriertere Form verwendet wurde, da an diesen Daten weitere spracherwerbsbezogene Analysen vorgenommen werden sollen. Die ausführliche Darstellung der Transkriptionskonventionen findet sich in Ahrenholz & Maak (2013: 164ff.).

Für die Analyse wurde auf Basis von Vorarbeiten deduktiv ein Kategoriensystem mit neun Hauptkategorien entwickelt, welches an den Daten überprüft und ggf. angepasst wurde. Nach einer vollständigen Kodierung der Daten erfolgte die Anwendung der Technik der Zusammenfassung nach Mayring (2010: 67ff.) auf die Fundstellen. Im Folgenden wird die Kategorie (Erst-)Aufnahme vorgestellt.

---

[4] Es handelt sich nicht um eine genaue Gegentranskription, sondern um die Kontrolle der transkribierten Inhalte und die Gewährleistung der Anonymität der beteiligten Personen.

In Kategorie 2 finden sich Aussagen, die sich auf die Erstaufnahme der SchülerInnen mit nicht-deutscher Herkunftssprache an der Schule beziehen. Dabei wurden in jeweils eigenen Unterkategorien sowohl strukturelle Aspekte wie etwa der schulorganisatorische Ablauf der Aufnahme als auch Aussagen zu sozialen Aspekten der Aufnahme an der Schule (durch LehrerInnen und MitschülerInnen) erfasst. Die Kategorie schließt dabei ggf. auch Veränderungen über die Zeit in der sozialen und strukturellen Aufnahme, wie sie von den befragten Akteuren wahrgenommen wurden, mit ein. (Ahrenholz & Maak 2013: 99)

Inhaltlicher Fokus der Kategorie ist demnach die Erfassung der in den Schulen praktizierten Vorgehensweise bei der (Erst-)Aufnahme einerseits und die Wahrnehmung dieses Prozesses aus SchulleiterInnen-, LehrerInnen-, und SchülerInnenperspektive. Dem Anhang sind weitere Hinweise zur Kategorie sowie Ankerbeispiele zu entnehmen (vgl. Tabelle 3).

3.2 Darstellung der Stichprobe

Ziel für die Stichprobenzusammensetzung war es, SchulleiterInnen und DaZ-Förderkräfte sowohl aus städtischen als auch ländlichen Gegenden und möglichst die Schularten[5] Grundschule, Regelschule, Gesamtschule sowie Gymnasium einzubeziehen. Weiterhin sollten neben Schulen mit einem verhältnismäßig hohen Anteil an SchülerInnen nicht-deutscher Herkunftssprache auch solche mit geringem Anteil in der Stichprobe vertreten sein. Dies ist im Wesentlichen gelungen (vgl. Überblick in Tabelle 1).

Die Stichprobe der SchülerInnen (vgl. Tabelle 2) sollte eine möglichst große Varianz in Bezug auf Schulart, Herkunftsland, Erstsprache und Alter der SchülerInnen sowie Aufenthaltsdauer in Deutschland aufweisen. Für den vorliegenden Beitrag wurden 13 SeiteneinsteigerInnen von insgesamt vier Schulen berücksichtigt. Sie sprechen sieben[6] verschiedene Erstsprachen und kommen aus insgesamt acht Ländern, wobei Afghanistan das häufigste Geburtsland ist. Sie waren zum Zeitpunkt des ersten Interviews zwischen 10 und 19 Jahren alt und befinden sich seit einem bis zehn Jahren in Deutschland.

---

[5] Berufsbildende Schulen und Förderschulen wurden aus forschungspraktischen Gründen ausgeschlossen.
[6] Bei Dari handelt es sich um das in Afghanistan gesprochene Persisch.

Eingliederung von SeiteneinsteigerInnen mit DaZ

Tabelle 1. Stichprobe der befragten SchulleiterInnen und DaZ-Förderkräfte

	Schulart[7]	Geschlecht	Personenkennung	
				Berufserfahrung Schulleitung
SchulleiterIn	GS	Weiblich	01RE01	21 Jahre
		Weiblich	06RE01	Keine Angabe
	RS	Weiblich	02RE01	22 Jahre
		Männlich	04RE01	Keine Angabe
		Männlich	05RE01	17 Jahre
				Erfahrung mit DaZ-Förderung
LehrerIn/ DaZ-Förderkraft	GS	Weiblich	09LE01	4 Wochen
	RS	Weiblich	02LE01	Ca. 12 Jahre
		Weiblich	04LE01	Ca. 21 Jahre
		Weiblich	05LE01	Keine Angabe
	Ges	Weiblich	07LE01	6-7 Jahre (nicht durchgängig)
	Gym	Männlich	03LE01	Ca. 7 Jahre

Zwar erfolgte die Stichprobengenerierung und -ziehung mit dem Ziel, ein möglichst breites Spektrum abzubilden, dennoch handelt es sich bei den im folgenden präsentierten Ergebnissen um individuelle Perspektiven, welche zunächst keinen Anspruch auf Repräsentativität stellen. Vielmehr wird ein tieferer Einblick in die Situation einzelner SeiteneinsteigerInnen ermöglicht, welcher wichtige Hinweise auf die aktuelle Praxis liefert und damit gleichzeitig auch Anhaltspunkte für Veränderungen im Hinblick auf die Eingliederung von SeiteneinsteigerInnen in Thüringen sowie die Lehreraus- und -weiterbildung bezogen auf die Gruppe der SeiteneinsteigerInnen ermöglichen kann.

---

[7] GS = Grundschule, RS = Regelschule, Ges = Gesamtschule Gym = Gymnasium

Tabelle 2. Stichprobe der befragten SeiteneinsteigerInnen

Schulart	Klasse[8]	Geschlecht	Personen-kennung[9]	Erst-sprache	Alter[10]	Alter, An-kunft in D	Gründe für Migration
GS	3	M	RJ04	Ukrainisch	10	7	unklar[11]
RS	6	W	PM04	Persisch	12	11	Krieg, Flucht
		W	PM02	Dari	12	10	Krieg, Flucht
		W	PM03	Persisch	12	11	Krieg, Flucht
		M	PJ02	Persisch	14	12	Krieg, Flucht
	8	W	PM01	Persisch/Dari	15	13	Krieg, Flucht
		M	PJ01	Dari	17	15	Krieg, Flucht
		M	AJ01	Arabisch	15	12	Krieg, Flucht
Gym	6	W	SM01	Spanisch	12	9	Arbeitsmigr.
	8	M	VJ03	Vietnamesisch	15	7	Familiennachz.
	9	W	RM01	Russisch	17	15	Familiennachz.
	11	M	RJ02	Russisch	19	11	Familiennachz.
	12	W	HM01	Tschetschenisch	19	9	Krieg, Flucht

4. Eingliederung von SeiteneinsteigerInnen in Thüringen in der Praxis

4.1 SchulleiterInnen und LehrerInnen

Die befragten SchulleiterInnen und LehrerInnen schildern im Wesentlichen ein ähnliches Vorgehen bei der strukturellen Erstaufnahme von DaZ-SeiteneinsteigerInnen: Nach einem Elterngespräch, z.T. im Beisein eines Dolmetschers[12], in Rahmen dessen über das Kind gesprochen wird und

---

[8] Klassenstufe zum Zeitpunkt des ersten Interviews
[9] Der erste Buchstabe der Personenkennung steht jeweils für die Erstsprache der SchülerInnen, der zweite Buchstabe für das Geschlecht. Die beiden Zahlen stellen Laufnummern dar.
[10] Alter zum Zeitpunkt des ersten Interviews
[11] Bei RJ04 ist die Ursache für die Migration nach Deutschland unklar. Da er von einem Heimaufenthalt berichtet, kann jedoch angenommen werden, dass es sich ebenfalls um Flucht handelt.
[12] Dolmetscher sei hier im weitesten Sinne verstanden: zum Teil wurden die Eltern von Bekannten oder Verwandten begleitet, welche als Dolmetscher fungierten. Zum Teil wurden aber auch professionelle Dolmetscher hinzugezogen.

diverse Aufnahmeformulare auszufüllen sind, wird ggf. eine Bestandsanalyse zu den fachlichen wie sprachlichen Kompetenzen des Kindes gemacht. Es erfolgt daran anschließend eine in der Regel mit den Eltern abgesprochene und zunächst als vorläufig angesehene Zuordnung zu einer Klassenstufe sowie der Beginn stundenweiser Sprachförderung. In der Regel kann eine Stunde pro Woche pro SchülerIn einmal jährlich beim zuständigen Schulamt beantragt werden. Es wird zum Teil die Möglichkeit genutzt, mehrere SeiteneinsteigerInnen in einer (Klein-)Gruppe zu unterrichten und damit die Förderstundenanzahl entsprechend der Schülerzahl zu erhöhen. Die durchschnittliche Anzahl an Förderstunden pro Kind liegt so bei ein bis drei Stunden pro Woche. Abweichungen von diesem Vorgehen werden jedoch von den Befragten auch thematisiert. In Einzelfällen z.B. wird von einer Nicht-Aufnahme von SeiteneinsteigerInnen an der eigenen oder an anderen Schulen mit unterschiedlichen Begründungen berichtet.

Insbesondere die Zuordnung zur Klassenstufe wird von den Befragten eingehender thematisiert. Als Kriterien dienen die Einschätzung des bisherigen schulischen Werdegangs und die fachliche Kompetenz der SchülerInnen. Tatsächlich stellen Zurückstufungen keine Seltenheit dar. Neben den genannten Kriterien sind Zurückstufungen auch durch den Wunsch motiviert, den SeiteneinsteigerInnen die Möglichkeit zu geben, sich einzuleben und die deutsche Sprache zu lernen. Gleichzeitig räumt eine Schulleiterin ein, dass im jeweiligen Einzelfall auch eine „Bauchentscheidung" (02RE01_I1, 24) getroffen werde. In der Regel werden die SeiteneinsteigerInnen um ein Jahr zurückgestuft, jedoch berichtet eine DaZ-Förderkraft, dass von ihr zum Zeitpunkt des Interviews betreute SchülerInnen an zuvor besuchten Schulen mehrere Jahre – in einem Beispiel um drei Jahre – zurückgestuft wurden. Dies hält sie für äußerst problematisch, da diese SchülerInnen sich im Klassenverband nicht wohl fühlen könnten, weil sie in ihrer Entwicklung viel weiter seien (02LE02_I1, 157). Es zeigt sich demnach, dass die Zuordnung zur Klassenstufe zum Teil im Widerspruch zu den fachlichen Empfehlungen steht (vgl. Kap. 2) und dass Unsicherheiten bezüglich dieser Entscheidungen bestehen.

Das Modell der sofortigen Eingliederung in den Regelunterricht bei zusätzlichem DaZ-Förderunterricht wird insbesondere von den DaZ-Förderkräften als problematisch angesehen: „DAS is ne harte SACHE. das muss man eben auch mal ganz einfach auch so sehen, dass das für die KINDER ne ganz harte zeit ist. und das ERSTE halbe jahr wenn die da sind, da ist es ganz schwierig, da muss man davon ausgehen, dass die dasitzen und NICHTS verstehen." (05LE01_I1, 224). Ein Großteil der befragten DaZ-

Förderkräfte spricht sich daher für einen vorgeschalteten Deutschkurs (02LE01, 03LE01, 04LE01, 07LE01) bzw. für eine intensivere Förderung aus. Dies könnte als Wunsch, die Verantwortung für SeiteneinsteigerInnen auf andere – außerschulische – Institutionen zu verlagern, interpretiert werden. Da sich jedoch auch DaZ-Förderkräfte mit langjähriger Erfahrung, die nach eigenen Aussagen sehr gerne DaZ-Förderung geben und zukünftig auch weiterführen möchten (03LE01 und 02LE01), für – der Teilnahme am Regelunterricht vorgeschaltete – Intensivkurse aussprechen, scheint eine solche Interpretation nicht bzw. nur bedingt zuzutreffen. Organisatorisch ergibt sich das Problem, dass auch aufgrund der verhältnismäßig geringen Anzahl an SeiteneinsteigerInnen die Einrichtung von intensiven Maßnahmen wie Vorbereitungsklassen (Decker 2010) in Thüringen kaum möglich ist. Ferner wünschen die DaZ-Förderkräfte eine bessere Integration der Förderung in den Schulalltag. Denn Förderunterricht zeitgleich zum Regelunterricht erschwere ein Mit- bzw. Vorankommen im Fachunterricht (02LE01, 03LE01) und eine zusätzliche Förderung am Nachmittag bedeute eine zusätzliche Belastung, z.T. sogar Überlastung der SchülerInnen (03LE01, 04LE01).

Zusammenfassend zeigt sich, dass bei der Eingliederung von SeiteneinsteigerInnen in Thüringen trotz einer oberflächlich gesehen strukturell sehr ähnlichen Vorgehensweise sehr große Unterschiede insbesondere in der Zuweisung zur Klassenstufe zu erkennen sind, wobei eine Zurückstufung eher die Regel als die Ausnahme darstellt. Alarmierend scheint zudem, dass Schulen in Einzelfällen auch die Aufnahme verweigern. Schließlich wird von einem Großteil der befragten DaZ-Förderkräfte das submersive Eingliederungsmodell äußerst kritisch gesehen.

4.2 SchülerInnen

Für eine eingehendere Beschreibung der Situation aus der SchülerInnenperspektive ist es sinnvoll, auch die der (Erst-)Aufnahme vorausgehende Einreise nach Deutschland in den Blick zu nehmen. Unterschiede ergeben sich in Abhängigkeit der Gründe für die Migration (vgl. auch Tabelle 2). (Kriegs-)Flüchtlinge reisen in der Regel über z.T. zahlreiche Drittländer nach Deutschland ein, wobei sich diese Reise häufig über mehrere Monate erstreckt. In Deutschland angekommen werden sie in Asylheimen untergebracht. Mitunter finden im Laufe der Zeit auch Umzüge in andere Asylheime statt, welche wiederum häufigere Schulwechsel bedingen: „Die diskontinuierliche Schulbiographie, die bereits durch die Fluchtsituation bedingt ist, wird demnach in Deutschland häufig fortgeführt." (Ahrenholz & Maak 2013: 104). Erfolgt die Migration aus Gründen der Arbeitsmigration und bzw. oder des Familiennachzuges reisen die SeiteneinsteigerInnen i.d.R. direkt aus dem Herkunftsland nach Deutschland ein. Von mehrmaligen Umzügen oder dem Besuch verschiedener Schulen – abgesehen vom Übergang zu einer weiterführenden Schule – wird dementsprechend nicht berichtet. Jedoch berichtet RM01 von einem Umzug, für den jedoch ihre Probleme mit MitschülerInnen ursächlich waren (vgl. auch Diskussion weiter unten zu sozialen Kontakten).

Im Hinblick auf die strukturelle (Erst-)Aufnahme zeigt sich (aus Sicht der SchülerInnen) ein vielfältigeres Bild als in den Beschreibungen der SchulleiterInnen und LehrerInnen. PJ01 gibt an, zunächst 9 Monate lang nicht beschult worden zu sein, wobei er in dieser Zeit eine Stunde Deutschförderung pro Woche erhielt, PJ02 wurde laut eigenen Aussagen nach seiner Ankunft vier Monate lang nicht beschult, bevor er in die Grundschule kam. Die beiden Schüler befanden sich zu diesem Zeitpunkt in der gleichen Stadt. Neben der sofortigen Eingliederung in den Regelunterricht bei gleichzeitiger Deutschförderung in geringem Umfang (PM03, RM01, SM01) geben HM01 und RJ02 eine sofortige Eingliederung in den Regelunterricht ohne Deutschförderung an, wobei RJ02 sowie dessen Bruder jedoch ein Jahr lang im Asylheim zunächst unsystematische Förderung erhielten. HM01 und RJ02 sind vor 10 bzw. 8 Jahren eingereist. Einzelne SchülerInnen geben zudem an, außerschulisch Förderung erhalten zu haben (z.B. SM01 und VJ03).

Die Angaben der SchülerInnen bestätigen, dass bei der Eingliederung häufig Zurückstufungen vorgenommen werden. PJ01 ging zum Zeitpunkt des Interviews in eine 8. Klasse, hätte dem Alter nach jedoch in einer zehnten Klasse eingestuft werden müssen. PM01, HM01, und SM01 wurden jeweils um eine Klassenstufe zurückgestuft. PJ02 wurde zunächst um drei Jahre in der Grundschule zurückgestuft, beim Übertritt in die Regelschule dann jedoch um ein Jahr in die 6. Klasse „vorgestuft", und hat damit die fünfte Klasse übersprungen. PJ02 findet dies schlecht und fühlt sich hilflos, da ihm ein Jahr, und damit Wissen, das die Lehrer voraussetzen, fehlt (PJ02_I1, 102):

PJ02: ICH war [/] ich hab äh fünfte KLASse nich geha:bt. °h ICH war in ((Ortsname)) VIERte klasse °h un JE:tz HIER ich bin SECHSte klasse.

I1:	(-) < oKE. <fragend>>
PJ02:	bei mir FEHLT fünfte klasse.
I1:	hm_hm und wie IST das < so (-) [für DICH]. <fragend>>
PJ02:	[ah::] MANCHmal schwierig , weil °h (-) ZUM beispiel meine LEHRer sagen is das von FÜNFte klasse und ich_hab FÜNFte klasse NICH gehabt . °h un_ich verSTEH machmach (-) nich.
I1:	(-) hm_hm. und was MACHST < du dann. <fragend>>
PJ02:	(-) °h haha_einfach SITZen und äh COOL.
I1	ha und [/] und wie GEHTS dir da[/] DAbei < so. <fragend>>
PJ02:	ja: SCHLE:SCHT. (-) MANCHmal wenn ich (seh/die), ich KANN nichs MACHen.°h h[/] d[/] s[/] SCHLESCHT . (1.4) Aber man kann NICHS machen. (--) (PJ02_I1, 86-102)

Drei der fünf interviewten Gymnasiasten (SM01, VJ03 und HM01) sind von der Grundschule direkt auf das Gymnasium gewechselt.[13] RM01 und RJ02 wurden jeweils in die Regelschule eingegliedert und wechselten später auf ein Gymnasium. RJ02 spricht davon, sich „hochgearbeitet" zu haben, und dass sein Bruder dies nicht geschafft habe. Damit meint er, sich sowohl in Bezug auf das Deutsche als auch die Schulart entwickelt zu haben. (RJ02_I1, 170ff.)

Fast alle interviewten SeiteneinsteigerInnen schildern – nach ihrer ersten Zeit in Deutschland bzw. in der Schule befragt – dass es aufgrund mangelnder Deutschkenntnisse „schwer" oder „schwierig" gewesen sei, wie folgende Zitate belegen:

RJ04:	„ja da konnt isch überHAUPT KEIN DEUTSCH (0.9) in der STUNde saß ich ja_nu[/] (xxx) nur (-) so herRUM , (-) öh (-) guckte auf frau A , denkte , (-) öh haben wir jetzt muSIK oder

---

[13] HM01 berichtet jedoch, dass lediglich die Klassenlehrerin sie für diese Schulart empfohlen hatte. Von einigen anderen Lehrern wurde empfohlen, dass sie trotz guter Noten zunächst auf die Regelschule gehen sollte: „man hat gesagt, du wirst es nicht SCHAFFen,(---) man hat mir auch ma gesagt, dass (.) ich (.) nicht aufs gymnasium gehen SOLLte.↑ (--) da es ganz schwE:r ist, lieber ähm (--) erstma die regelschule mal probieren und DANN kannste dich ja noch entscheiden, ob das MACHST oder NICHT. ↑ °hh gott sei dank hab ich das !NICHT! gemacht, sondern hab mich gleich öh: (--) auf dem ((Name des Gymnasiums)) erstmal angemeldet, und ich wurde geNOMM.°hh u::nd ja:.(--) un ich habs ja jetz geschafft." (HM01_I1, 126) Die Entscheidung für das Gymnasium fällten vor allem auch ihre Eltern.

	DEUTSCH oder WAS haben wir jetzt .(--) KAPIERTe gar nichts"
	(RJ04_I1, 158)
PJ02:	„VIER ERSte monate ich hab [/] ich WAR nich in die schule °h und DAnach ich habe in die SCHUle gegangen und da wa:r so AUCH schwer. °h zum beispiel wenn man[/] WENN mein LEHRer WAS sagt, ich verSTEH das nich und ich sage nur JA oder nein. (--) ich kanns (en na) ein JA und nein."
	(PJ02_I1, 138)
RM01:	„ja also ich konnte gar kein Deutsch. (-) °h GAR nichts, un (.) ja (.) ich hab gar kein WORT verstandn, also ((lacht)) <<lachend> das> war schon SCHWIERig auch in der schule, ich bin erstmal in eine REGELschule geGAN (.) hm ja dann durft ich einfach nur sitzen und zuhörn mehr nich und (xxx) MAthe un in englisch mitMACHN aber in deutsch und sowas nich weil ich ja kein deutsch konnte un so. (.)"
	(RM01_I1, 40)
VJ03:	„°h man: versteht vielleicht zwei von fünf WÖRtern. ↑°h h° und (--) dieses [/] ja ähm: (---) ((schmatzt)) dieses gefühl, dass man AUßenseiter ist. die so man: (-) IS_einfach nicht dran geWÖHNT."
	(VJ03_I1, 102)

Aus diesem permanenten Nicht-Verstehen insbesondere im Regelunterricht ergibt sich demnach ein hohes Frustrationspotential. Positives schildern die SeiteneinsteigerInnen eher selten, und wenn dann häufig mit Bezug auf außerschulische Aspekte. So berichtet SM01, viel Neues gesehen zu haben, wobei Schnee das Beste gewesen sei: „das war schon das BESte wei:l ich wollt (XXX) immer SCHNEE" (SM01_I1, 74).

Bezogen auf soziale Aspekte zeigt sich, dass nahezu alle befragten SeiteneinsteigerInnen angeben, dass sie von LehrerInnen (sehr) gut aufgenommen wurden, z.T. stechen jedoch einzelne LehrerInnen hervor, die sich besonders für die jeweiligen SchülerInnen eingesetzt und diese unterstützt haben. Lediglich PM03 und RJ04 berichten explizit davon, dass LehrerInnen sie nicht unterstützten bzw. ihnen nicht halfen, als sie von MitschülerInnen gemobbt wurden. RM01 erläutert zudem, dass manche Lehrer nicht verstehen, dass sie trotz guter Deutschkenntnisse noch immer Schwierigkeiten hat:

RM01:   na (-) das muss erstMAL der lehrer verSTEHN. also (1.2) ja MANche lehrer verstehns trotzdem nich. °würd_ich mal so sagen°(--) und [/]
I1:   < was verstehn die nich. ↑ <fragend>>
RM01:   [...] na weil_es für mich SCHWIErig is (-) immernoch wohl ich ganz gut deutsch kann. also sprechen und °h äh lesn und schreibn alles, aber is für mich TROTZdem schwierig. (1.0) und das wird auch für mich schwierig äh die NÄCHSten fünf jahre denk ich ma. nein fünf jahre nicht, aber so EIN jahr oder zwei jahre (--) wird schon dauern, denk_ich mal, bis ich perFEKT deutsch kann.
(RM01_I1, 193-195)

Von RM01 stammt auch das Zitat aus dem Titel des vorliegenden Beitrags, das verdeutlicht, dass Rückschläge auch zum Alltag von an sich erfolgreichen[14] SeiteneinsteigerInnen gehören. Aufgrund ihrer spezifischen Situation und Voraussetzungen empfindet sie es nicht als gerecht, gleichbehandelt zu werden wie ihre deutschen MitschülerInnen. Sie wünscht sich mehr Zeit bei Klassenarbeiten bzw. mehr Erklärungen (RM01_I1, 187).

Die Erfahrungen der SeiteneinsteigerInnen mit MitschülerInnen sind sehr unterschiedlich. Einerseits berichten sie häufig, dass sie zu Beginn meist keine Freunde hatten, wobei das oft mit mangelnden Deutschkenntnissen begründet wird und sich im Laufe der Zeit verändert: „also erstemal war sch [/] SCHWER weil die SPRAche [/] un_da (-) hatt_ich auch von anfang keine FREUNde, aber jetz BESser." (AJ01_I1, 96). Auf SM01 etwa kamen in den ersten Tagen viele MitschülerInenn zu und fragten sie viele Dinge. Sie konnte ihnen jedoch nicht antworten, was ihr peinlich war: „NA, so was PEINliche war. (1.8) es war KOmisch, weil (--) s:[/] ich wusste nich was die SAgen. ich [/]°hh ja, MANCHmal hab ich mit JA oder NEIN geantwortet. aber meistens wuss_ich nich, WAS die geFRAGT habn und das war schon was KOmisches." (SM01_I1, 86) Allerdings wird auch von (ausländerfeindlichem) Mobbing berichtet. PM03 etwa begründet ihre Behauptung, dass manche Kinder „blöd" seien, folgendermaßen: „hm:: (-) zum BEIspiel mh (-) die SAgen AUSländer sind, entSCHULdigung aber, s[/] AUSländer sind SCHEIße oder SO etwas. (1.9) das war NICH gut." (PM03_I1, 122). RJ04 erläutert, dass seine MitschülerInnen „bös"

---

[14] RM01 besucht zum Zeitpunkt des Interviews das Gymnasium und von der DaZ-Förderkraft werden keine Bedenken bzgl. ihrer Versetzung oder andere Probleme berichtet.

(RJ04_I1, 254) seien. Aufgrund seiner mangelnden Deutschkenntnisse konnte er zudem LehrerInnen nicht um Hilfe bitten: „ich KONNTE das nicht den LEHRERN sagen, dass sie mich beLEIDIGEN, (-) weil ich die SPRACHE nicht konnte und da hat ich eben PECH" (RJ04_I1, 265). Bei RM01 führte Mobbing schließlich „weil_es ja nich mehr GING mit mein mitschülern" (RM01_I1, 49) zu Umzug und Schulwechsel: „ich bin [/] ich war eigentlich die EINzige ausländerin dort deshalb wurd ich auch °hh niedergemacht sozusagen, und das war nich so ((lacht)) °hh das hat mir nich so geFALLN," (RM01_I1, 40). Ähnlich wie RM01 sehen PJ02 und PM01 das Entgegenkommen der MitschülerInnen in Abhängigkeit davon, ob man „Ausländer" an der jeweiligen Schule gewöhnt sei oder nicht.

Zusammenfassend zeigt sich, dass die interviewten SeiteneinsteigerInnen insbesondere die erste Zeit in Deutschland und im Regelunterricht als schwer empfinden, und sie auch erst nach und nach soziale Kontakte knüpfen. Dabei werden sie von LehrerInnen meist gut aufgenommen. Dies gilt für MitschülerInnen allerdings nur bedingt – Mobbing, das häufig auf die Migrationssituation bzw. den Ausländerstatus von den Interviewten zurückgeführt wird, scheint zumindest keine Ausnahme darzustellen.

5. Zusammenfassende Darstellung und Diskussion der Ergebnisse

Die Analyse von insgesamt 24 Interviews mit SchulleiterInnen, DaZ-Förderkräften sowie SeiteneinsteigerInnen zeigt zunächst, dass diese SchülerInnen – häufig um ein Jahr zurückgestuft – in den Regelunterricht eingegliedert werden und zusätzlich Förderung in geringem Umfang, meist ein bis drei Stunden pro Woche, erhalten. Insbesondere die interviewten DaZ-Förderkräfte halten ein verändertes Modell, wobei der Eingliederung in den Regelunterricht eine intensive Deutschförderung vorausgehen sollte, für sinnvoller. Dies bestätigt sich in den Aussagen der befragten SchülerInnen insofern als diese insbesondere die Teilnahme am Regelunterricht als schwierig und frustrierend schildern. Auch ist fraglich, inwiefern effektives sprachliches und schulisches Lernen zu Beginn des Deutscherwerbs durch die Teilnahme am Regelunterricht ohne zusätzliche Unterstützung im Regelunterricht selbst erfolgen kann (Knapp 2010: 140f.). Weiterhin zeigt sich, dass eine verstärkte Sensibilisierung von Lehrkräften aber auch SchülerInnen für die Situation von SeiteneinsteigerInnen wünschenswert wäre. Hilfreich könnte sicher ein Perspektivenwechsel sein – indem LehrerInnen wie SchülerInnen zum Beispiel an einer „nicht-deutschen Unterrichtsstunde" teilnehmen (vgl. Prinzip Seitenwechsel, Tajmel 2010). LehrerInnen sollten zudem im Rahmen ihrer Ausbildung verstärkt Werkzeuge mit auf den Weg gegeben werden, welche es ihnen ermöglichen, SeiteneinsteigerInnen auch im Regelunterricht zu unterstützen, etwa durch zusätzliche Übungen und Aufgaben. Dabei muss LehrerInnen klar sein, dass SeiteneinsteigerInnen mit Deutsch als Zweitsprache sich insbesondere in den ersten zwei bis drei Jahren ihres Aufenthalts stark von der Gruppe der SchülerInnen einer anderen Erstsprache als Deutsch, die in Deutschland geboren und aufgewachsen sind, unterscheiden. Denn derzeit kann für Thüringen auf Basis der Ergebnisse angenommen werden, dass das Aufspringen auf den fahrenden Zug langwierig ist und vornehmlich durch die SeiteneinsteigerInnen selbst sowie durch einzelne, besonders engagierte, Lehrkräfte ermöglicht wird.

Ein weiteres wichtiges Ergebnis ist unseres Erachtens, dass die SeiteneinsteigerInnen in den geführten Interviews trotz zum Teil sensibler Themen und Ausdrucksschwierigkeiten aufgrund mangelnder Deutschkenntnisse sehr bereitwillig und ausführlich über ihre Sichtweisen berichteten. Dies zeigt sich u.a. auch in den z.T. sehr langen Interviews, was für Jugendliche als InterviewteilnehmerInnen nicht die Regel ist (vgl. Ausführungen zu Spezifika von Interviews mit Jugendlichen bei Reinders 2005). Wie wichtig die Berücksichtigung der Perspektive aller Beteiligten ist, bringt HM01 zum Ausdruck, die trotz erfolgreichen Seiteneinstiegs – zum Zeitpunkt des Interviews war sie in der Abiturphase – Entwicklungsbedarf sieht:

> das is TOLL, dass das mal durchgeführt wird, ganz ehrlich, weil °h ähm (--) es e:[/] IS viel zu (.) WE:nig an raum manchen gegeben, dass sie mal sich AUSsprechen können oder dass sie °h irgendwo ma:l äh (-) n offenes OHR dafür finden, was man denn grade empfindet, was einem denn jetz so auf dem HERzen liegt, dass mal das beWERtet wird, von AUßen bewertet wird, sowas (-) MUSS es geben. °h (-) und das find ich das find ich GUT, darüber hab ich mich auch schon mal mit meinen mitschülern unterHALten. wieso wird das denn nich verFOLgt wie man uns hier fördert. °h ich finde es GUT, dass es jetz äh SPRA:CHlich auch mal äh:(--) ja (-) in ANgriff genommen wird, und dass das jetz DURCHgeführt wird. (HM01_I1, 164)

6. Literaturverzeichnis

Ahrenholz, Bernt & Maak, Diana (2013): *Zur Situation von SchülerInnen nichtdeutscher Herkunftssprache in Thüringen unter besonderer Berücksichtigung von Seiteneinsteigern*. Abschlussbericht zum Projekt „Mehrsprachigkeit an Thüringer Schulen (MaTS)", durchgeführt im Auftrag des TMBWK. (http://www.daz-portal.de/images/Berichte/bm_band_01_mats_bericht_2013 0618_final.pdf (20.06.2013))

Biermann-Berlin, Brigitte (1981): „Seiteneinsteiger" und die Notwendigkeit der Kooperation von Lehrern verschiedener Schulformen. *Ausländerkinder in Schule und Kindergarten*, 2 (4): 9–13.

Bühlhoff, U. & Vogt, J. (1991): Seiteneinsteiger = Absteiger? *Neue Deutsche Schule*, 43 (2): 24–25.

Caspar-Hehne, Hiltraud (2008): Deutsch-russische Interaktion in der Schule. Empirische Untersuchungen zu Linguistik und Didaktik von interkulturellen Unterrichtssituationen. *Zielsprache Deutsch*, 35 (3): 36–57.

Decker, Yvonne (2010): Deutsch als Zweitsprache in Internationalen Vorbereitungsklassen. In Ahrenholz, Bernt & Oomen-Welke, Ingelore (Hrsg.): *Deutsch als Zweitsprache*. Baltmannsweiler: Schneider Verlag Hohengehren, 162–172.

Esser, Hartmut & Steindl, Michael (1987): *Modellversuche zur Förderung und Eingliederung ausländischer Kinder und Jugenlicher in das Bildungssystem*. Bonn-Oedekoven: Köllen.

Europarat (2001): *Gemeinsamer europäischer Referenzrahmen für Sprachen: lernen, lehren, beurteilen*. Strassburg.

Fedrowitz, Anke (1990): Der Übergang von der Vorbereitungsklasse zu den sprachlichen Anforderungen des Regelunterrichts. *Lernen in Deutschland* 10 (4): 133–134.

Flick, Uwe; von Kardoff, Ernst & Steinke, Ines (2007): Was ist qualitative Forschung? Einleitung und Überblick. In Flick, Uwe; von Kardoff, Ernst & Steinke, Ines (Hrsg.): *Qualitative Forschung. Ein Handbuch*; 5. Auflage. Reinbek bei Hamburg: Rowohlt, 13–29.

Gemählich, Kurt (1982): Seiteneinsteiger als Problem in unseren Schulen. Dargestellt am Beispiel Nürnberg. *Lernen in Deutschland* 3 (8): 23-30.

Helfferich, Cornelia (2011): *Die Qualität qualitativer Daten. Manual für die Durchführung qualitativer Interviews*; 4. Auflage. Wiesbaden: VS Verlag für Sozialwissenschaften.

Kalb, Peter E. (1987): Problemlösung durch Engagement – Wie eine Schule mit ‚Seiteneinsteigern umgeht'. *Pädagogik heute*, (8): 52–54.

Knapp, Werner (2010): Didaktische Konzepte Deutsch als Zweitsprache. In Ahrenholz, Bernt & Oomen-Welke, Ingelore (Hrsg.): *Deutsch als Zweitsprache*. Baltmannsweiler: Schneider Verlag Hohengehren, 133–148.

Kunz, Regina (2008): *Die schulische Versorgung zugewanderter Kinder und Jugendlicher in Deutschland. Organisation, Förderung und psycho-soziale Betreuung*. Hamburg: Verlag Dr. Kovac.

Liebe-Harkort, Klaus (1981): Seiteneinsteiger = Seitenaussteiger? *Ausländerkinder* 2 (4): 4–8.

Loeding, Inga (2007): Lernen in der Zweitsprache Deutsch: 'Seiteneinsteiger' im deutschsprachigen Unterricht. In Doff, Sabine & Schmidt, Torben (Hrsg.): *Fremdsprachenforschung heute. Interdisziplinäre Impulse, Methoden und Perspektiven.* Frankfurt am Main: Peter Lang, 73–88.

Mayring, Philipp (2010): *Qualitative Inhaltsanalyse. Grundlagen und Techniken.* 11., aktualisierte und überarbeitete Auflage. Weinheim und Basel: Beltz.

Niedrig, Heike (2011): Unterrichtsmodelle für Schülerinnen und Schüler aus sprachlichen Minderheiten. In Fürstenau, Sara & Gomolla, Mechtild (Hrsg.): *Migration und schulischer Wandel: Mehrsprachigkeit.* Wiesbaden: VS Verlag für Sozialwissenschaften, 89–106.

Peleki, Eleni (2008): *Migration, Integration und Sprachförderung : eine empirische Untersuchung zum Wortschatzerwerb und zur schulischen Integration von Grundschulkindern.* München: Meidenbauer.

Reinders, Heinz (2005): *Qualitative Interviews mit Jugendlichen führen – Ein Leitfaden.* München, Wien: Oldenbourg Verlag.

Schmitt, Guido & Lörcher, Gustav (1985): *Aufnahmeunterricht für Seiteneinsteiger.* Tübingen: Deutsches Institut für Fernstudien.

Schöllchen, Tilla-Ute (1996): SchülerInnen als Seiteneinsteiger – Fehlentwicklungen vermeiden – Aus der Arbeit einer Beratungsstelle. *Neue Deutsche Schule* 48 (10): 15–17.

Schöllchen, Tilla-Ute (1995): Integration – eine gesetzliche Verpflichtung für alle Schulformen. *Schulmanagement* 26 (6): 38–39.

Selting, Margret; Auer, Peter; Barden, Birgit; Bergmann, Jörg; Couper-Kuhlen, Elizabeth; Günthner, Susanne; Meier, Christoph; Quasthoff, Uta; Schlobinski, Peter & Uhmann, Susanne (1998): Gesprächsanalytisches Transkriptionssystem (GAT). *Linguistische Berichte* 173: 91–122.

Tajmel, Tanja (2010): DaZ-Förderung im naturwissenschaftlichen Fachunterricht. In Ahrenholz, Bernt (Hrsg.): *Fachunterricht und Deutsch als Zweitsprache.* Tübingen: Narr, 167–184.

Thon, Birgit (1998): Schulbezogene Konzepte zur Förderung zugewanderter Schüler. In Neuner, Gerhard; Glienicke, Stefan & Schmitt, Wolfgang (Hrsg.): *Deutsch als Zweitsprache in der Schule – Grundlagen, Rahmenplanung und Arbeitshilfen für den interkulturellen Unterricht*; Berlin/München: Langenscheidt, 50–83.

Thüringer Kultusministerium (2005): Schulbesuch von Schülerinnen und Schülern nichtdeutscher Herkunftssprache. Verwaltungsvorschrift vom 19. Juli 2005. *Amtsblatt des Thüringer Kultusministeriums*, Nr. 8/2005.

TMBWK (Thüringer Ministerium für Bildung, Wissenschaft und Kultur) (2012): *Fachliche Empfehlung zum Schulbesuch und zur Förderung von Schülerinnen und Schülern nichtdeutscher Herkunftssprache in Thüringen.* (http://www.thueringen.de/de/publikationen/pic/pubdownload1394.pdf; (30.05.2013))

TMBWK (Thüringer Ministerium für Bildung, Wissenschaft und Kultur) (2011a): *Thüringer Schulgesetz; mit letzter Änderung vom 20. Dezember 2010*

(http://www.thueringen.de/imperia/md/content/tmbwk/bildung/schulwesen/ges
etze/th__ringer_schulgesetz__gesamt_.pdf; (30.05.2013)).

TMBWK (Thüringer Ministerium für Bildung, Wissenschaft und Kultur) (2011b): *Thüringer Schulordnung; mit letzter Änderung am 11.Juli 2011* (http://www.thueringen.de/imperia/md/content/tmbwk/bildung/schulwesen/sch ulordnungen/schulordnung_gesamt.pdf; (30.05.2013).

Anhang

Tabelle 3. Analysekategorie (Erst-)Aufnahme von DaZ-Seiteneinsteiger-Innen

	Unter-kategorien	Hinweise zur Kategorie und Kodierung	Ankerbeispiele
Kategorie: (Erst-)Aufnahme	strukturell	Ablauf, Wahrnehmung (vornehmlich schulorganisatorische Aspekte)	„immer die schwierigkeit, die gehen dann eben[/] die werden in ((Name der Stadt)) AUFgefangen, dann komm se an die schule, dann werden se wieder nach ((Name der Stadt)) reinsortiert. es is ebn immer" (02LE01_I1, 308ff.) „er isgekomm, da war er ZWÖLF (…) hat man ihn DREI klassenstufen zurück einsortiert. also das find ich TÖDlich. also, er sitzt jetz mit VIERzehn in der sechsten klasse, das is für die TÖDlich" (02LE01_I1, 317ff.)
	Veränderungen über die Zeit (strukturell)		„das zumindest jetzt das nichts mehr UNgewöhnliches wenn son kind kommt, die lehrer wissen beSCHEID, die lehrer sind jetzt oft genug infoMIERT worden, wie se die kinder auch zu beWERten, wie se sich dem gegenüber verHALten solln" (07LE01_I1, 96)
	sozial	Aufnahme durch MitschülerInnen sowie LehrerInnen	„also die AUFnahme is eigentlich hier sehr sehr OFfen hier, muss ich sagen ähm, wir sind keine ausländerFEINDliche schule" (02LE01_I1, 143ff.)
	Veränderungen über die Zeit (sozial)		„im laufe der zeit hab ich FREUNde ( ) ( ) gefunden" (VJ03_I1, 28)

Methodenfragen

Korpora in der Zweitspracherwerbsforschung: Sieben Probleme aus korpuslinguistischer Sicht

Juliana Goschler & Anatol Stefanowitsch

Um allgemeingültige Aussagen über interimsprachliche Varietäten und Zweitspracherwerbsverläufe treffen zu können, sind ergänzend zu explorativen Datenerhebungen und qualitativen Auswertungen existierender Korpora auch korpuslinguistische Methoden im engeren Sinne notwendig, denn nur so können die Häufigkeit oder die Wahrscheinlichkeit des Auftretens sowie die das Auftreten beeinflussenden Faktoren einzelner interimsprachlicher Besonderheiten genauer bestimmt werden. In Methodendiskussionen innerhalb der Zweitspracherwerbsforschung wird seit einigen Jahren häufig das Potenzial quantitativer korpuslinguistischer Methoden betont, oft jedoch, ohne dass die spezifischen Probleme von Zweitspracherwerbskorpora ausreichend bedacht werden. In unserem Beitrag werden wir die schwerwiegendsten dieser Probleme – Korpusgrößen, Sprecherzahlen, Instabilität und Individualität von Interimsprachen, den Performanzcharakter von Korpusdaten sowie häufig fehlende Vergleichsdaten – benennen und auf die Möglichkeiten eines angemessenen Umgangs mit ihnen eingehen.

1. Einleitung

Während die Frage, ob und welche empirischen Daten zulässige und informative Grundlagen für linguistische Forschung sind, in der theoretischen Linguistik nach wie vor umstritten ist, ist die Zweitspracherwerbsforschung seit ihrer Entstehung ganz selbstverständlich damit befasst, Daten zu sammeln, zu erzeugen und auszuwerten. Dabei verschiebt sich zwar von Zeit zu Zeit der Fokus auf bestimmte Daten- und Analysetypen, doch die grundsätzliche Annahme scheint unbestritten, dass Zweitspracherwerb nicht erforscht werden kann, ohne das tatsächliche sprachliche Verhalten von Zweitsprachlernenden genau und systematisch zu untersuchen – schon allein deshalb, weil die Möglichkeit, rein introspektiv zu arbeiten, bei den zentralen Fragestellungen der Zweitspracherwerbsforschung nicht gegeben ist.

Genuin korpuslinguistische Forschung kann die Zweitspracherwerbsforschung um einige wichtige Aspekte erweitern. Ein großer Teil der nicht im engeren Sinne korpuslinguistischen Datenerhebungen im Bereich des Zweitspracherwerbs[1] hat sich auf die möglichst dichte Dokumentation

---

[1] Damit sind Datenerhebungen gemeint, bei denen zwar sprachliche Produktionen von Lerner/innen gesammelt werden, die in ihrer Gesamtheit dann auch eine Art „Korpus"

einzelner Sprecher/innen konzentriert. Das trifft sowohl auf Querschnittstudien (z.B. das Heidelberger Forschungsprojekt *Pidgin-Deutsch* (1975) oder das ZISA-Projekt (Clahsen, Meisel & Pienemann 1983)) als auch auf Longitudinalstudien (z.B. das Projekt *Second Language Acquisition by Adult Immigrants* (Perdue 1993) oder das Projekt *Modalität in Lernervarietäten im Längsschnitt* (DFG/P-MoLL 1985-1990, siehe Dittmar 2012)) zu.

Die in diesen Projekten gewonnenen Daten waren und sind durchaus wertvoll, da sie Aussagen darüber zulassen, welche Phänomene eine allgemeine, theoretische Beschreibung von Zweitspracherwerb notwendigerweise umfassen muss. Sie können außerdem dazu dienen, spezifische *Hypothesen* über charakteristische oder gar universelle Eigenschaften von Erwerbsverläufen oder Interimsprachen (inklusive einer möglichen „Basic Variety" im Sinne von Klein & Perdue (1997)) zu bilden. Unsere im Folgenden dargestellten Überlegungen sollen deshalb nicht die wissenschaftliche Legitimation solcher Projekte infrage stellen. Ebenso wenig dürfen solche Projekte jedoch den Endpunkt der methodischen Entwicklung in der Zweitspracherwerbsforschung darstellen, denn es ist nicht möglich, aus den so gewonnen Daten allgemeine Schlüsse über Zweitspracherwerb und die damit verbundenen Varietäten zu ziehen. So lässt sich schlicht keine Aussage darüber machen, ob bei bestimmten Auffälligkeiten individuelle, seltene oder häufige, möglicherweise sogar universale Eigenschaften des Zweitspracherwerbs vorliegen. Ebenso kann meistens nur vermutet werden, ob und inwiefern auftretende Besonderheiten durch einen bestimmten Faktor hervorgerufen werden – etwa durch Transfer aus der Herkunftssprache, durch eine Besonderheit des sprachlichen Inputs oder durch eine besondere Form des Unterrichts. Insofern stößt die empirische Forschung dieser Art an dieser Stelle an eine Grenze.

Für eine allgemeinere Charakterisierung interimsprachlicher Varietäten und des Zweitspracherwerbs sind deshalb korpuslinguistische Methoden im engeren Sinne, oder ergänzend experimentelle bzw. quasi-experimentelle Untersuchungen notwendig, denn nur so können die Häufigkeit oder die Wahrscheinlichkeit des Auftretens sowie die das Auftreten beeinflussenden Faktoren einzelner interimsprachlicher Besonderheiten genauer bestimmt werden. Deshalb gehören (Zweitspracherwerbs-)Korpora und korpuslinguistische Methoden neben anderen empirischen Zugängen zum Zweitspracherwerb schon lange zu den anerkannten empirischen Grundlagen der

---

bilden, die aber aufgrund der Art und Menge der Daten nicht für quantitative Analysen geeignet und auch nicht geplant sind.

Zweitspracherwerbsforschung (für einen Überblick siehe z.B. Granger 2004, 2008, beispielhaft auch Walter & Grommes 2008).

In Methodendiskussionen wird häufig ein Schwerpunkt auf das Potenzial der Korpuslinguistik für die Zweitspracherwerbsforschung gelegt, ohne dass jedoch die spezifischen Probleme von Zweitspracherwerbskorpora in einem ausreichenden Umfang bedacht werden. In diesem Beitrag wollen wir uns auf die schwerwiegendsten dieser Probleme konzentrieren und, am Ende unserer Diskussion, auch auf einen angemessenen Umgang mit diesen Problemen eingehen. Dabei wollen wir weder eine Diskussion über den Nutzen, die Reichweite und die Relevanz von Korpusdaten im Allgemeinen führen – diese setzen wir voraus, eine Diskussion unserer allgemeinen Einstellung zu den relevanten Fragen findet sich z.B. in Stefanowitsch 2005) –, noch wollen wir über allgemeine Probleme von Korpuserstellung, -annotation und -auswertung reflektieren (hier verweisen wir auf die einschlägigen Publikationen, z.B. Lüdeling & Kytö 2008, 2009).

Ein Teil der zu diskutierenden Probleme ist den spezifischen Eigenschaften von Zweitspracherwerbskorpora geschuldet: Diese sind im Allgemeinen sehr klein und beruhen auf den Daten nur einiger weniger Lernender. Dadurch gibt es theoretische und praktische Probleme, die in der Korpuslinguistik üblicherweise durch sehr große Datenmengen gelöst werden können, welche aber in der Zweitspracherwerbsforschung nicht zur Verfügung stehen. Mit diesen Problemen und deren Konsequenzen beschäftigen sich die Abschnitte 2.1. und 2.2.

Andere Probleme sind durch allgemeine Eigenschaften von Interimsprachen bedingt, insbesondere durch die Tatsache, dass diese stark individuell und inhärent instabil sind (vgl. z.B. Tarone 2001). Die Auswirkungen werden in Abschnitt 2.3. und 2.4. diskutiert. Tatsächlich ist die es natürlich irreführend, überhaupt von „der" Interimsprache als einer einheitlichen Varietät zu sprechen, da es eine große Vielzahl von Interimsprachen gibt, die korpuslinguistisch schwer zu fassen sind, wie wir in Abschnitt 2.5 diskutieren. Schließlich gibt es generelle Probleme von Korpusdaten, die aber im Kontext der Zweitspracherwerbsforschung besonders problematisch werden: Zum einen sind Korpora Gebrauchsdaten: In der Spracherwerbsforschung geht es jedoch sehr wesentlich um die Frage, über welches sprachliche Wissen Lernende verfügen. Auf die Schwierigkeit, sprachliches Wissen aus Gebrauchsdaten abzuleiten, gehen wir in Abschnitt 2.6. ein. Zum anderen sind Korpusdaten punktuelle Längsschnitte, die Spracherwerbsforschung interessiert sich jedoch maßgeblich für Erwerbsprozesse. Die für den Rückschluss auf letztere notwendige Methode des Vergleichs verschiedener Korpora und der immer vorhandene Vergleich mit einer angenommenen „Norm" der Zielsprache birgt weitere Probleme, wie wir in 2.7. darstellen.[2] Abschließend diskutieren wir in Unterkapitel 3, inwiefern eine korpuslinguistische Annäherung an Phänomene des Zweitspracherwerbs trotzdem sinnvoll ist, und welche Strategien gewählt werden können (und müssen), um die auftretenden Probleme zu lösen oder zumindest abzuschwächen.

2. Probleme

2.1 Kleine Korpusgrößen

In der modernen Korpuslinguistik gelten Korpora mit einem Umfang von einer Million Wörtern als klein, gearbeitet wird im Normalfall mit (meist schriftsprachlich dominierten) Korpora, die hundert Millionen Wörter und mehr haben. Selbst bei der Untersuchung gesprochener Sprache sind Korpora von einer halben Million Wörtern und mehr keine Seltenheit mehr, das *British National Corpus* enthält 10 Millionen Wörter gesprochener Sprache.

Das sind Größenordnungen, an die Zweitspracherwerbskorpora selten bis nie herankommen, mit der offensichtlichen Folge, dass sie häufig nur eine unzureichende Datengrundlage darstellen. Selbst für relativ häufige Phänomene liefern kleine Korpora meist keine ausreichend große Datenmenge für die Art von systematischer, statistisch auswertbarer Analyse, die ja überhaupt erst die Motivation für die Verwendung von Korpora darstellt.

Interessante Beobachtungen in Zweitspracherwerbskorpora behalten deshalb oft zwangsläufig einen anekdotischen Charakter. Ob es sich bei einem beobachteten Phänomen um eine individuelle oder zufällige Besonderheit einzelner Lernender in einem konkreten Korpus handelt, um eine Transfer- oder Interferenzerscheinung typisch für einzelne LernerInnengruppen, oder um eine Eigenschaft von Interimsprachen allgemein, kann oft schlicht nicht entschieden werden (siehe auch Lüdeling & Walter 2010). Selbst Datenmengen, die für eine systematischere Untersuchung groß

---

[2] Weitere, eher technische Probleme der Korpusannotation und -abfrage, die im Kontext von Zweitspracherwerbskorpora besonders problematisch sind – etwa die Frage nach der Annotation und Suche von nicht norm-zielsprachlichen Strukturen werden wir in diesem Aufsatz nicht behandeln; vgl. hierzu Lüdeling, Adolphs, Kroymann & Walter (2005).

genug sind, können bei der statistischen Auswertung zu Problemen führen. Ergibt diese kein signifikantes Ergebnis, heißt das im Falle geringer Datenmengen nicht, dass das beobachtete Phänomen tatsächlich nur zufällig aufgetreten ist, sondern nur, dass man dies nicht ausschließen kann.[3] Ein solches Ergebnis ist daher fast unmöglich zu interpretieren und kann allenfalls zur Hypothesenbildung für weitergehende Forschung genutzt werden.

Bei selteneren Phänomenen kann es leicht passieren, dass sie in einem kleinen Korpus gar nicht auftreten, was eine korpuslinguistische Untersuchung entsprechender Fragestellungen dann vornherein ausschließt.

Vor allem aber können selbst aus dem Nicht-Vorhandensein eines Phänomens im Falle kleiner Korpora kaum weitergehende Schlüsse gezogen werden. Entgegen der teilweise noch vertretenen Lehrmeinung (z.B. McEnery & Wilson 1998) gilt das nicht für die Korpuslinguistik allgemein: Bei entsprechend großen Korpora ist es möglich, mittels statistischer Verfahren zu ermitteln, mit welcher Wahrscheinlichkeit die Abwesenheit eines sprachlichen Phänomens im Korpus zufällig ist (Stefanowitsch 2006). Damit kann negative Evidenz – das Nicht-Vorhandensein von Wörtern, grammatischen Strukturen etc. – ebenso systematisch untersucht werden, wie positive Evidenz (das Vorhandensein von Wörtern, grammatischen Strukturen, etc.).

Bei sehr kleinen Korpora, wie es Zweitspracherwerbskorpora typischerweise sind, liefern die statistischen Verfahren, mit denen negative Evidenz bestimmt wird, allerdings keine Ergebnisse, da aufgrund der kleinen Grundgesamtheiten die erwarteten Häufigkeiten einzelner sprachlicher Phänomene zu gering sind, um ihre Abweichung von Null auf Signifikanz zu überprüfen.

Die Folge ist, dass die Abwesenheit von Strukturen in Zweitspracherwerbskorpora in vielen Fällen nicht interpretierbar ist. Das ist besonders ärgerlich, weil gerade im Fall von Interimsprache die Abwesenheit bestimmter sprachlicher Strukturen eines der interessantesten Untersuchungsobjekte ist, denn das Nicht-Vorkommen bestimmter sprachlicher Muster könnte darauf hinweisen, dass bestimmte Erwerbsschritte von Lernenden (noch) nicht vollzogen wurden. Dass sich gerade dieses Phänomen in vielen

---

[3] Der Grund dafür ist, dass Signifikanztests die Zahl der Datenpunkte berücksichtigen, denn sie berechnen die Wahrscheinlichkeit einer bestimmten Distribution abhängig von der Gesamtzahl der Möglichkeiten. Daher ist es äußerst schwierig, mit einer geringen Anzahl an Datenpunkten ein signifikantes Ergebnis zu erzielen. Tatsächlich ist genau deshalb aber auch ein gewisses Misstrauen gegenüber sehr großen Datenmengen angebracht, denn bei großen Datenmengen werden auch kleinste Effekte statistisch signifikant (vgl. die Diskussion dieses Problems in Gries 2010).

Fällen aus praktischen Gründen der mangelnden Datenverfügbarkeit der korpuslinguistischen Überprüfung entzieht, ist ein schwerwiegendes Problem für die Zweitspracherwerbsforschung.

2.2 Geringe Anzahl unterschiedlicher Sprecher/innen im Korpus

Ein potenzieller Einwand gegen jede korpuslinguistische Studie ist, dass deren Ergebnisse nur Aussagen über das konkret verwendete Korpus zuließen, da ein anderes Korpus ganz andere Ergebnisse hervorbringen könnte. Für den Fall großer und balancierter Korpora kann dieser Einwand plausiblerweise abgelehnt werden. Für Zweitspracherwerbskorpora ist dies jedoch nicht ohne Weiteres der Fall, denn dort besteht nicht nur das Problem geringer Korpusgrößen, sondern auch das Problem, dass sie nur Sprachdaten einiger weniger Lernender enthalten.

Eine geringe Anzahl unterschiedlicher Sprecher/innen wäre schon bei muttersprachlichen Korpora problematisch, da eine angemessene Abbildung der demographischen Komplexität einer Sprachgemeinschaft nur durch eine repräsentative Stichprobe angemessen abgebildet werden kann. Bei interimsprachlichen Korpora wiegt dieses Problem noch ungleich schwerer. Denn erstens werden durch eine geringe Anzahl von Lernenden deren individuelle Besonderheiten unverhältnismäßig in den Vordergrund gestellt, was angesichts der Heterogenität von Interimsprachen ein deutlich größeres Problem ist, als im Falle muttersprachlicher Idiolekte (vgl. Abschnitt 2.3 unten).

Zweitens werden dadurch aber eben auch die demografischen Besonderheiten einzelner Lernender oder Lernendengruppen überrepräsentiert. Zweitsprachlernende sind ja eine demografisch stark heterogene Gruppe, die prinzipiell durch keinerlei gemeinsame Merkmale charakterisiert werden kann als eben durch die, dass ihre Mitglieder eine Zweitsprache erwerben. Wie und warum dies genau geschieht – wie also der Erwerbskontext und der Input, das Maß der Steuerung und der Interaktion mit der Zielsprache und der Zielkultur aussieht, was die genaue Motivation für den Erwerb und welcher Grad an Sprachkompetenz für die Lernenden wünschenswert oder notwendig ist –, variiert naturgemäß sehr stark. Ähnliches trifft für den sprachlichen Hintergrund zu: Handelt es sich um eine tatsächliche Zweit-, oder eher eine Dritt- oder Viertsprache? Was ist die Herkunftssprache und in welcher Breite wird diese beherrscht (gesprochen, geschrieben, bildungssprachlich)? Wie alt sind die Zweitsprachlernenden und wann begann der Kontakt mit der Zielsprache?

Hinzu kommen sprachunabhängige demografische Faktoren wie Geschlecht, sozialer Status, Familienstand und Ähnliches, die möglicherweise indirekt auf das sprachliche Verhalten der Lernenden wirken können.

Natürlich ist es gerade in der Zweitspracherwerbsforschung oft, wenn nicht gar immer, wünschenswert, auch Eigenschaften der Lernenden in die Datenanalyse mit einzubeziehen. Das heißt, dass man beispielsweise mögliche Einflussfaktoren wie Herkunftssprache(n), Länge des Kontakts mit der Zielsprache, Alter, Geschlecht, sozialer Status und formale Bildung auf ihre jeweiligen Effekte auf das sprachliche Verhalten von Zweitsprachlernenden quantitativ überprüfen will. Je mehr dieser Faktoren jedoch in die Analyse einbezogen werden sollen, desto größer wird die benötige Datenmengen (in diesem Fall, die benötigte Anzahl von Sprecher/innen). Tatsächlich wachsen diese nicht nur linear, sondern bei multivariaten Analyseverfahren exponentiell, denn für jede mögliche Kombination von Faktoren müssen tatsächlich Werte vorliegen. So ist es aus forschungspraktischen Gründen oft nicht mehr möglich, die benötigte Anzahl von Lernenden tatsächlich zu untersuchen.

Eine geringe Anzahl von Sprecher/innen in einem Korpus zieht ein zweites Problem nach sich: Es erhöht die Wahrscheinlichkeit, dass es sich bei den Vorkommen des untersuchten sprachlichen Phänomens nicht um unabhängige Sprechereignisse handelt, sondern, dass jeweils zwei oder mehr Vorkommen von derselben Person produziert wurden. In großen muttersprachlichen Korpora wird dieses Problem minimiert, indem man bei der Erstellung des Korpus darauf achtet, möglichst viele kurze Textstücke von möglichst vielen Sprecher/innen zusammenzustellen. Aus offensichtlichen forschungspraktischen Gründen ist dies bei Zweitspracherwerbskorpora nur sehr begrenzt möglich. Dies hat zur Folge, dass statistische Verfahren, die die Korpusdaten als aggregierte Daten (*pooled data*) behandelt, bei Zweitspracherwerbskorpora noch problematischer sind, als dies bei Korpora sonst der Fall ist. Lösungsansätze für dieses Problem (z.B. Gries 2006a, b) scheitern aber wiederum an geringen Korpusgrößen (vgl. Abschnitt 2.1).

2.3 Individuelle Ausprägung von Interimsprachen

Während in der modernen Korpuslinguistik wohl niemand der chomskyschen Idealisierung einer „homogenen Sprachgemeinschaft" anhängt, für die jedes beliebig herausgegriffene Mitglied als repräsentativ gelten kann, beruht der Großteil der korpuslinguistischen Forschungsarbeit mehr oder weniger implizit auf der Annahme, dass die Variation zwischen den im Korpus erfassten Sprecher/innen gering genug ist, um die Ergebnisse insgesamt nicht nennenswert zu beeinträchtigen. Die homogene Sprachgemeinschaft wird im Prinzip durch die Idee einer näherungsweise homogenen Konkordanz ersetzt – aus genau diesem Grund wird ja z.B. die Praxis aggregierter Daten (siehe 2.2. oben) selten problematisiert.

Diese Annahme ist zwar a priori nicht zu rechtfertigen, sie hat die korpuslinguistische Forschung aber interessanterweise nicht nennenswert behindert. Der Grund dürfte darin liegen, dass Korpora de facto meist auf wenige, eng beieinanderliegende Lekte und Register beschränkt sind, innerhalb derer die individuelle Variation dann tatsächlich kaum eine Rolle spielt (wobei die Ergebnisse dann natürlich auch nur für die tatsächlich im Korpus enthaltenen Varietäten gelten).

Tatsächlich ist ja auch die ursprüngliche chomskysche Idealisierung weniger problematisch, als man meinen könnte, solange es um die allgemeine Charakterisierung der grundlegenden grammatischen Strukturen einer Sprache geht. „Kerngrammatische" Phänomene wie Wortstellung, Negation, Flexion usw. variieren innerhalb einer Sprachgemeinschaft so schwach, dass grammatische Beschreibungen, die auf der Befragung einzelner Informant/innen (oder gar der Intuition einzelner Forschender) beruhen, häufig weitgehend korrekt sind. Erst dort, wo eine Sprache strukturell variiert oder wo Gebrauchsmuster ins Spiel kommen, kommt diese Tradition der Grammatikschreibung an ihre Grenzen.

In interimsprachlichen Korpora ist aber selbst die Annahme einer näherungsweisen Homogenität, und sei es nur bei „kerngrammatischen" Phänomenen, von vornherein zum Scheitern verurteilt. Interimsprache ist nämlich keine Varietät im üblichen Sinne: Die Lernenden einer Sprache – selbst, wenn sie alle dieselbe Muttersprache sprechen – bilden keine Sprachgemeinschaft und keine soziale oder kulturelle Gruppe. Beliebig herausgegriffene Lernende können deshalb niemals repräsentativ für „die Interimsprache" sein.

Mit anderen Worten, da Interimsprache durch eine große individuelle Variation gekennzeichnet ist, könnten selbst sehr große Korpora (im Sinne einer Vielzahl enthaltener Sprecher/innen) keine nennenswerte Repräsentativität erlangen.

2.4 Inhärente Instabilität von Interimsprachen

Zum Problem der Heterogenität aufgrund einer starken Variation über Individuen hinweg kommt, wie oben angedeutet, das Problem einer starken Variation innerhalb einzelner Individuen hinzu: Interimsprachliche Ideolekte durchlaufen im Normalfall eine Entwicklung, deren Geschwindigkeit (aber nicht deren Abfolge) mindestens mit der des Erstsprach-erwerbs vergleichbar ist, und sie sind selbst innerhalb kurzer Zeitabschnitte situativ variabel (vgl. Tarone 2001).

Das erste Problem ist aus der Erstspracherwerbsforschung bekannt und hat dort eine offensichtliche Lösung: Die Korpora haben ein Longitudinal-Design, bei dem die Sprachproduktion der Kinder, und der Input, den sie erhalten, in regelmäßigen Abständen aufgezeichnet wird. Mit gewissen Abstrichen lässt sich diese Lösung natürlich auch auf Zweitspracherwerbskorpora übertragen, wobei zwei entscheidende Unterschiede zu zusätzlichen Problemen bei der Interpretation der Daten führen können.

Erstens lässt sich im Falle von Erstspracherwerbskorpora die implizite Annahme rechtfertigen, dass der zu einem bestimmten Messzeitpunkt erfasste Input typisch für den Input allgemein ist, den das Kind erhält. Das ist bei Zweitspracherwerbskorpora nur bedingt der Fall, da die kommunikativen Situationen, denen L2-Lernende ausgesetzt sind, deutlich heterogener sind als diejenigen, denen Kinder ausgesetzt sind.

Zweitens lässt sich im Falle von Erstspracherwerbskorpora die Annahme rechtfertigen, dass es zumindest einen typischen (wenngleich natürlich keinen absolut einheitlichen) Verlauf des L1-Erwerbs gibt. Diese Annahme ist heute vielleicht weniger selbstverständlich als zu einer Zeit, in der die Idee einer Universalgrammatik mit festen Erwerbssequenzen noch breite Akzeptanz genoss; aber dass sie zumindest implizit noch immer weit verbreitet ist, zeigt sich an den vielen longitudinalen Einzelfallstudien, die einen großen Teil auch der nicht-generativistischen Spracherwerbsliteratur ausmachen. In der Zweitspracherwerbsforschung ist die Annahme eines typischen Erwerbsverlaufs und die daraus ableitbare Rechtfertigung von Einzelfallstudien nicht gegeben.

Die oben angesprochene situative Variation schließlich stellt ein genuines Problem interimsprachlicher Korpora dar: Wohl kaum eine andere sprachliche „Varietät" ist strukturell so stark von situativen Rahmenbedingungen abhängig wie Interimsprache. Da eine Interimsprache naturgemäß kognitiv nicht tief verankert ist, ist sie anfälliger für Rahmenbedingungen wie Konzentration, Müdigkeit, Motivation usw. Und da eine Interimsprache ein partielles und partiell verinnerlichtes Sprachsystem ist, ist sie anfälliger für eine gegenseitige negative Beeinflussung der unterschiedlichen Sprachebenen, was z.B. dazu führen kann, dass eigentlich bereits erworbenes grammatisches L2-Wissen verdrängt wird, wenn über einen Themenbereich gesprochen werden muss, der das lexikalische Wissen der Sprechenden überfordert.

Diese situative Variabilität macht es erforderlich, sehr viel mehr Messzeitpunkte anzusetzen, als dies bei Erstspracherwerbskorpora der Fall wäre, um sicherzustellen, dass punktuelle Schwächen nicht als Stagnation oder Rückschritt in der Entwicklung der fremdsprachlichen Kompetenz gewertet werden.

2.5 Vielzahl von Interimsprachen

Interimsprachen variieren nicht nur über Individuen und Phasen des Zweitspracherwerbs hinweg, sondern (vermutlich) auch über unterschiedliche Paarungen von L1 und L2. Um den Einfluss dieser unterschiedlichen Paarungen auf die (Entwicklung der) Interimsprache korpuslinguistisch zu erfassen, werden ausreichend große und diverse Korpora (im oben diskutierten) Sinne nicht nur für ein oder zwei, sondern für möglichst viele L1/L2-Paare benötigt. Damit vervielfältigen sich die oben diskutierten Probleme.

Das Problem der Vielzahl von Interimsprachen scheint vielleicht zunächst zu offensichtlich, um einen diskutierenswerten Einwand gegen die korpusgestützte Untersuchung des L2-Erwerbs darzustellen, es ist aber sehr ernst zu nehmen, denn korpuslinguistische Studien zu unterschiedlichen Sprachen können nur dann interessant sein, wenn die verwendeten Korpora in ihrem Aufbau bis ins Detail vergleichbar sind. Solche vergleichbaren Korpora gibt es trotz eines mittlerweile seit gut fünfzig Jahren anhaltenden Interesses an elektronischen Sprachkorpora selbst für die großen (Ziel)Sprachen kaum oder gar nicht;[4] entsprechend unwahrscheinlich

---

[4] Eine Ausnahme sind die in den 1960er Jahren auf dem Vorbild des Brown Corpus of American English erstellten Korpora für das britische, neuseeländische und indische Englisch (vgl. z.B. Nelson 2008) und für das Deutsche (LIMAS) erstellten Korpora und

scheint es, dass dies in absehbarer Zukunft auch nur für die zehn oder zwanzig wichtigsten (im Sinne von Lernendenzahlen) L1/L2-Kombinationen der Fall sein wird.

2.6 Korpusdaten sind Gebrauchsdaten

Korpusdaten sind per definitionem Gebrauchsdaten, und korpuslinguistische Methoden kommen deshalb vor allem innerhalb theoretischer Rahmenbedingungen zum Einsatz, bei denen eine Unterscheidung von Sprachwissen und Sprachgebrauch (*langue* und *parole*, Kompetenz und Performanz, etc.) entweder für irrelevant erachtet wird (wie z.B. in der diachronen Linguistik oder in der britischen Tradition der Korpuslinguistik) oder wo das theoretische Modell eine klare Beziehung zwischen beiden herstellt (z.B. in der kognitiv orientierten Konstruktionsgrammatik und anderen psycholinguistisch orientierten Grammatikmodellen). Wenn in diesen theoretischen Modellen ein Bezug hergestellt wird, dann meistens dergestalt, dass die Korpusdaten als typischer Input betrachtet werden, aus dem sich (empirisch zu überprüfende) Rückschlüsse auf das daraus ableitbare Sprachwissen ergeben können.

Im Falle muttersprachlicher Korpora ist die Annahme durchaus plausibel, dass der relevante Input für Muttersprachler/innen zwar nicht aus dem konkreten Korpus, aber aus strukturell sehr ähnlichen Daten besteht. Mit anderen Worten, ein typisches, muttersprachliches Korpus kann sowohl als repräsentativ für den Output als auch für den Input der Mitglieder der betreffenden Sprachgemeinschaft betrachtet werden. So ist beispielsweise ein Zeitungskorpus strukturell in etwa das, was ein idealisiertes, durchschnittliches Mitglied einer Sprachgemeinschaft tatsächlich liest und im entsprechenden Kontext zumindest näherungsweise auch produziert.

---

die in den letzten Jahren im Rahmen des International Corpus of English entstandenen Korpora für verschiedene erst- und zweitsprachlichen Varietäten des Englischen (siehe ebenfalls Nelson 2008); doch selbst bei diesen Korpora ist die Vergleichbarkeit nur bedingt gewährleistet und schon bei den nach dem Vorbild des British National Corpus konstruierten Korpora (etwa dem Russian National Corpus) bricht die Vergleichbarkeit völlig zusammen). Ein Versuch, wenigstens für eine einzelne Zielsprache vergleichbare Korpora unterschiedlicher Erstsprachen zu erstellen ist der International Corpus of Learner English (Granger 2003), der sich die Vergleichbarkeit aber durch den Fokus auf eine einzige Textsorte (Aufsätze) erkauft und trotzdem bei der Korpusgröße und Homogenität der darin abgebildeten Sprachlernenden so starke Abstriche machen muss, dass vergleichendes Arbeiten bestenfalls für sehr häufige Phänomene der schriftlichen Interimsprache möglich ist.

Bei typischen Zweitspracherwerbskorpora ist die Situation eine völlig andere, denn die Lernenden lernen die Zielsprache ja eben nicht durch die Lektüre interimsprachlicher Texte, sondern vielmehr durch zielsprachlichen Input von Muttersprachler/innen oder Sprachlehrenden. Ein Zweitspracherwerbskorpus stellt also nur den sprachlichen Output dar, ohne dass der/die Forschende normalerweise weiß, wie der Input der Lernenden genau aussah. Das bedeutet erstens, dass bei einer Modellierung des Inputs auf muttersprachliche Korpora zurückgegriffen werden muss, und zweitens, dass die Modellierung des Sprachwissens der Lernenden sehr viel expliziter auf der Grundlage ihres Outputs modelliert werden muss.

Der Rückgriff auf muttersprachliche Korpora ist problematisch, weil der Input einzelner Lernender sich von Fall zu Fall sowohl viel stärker unterscheidet, als auch von der Breite der Textsorten sehr viel eingeschränkter ist, als es bei Muttersprachler/innen der Fall ist. Zu lösen wäre dieses Problem dadurch, dass der Input einzelner Lernender oder Lernendengruppen möglichst genau dokumentiert und als Vergleichskorpus verwendet würde, wie es ja auch im Falle einzelner sogenannter Interventionsstudien besonders für den Fremdsprachenunterricht getan wird (z.B. Winkler 2011). In größerem Maßstab ist diese Strategie jedoch nur schwer anwendbar, da der Arbeits- und Zeitaufwand sich auf ein Vielfaches dessen beliefe, was die ohnehin schon aufwändige Erhebung der Interimsprache selbst bedeutet. Darüber hinaus wäre es ohnehin nur in sehr kontrollierten Fremdspracherwerbskontexten möglich. Für den typischen Zweitspracherwerb mit seiner Vielfalt an Interaktion und Berührung mit der Zielsprache wäre es selbst mit hohem Aufwand nicht zu leisten.

Die Modellierung sprachlichen Wissens auf der Grundlage des Outputs ist ebenfalls problematisch, unabhängig davon, ob dieses Sprachwissen als Kompetenz im chomskyschen Sinne (wie in generativ inspirierten Lernmodellen), als gebrauchsgestützte mentale Repräsentationen (wie in kognitiv- und/oder psycholinguistisch inspirierten Lernmodellen), oder schlicht als Sprachfertigkeit in angewandt-linguistischen Kontexten verstanden wird. Denn Rückschlüsse vom Output auf das zugrundeliegende Wissen sind grundsätzlich aus einer Vielzahl von Gründen schwierig bis unmöglich, von denen hier nur die drei wichtigsten genannt werden sollen.

a) Identische „Fehler" (d.h., Abweichungen von zielsprachlichen Normen) können eine Vielzahl unterschiedlicher Ursachen haben. Zwar können Besonderheiten einer Interimsprache korpuslinguistisch qualitativ und quantitativ exakt erfasst werden, ihr Ursprung muss (vor allem in Abwesenheit repräsentativer Inputkorpora) spekulativ bleiben: Ob es sich etwa um Transfererscheinungen aus der Erstsprache, Konsequenzen falscher Generalisierungen aus einem unbalancierten Input oder um ein Ergebnis individueller Lernendenstrategien handelt, ist aus den Daten selbst nicht zu ersehen.

b) Interimsprachlicher Output variiert mit der Aufgabenstellung, unter der er produziert wird. Dabei kann die Art der Aufgabenstellung selbst ebenso einen Einfluss auf die Struktur und das sprachliche Niveau des Outputs haben, wie eher zufällige thematische Lücken im Wortschatz der Lernenden. Hinzu kommt, dass auch extrinsische Faktoren – wie etwa eine durch Zeit- oder Benotungsdruck ausgelöste kognitive Überlastung – die Qualität des Outputs massiv beeinflussen können.

c) Zu den in (b) genannten spezifisch interimsprachlichen situativen Störfaktoren kommen noch allgemeine Faktoren, die für Produktionsdaten grundsätzlich gelten. Sprachlicher Output ist auch bei Muttersprachler/innen abhängig von Faktoren wie Konzentration, Müdigkeit, emotionaler Verfassung, dem Einfluss von Alkohol usw.

2.7 Vergleich von muttersprachlichen und Zweitspracherwerbskorpora

Bei der Untersuchung von Interimsprachen ist die vergleichende Perspektive immer zumindest inhärent vorhanden. Das heißt, Besonderheiten der interimsprachlichen Varietäten sind immer Abweichungen von einer angenommenen muttersprachlichen Norm. Dass diese Norm als Vergleichsmaßstab nicht nur durch das sprachliche Empfinden und die Intuition der Forschenden bestimmt wird, ist eine große Stärke einer korpuslinguistischen Herangehensweise an Zweitspracherwerbsforschung. Durch die prinzipielle Möglichkeit des Vergleichs von mutter- und interimsprachlichen Korpusdaten ist erstens eine stärkere Objektivität gegeben, da man sich nicht auf die Intuition eines einzelnen oder weniger Informanten verlassen muss. Zweitens sind auch quantitative Vergleiche möglich. Das heißt, man kann nicht nur beobachten, ob eine normabweichende Struktur in der Interimsprache auftritt, die in muttersprachlichen Varietäten nie zu beobachten ist (also ein sogenannter Fehler), oder ob eine Struktur, die für die Zielsprache typisch ist, von Lernenden überhaupt nicht produziert wird (dass also diese Struktur noch nicht erworben ist), sondern man kann auch bestimmen, ob bestimmte Strukturen in der Interimsprache häufiger oder weniger häufig auftreten als bei Muttersprachler/innen (z.B. Goschler 2010, Hirschmann u.a. erscheint). Diese Analysemöglichkeit ist eine nicht zu unterschätzende

Ressource, die eine feinere Charakterisierung von interimsprachlichen Varietäten erlaubt als eine klassische Fehler- oder auch Profilanalyse. Der Vergleich mutter- und interimsprachlicher Korpora birgt jedoch auch theoretisch wie auch forschungspraktisch methodische Probleme. Das erste ist die strukturelle Verschiedenheit beider Korpustypen, das zweite die unterschiedliche Input-Output-Relation.

Mit struktureller Verschiedenheit ist hier gemeint, dass muttersprachliche Korpora – also das, was in der Korpuslinguistik den Normalfall eines Korpus darstellt – üblicherweise völlig andere Textsorten abdecken als Zweitspracherwerbskorpora. Ein typisches Korpus besteht üblicherweise aus großen Mengen geschriebener Sprache, sehr oft Texte, die zur öffentlichen Publikation produziert wurden, also etwa Zeitungs- und Zeitschriftenartikel, belletristische oder Fachtexte aus Büchern und Ähnliches. Geschriebene Interimsprache besteht dagegen typischerweise aus Essays, die innerhalb des Sprachunterrichts, etwa an der Universität, geschrieben wurden. Nicht nur sind diese Textsorten sowieso offensichtlich sehr unterschiedlich, publizierte Texte sind überdies auch oft mehrmals redigiert und daher von verschiedenen Muttersprachler/innen beeinflusst. Vor allem aber sind die muttersprachlichen Texte nicht vorrangig zum Zweck der Sprachproduktion, zur Übung und/oder Überprüfung produziert, sondern um bestimmte Inhalte auszudrücken. Oft werden interimsprachliche Varietäten auch an mündlichen Daten untersucht, was etwas weniger problematisch ist, weil auch von Muttersprachlern gesprochene Sprache nicht redigiert ist – trotzdem stellt sich auch dort das Problem, dass typische muttersprachliche Korpora gesprochener Sprache oft aus Aufzeichnungen von Radiosendungen, also wieder sehr viel stärker öffentlichen Sprechereignissen als es die interimsprachlichen Äußerungen typischerweise sind. Das schränkt die direkte Vergleichbarkeit zum Teil erheblich ein, denn der Vergleich professionell oder halbprofessionell verfasster oder gesprochener Texte mit solchen, die spontan zu Übungszwecken produziert werden, ist natürlich von vornherein nicht symmetrisch.

Eine Lösung dieser Probleme wäre die Anfertigung echter muttersprachlicher Vergleichskorpora, bei denen die Sprachproduktion unter möglichst ähnlichen Bedingungen stattfindet wie bei den Zweitsprachlernenden. Allerdings bedeutet das eine Verdoppelung des ohnehin erheblichen Arbeitsaufwands, den die Erstellung eines Zweitspracherwebskorpus darstellt und ist deshalb oft weder zeitlich noch finanziell ein realistisches Szenario.

3. Ansätze zur Problemlösung

Die bisher angesprochenen Probleme der korpusgestützter Zweitspracherwerbsforschung lassen sich zu zwei großen Problemkomplexen zusammenfassen, die zwar nicht auf Zweitsprachkorpora beschränkt sind, die aber aus den oben diskutierten Gründen im Falle von Zweitsprachkorpora besonders schwer wiegen: erstens, der Mangel an Repräsentativität (vgl. Abschnitt 2.1 bis 2.5) und zweitens, der nicht-triviale Zusammenhang zwischen sprachlichem Output und sprachlichem Wissen (vgl. Abschnitt 2.6 und 2.7).

Der Mangel an Repräsentativität führt dazu, dass selbst Ergebnisse, die auf quantitativen Studien beruhen und durch statistische Verfahren auf Signifikanz überprüft wurden, sich nur begrenzt oder gar nicht verallgemeinern lassen. Selbst solche Ergebnisse bleiben deshalb (natürlich abhängig vom benutzten Korpus und der Fragestellung) leicht auf der Ebene anekdotischer Evidenz. Über diese hinauszukommen ist im Allgemeinen jedoch der Anspruch der quantitativen Korpuslinguistik.

Der Mangel an Repräsentativität liegt zum einen in kleinen Korpusgrößen, und einer geringen Anzahl unterschiedlicher Sprecher/innen begründet. Diese Probleme ließen sich theoretisch durch die Erstellung umfangreicher, balancierter Korpora lösen, die den sprachlichen Output einer großen und repräsentativen Stichprobe von Lernenden enthalten. Langfristig sollte dies sicherlich auch das Ziel korpuslinguistischer Ansätze zur Erforschung des Zweitspracherwerbs bleiben; da es mit einem erheblichen personellen, technischen und zeitlichen Aufwand verbunden ist, wäre es forschungspraktisch aber eine Illusion, davon auszugehen, dass solche Zweitspracherwerbskorpora in absehbarer Zukunft verfügbar sein werden. Selbst wenn dies irgendwann der Fall sein sollte, würde es das Problem des Mangels an Repräsentativität aber nicht vollständig lösen, denn dieser hat zum anderen auch Gründe, die dem Untersuchungsgegenstand Zweitsprache inhärent sind und die sich deshalb technisch nicht lösen lassen: die individuelle Ausprägung und inhärente Instabilität von Interimsprachen sowie die Vielzahl an Hintergrund- und Zielsprachen, die dabei eine Rolle spielen können. Um hier auch nur näherungsweise repräsentative Korpora zu erstellen, wären Datenmengen in bisher nicht da gewesener Menge erforderlich.

Der nicht-triviale Zusammenhang zwischen dem sprachlichen Output von Lernenden und deren internalisiertem Wissen über die Sprache ließe sich ebenfalls nur teilweise und nur theoretisch mit technischen Mitteln lösen. Dort, wo ein Vergleich zwischen muttersprachlichen und interimsprachlichen Daten weiterhelfen würde, wäre es möglich, angemessene Vergleichskorpora (also Korpora, die den „typischen" Input von Zweitsprachlernenden abbilden) zu erstellen, wobei auch hier der Aufwand so hoch ist, dass sie in absehbarer Zukunft nicht verfügbar sein werden. Auch hier würde aber selbst die Existenz solcher Korpora nicht das tiefergehende Problem lösen, dass – gerade im Fall von Interimsprachen – messbares sprachliches Verhalten nur begrenzt Rückschlüsse auf das nicht direkt beobachtbare sprachliche Wissen zulässt.

Angesichts der großen Probleme von Zweitsprachenkorpora, die wir hier dargestellt haben, scheint sich die Frage zu stellen, ob Korpora überhaupt eine Rolle bei der Erforschung des Zweitspracherwerbs spielen sollten. Wäre es nicht einfacher, auf Korpora lieber ganz zu verzichten? Das wäre aus zwei Gründen falsch. Erstens ist klar, dass auf die quantitative Analyse von der Sprachproduktion von Lernenden in der Zweitspracherwerbsforschung plausiblerweise kaum verzichtet werden kann. Zweitens besteht der Großteil der hier diskutierten Probleme auch bei anderen Arten empirischer Daten in der einen oder anderen Form.

Eine grundsätzliche Ablehnung von Zweitsprachkorpora und korpusgestützter Zweitsprachenforschung ist daher weder realistisch noch sinnvoll. Obwohl wir also keine Ideallösung für die beschriebenen Problemkomplexe anbieten können, möchten wir deshalb mit einigen Gedanken zu einem produktiven Umgang mit Zweitsprachkorpora schließen.

Zunächst lassen sich die oben diskutierten Probleme minimieren, indem Korpora nicht explorativ, sondern vorrangig zur Überprüfung von Hypothesen verwendet werden, die ihrerseits nicht auf der Grundlage von Korpora, sondern aus theoretischen Überlegungen heraus aufgestellt werden. Wenn bei einem solchen Vorgehen kein statistisch signifikantes Ergebnis erzielt wird, lässt sich daraus nichts ableiten – entweder, der durch die Hypothese behauptete Zusammenhang besteht tatsächlich nicht, oder die Datengrundlage ist nicht ausreichend, um diesen festzustellen. Wenn aber ein statistisch signifikantes Ergebnis erzielt wird, lässt es sich völlig unabhängig von den oben diskutierten Problemen als Evidenz für oder gegen die betreffende Hypothese interpretieren.

Dazu ist es natürlich unverzichtbar, bei der quantitativen Auswertung die Beschränkungen von Zweitsprachkorpora zu berücksichtigen. Dazu gehört die Auswahl angemessener statistischer Verfahren zusätzlich zu den üblichen (Gries 2008, erscheint), z.B. die Anwendung von Korrekturen für kleine Datenmengen oder die Berücksichtigung von Messwiederholungen, also Datenpunkten, die von der gleichen Person stammen, aber auch die Entwicklung kreativer Möglichkeiten wie etwa dem iterativen Ausschluss von Sprecher/innen aus dem Datensatz, um sicherzustellen, dass die Ergebnisse nicht einzelnen Lernenden zuzurechnen sind (Goschler, Woerfel, Stefanowitsch, Wiese et al. 2013).

Wie oben angedeutet kann die sorgfältige Anwendung geeigneter statistischer Verfahren es in manchen Fällen ermöglichen, auch auf der Grundlage kleiner Korpora mit wenigen Sprecher/innen zu statistisch signifikanten und (innerhalb des durch das betreffende Korpus definierten Rahmens) verallgemeinerbaren Ergebnissen zu kommen. Allerdings wird es in vielen Fällen dazu führen, dass eben gerade *keine* signifikanten Ergebnisse erzielt werden können. In diesen Fällen bleibt nur die Möglichkeit, die Korpusdaten als quasi-anekdotisch zu behandeln. Sie können im Rahmen einer Kombination verschiedener Methoden als Inspiration für die Formulierung von Hypothesen dienen, die dann mittels anderer Methodeninstrumente (z.B. Fragebogenstudien oder psycholinguistischen Experimenten) überprüft werden können (z.B. Gries & Wulff 2005, 2009, Wulff, Ellis, Römer, Bardovi-Harlig et al. 2009).

Wenn die unzureichend große Datengrundlage der Tatsache geschuldet ist, dass der Untersuchungsgegenstand ein seltenes sprachliches Phänomen ist, bietet sich zumindest in einigen Fällen eine Mischform aus Korpus- und experimentellen Daten an: Mittels geeigneter Stimuli (z.B. Videos oder Bildergeschichten) elizitierte Daten, in denen die Produktion einer bestimmten sprachlichen Struktur oder ein bestimmtes sprachliches Verhalten allgemein forciert wird.[5]

Wenn Korpora auf die richtige Art und Weise eingesetzt werden, stellen sie also eine wertvolle (und alternativlose) Ergänzung des Methodeninventars der Zweitspracherwerbsforschung dar. Dass sich viele Fragestellungen mittels Korpora nicht oder nur unzureichend bearbeiten lassen, liegt auch nur zu einem Teil an methodischen Einschränkungen. Zu einem anderen Teil liegt es an den inhärenten Eigenschaften von Interimsprachen, und in diesem Sinne dient die Nicht-Anwendbarkeit von korpuslinguistischen Methoden dazu, uns diese Eigenschaften noch einmal deutlich vor Augen zu führen: Interimsprachen sind individuell, sie stehen unter ständigem

---

[5] Solche elizitierten Daten sind in der Spracherwerbsforschung ein gut bekanntes und erprobtes Mittel, um bestimmte Arten von Daten zu erzeugen. Größere Mengen derart erzeugter Daten können schließlich selbst als eine Art Korpus behandeln und mit den bekannten statistischen Methoden ausgewertet werden; außerdem bietet sich die dezentrale Sammlung und spätere Vernetzung einzelner Projekte für solche Daten an (wie das Beispiel der „Frog Story" sehr schön zeigt).

Druck von Kontaktsprachen und sie sind in sich heterogen, sowohl über verschiedene Situationen als auch über Zeitabläufe hinweg. Das gilt zwar für jede sprachliche Varietät, aber im Falle von Interimsprachen sind alle diese Eigenschaften in so stark überhöhter Form vorhanden, dass es nicht verwundert, dass sie ihre Erforschung, nicht nur in Bezug auf die Korpuslinguistik, vor besonders schwierige Aufgaben stellen.

4. Literatur

Clahsen, Harald, Meisel, Jürgen & Pienemann, Manfred (1983): *Deutsch als Zweitsprache: Der Spracherwerb ausländischer Arbeiter,* Tübingen: Narr.

Dittmar, Norbert (2012): Das Projekt „P-MoLL". Die Erlernung modaler Konzepte des Deutschen als Zweitsprache: Eine gattungsdifferenzierende und mehrebenenspezifische Längsschnittstudie. In Ahrenholz, Bernt (Hrsg.): *Einblicke in die Zweitspracherwerbsforschung und ihre methodischen Verfahren.* Berlin: de Gruyter, 99–121.

Goschler, Juliana (2010): Kausalbeziehungen in den Erzählungen türkischdeutscher bilingualer Sprecher. In Mehlem, Ulrich & Sahel, Said (Hrsg.): *Erwerb schriftsprachlicher Kompetenzen im DaZ-Kontext: Diagnose und Förderung.* Freiburg: Fillibach, 163–183.

Goschler, Juliana; Woerfel, Till; Stefanowitsch, Anatol; Wiese, Heike & Schroeder, Christoph (2013): Beyond conflation patterns: The encoding of motion events in Kiezdeutsch. In Stefanowitsch, Anatol & Goschler, Juliana (Hrsg.): *Trends in Cognitive Linguistics. Yearbook of the German Cognitive Linguistics Association.* Berlin: Mouton de Gruyter, 237–252.

Granger, Sylviane (2003): The International Corpus of Learner English: A new resource for foreign language learning and teaching and second language acquisition research. *TESOL Quarterly* 37/3, 538–546.

Granger, Sylviane (2004): Computer learner corpus research: current status and future prospects. *Language and Computers* 52, 123–145.

Granger, Sylviane (2008): Learner corpora. In Lüdeling, Anke & Kytö, Merja (Hrsg.) (2008): *Corpus linguistics. An international handbook.* Vol 1. Berlin/New York: Mouton de Gruyter, 259–275.

Gries, Stefan Th. & Wulff, Stefanie (2005): Do foreign language learners also have constructions? Evidence from priming, sorting, and corpora. *Annual Review of Cognitive Linguistics* 3, 182–200.

Gries, Stefan Th. & Wulff, Stefanie (2009): Psycholinguistic and corpus linguistic evidence for L2 constructions. *Annual Review of Cognitive Linguistics* 7, 163–186.

Gries, Stefan Th. (2006a): Some proposals towards more rigorous corpus linguistics. *Zeitschrift für Anglistik und Amerikanistik* 54 (2), 191–202.

Gries, Stefan Th. (2006b): Exploring variability within and between corpora: some methodological considerations. *Corpora* 1 (2), 109–151.
Gries, Stefan Th. (2008): Corpus-based methods in analyses of SLA data. In Robinson, Peter & Ellis, Nick C. (Hrsg.): *Handbook of cognitive linguistics and second language acquisition.* New York: Routledge, 406–431.
Gries, Stefan Th. (2010): Useful statistics for corpus linguistics. In Sánchez, Aquilino & Almela, Moisés (Hrsg.): *A mosaic of corpus linguistics: selected approaches.* Frankfurt am Main: Peter Lang, 269–291.
Gries, Stefan Th. (Erscheint): Statistical tests for the analysis of learner corpus data. In Díaz-Negrillo, Ana; Thompson, Paul & Ballier, Nicolas (Hrsg.): *Automatic treatment and analysis of learner corpus data.* Amsterdam & Philadelphia: John Benjamins.
Heidelberger Forschungsprojekt Pidgin-Deutsch (1975), Zur Sprache ausländischer Arbeiter: Syntaktische Analysen und Aspekte des kommunikativen Verhaltens. *Zeitschrift für Literaturwissenschaft und Linguistik* 5/18, 78–121.
Hirschmann, Hagen; Lüdeling, Anke; Rehbein, Ines; Reznicek, Marc; Zeldes, Amir (Erscheint): Underuse of syntactic categories in Falko. A case study on modification. In Granger, Sylviane & Meunier, Fanny (Hrsg.): *20 years of learner corpus research.* Louvain la Neuve: Presses Universitaires de Louvain.
Klein, Wolfgang & Perdue, Clive (1997): The Basic Variety (or: Couldn't natural languages be much simpler?). In *Second Language Research* 13/4, 301–347.
Lüdeling, Anke & Kytö, Merja (Hrsg.) (2009): *Corpus linguistics. An international handbook.* Vol 2. Berlin & New York: Mouton de Gruyter.
Lüdeling, Anke & Kytö, Merja (Hrsg.) (2008): *Corpus linguistics. An international handbook.* Vol 1. Berlin & New York: Mouton de Gruyter.
Lüdeling, Anke & Walter, Maik (2010): Korpuslinguistik. In Krumm, Hans-Jürgen; Fandrych, Christian; Hufeisen, Britta; Riemer, Claudia (Hrsg.): *Handbuch Deutsch als Fremd- und Zweitsprache.* 2. überarbeitete Auflage. Berlin, New York: Mouton de Gruyter, 315–322.
Lüdeling, Anke; Adolphs, Peter; Kroymann, Emil & Walter, Maik (2005): Multi-level error annotation in learner corpora. *Proceedings from the Corpus Linguistics Conference Series* 1.1. http://www.birmingham.ac.uk/research/activity/corpus/publications/conference-archives/2005-conf-e-journal.aspx
McEnery, Tony & Wilson, Andrew (1998): *Corpus linguistics.* Edinburgh University Press, Edinburgh.
Nelson, Gerald (2008): World Englishes and corpora studies. In Kachru, Braj B.; Kachru, Yamuna & Nelson, Cecil L. (Hrsg.): *The handbook of world Englishes.* London: Blackwell, 733–750.
Perdue, Clive (1993): *Adult Language Acquisition.* Cambridge: University Press.
Stefanowitsch, Anatol (2005): Quantitative Korpuslinguistik und sprachliche Wirklichkeit. In Solte-Gresser, Christiane; Struve, Karen; Ueckmann, Natascha (Hrsg.): *Von der Wirklichkeit zur Wissenschaft. Aktuelle Forschungsmethoden*

in den Sprach-, Literatur- und Kulturwissenschaften. Hamburg: LIT-Verlag, 147–161.
Stefanowitsch, Anatol (2006): Negative evidence and the raw frequency fallacy. *Corpus Linguistics and Linguistic Theory* 2 (1), 61–77.
Tarone, Elaine E. (2001): Interlanguage. In Mesthrie, Rajend (Hrsg.): *Concise encyclopedia of sociolinguistics.* Amsterdam: Elsevier, 475–481.
Walter, Maik & Grommes, Patrick (Hrsg.) (2008): *Fortgeschrittene Lernervarietäten. Korpuslinguistik und Zweitspracherwerbsforschung.* Tübingen: Niemeyer.
Winkler, Steffi (2011): Progressionsfolgen im DaF-Unterricht. Eine Interventionsstudie zur Vermittlung der deutschen (S)OV-Wortstellung. In Hahn, Natalia & Roelcke, Thorsten (Hrsg.): *Grenzen überwinden mit Deutsch.* Göttingen: Universitätsverlag, 193–207.
Wulff, Stefanie; Ellis, Nick C.; Römer, Ute; Bardovi-Harlig; Kathleen & LeBlanc, Chelsea (2009): The acquisition of tense-aspect: Converging evidence from corpora, cognition, and learner constructions. *Modern Language Journal* 93 (3), 354–369.

Register

Adverbkonnektoren
    nacherstfähige, 52
    nicht-nacherstfähige, 52
Altersfaktor, 9, 23, 41
Aufgabenstellung, 197, 207, 353

Bildungserfolg, 152, 167
Bildungssprache, 167, 193f.
Bildungssystem, 151-153, 160, 285
Bildwahrnehmung, 197ff.
Biologieunterricht, 7

Codeswitching, 298
C-Test, 83

Erwerbsgeschwindigkeit, 26, 35
Erwerbsverlauf, 25, 80
Erzählerwerb 236, 314

Fachunterricht, 7, 71f.
    gesellschaftswissenschaftl., 194ff.
Förderunterricht, 108, 322, 327f.

gendersensibel, 225f.
Globalisierung, 211ff.
Grammatikerwerb, 24

Handlungsmuster, 175f.
HarmoS, 154
Herkunftssprache, 100, 152, 183

Identität, 285
Informationsstruktur, 46
Interimsprache, 348-351

Interview, 286, 296, 304, 314, 319

Junktor
    siehe Konjunktor
    siehe Subjunktor

Kasus präpositional, 107, 109, 113
Kasuserwerb, 102, 104f., 107
Kasuswahl, 107ff., 308, 311
Kompetenz, 6, 83, 351
    bildungssprachliche, 279
    literale, 231, 309
    schulsprachliche, 160
    siehe auch Lesekompetenz
    siehe auch Schreibkompetenz

Kompetenzstufenmodell, 134
Komplexität, 6, 236
    syntaktische, 127f.
konditionaler Zusammenhang, 70
Konjunktor, 61
Konnektor, 61-63
    siehe auch Satzkonnektor
Korpusanalyse, 70

Later Language Development, 2
Lehrerinterview, 177
Leistungsstudien, 175
Lesekompetenz, 83ff., 88f., 160f.
Literal, 231, 312
Literalität, 280
    sprachliche, 3, 231f.

Mathematik
  Sprache der, 81
Mathematikleistung, 86ff.
Mathematikunterricht, 80
mediale Differenz, 309
Medienerfahrung, 225
Mehrsprachigkeit, 102, 151, 158, 164ff., 193
  lebensweltliche, 143, 280-282, 284f., 289
Migrantenkinder, 155
MigrantInnen, 172, 211-213
Migration
  Gründe für, 326, 328
Migrationsfaktoren, 175
Migrationsforschung, 212
Migrationshintergrund, 100-102, 143, 152f.
Mobbing, 332f.
multimodal, 287f.
Mündlichkeit, 166f.
  konzeptionelle, 158

Nominalphrasen, 111
  komplexe, 102, 128ff.
Nominalphrasen-Flexion 132-134, 139ff.
Normalisierungsebene, 64

Präposition, 78ff., 114
Präpositionalattribut, 130, 136
Präpositionalgruppe, 106
Präpositionalphrase, 109, 308f.

Quereinsteiger, 6

Register
  bildungssprachliches, 4, 7
Rektionsverhalten, 131

Risikoschreibende, 172

Satzklammer, 24, 33f.
Satzkonnektor, 44
Satzkonnexion, 70
  konditional, 72
Schreibkompetenz, 126
  wissenschaftliche, 129
Schriftlichkeit, 125, 167, 184, 233
  konzeptionell 125f., 144, 158f., 166f.
Schulsprache, 81, 160
Seiteneinsteiger, 8, 135, 144, 319ff.
Sekundarstufe, 100, 187, 194
  I, 152, 177
  II, 126
Selektionsprozess, 139, 153
soziale Praxis, 3, 284f.
Sozialisation, 184ff.
  mediale, 212
soziokulturelle Perspektive, 282ff.
sozioökonomischer Status, 83, 86, 158
Sprachbiographie, 285f.
Sprachenporträts, 287f.
Sprachentwicklung, 233
  fortgeschrittene, 1-4, 231, 236, 246
Spracherleben, 282
Sprachexposition, 53
Sprachgebrauch, 351
  formelhaft, 226
  im Fachunterricht, 71
Sprachkompetenz, 81, 83, 94, 281
  produktiv, 163

rezeptiv, 162
Sprachvarietät, 280f.
Standardsprache, 43, 159
Subjunktor, 61
SVO, 24f., 28-31, 35
temporale Mittel, 313

Topik, 46f., 57
Transfer, 30, 35, 344
Triangulation, 312

Übergangssystem, 280

Varietät, 31, 45, 158, 342f., 348, 350
siehe auch Sprachvarietät

Verb-End-Stellung, 31f., 104
Verbstellung, 25, 31
Verbstellungsmuster, 28, 31, 35
Versprachlichung, 70ff., 197, 200, 235f., 245f.
Versprachlichungsstrategie, 125, 166, 237, 247
Vygotskij, 284

wenn(-dann)-Konstruktion, 63, 70, 73

Zweitspracherwerb, 1, 8, 26, 284, 298, 341
ungesteuerter, 23